RESPONSABILIDADE PRÉ-CONTRATUAL DO ESTADO

GUILHERME F. DIAS REISDORFER

Marçal Justen Filho
Prefácio

Fernando Menezes de Almeida
Apresentação

RESPONSABILIDADE PRÉ-CONTRATUAL DO ESTADO

Belo Horizonte

FÓRUM
CONHECIMENTO JURÍDICO
2024

© 2024 Editora Fórum Ltda.

É proibida a reprodução total ou parcial desta obra, por qualquer meio eletrônico, inclusive por processos xerográficos, sem autorização expressa do Editor.

Conselho Editorial

Adilson Abreu Dallari
Alécia Paolucci Nogueira Bicalho
Alexandre Coutinho Pagliarini
André Ramos Tavares
Carlos Ayres Britto
Carlos Mário da Silva Velloso
Cármen Lúcia Antunes Rocha
Cesar Augusto Guimarães Pereira
Clovis Beznos
Cristiana Fortini
Dinorá Adelaide Musetti Grotti
Diogo de Figueiredo Moreira Neto (*in memoriam*)
Egon Bockmann Moreira
Emerson Gabardo
Fabrício Motta
Fernando Rossi
Flávio Henrique Unes Pereira
Floriano de Azevedo Marques Neto
Gustavo Justino de Oliveira
Inês Virgínia Prado Soares
Jorge Ulisses Jacoby Fernandes
Juarez Freitas
Luciano Ferraz
Lúcio Delfino
Marcia Carla Pereira Ribeiro
Márcio Cammarosano
Marcos Ehrhardt Jr.
Maria Sylvia Zanella Di Pietro
Ney José de Freitas
Oswaldo Othon de Pontes Saraiva Filho
Paulo Modesto
Romeu Felipe Bacellar Filho
Sérgio Guerra
Walber de Moura Agra

FÓRUM
CONHECIMENTO JURÍDICO

Luís Cláudio Rodrigues Ferreira
Presidente e Editor

Coordenação editorial: Leonardo Eustáquio Siqueira Araújo / Aline Sobreira de Oliveira
Revisão: Carolina Sueto Moreira
Capa e projeto gráfico: Walter Santos
Diagramação: Derval Braga

Rua Paulo Ribeiro Bastos, 211 – Jardim Atlântico – CEP 31710-430
Belo Horizonte – Minas Gerais – Tel.: (31) 99412.0131
www.editoraforum.com.br – editoraforum@editoraforum.com.br

Técnica. Empenho. Zelo. Esses foram alguns dos cuidados aplicados na edição desta obra. No entanto, podem ocorrer erros de impressão, digitação ou mesmo restar alguma dúvida conceitual. Caso se constate algo assim, solicitamos a gentileza de nos comunicar através do *e-mail* editorial@editoraforum.com.br para que possamos esclarecer, no que couber. A sua contribuição é muito importante para mantermos a excelência editorial. A Editora Fórum agradece a sua contribuição.

Dados Internacionais de Catalogação na Publicação (CIP) de acordo com ISBD

R375r

Reisdorfer, Guilherme F. Dias

Responsabilidade pré-contratual do Estado / Guilherme F. Dias Reisdorfer. Belo Horizonte: Fórum, 2024.

282p.; 14,5cm x 21,5cm.

ISBN impresso 978-65-5518-756-4
ISBN digital 978-65-5518-754-0

1. Direito administrativo. 2. Licitação pública. 3. Contrato administrativo. 4. Lei 14.133/21. 5. Responsabilidade civil do Estado. 6. Responsabilidade pré-contratual. 7. Boa-fé. 8. Proteção da confiança. I. Título.

CDD 342
CDU 342

Ficha catalográfica elaborada por Lissandra Ruas Lima – CRB/6 – 2851

Informação bibliográfica deste livro, conforme a NBR 6023:2018 da Associação Brasileira de Normas Técnicas (ABNT):

REISDORFER, Guilherme F. Dias. *Responsabilidade pré-contratual do Estado*. Belo Horizonte: Fórum, 2024. 382p. ISBN 9978-65-5518-756-4.

Para Renata e Alice,
o brilho de vocês sempre iluminou o caminho.
Para Leonardo, com todo o meu amor.

AGRADECIMENTOS

A obra que se apresenta é resultado da tese de doutorado defendida pelo autor em 2023 na Faculdade de Direito da Universidade de São Paulo. O texto original foi adaptado para a publicação da versão comercial ora submetida.

Entre os agradecimentos devidos, não exauridos aqui, o meu primeiro obrigado é ao Professor Fernando Dias Menezes de Almeida, por generosamente ter aceitado ser meu orientador. O Professor Fernando é um exemplo inspirador em tantos aspectos, muito além do campo acadêmico, como todos que o conhecem bem sabem. O privilégio de contar com a sua orientação e trocas de ideias tem valor inestimável.

Agradeço aos Professores Egon Bockmann Moreira, Judith Martins-Costa, Marçal Justen Filho, Odete Medauar e Pedro da Costa Gonçalves, por terem gentilmente aceitado integrar a banca de avaliação da tese. O desafio de contar com a arguição de Professores tão admiráveis só não foi maior do que a honra que tal oportunidade singular proporcionou. Agradeço as sugestões e críticas que dirigiram ao trabalho. Foram fonte de aprendizado, devidamente levadas em consideração a propósito da atualização aqui apresentada.

Agradeço também aos amigos da Justen, Pereira, Oliveira e Talamini, pelo convívio profissional e pessoal, assim como pela compreensão durante o período de escrita da tese. Agradeço em especial ao Cesar Pereira, pelo convívio e pelo apoio fundamental.

Registro ainda agradecimento à Editora Fórum, que tanto contribui ao Direito brasileiro, pelo voto de confiança na seleção deste trabalho para publicação.

Por fim, agradeço à Renata e à Alice, pela compreensão durante os meus períodos de ausência no período do doutorado. Se eu faltei com elas, elas jamais faltaram comigo. Fizeram com que um caminho solitário, como em boa medida é o do percurso acadêmico, tenha sido sempre permeado por acolhimento e carinho. Esse caminho foi ainda menos solitário porque Renata, com seu brilhantismo e de forma sempre inspiradora, discutiu, questionou e trouxe ideias, dispondo-se ainda a revisar o texto. Obrigado pelo apoio infindável e por sempre me receberem com seus sorrisos maravilhosos.

SUMÁRIO

PREFÁCIO
Marçal Justen Filho 17

APRESENTAÇÃO
Fernando Menezes de Almeida 19

INTRODUÇÃO 25
Apresentação do tema 25
A contextualização do tema e a visão sistêmica da responsabilidade estátal em âmbito pré-contratual 32
A delimitação da análise 35
Estrutura 38
Metodologia 39

PARTE I
DA DECISÃO ESTATAL DE CONTRATAR AO DIREITO
(E AO DEVER) DE CONTRATAR

CAPÍTULO 1
FORMAÇÃO E APERFEIÇOAMENTO DA DECISÃO
ADMINISTRATIVA DE CONTRATAR 45
1.1 Introdução 45
1.2 O momento inicial: a autonomia administrativa e a formação da decisão de contratar 46
1.3 A processualidade como técnica de canalização da decisão de contratar 47
1.4 As razões que justificam a progressiva vinculação da autonomia administrativa e dos interessados em contratar 50
1.5 O direito positivo: da lógica de redução da discricionariedade administrativa ao paradigma da estrita vinculação 52
1.6 A atuação administrativa sob estrita vinculação: do automatismo à "adjudicação compulsória" 56
1.7 Os limites do modelo de vinculação estrita: a "dupla fuga" da licitação e as contingências pré-contratuais 58
1.7.1 A dupla fuga: da licitação e dos modelos rígidos de competição 58

1.7.2	A dissociação temporal entre a decisão de contratar e a oportunidade de contratar: a imprevisão na fase pré-contratual – contingências e riscos	62
1.8	Panorama sobre as concepções em torno da "natureza jurídica" do edital e da vinculação estatal a contratar – a ausência de regime padrão de vinculação	63
1.8.1	As concepções privatistas sobre o surgimento do dever de contratar	64
1.8.2	Concepções publicistas de rejeição à vinculação a um dever de contratar – "convite à apresentação de propostas"	65
1.8.3	Concepções publicistas baseadas na vinculação *a priori*	66
1.8.4	A posição adotada: o foco nas premissas de vinculação das partes.	68
1.8.5	A vinculação administrativa como critério distintivo em face do regime privado	71
1.9	Os requisitos necessários para viabilizar a celebração do contrato	73
1.9.1	A estruturação do contrato e a formação do consenso: o regime simétrico de vinculação entre ente público e particulares	74
1.9.2	As hipóteses de processos de contratação não tipificados	77
1.10	Os atos finais do processo de contratação: da adjudicação à contratação	78
1.10.1	A adjudicação	78
1.10.2	A homologação	82
1.10.3	A convocação para celebrar o contrato	85
1.11	As hipóteses de extinção excepcional do processo de contratação determinadas pelo ente contratante sem atingir a celebração do contrato	86
1.11.1	A anulação	87
1.11.2	A revogação	91
1.12	Balanço final e sequência	96

CAPÍTULO 2
O REGIME JURÍDICO DA RELAÇÃO PRÉ-CONTRATUAL 99

2.1	Introdução	99
2.2	As concepções teóricas para explicar o relacionamento pré-contratual	99
2.3	A relação jurídica pré-contratual como análoga à relação contratual, porém produtora de deveres não prestacionais – a incidência do princípio da boa-fé	103
2.4	A retomada das considerações acerca da perspectiva interna à Administração Pública: a legislação pautada pelo polo estatal da relação	105
2.5	A noção de relação jurídica e o direito administrativo	107
2.5.1	Uma figura inicialmente secundária na dogmática administrativa	108
2.5.2	As razões para o recurso à figura da relação jurídica	110
2.5.3	A delimitação do conceito de relação jurídica administrativa	114

2.5.4   A relação jurídica administrativa pré-contratual 117
2.6   O ângulo complementar do regime jurídico da relação
        pré-contratual: segurança jurídica, moralidade e boa-fé e
        a proteção da confiança 121
2.6.1   O princípio da segurança jurídica 121
2.6.2   As dimensões ou funções da segurança jurídica 123
2.6.3   O convívio entre os imperativos de segurança e legalidade e a
        insuficiência da disciplina específica das licitações 125
2.6.4   Um desenvolvimento do direito administrativo em direção à
        segurança jurídica: o princípio da moralidade administrativa 127
2.6.5   O peculiar desenvolvimento da boa-fé no direito administrativo ... 129
2.6.6   O princípio da boa-fé e as contratações públicas 133
2.6.7   Os contornos gerais da proteção da confiança: diferenciação
        em face das noções de segurança jurídica, legalidade e boa-fé 136
2.6.8   A relação de confiança e os critérios para identificação de sua
        proteção na relação pré-contratual administrativa 139
2.6.8.1 Os requisitos de situação concreta de confiança, de sua
        justificação objetiva e de imputação da proteção de confiança
        ao ente público 142
2.6.8.2 O requisito do investimento viável de confiança 144
2.6.8.3 Síntese sobre a configuração da confiança no ambiente
        pré-contratual 145
2.7   Arremate e sequência 145

CAPÍTULO 3
AS POSIÇÕES JURÍDICAS EMERGENTES DA RELAÇÃO
PRÉ-CONTRATUAL 147

3.1   A visão estrutural da relação jurídica e as posições jurídicas
        relacionadas à celebração do contrato 147
3.2   Situando a discussão: a noção de direito subjetivo 150
3.2.1   O direito subjetivo entre tendências subjetivistas e objetivistas
        – da visão estática à hipersubjetivização decorrente do fenômeno
        de constitucionalização do Direito 151
3.2.2   Da configuração estrutural à configuração funcional da noção
        de direito subjetivo – a tendencial integração das noções de direito
        e meros "interesses" 157
3.2.3   A proteção do processo de formação do direito: a segurança
        jurídica e a evolução das posições jurídicas em um *continuum* 163
3.3   Os estágios de formação do direito à contratação 168
3.3.1   O direito (interesse de confiança) na regularidade do processo
        de contratação 169
3.3.2   Da individualização de expectativas e chances de contratar à
        configuração do direito a contratar em seu primeiro estágio:
        o direito eventual 170
3.3.3   A eventual configuração de direito condicional: o excepcional
        preestabelecimento de situação específica condicionante da
        contratação 177

3.3.4	A evolução do direito eventual ao direito adquirido a contratar – o exaurimento da discricionariedade residual	178
3.3.5	A diferença apenas aparente do art. 60 da Lei 13.303/16 em face do regime geral	179
3.3.6	A diferença entre o direito a contratar e o direito a executar o contrato: o exemplo do sistema de registro de preços	180
3.4	Arremate e sequência	181

PARTE II
A RESPONSABILIDADE PRÉ-CONTRATUAL DO ESTADO: REGIME JURÍDICO, HIPÓTESES E QUANTIFICAÇÃO DE DANOS

CAPÍTULO 4
IMPUTAÇÃO E REGIME DE RESPONSABILIDADE CIVIL DO ESTADO NO ÂMBITO PRÉ-CONTRATUAL 185

4.1	As tendências gerais que informam a responsabilidade civil do Estado: objetivação da imputação e ampliação da proteção subjetiva	185
4.2	Critérios de determinação da responsabilidade civil do Estado e a proteção da confiança legítima	196
4.3	A responsabilidade pré-contratual do Estado na experiência brasileira: uma primeira aproximação	202
4.3.1	A orientação durante a vigência do Regulamento de Contabilidade Pública da União: negação da responsabilidade civil do Estado no âmbito pré-contratual	202
4.3.2	A edição dos Decretos-lei 200/67 e 2.300/86: entre a negação e a afirmação incipiente da responsabilidade estatal	206
4.3.3	O período posterior à Constituição de 1988 – da Lei 8.666/93 à Lei 14.133/21: o crescente protagonismo das teses de responsabilidade	210
4.3.4	Notícia sobre as orientações e tendências jurisprudenciais	216
4.3.5	Breve nota comparativa sobre o tratamento do tema: os hiatos legislativos e a construção pela via jurisprudencial como características constantes	220
4.3.6	Ainda a política legislativa: considerações *de lege ferenda* sobre possíveis modulações das soluções de responsabilidade civil	225
4.4	O regime de responsabilidade pré-contratual	229
4.4.1	Os requisitos para configuração de responsabilidade e os critérios de imputação	229
4.4.2	A responsabilidade civil do Estado pela antijuridicidade e por atos lícitos	230
4.4.3	A responsabilidade pela atuação administrativa antijurídica – as hipóteses de invalidação do processo de contratação	233
4.4.4	A responsabilidade na hipótese da revogação regular	240

4.4.5 As consequências dos atos praticados em processos atípicos 250
4.4.6 A rejeição à tese de "desconfiança institucionalizada" como fator excludente de responsabilidade 254
4.4.7 Arremate e sequência 256

CAPÍTULO 5
O DANO E O NEXO CAUSAL 257
5.1 O direito à reparação: a caracterização do dano 257
5.2 A determinação do dano jurídico nos processos de contratação pública 259
5.2.1 A primeira variável: a avaliação da esfera jurídica do lesado e as posições jurídicas *opositivas* e *pretensivas* a serem tuteladas 260
5.2.2 A segunda variável: as características da atuação estatal potencialmente lesiva 262
5.2.3 Síntese das condições para determinação do dano 263
5.3 As categorias de danos aplicadas aos processos de contratação pública 263
5.3.1 Os danos emergentes 264
5.3.2 Os lucros cessantes 267
5.3.2.1 A compatibilidade entre a fase pré-contratual e a indenização dos lucros cessantes 267
5.3.2.2 A definição do conteúdo dos lucros cessantes 270
5.3.3 A perda de chance 274
5.3.3.1 Origem e caracterização geral da teoria da perda de chance 275
5.3.3.3 Nota sobre a perda de chance e contratações públicas no direito comparado 281
5.3.3.4 A chance de obter o contrato administrativo frustrado ou negócios alternativos 283
5.4 A metodologia para determinação das categorias de danos indenizáveis em cada caso 286
5.4.1 As premissas gerais: o princípio da reparação integral e a teoria da diferença 286
5.4.2 A teoria da *culpa in contrahendo*, as noções de interesse positivo e negativo e o seu emprego no direito administrativo 287
5.4.3 A noção de interesse negativo 289
5.4.4 A noção de interesse positivo 292
5.4.5 Ainda sobre o conteúdo do interesse positivo: a hipótese de dano curricular 296
5.4.6 Ressalva final: impossibilidade de conjugação dos critérios de determinação do conteúdo do dano 299
5.5 O nexo causal 301
5.5.1 Noção e relação com os demais elementos constitutivos da relação de responsabilidade civil 301
5.5.2 A aferição da causalidade para o problema central deste trabalho: a interrupção da formação do direito a contratar ou o impedimento à contratação 302

5.5.3 As hipóteses de causas concorrentes ou complementares e de interrupção do nexo causal: fatos da vítima e de terceiros; caso fortuito e força maior 305
5.5.3.1 Fato da vítima 306
5.5.3.2 Fato de terceiro: outros licitantes, órgãos de controle e agentes financiadores 309
5.5.3.3 A questão do caso fortuito e de força maior 312
5.6 Sequência 315

CAPÍTULO 6
AS SITUAÇÕES ESPECÍFICAS DE RESPONSABILIDADE DECORRENTES DA DECISÃO ADMINISTRATIVA DE NÃO CONTRATAR 317

6.1 A responsabilidade civil pela invalidação de licitação 317
6.1.1 A invalidade originária na estruturação da licitação 318
6.1.2 A invalidade superveniente, verificada no processamento da licitação 319
6.1.3 O caso de invalidação irregular 320
6.1.4 A legitimidade para pleitear a indenização: os sujeitos lesados 323
6.2 A responsabilidade civil pela revogação da licitação 325
6.2.1 A hipótese da revogação regular da licitação 325
6.2.2 A revogação inválida 327
6.2.3 Os sujeitos titulares de direito à indenização 329
6.3 A responsabilidade civil nos procedimentos de manifestação de interesse (PMI) 330
6.4 Situações atípicas, não previstas na legislação 337
6.4.1 A hipótese de contratação em preterição do legítimo vencedor ou de licitação em curso 337
6.4.2 A hipótese de preterição pressuposta ou potencial: violação ao dever de licitar e a frustração da possibilidade de disputa 339
6.4.3 A hipótese de omissão ou mora administrativa em relação à observância do dever de contratar 342
6.4.4 Ainda a mora administrativa: revogação tardia ou anulação tardia após a incitação do contratado para providências relacionadas ao contrato 345
6.4.5 A responsabilidade em processos de contratação atípicos 346
6.5 A casuística em torno da perda de uma chance – a análise de posições identificadas na jurisprudência 350
6.5.1 Alusão à perda de chance como fator excludente do dever de indenizar 351
6.5.2 Perda de chance utilizada como fator redutor da indenização e sucedâneo de lucros cessantes 352
6.5.3 Perda de chance como elemento argumentativo para aplicação de elementos alheios aos critérios de responsabilização pré-contratual do Estado 354

6.5.4 A determinação de indenização de perda de chance sem avaliação dos pressupostos necessários para caracterização da chance 356

PROPOSIÇÕES E CONCLUSÕES 359
    Formação da decisão administrativa de contratar 359
    O regime da relação jurídica pré-contratual e as posições jurídicas dela emergentes 360
    O regime de responsabilidade civil pré-contratual do Estado 363
    A identificação dos danos e as hipóteses de ressarcimento 366

REFERÊNCIAS 369

PREFÁCIO

A obra de Guilherme Reisdorfer sobre a responsabilidade pré-contratual apresenta o enfoque mais atual sobre o tema e produz um avanço relevante do estudo do regime aplicável à atividade administrativa do Estado.

A responsabilidade pré-contratual do Estado não era um tema cogitável num modelo autoritário de Administração Pública, com o qual o Brasil conviveu antes da Constituição de 1988. Naquele contexto, era reconhecido à Administração Pública o "poder discricionário" para promover escolhas. A decisão de efetivar a contratação do adjudicatário da licitação envolvia uma competência discricionária, insuscetível de controle.

Prevalecia o entendimento de que o adjudicatário não tinha direito a ser contratado. Tinha apenas direito a não ser preterido. Ou seja, o desenvolvimento de um processo licitatório e o comprometimento de licitantes, os esforços e as despesas pertinentes, nada disso gerava efeito vinculante para a Administração. Produzia, quando muito, uma expectativa de contratação para o adjudicatário.

Esse entendimento refletia a ausência de aplicação à Administração Pública dos princípios fundamentais norteadores da atividade contratual – e da atuação pré-contratual.

Essa concepção é incompatível com os postulados fundamentais da Constituição de 1988. A Administração Pública se subordina ao princípio da boa-fé. As expectativas legítimas dos particulares são protegidas em um Estado Democrático de Direito. Existe um dever de boa-administração.

Mais ainda, a ausência de tutela aos direitos do adjudicatário produz efeitos negativos quanto à própria disputa. Se a Administração dispuser de faculdade ampla para deliberar sobre contratar ou não, isso reduzirá o interesse dos licitantes. Afinal, a participação na licitação acarreta despesas e envolve custos de oportunidade. É evidente que nenhum licitante tem direito a ser reembolsado pelas despesas inerentes à licitação. Mas, se não for reconhecida alguma proteção nem mesmo ao vencedor do certame, haverá um relevante desincentivo para os potenciais interessados.

O enfoque adotado pela obra toma em vista inclusive as tendências mais recentes do pensamento administrativista, relacionadas com a exigência da utilidade da ação estatal. Trata-se da aplicação do método pragmático, que privilegia a produção de resultados concretos para a atuação do Estado. Exige avaliar as consequências das escolhas adotadas, antes do que restringir o enfoque aos princípios abstratos.

A riqueza da perspectiva adotada por Reisdorfer é marcante. Em primeiro lugar, Reisdorfer submete o tratamento da questão aos princípios constitucionais norteadores da atividade administrativa, mas sempre com o compromisso de evitar considerações puramente abstratas. A obra leva os princípios a sério, porque se preocupa em avaliar as suas implicações para a realidade dos fatos.

Depois, a obra toma em vista a teoria geral da responsabilidade civil do Estado, inclusive por atos lícitos. Traz a lume a problemática do nexo de causalidade entre a conduta estatal e a consumação de um dano. Refere-se à figura da perda da chance.

Esse conjunto de considerações deságua na construção de um modelo normativo para avaliar as diferentes hipóteses relacionadas com a ausência da consumação da contratação administrativa.

Na sequência, a obra examina as diferentes hipóteses que podem ocorrer na realidade, indicando os requisitos para a configuração da responsabilidade civil pré-contratual do Estado. E considera a extensão de eventuais indenizações a serem reconhecidas aos sujeitos lesados.

A obra produz a atualização do tratamento doutrinário sobre um tema clássico do direito administrativo. O autor domina com maestria os conceitos e os institutos do direito administrativo em geral e revela profundo conhecimento quanto às peculiaridades da licitação e da contratação administrativa. A bibliografia da obra é ampla e minuciosa, compreende tanto a doutrina brasileira como a estrangeira.

Em suma, trata-se de obra fundamental para o progresso do pensamento jurídico brasileiro e que assegura a Guilherme Reisdorfer uma posição de destaque entre uma nova geração de publicistas. Junto com outros novos talentos, Reisdorfer vai reconstruindo o direito público brasileiro e assumindo, com grandes méritos, o protagonismo em inovações tão necessárias. Por tudo isso, é uma honra prefaciar esta obra. Mais do que isso, é um privilégio descobrir novas facetas para questões jurídicas tradicionais.

Marçal Justen Filho
Professor Titular da UFPR de 1986 a 2006.
Advogado e parecerista em Direito Público.

APRESENTAÇÃO

I

Guilherme F. Dias Reisdorfer, de quem tive a satisfação de ser orientador de doutorado, produziu uma tese cujo resultado ora se publica na forma deste livro. Posso tranquilamente afirmar que foi uma tese de excelência, figurando destacadamente entre as melhores que o prestigioso programa de pós-graduação da Faculdade de Direito da Universidade de São Paulo tem trazido a público nos últimos tempos.

Uma tese que se construiu solidamente, a partir de um consistente percurso de verdadeira pesquisa científica, no qual o autor, aliando seus méritos de pesquisador à sua rica vivência prática do direito, percorreu caminhos sujeitos a avanços e recuos, partindo de pertinentes hipóteses para eventualmente confirmá-las, mas igualmente para vê-las negadas e, por consequência, para adquirir novas e melhores perspectivas tendentes a mais precisas soluções.

Nesse percurso – tudo isso posso testemunhar como seu orientador –, Guilherme não fugiu das dificuldades: pelo contrário, decidiu enfrentá-las, o que lhe propiciou realizar um trabalho ainda mais denso, complexo e rico do que aquele inicialmente projetado.

A tese foi submetida a uma banca composta por notórios mestres do direito, banca essa que, além de muito honrar este orientador, evidencia a qualidade da tese que então foi avaliada, e aprovada com os maiores elogios.

Reitero aqui minhas homenagens aos integrantes da referida banca: Professora Odete Medauar (da Universidade de São Paulo), Professora Judith Martins Costa (da Universidade Federal do Rio Grande do Sul), Professor Marçal Justen Filho e Professor Egon Bockmann Moreira (ambos da Universidade Federal do Paraná) e Professor Pedro Costa Gonçalves (da Universidade de Coimbra).

II

No desenvolvimento de seu tema – a responsabilidade pré-contratual do estado –, Guilherme atentou para construir raciocínios teóricos solidamente embasados na ciência do direito, entretanto sempre cioso de proporcionar soluções para o enfrentamento prático de situações concretas.

Ao tratar da formação da "decisão administrativa de contratar", Guilherme demonstrou a inconsistência dos dogmas tradicionais sobre os amplos poderes da administração de "não contratar", sustentando, em suma, que "a autonomia contratual administrativa é exercitada em dois momentos sucessivos: por meio da decisão de contratar, que instaura o rito para prática das providências necessárias à contratação, e por meio da decisão de celebrar o contrato, sendo esta última uma derivação mais ou menos automática e vinculada à primeira decisão e às providências a partir dela tomadas, conforme as características do método de contratação adotado".

Dessa premissa, decorre a clareza da percepção de que o ato final da contratação – constituindo nova relação jurídica contratual a partir de uma "decisão de celebrar o contrato" – é decorrente de outros atos jurídicos declaratórios (envolvidos na "decisão de contratar"), os quais também dão origem a relações jurídicas, no caso, pré-contratuais, igualmente merecedoras de tutela.

Segundo Guilherme constata, "entendimento diverso, no sentido de que o ente público manteria margem discricionária em termos indeterminados mesmo ao término do processo de contratação, não encontra fundamento no regime legal aplicável à administração pública. [...] Como regra, é apenas nos casos excepcionais em que os requisitos para contratar previamente estipulados não sejam preenchidos que haverá lugar a decisão administrativa efetivamente inovadora, desconstitutiva do processo de contratação, o que ocorrerá exclusivamente mediante exercício das competências de anulação ou revogação".

Passa então Guilherme a explorar uma noção pouco discutida na doutrina do direito, em especial entre especialistas do direito administrativo, qual seja, a "relação jurídica pré-contratual": "a relação jurídica pré-contratual, que é em geral veiculada por processo administrativo, não constitui ambiente jurídico baseado em uma única posição jurídica de potestade ao Estado, tendo como contraface posição de sujeição dos sujeitos que com ele se relacionam. Caracteriza-se como relação obrigacional de confiança, composta por deveres de proteção e posições ativas correlatas. Nessa condição, difere das relações havidas na sociedade em geral e também das relações contratuais, na medida em que estas são caracterizadas por deveres de prestação".

A releitura dos poderes da administração nessa fase que medeia a decisão de contratar e a decisão de efetiva celebração do contrato, à luz de uma relação jurídica pré-contratual, é uma inovadora e marcante contribuição do presente trabalho.

Com essa nova perspectiva, a parte final do texto, relativa à responsabilidade do Estado, ganha uma sólida base que lhe permite, sem negar os fundamentos tradicionais desse tema no direito positivo brasileiro, vislumbrar a complexidade de elementos que convergem para os problemas concretos a serem resolvidos.

No tratamento do tema da responsabilidade, noto ainda, Guilherme atua com grande clareza conceitual, evitando equívocos não incomuns envolvendo as noções de "responsabilidade" e de "dever de indenizar", ou as noções de "causalidade (natural)" e "imputação jurídica".

As soluções propostas pela tese são coerentes e perfeitamente operacionais no quotidiano da administração: "a alusão à responsabilidade civil do Estado como pré-contratual não tem por finalidade distinguir um regime substancialmente diverso de responsabilidade civil extracontratual, mas lançar luz aos três pressupostos específicos que podem ensejar responsabilização – descumprimento das regras de desenvolvimento do processo de contratação, de deveres de boa-fé ou a configuração de eventos lesivos associados a riscos próprios à esfera estatal, dos quais resultem encargos anômalos ou injustos sobre os terceiros que se relacionam com o ente público, ainda que a atuação estatal tenha sido hígida".

Além de propor uma nova interpretação doutrinária do tema da responsabilidade pré-contratual do estado, Guilherme não deixa de cuidar de uma exposição crítica sobre o atual panorama da jurisprudência, bem como da lacuna legislativa hoje existente quanto à matéria, a qual, segundo conclui, "(i) fomenta a cultura de impunidade, que abriga espaço para planejamento e decisões descompromissadas, que ignoram e frustram os recursos públicos e privados empregados para o objetivo de contratar; (ii) produz expressiva insegurança jurídica, ilustrada pela existência de correntes jurisprudenciais dispersas e muitas vezes incompatíveis entre si sobre os pressupostos de responsabilidade e a extensão do dever de indenizar".

III

O tema da responsabilidade da administração pública pela decisão de não contratar, em princípio concebido como um caso de aplicação do já bem explorado em doutrina regime de responsabilidade civil do Estado, resultou, pelas mãos de Guilherme, num belíssimo trabalho, que integra ao assunto da responsabilidade uma sofisticada discussão sobre a relação jurídica pré-contratual e sobre os poderes decisórios da administração pública, conjugando – com desenvoltura e amparado por sólida visão de teoria geral do direito – perspectivas usualmente apartadas e rotuladas distintivamente como de direito administrativo e de direito civil.

Infelizmente não é raro constatar-se no pensamento jurídico um vício decorrente de distorções na compreensão que os juristas têm do que seja a ciência do direito e do que seja o fenômeno jurídico enquanto objeto da ciência. Por esse viés distorcido, tomam-se os tradicionais "ramos do direito" – ou seja, as subdivisões didáticas das matérias ensinadas nos cursos de direito – como se fossem "ciências", reportando-se, por métodos distintos, a objetos inconciliáveis.

Assim, é comum – e parece-me altamente equivocado – que se encontrem afirmações sugerindo que o "direito civil" e o "direito administrativo" acarretem, cada qual, soluções diversas, em termos de método e de resultado, para uma mesma questão de direito.

O presente trabalho claramente não incide nesse vício e nesse equívoco.

Ora, o fenômeno social dito "direito", conforme se apresente como objeto para a compreensão de seus estudiosos, é um elemento unitário. E o método jurídico para sua compreensão há de ser um só, independentemente das especialidades temáticas de seus intérpretes.

Valer-se de uma abordagem analítica, de modo a vislumbrarem-se distintos aspectos do problema a ser resolvido, é uma etapa necessária de um procedimento cientificamente coerente. No entanto, a conclusão há de ser fruto de uma síntese, capaz de integrar todos esses aspectos.

Serão necessariamente incompletas, senão mesmo falsas, soluções que se contentem com olhares temáticos parciais do fenômeno jurídico, especialmente se inspiradas por dogmas doutrinários.

Aliás, em se tratando do direito administrativo, notadamente ao longo da segunda metade do século XX, com resquícios ainda nos dias de hoje, muitos dogmas doutrinários em torno dos poderes unilaterais e exorbitantes da administração pública nas suas relações jurídicas poluem a compreensão do direito e oferecem soluções distorcidas aos problemas atinentes à sua aplicação.

Guilherme, neste trabalho de excelência, conseguiu, com profundidade, clareza e precisão, realizar o que me parece seja o correto e necessário manejo da ciência jurídica, para produzir análises e encontrar soluções sintéticas a partir de uma visão completa do direito, integrando com brilhantismo temas complexos como os poderes e deveres da administração pública (resultantes em atos administrativos); as relações jurídicas presentes nos processos de contratação; a responsabilidade civil contratual e extracontratual; e os valores de segurança jurídica e proteção à confiança, fundamentais para o efetivo funcionamento do estado de direito.

Fernando Menezes de Almeida
Professor Titular da Faculdade de Direito da USP

INTRODUÇÃO

Apresentação do tema

O tema pesquisado neste trabalho compreende a relação jurídica que se estabelece entre Estado e sujeitos interessados em com ele contratar, a partir do momento em que passam a interagir para o fim de celebrar um dado contrato. A proposta é identificar as posições jurídicas emergentes dessa relação, tendo como foco principal a verificação dos pressupostos para aperfeiçoamento da decisão administrativa de contratar ou desistir da contratação, por razões de juridicidade ou de conveniência e oportunidade. A partir desses elementos, investigam-se os deveres, especialmente vinculados à responsabilidade civil, que podem emergir das condutas nela praticadas. A decisão que rejeita a contratação pode manifestar-se como ato administrativo lícito (anulação ou revogação regular da licitação) ou ilícito (desistência em sentido lato inválida do processo de contratação, ou contratação indevida de um sujeito com preterição de outro). E dessa deliberação podem emergir danos àqueles que se relacionam com o ente estatal contratante.

A temática pode ser enquadrada dentro do panorama mais amplo da teoria da *responsabilidade civil pré-contratual*.

A responsabilidade civil dita *pré-contratual* ganhou relevância ao longo do século XX, mas a formação prototípica dessa teoria é localizada na construção da *culpa in contrahendo*, apresentada por Jhering em trabalho publicado em 1861, com o título *Culpa in contrahendo ou indenização pelos contratos nulos ou não chegados à perfeição*.[1] A teoria da *culpa in contrahendo* foi pioneira não apenas no tratamento do tema, mas

---

[1] JHERING, Rudolf. *Culpa in contrahendo ou indemnização em contratos nulos ou não chegados à perfeição*. Tradução: Paulo Mota Pinto. Coimbra: Almedina, 2008.

por identificar os problemas específicos que ensejaram a sua origem, próprios ao ambiente pré-contratual. Tal concepção abriu caminho para o desenvolvimento da distinção entre a responsabilidade civil por danos *in contractu* daqueles *in contrahendo* – e entre estes e o regime geral de *neminem laedere*.

Os contatos pré-contratuais exercem as funções de propiciar a troca de informações, necessária para incorporação de conhecimentos e redução de incertezas, e de estabilizar as expectativas em torno da celebração do contrato, com o objetivo final de viabilizar o consentimento das partes.

No campo das relações privadas, os desenvolvimentos teóricos acompanharam a evolução das práticas negociais e a necessidade de soluções jurídicas aptas a conciliar os princípios da autonomia contratual e da boa-fé. Se em estágio anterior do capitalismo havia um sistema de trocas norteado por liberdade mais ampla e não tão impactado por uma "visão aleatória das negociações",[2] com o tempo a estabilidade das expectativas ganhou crescente importância, como condição de ampliação da eficiência e fluidez do comércio jurídico.

Na medida em que os relacionamentos pré-contratuais ganharam complexidade, relevância e se tornaram mais custosos – não apenas no tocante aos esforços para a celebração de um determinado contrato, mas também em relação às oportunidades alternativas que são postas de lado (uso de capital para fins alternativos, ou celebração de negócios com terceiros) –, o ambiente pré-contratual passou a ser foco de estudos econômicos e jurídicos específicos.

Na segunda metade do século XX, estudos econômicos passaram a se dedicar à análise da liberdade negocial considerando os *custos de transação*, derivados de falhas de informação e comportamentos oportunistas.[3] A partir dessa perspectiva e do ponto de vista econômico, os custos relacionados com as tratativas pré-contratuais já não poderiam mais ser "impunemente considerados como negligenciáveis".[4] Isso justificou que "elementos antes considerados exógenos à análise econômica – como direitos de propriedade, estrutura organizacional

---

[2] VICENTE, Dário Moura. Da Responsabilidade Pré-Contratual em Direito Internacional Privado. Coimbra: Almedina, 2001. p. 274.
[3] COASE, Ronald. The problem of social cost. *Journal of Law and Economics*, [s. l.], v. 3, p. 1-44, out. 1960.
[4] AZEVEDO, Paulo Furquim de. Antecedentes. *In*: FARINA, Elizabeth Maria Mercier Querido; AZEVEDO, Paulo Furquim de; SAES, Maria Sylvia Macchione (org.). *Competitividade*: Mercado, Estado e Organizações. São Paulo: Singular, 1997. p. 38.

da firma e mecanismos de governança das transações"⁵ passassem a ser incorporados à teoria econômica.

Esses elementos serviram de base para a teorização de esquemas de cooperação já no ambiente pré-contratual, como forma de lidar com as ineficiências geradas por custos de transação. Para que seja possível instaurar a cooperação, a teoria econômica enumera requisitos envolvendo: (i) um sistema de comunicação adequado entre as partes para fornecimento de informações e (ii) um sistema de incentivos baseado em penalidades às partes transgressoras.⁶

O sistema geral de incentivos assume maior complexidade a partir da evolução do tratamento jurídico sobre as tratativas pré-negociais. O sistema de trocas cada vez mais impessoal não constitui o ambiente mais favorável à cooperação espontânea das partes.⁷ Nesse cenário, a proteção da confiança e a repressão a comportamentos oportunistas abusivos não são adequadamente obtidas a partir de fatores como cultura, reputação e vínculos morais.⁸ A proteção da confiança demanda a atuação das instituições estatais para assegurá-la. O Estado é chamado a instituir mecanismos de resguardo da confiança entre privados, propiciando maior segurança jurídica às relações econômicas. Opera-se, então, um movimento de "judicialização da ética dos negócios".⁹

---

⁵ AZEVEDO, Paulo Furquim de. Antecedentes. *In:* FARINA, Elizabeth Maria Mercier Querido; AZEVEDO, Paulo Furquim de; SAES, Maria Sylvia Macchione (org.). *Competitividade*: Mercado, Estado e Organizações. São Paulo: Singular, 1997. Conferir ainda NORTH, Douglass. C. *Instituições, mudança institucional e desempenho econômico*. Tradução: Alexandre Morales. São Paulo: Três Estrelas, 2018. p. 58.

⁶ AZEVEDO, Paulo Furquim de. Antecedentes. *In:* FARINA, Elizabeth Maria Mercier Querido; AZEVEDO, Paulo Furquim de; SAES, Maria Sylvia Macchione (org.). *Competitividade*: Mercado, Estado e Organizações. São Paulo: Singular, 1997. p. 104-105.

⁷ "A cooperação é difícil de sustentar quando o jogo não se repete (ou a partida está no fim) [isto é, quando não há contratações recorrentes entre as mesmas partes], quando faltam informações sobre os outros jogadores e quando o conjunto de jogadores é numeroso. Esses extremos polares na verdade refletem contrastes da vida real. De ordinário, verificamos comportamento cooperativo quando os indivíduos interagem repetidamente, quando têm informações abundantes uns sobre os outros e quando o grupo é pequeno. [...] Na verdade, a essência da troca impessoal é a antítese da condição para a cooperação no âmbito da teoria dos jogos" (AZEVEDO, Paulo Furquim de. Antecedentes. *In:* FARINA, Elizabeth Maria Mercier Querido; AZEVEDO, Paulo Furquim de; SAES, Maria Sylvia Macchione (org.). *Competitividade*: Mercado, Estado e Organizações. São Paulo: Singular, 1997. p. 29).

⁸ "Para que ocorra crescimento econômico, o soberano ou o governo devem não somente estabelecer o conjunto relevante de direitos, mas construir um compromisso confiável para sua garantia" (AZEVEDO, Paulo Furquim de. Níveis Analíticos. *In:* FARINA, Elizabeth Maria Mercier Querido; AZEVEDO, Paulo Furquim de; SAES, Maria Sylvia Macchione (org.). *Competitividade*: Mercado, Estado e Organizações. São Paulo: Singular, 1997. p. 65-66).

⁹ MARTINS-COSTA, Judith. *A boa-fé no direito privado*: critérios para a sua aplicação. 2. ed. São Paulo: Saraiva, 2018. p. 354.

A teoria jurídica desenvolveu-se refletindo processos econômico-sociais mais amplos e demandas de ordem prática. O desenvolvimento foi permeado pela busca de soluções de equilíbrio entre o necessário espaço de autonomia que norteia as tratativas contratuais com a progressiva relevância que a tutela da confiança assume no Direito como um todo ao longo do século XX, inclusive no âmbito pré-contratual.

Esses fatores explicam o surgimento de pautas de correção e de segurança para orientar a conduta dos sujeitos em tratativas. Isto como meio não para propriamente restringir, mas para viabilizar o tráfego econômico e jurídico em uma economia de massa. Como veio a ser consagrado no art. 422 do Código Civil, os contornos da autonomia privada são informados pela incidência de uma norma geral de conduta – o princípio da boa-fé, que orienta os comportamentos e as manifestações dos interessados, inclusive quando ainda se colocam a negociar.[10]

Enquanto a teoria da responsabilidade pré-contratual se desenvolveu em torno do pilar da autonomia privada e das considerações apresentadas acima, a sua análise no âmbito da atuação estatal reclama a investigação sobre o regime de relacionamento público-privado e suas peculiaridades. Cabe examinar o princípio da competência e a lógica funcional que permeiam a atuação administrativa, bem como os limites da discricionariedade administrativa e os elementos aptos a restringi-la ou conformá-la. Isso notadamente no que diz respeito às normas que determinam a autovinculação administrativa e o relacionamento do Estado com sujeitos privados. No direito público, os contatos pré-contratuais apresentam funções em certa medida similares ou equivalentes, mas sujeitas a funcionamento próprio e a situações diferenciadas, o que justifica análise específica.

Considerando a sistemática do art. 11 da Lei 14.133/21, podem ser identificados três objetivos ou funções principais dos processos de contratação pública: (i) satisfação eficiente de uma determinada necessidade pública (inc. I e III); (ii) observância dos princípios que regem a atuação estatal, com destaque à isonomia e à justa competição (inc. II); e (iii) concretização de fins públicos colaterais ou transcendentes às necessidades públicas específicas que justificam a contratação, mediante regulação ou fomento à adoção, pelo mercado, de agendas consideradas

---

[10] Entendimento que resultou na aprovação do Enunciado 170 da III Jornada de Direito Civil do Conselho da Justiça Federal: "A boa-fé objetiva deve ser observada pelas partes na fase de negociações preliminares e após a execução do contrato, quando tal exigência decorrer da natureza do contrato".

relevantes pelo ordenamento, como inovação e desenvolvimento nacional sustentável (inc. IV).[11]

O exame das funções do processo de contratação e do modo adequado de realização dos objetivos a elas correlatos passa pela identificação do conjunto de interesses que se encontra relacionado com a atividade contratual do Estado. Lição de Guimarães Menegale lançou luzes sobre o tema em 1950, com a observação de que os interesses a serem considerados em torno dos processos de contratação não são apenas aqueles de natureza administrativa e financeira próprios à órbita estatal, mas também os interesses privados dos concorrentes, que, no dizer do autor, "só a imparcialidade assegura".[12]

Em sentido similar e em termos mais amplos, Sue Arrowsmith enumera quatro centros principais de interesses: (1) daqueles que custeiam a atividade contratual (de modo geral, os contribuintes); (2) dos usuários ou consumidores das utilidades produzidas no âmbito dos contratos administrativos (que em geral remuneram, em medidas variáveis, tais utilidades); (3) das empresas que contratam com o Estado; e (4) da economia como um todo, dada a relevância das compras públicas no contexto macroeconômico.[13]

A composição de interesses indica que qualquer tentativa de visualizar isoladamente as funções reconhecidas pela legislação aos processos de contratação administrativa – e os interesses neles relacionados – opera como redutor de uma realidade mais ampla, que sempre apresenta os seus componentes interrelacionados. Os objetivos de obter contratação eficiente e preservar a isonomia são concretizados de forma concatenada, e assim ocorre também com a função regulatória.

De forma específica, a eficiência pressupõe a correção da atuação estatal ao longo do processo de contratação, que se realiza a partir da

---

[11] "Art. 11. O processo licitatório tem por objetivos: I - assegurar a seleção da proposta apta a gerar o resultado de contratação mais vantajoso para a Administração Pública, inclusive no que se refere ao ciclo de vida do objeto; II - assegurar tratamento isonômico entre os licitantes, bem como a justa competição; III - evitar contratações com sobrepreço ou com preços manifestamente inexequíveis e superfaturamento na execução dos contratos; IV - incentivar a inovação e o desenvolvimento nacional sustentável".

[12] MENEGALE, J. Guimarães. *Direito Administrativo e Ciência da Administração*. 2. ed. Rio de Janeiro: Borsoi, 1950. v. 2. p. 191.

[13] "The activity of procurement is of concern to a wide range of groups and interests. In particular, it affects the interests of those who fund the activity (taxpayers in the case of government); the citizens or consumers who benefit from the products or services acquired; businesses which supply the products or services; and also the economy as a whole, since effective purchasing can play an important role in promoting economic activity" (ARROWSMITH, Sue. *The Law of Public and Utilities Procurement*. London: Sweet & Maxwell, 1996. p. 2).

observância das regras estabelecidas. De forma mais ampla, a eficiência diz respeito ao tratamento justo aos interessados em contratar com o Estado. Daí a razão e a relevância da alusão contida no art. 11, inc. II, da Lei 14.133/21 à expressão abrangente de "justa competição", ao lado do "tratamento isonômico entre os licitantes".

O ambiente de justa competição, que pode ser relacionado à noção de *fair dealing*, envolve a observância objetiva de regras adequadas de disputa, segundo as pautas gerais de imparcialidade e isonomia. Mas há uma dimensão complementar, atinente ao reconhecimento e respeito das posições jurídicas emergentes da interação havida entre Estado e interessados com vistas a uma determinada contratação. Essa dimensão vai além do tratamento isonômico entre concorrentes. Abrange uma tutela subjetiva mais intensa, correspondente à consideração da esfera jurídico-patrimonial dos interessados em contratar.[14]

Por esse ângulo, está em causa também a isonomia entre esses sujeitos e a coletividade representada pelo ente estatal. Trata-se de admitir que a contratação administrativa não se dá apenas em prol dos interesses e objetivos relacionados à órbita estatal. Considera igualmente os interesses privados daqueles que, sem prejuízo de buscar satisfazer o propósito lucrativo de suas atividades, contribuem com a realização daqueles interesses públicos – isso não apenas quando vencem a disputa e contratam, mas já pelo simples fato de ingressarem na disputa pelo contrato.[15]

Essa perspectiva de análise tem recebido atenção mais ampla no direito comparado do que na realidade brasileira. Na experiência internacional, observa-se que "a forma de condução das licitações,

---

[14] BURGI, Martin. Damages and EC Procurement Law: German Perspectives. *In:* FAIRGRIEVE, Duncan; LICHÈRE, François. *Public Procurement Law*: Damage as an Effective Remedy. Oxford: Hart Publishing, 2011. p. 28.

[15] "E que assim é, demonstra-o, sem sombra de dúvida, a atual jurisprudência do Conselho de Estado. Com efeito. Depois de ter entendido que a concorrência se realizava no só interêsse da Administração, donde carecer, quem quer que fôsse, de interêsse para atacar-lhe as irregularidades, êsse mundialmente famoso tribunal administrativo evoluiu para o ponto de vista de que ela também se instaura no interêsse dos administrados. Abre-lhes ensejo de cooperar na realização das finalidades estatais, e lhes permite usufruir, em contrapartida, determinadas vantagens econômicas. Dentro dessa nova orientação os arestos se tem sucedido, provendo-se recursos por excesso de poder para anular concorrências processadas com infração nas normas que as devem reger, ou recursos de plena jurisdição para fazer indenizar aos prejudicados (inclusive danos morais), segundo a casuística do direito local (Jeze, obra e vol. cits., págs. 123 e 139; Duez-Debeyre, obro cit., págs. 903-904)" (FAGUNDES, Miguel Seabra. Concorrência pública - classificação dos concorrentes - ato administrativo - vício de ilegalidade e vício de mérito - mandado de segurança. *Revista de Direito Administrativo*, [s. l.], v. 22, p. 369-376, 1950. p. 406).

como qualquer outra atividade governamental", constitui um dado relacionado a "garantir eficiência econômica" ao ente estatal.[16] Por essa perspectiva, o reconhecimento dos direitos dos licitantes é não apenas um limite à atuação estatal, mas forma de propiciar a redução de custos de transação, suportados em última análise pelo Estado.

Assim, em um nível mais específico e imediato, o reconhecimento dos direitos dos licitantes propicia o controle da atividade desenvolvida e estimula a condução adequada das licitações, com vistas à confirmação da contratação mais vantajosa. Em um nível mais amplo, possibilita a redução de incertezas e a consequente redução dos custos de transação em termos sistêmicos. Isso não apenas no âmbito do processo de contratação em que tais direitos sejam observados, mas em termos institucionais e, nessa medida, transcendentes aos interesses envolvidos em uma dada relação concreta.

Isto é: o processamento correto, sério e eficiente de licitações é apto a induzir a expectativa de que licitações futuras do mesmo ente estatal também tenderão a ser conduzidas de forma correta. Em termos econômicos, a observância da justa competição e dos direitos dos licitantes se traduz em uma questão reputacional. Ainda que de forma indireta ou difusa, o *fair dealing* tende a propiciar fomento da competição não apenas no âmbito de uma determinada contratação, mas também nas subsequentes.[17] A forma como as interações público-privadas é desenvolvida marca o presente e o futuro da eficiência da atuação estatal.

Daí se referir que a observância dos direitos dos licitantes assume relevante papel para "tornar o sistema de contratações públicas efetivo como um todo".[18]

---

[16] TREPTE, Peter. *Regulating Procurement*: Understanding the Ends and Means of Public Procurement Regulation. New York: Oxford University Press, 2004. p. 47.

[17] "The fair treatment of those doing business with government is also often regarded as an independent objective of procurement strategy and this objective has also been explicitly acknowledged in the Government's 1995 White Paper. To an extent this objective is consistent with and contributes to the attainment of best value: for example, providers who are fairly treated are more likely to participate in future competitions, and giving reasons for decisions, for example, may enable them to compete more effectively in future" (ARROWSMITH, Sue. *The Law of Public and Utilities Procurement*. London: Sweet & Maxwell, 1996. p. 5-6). Na mesma linha: TREPTE, Peter. *Regulating Procurement*: Understanding the Ends and Means of Public Procurement Regulation. New York: Oxford University Press, 2004. p. 145.

[18] "Further, it can be pointed out that since it will often be difficult to obtain non-financial relief (especially in view of the rules that this is not available once a contract has been concluded) damages are important to make the system as a whole effective" (ARROWSMITH, Sue. *The Law of Public and Utilities Procurement*. London: Sweet & Maxwell, 1996. p. 913).

Não obstante, afirmar direitos em tese e a sua relevância para o sistema de contratações públicas é apenas uma primeira aproximação em torno do problema. Há que se definir quais são esses direitos e os remédios jurídicos disponíveis para assegurar a sua observância. A identificação desses elementos pressupõe a compreensão do modo como os processos de contratação são desenvolvidos e das posições jurídicas detidas por cada um dos polos – o ente contratante e os demais interessados em contratar – que comporão a relação jurídica pré-contratual.

É nesse contexto e com o propósito de identificar esses elementos que o presente trabalho é desenvolvido.

A contextualização do tema e a visão sistêmica da responsabilidade estatal em âmbito pré-contratual

A responsabilidade pré-contratual do Estado se insere em contexto mais amplo, dentro do que se pode entender como um sistema de remédios aplicável às licitações e contratações administrativas.

A observação tem relevância não somente para fins de sistematização teórica. O ordenamento como um todo deve ser apto a oferecer respostas e mecanismos adequados para a proteção dos interesses juridicamente tutelados. É o que se confirma, por exemplo, a partir do art. 25 da Convenção Americana sobre Direitos Humanos – o Pacto de São José da Costa Rica, vigente conforme o Decreto 678/92.[19] A importância da função da responsabilidade civil deve ser compreendida dentro da perspectiva mais ampla de cada sistema, conforme o regime jurídico estabelecido e observando o funcionamento interrelacionado dos remédios.[20] Diante dessa premissa, a maior ou menor relevância

---

[19] Cujo artigo 25, conforme promulgado pelo Decreto 678/92, dispõe o seguinte: "1. Toda pessoa tem direito a um recurso simples e rápido ou a qualquer outro recurso efetivo, perante os juízos ou tribunais competentes, que a proteja contra atos que violem seus direitos fundamentais reconhecidos pela constituição, pela lei ou pela presente Convenção, mesmo quando tal violação seja cometida por pessoas que estejam atuando no exercício de suas funções oficiais. 2. Os Estados-Partes comprometem-se: a) a assegurar que a autoridade competente prevista pelo sistema legal do Estado decida sobre os direitos de toda pessoa que interpuser tal recurso; b) a desenvolver as possibilidades de recurso judicial; e c) a assegurar o cumprimento, pelas autoridades competente, de toda decisão em que se tenha considerado procedente o recurso".

[20] O que é refletido em observações no direito comparado como a seguinte: "without modifying the damages provision, Directive 2007/66 [estruturadora de sistema de remédios nas contratações públicas em âmbito comunitário] modified the balance of remedies and therefore impacts on a systemic interpretation of the Remedies Directive" (SCHEBESTA, Hanna. *Damages in EU Public Procurement Law*. Heidelberg: Springer, 2016. p. 51).

da responsabilidade civil em cada ordenamento se relaciona com a suficiência dos demais mecanismos jurídicos para assegurar os direitos dos interessados.

A importância das considerações sistêmicas, tanto para orientar a definição de políticas normativas, quanto para situar a aplicação de soluções nos casos concretos, pode ser ilustrada a partir da comparação entre o direito comunitário europeu e a experiência havida nos Estados Unidos a propósito da responsabilidade pré-contratual do Estado.

Alude-se no direito da União Europeia a um sistema que tem por objetivo estabelecer critérios de coordenação e subsidiariedade entre os vários remédios.[21] A doutrina revela haver a prevalência estrutural de um *princípio da prevenção*, que prioriza a tutela primária ou *in natura* a partir de soluções processuais específicas, como mecanismos de tutela cautelar, contencioso urgente e ineficácia do contrato e prazo de *standstill*. Esta última solução, por exemplo, consiste na observância de prazo suficiente para que questionamentos finais possam ser apresentados entre o término do processo de contratação e a celebração do contrato.[22]

Nesse contexto, as soluções indenizatórias por prejuízos provocados pela conduta estatal assumem função subsidiária – função esta que, não obstante, não é de menor relevância. A responsabilidade civil do Estado serve de instrumento de tutela dos interesses individuais e do mercado comum europeu, com o propósito de evitar deliberações no âmbito de processos de contratação administrativa com propósitos protecionistas.

Esses fatores explicam que a responsabilidade pré-contratual do Estado apareça nos direitos nacionais europeus ora como proteção mais identificada à tutela dos indivíduos,[23] ora com contornos mais

---

[21] Diretiva que estabelece definições sobre anulação prioritária em face da indenização; EIRÓ, Vera. *A Obrigação de Indemnizar das Entidades Adjudicantes*. Coimbra: Almedina, 2013. p. 411 e ss.
[22] EIRÓ, Vera. *A Obrigação de Indemnizar das Entidades Adjudicantes*. Coimbra: Almedina, 2013. p. 414. "Quanto aos fins das Directivas Recursos, [...] estas se justificam pela necessidade de garantir a aplicação efectiva das directivas de contratação pública, as quais, por sua vez, se dirigem à efectiva construção do mercado interno. A concepção deste sistema de remédios impõe, portanto, que se considere a presença preponderante do interesse da sociedade ou, melhor dito, do mercado na identificação e posterior invalidação das decisões das entidades adjudicantes contrárias ao direito da contratação pública na UE" (EIRÓ, Vera. *A Obrigação de Indemnizar das Entidades Adjudicantes*. Coimbra: Almedina, 2013. p. 413-414).
[23] Sobre esta perspectiva – que, no entanto, não afasta as razões que permeiam a disciplina comunitária que norteia o direito português –, conferir FERREIRA, Rui Cardona. *Indemnização do interesse contratual positivo e perda de chance (em especial, na contratação pública)*. Coimbra: Coimbra Editora, 2011. p. 65 e ss.

relacionados a interesses coletivos em sentido amplo. É o que se vê no direito alemão, no qual as exigências comunitárias em torno da *culpa in contrahendo* do Estado foram incorporadas na legislação de proteção da concorrência.[24]

Já nos Estados Unidos, verifica-se papel muito mais restrito às soluções de responsabilidade civil. Esse sistema não oferece sistemática ressarcitória mais estruturada no âmbito de contratações públicas. É fundamentalmente orientado pela lógica de aplicar mecanismos preventivos e corretivos para imediata invalidação de irregularidades que venham a ser questionadas (*challenges*), com o refazimento dos atos impugnados. Assim e na grande parte dos casos, diz-se: *"the 'protester will be given a 'second bite at the apple'"*.[25] Subjaz a esse modelo, como objetivo central e ainda que com custos temporais e de refazimento de atos, evitar o uso de recursos públicos para fins indenizatórios.

O direito brasileiro oferece ferramentas de impugnação das decisões tomadas em processos de contratação, mas a efetividade desses instrumentos não está atrelada a condições previamente definidas de emprego de cada qual. Não há um sistema de remédios estruturado. A efetividade das iniciativas dos sujeitos que se consideram lesados depende da tempestividade do exercício do controle sobre os atos do ente público contratante e da casuística.

Salvo o recurso administrativo no curso do certame, não há soluções preventivas padronizadas como nos sistemas estrangeiros acima referidos. Na realidade brasileira, é frequente encontrar decisões judiciais que afastam discussão acerca da validade de atos administrativos em âmbito liminar. Essa prática tem por reflexo originar tantas outras decisões que têm por objeto lidar com a impossibilidade superveniente

---

[24] Esse quadro é descrito por Stephan Lorenz e Wolfgang Vogelsang com a explicação de que a edição do *Act Against the Restraint of Competition* (GWB) em 1998 foi a forma utilizada de "transpor as exigências de várias diretivas da União Europeia para o direito alemão", no que se incluiu regra específica de responsabilização civil em processos de contratação pública. Na tradução dos autores, o §126 desse diploma dispõe o seguinte: "If the contract-awarding authority has violated a provision intending the protection of an enterprise and if, without this violation, the enterprise would have had a real chance of winning the award which has been impaired by the violation of the law, the enterprise is entitled to damages for the costs incurred in order to make an offer or to participate in the bidding process. Any other claims for damages remain unaffected" (LORENZ, Stephan; VOGELSANG, Wolfgang. Case 10: Public bidding – Germany. *In:* CARTWRIGHT, John; HESSELINK, Martijn (ed.). *Precontractual Liability in European Private Law*. Cambridge: Cambridge University Press, 2008. p. 290-291).

[25] GORDON, Daniel; GOLDEN, Michael R. Money Damages in the Context of Bid Protests in the United States. *In:* FAIRGRIEVE, Duncan; LICHÈRE, François. *Public Procurement Law*: Damage as an Effective Remedy. Oxford: Hart Publishing, 2011. p. 209.

de determinar soluções de tutela em espécie ou *in natura* para o restabelecimento da legalidade.²⁶

Tampouco existe no plano legislativo possibilidade de articulação e compreensão sistemática desses remédios processuais com a responsabilidade civil, porque esta não é disciplinada de forma específica. Em casos mais graves, a legislação especial disciplina responsabilização penal e administrativa dos envolvidos, com vistas à restauração da legalidade, mas é lacônica a propósito da responsabilização civil.

O cenário normativo atual implica que a identificação do alcance e do papel desse remédio no direito das contratações administrativas deve ser feita pela doutrina. O vácuo da legislação especial suscita a necessidade de exame do tema desde uma perspectiva constitucional e conforme as normas gerais de responsabilidade civil. Dada a ausência de definições legislativas específicas, esse conjunto de fatores encontra-se sujeito à integração judicial para definição de soluções concretas.

A delimitação da análise

A experiência revela que diversas irregularidades podem resultar na produção de danos no âmbito dos processos de contratação administrativa.²⁷ Para os fins do presente trabalho, considera-se fato

---

[26] A título de ilustração: "[...] já não subsiste objeto ao presente Recurso Especial, uma vez que a matéria aqui debatida já foi superada e nova licitação realizada e adjudicada em favor de empresa diversa, que presta ao serviço regularmente desde 2019" (agravo interno no agravo em recurso especial 1.924.268/MG, 2ª Turma, relator Ministro Herman Benjamin, j. 25.04.2022). É digno de nota que o Superior Tribunal de Justiça veio a modificar o entendimento de que a contratação implicava a perda de objeto de ações judiciais questionando ilegalidades havidas no curso do processo de contratação (Superior Tribunal de Justiça, agravo interno no agravo em recurso especial 1.483.137/SC, 2ª Turma, relatora Ministra Assusete Magalhães, j. 08.02.2021). Esse entendimento, longe de infirmar a aparente ineficácia dos remédios processuais para restabelecer a legalidade dos processos de contratação, tanto mais a confirma, por refletir casos em que a legalidade do certame permanece sendo discutida em paralelo à execução do contrato, consolidando prejuízos e a tendencial impossibilidade de restabelecimento da legalidade mediante contratação efetivamente regular.

[27] Cite-se enumeração feita por Alexandra Leitão a esse propósito: "Apesar de ser virtualmente impossível tipificar as situações de lesão que podem ocorrer no âmbito de um procedimento pré-contratual, existem um conjunto de actuações que, até pela sua frequência, podem considerar-se típicas. Assim, podem revelar-se lesivos os seguintes actos: - a escolha do procedimento de selecção; - a falta de convite nos procedimentos restritos; - a imposição de cláusulas discriminatórias nos cadernos de encargos e outras peças concursais, bem como a sua alteração no decurso do procedimento; - a falta de publicação do anúncio ou de outros elementos aos quais deva ser dada publicidade; - a errada composição do júri, da comissão de abertura do concurso ou da comissão de análise das propostas; - a submissão dos concorrentes a obrigações, desvantagens ou regalias diferentes; - a não

jurídico específico: a decisão ou omissão de não contratar, pelas variadas razões, lícitas ou ilícitas, que possam nortear essa deliberação. Em função disso, cabe identificar os tipos de posições jurídicas que podem ser lesados e os casos, forma e limites de responsabilidade civil que podem restar configurados.

A análise tem em perspectiva apenas a figura dos contratos administrativos propriamente ditos, envolvendo Estado e sujeitos privados. Não se cogita aqui das contratações havidas entre entes estatais, que podem subordinar-se a lógicas cooperativas e solidárias peculiares. Não se ignora, de outra parte, a utilização crescente de métodos ou técnicas convencionais pela Administração Pública contemporânea, inclusive para compor o exercício de competências estatais tipicamente unilaterais.[28] Não obstante, consideram-se apenas os casos em que a manifestação de vontade do particular tem função constitutiva (isto é, constitui pressuposto de existência) de um ato jurídico (bilateral, portanto).

Logo, não são enquadradas como tratativas pré-contratuais aquelas situações em que a manifestação privada opera como condição preliminar, complementar ou de eficácia de um ato unilateral estatal, ainda que, em termos funcionais, tais realidades possam revelar-se próximas entre si. Examina-se apenas a figura do contrato enquanto ato jurídico por meio do qual "uma nova situação jurídica é criada, necessariamente a partir do acordo de vontade das partes envolvidas",[29] de forma relacionada ao exercício de alguma função administrativa,[30] reconhecendo-se que essa atuação não esgota as manifestações consensuais para o desempenho de competências administrativas.

Sobre a terminologia, alude-se como objeto do estudo a *processos de contratação* em geral. Refere-se a *processo* conforme a expressão adotada no art. 37, inc. XXI, da Constituição, para o fim de alcançar as diversas formas de contratação administrativa, incluindo os processos de contratação direta. Consideram-se também, de modo específico, as

---

admissão, admissão condicionada e a admissão dos concorrentes e das propostas; - a falta de audiência prévia; - a decisão de não adjudicar o contrato ou de anular o procedimento; - a adjudicação; - a minuta do contrato; - a própria celebração do contrato ou a recusa em fazê-lo" (LEITÃO, Alexandra. *A Protecção Judicial dos Terceiros nos Contratos da Administração Pública*. Coimbra: Almedina, 2002. p. 199).

[28] ALMEIDA, Fernando Dias Menezes de. *Contrato Administrativo*. São Paulo: Quartier Latin, 2012. p. 305-306.

[29] ALMEIDA, Fernando Dias Menezes de. *Contrato Administrativo*. São Paulo: Quartier Latin, 2012. p. 239.

[30] A relação com a função administrativa é destacada, entre outros, por JUSTEN FILHO, Marçal. *Curso de Direito Administrativo*. 12. ed. São Paulo: Revista dos Tribunais, 2016. p. 302.

figuras dos procedimentos de manifestação de interesse e do sistema de registro de preços, que constituem mecanismos instrumentalizados a produzir contratações públicas, cada qual com suas peculiaridades próprias (art. 81 da Lei 14.133/21). Portanto, o exame não é restrito às formas de licitação propriamente dita, embora a licitação seja o conceito central em torno do qual a exposição orbitará, por corresponder à via mais frequente de contratar. E o verbete *contratação* é empregado observando o significado dessa noção esclarecido por Menezes de Almeida como *ação de contratar*, que não se confunde com o contrato e o tem por objeto, originando-o como ato jurídico subsequente.[31]

Por fim, considerando que cada modelo de contratação é apto a produzir relacionamento entre os envolvidos com características próprias e resultados diversos, inclusive no que diz respeito à produção de maiores ou menores níveis de vinculação estatal e de confiança sobre os interessados em relação à futura contratação, estabeleceu-se um eixo estruturante para a abordagem.

Como primeiro elemento desse eixo, toma-se a Lei 14.133/21 como referência geral do trabalho, dada a sua posição de centralidade no direito das licitações e contratações administrativas. A Lei 8.666/93 é examinada como referência histórica, ao lado de diplomas anteriores. A pesquisa abrange ainda leis específicas (em especial, a Lei 13.303/16, que dispõe sobre o estatuto jurídico das empresas estatais), mas a análise restará fundamentalmente baseada na sistemática da Lei 14.133/21. Logo, quando não houver referência a um diploma específico, a exposição dirá respeito ao regime da Lei 14.133/21.

O segundo elemento diz respeito ao modelo geral examinado. Serão consideradas as situações de contratação direta e as situações envolvendo processos competitivos. Entre os processos competitivos, serão tratados aqueles voltados à contratação de objeto já certo e determinado, o que abrange a ampla maioria das licitações públicas, e os processos de contratação marcados por maior espaço de abertura e indeterminação, como o diálogo competitivo introduzido no direito brasileiro pelo art. 32 da Lei 14.133/21. Ainda assim, o foco principal incide sobre o rito procedimental comum à concorrência e ao pregão previsto no art. 17 da Lei 14.133/21. Portanto, quando não houver referência a uma estrutura peculiar de contratação, a exposição dirá respeito a esse regime geral.

---

[31] ALMEIDA, Fernando Dias Menezes de. Contratos administrativos. *In:* PEREIRA JÚNIOR, Antônio Jorge; JABUR, Gilberto Haddad (coord.). *Direito dos Contratos II*. São Paulo: Quartier Latin, 2008. p. 200-201.

A partir desses elementos, o remédio da reparação de danos será examinado em seus aspectos históricos e em relação à caracterização de seu regime jurídico atual, para então se avançar aos aspectos operacionais, o que envolve identificar a tríade fato lesivo/nexo causal/dano e tratar de situações específicas e casos concretos de responsabilização civil do Estado.

Estrutura

O estudo é dividido em duas partes principais.

A primeira versa sobre três grupos de elementos – disciplina do exercício da autonomia administrativa de contratar, a relação jurídica pré-contratual e as posições jurídicas dela emergentes em relação à contratação esperada.

O capítulo 1 examina a lógica geral que permeia o processo de contratação administrativa e as variações possíveis, conforme as diversas técnicas de contratação que podem ser empregadas. Trata-se de uma primeira e limitada abordagem. Ela foca na figura do ente estatal e na formação de sua decisão de contratar à luz da disciplina legal específica de licitações e contratações, orientada pelo tendencial esgotamento de margens decisórias residuais, até que da decisão de contratar surja o dever de contratar.

No capítulo 2, examina-se como a formação da decisão de contratar é conformada pela lógica relacional instaurada a partir das interações havidas com os sujeitos interessados em contratar, observando os princípios da segurança jurídica, da moralidade e da boa-fé subjetiva. O objetivo é identificar a relação de confiança instaurada no ambiente pré-contratual e de que forma a confiança produzida pela atuação estatal é tutelada e resta oponível ao ente público.

No capítulo 3, avança-se sobre o processo de formação das posições jurídicas dos sujeitos privados envolvidos no processo de contratação e a eficácia extraída dessas posições. O objetivo é situar o momento de formação do direito a contratar e o grau de eficácia (oponibilidade e exigibilidade) com que esse direito surge e se desenvolve. Isso abrange a tarefa de identificar as posições jurídicas intermediárias dentro do processo formativo do direito à contratação, de forma coerente com a observância do princípio da boa-fé. A proposta é demonstrar que tais posições não têm eficácia estritamente instrumental ou processual, mas conteúdo material, variável conforme a sua densidade em cada caso. A hipótese de que se parte, a ser posta à prova, é que a tutela jurídica derivada da interrupção do processo de contratação não se restringe à situação de perda de direito já formado e exigível (o direito adquirido a contratar), mas alcança também a perda da condição de ver tal direito ser incorporado em definitivo ao patrimônio do interessado.

A segunda parte do trabalho, também dividida em três partes, tem por objeto o regime jurídico de responsabilidade pré-contratual do Estado, o seu campo de aplicação e sua operacionalização – os seus pressupostos, condições e resultados – nas hipóteses de não consecução do contrato.

O capítulo 4 é dedicado ao exame de aspectos gerais relacionados à compreensão contemporânea da responsabilidade civil do Estado para, na sequência, avançar sobre a teoria da responsabilidade pré-contratual aplicada ao Estado. O capítulo trata do primeiro pressuposto para configuração de responsabilidade, atinente aos fundamentos jurídicos que determinam a imputação da responsabilidade ao Estado. Por essa perspectiva, examinam-se os fatos lesivos imputáveis ao Estado.

O capítulo 5 trata dos dois outros pressupostos de responsabilidade: dano e nexo causal. Será demonstrado que o dano é um dado a ser identificado no âmbito da esfera jurídica do lesado, mas cujo alcance é determinado pelas características, lícitas ou ilícitas, da conduta estatal que tenha frustrado a posição jurídica. Por sua vez, o nexo causal é examinado a partir das regras gerais em torno do tema, considerando a imputação de responsabilidade à luz dos riscos suportados por cada parte do processo de contratação.

O capítulo 6 destina-se a aplicar as premissas teóricas desenvolvidas ao longo do trabalho para situações concretas. Apresentam-se análise e proposição de soluções para algumas das situações mais recorrentes que podem ensejar responsabilidade pré-contratual do Estado. Essa proposta busca subsidiar a análise de problemas práticos e é promovida para permitir comparar os resultados deste trabalho com as orientações identificadas na jurisprudência.

Metodologia

A pesquisa é orientada pela análise do direito positivo brasileiro. Propõe-se revisão histórica do direito brasileiro ao longo do século XX. A linha de corte para a pesquisa está no Decreto 15.783 de 1922, que aprovou o Regulamento Geral de Contabilidade Pública da União com regras específicas a respeito da responsabilidade civil do Estado em âmbito pré-contratual. A delimitação se justifica por duas razões principais: (i) porque o regramento anterior – o Decreto 2.926 de 1862, que corresponde ao primeiro conjunto normativo identificado sobre licitações públicas (denominadas "arrematações") editado no país – não tratava do tema, a não ser para estipular a responsabilidade do proponente que se recusasse a celebrar o contrato;[32] e (ii) porque, em geral, o tratamento do tema verificado até então consistia na aplicação das regras gerais de direito civil acerca da formação de contratos.[33] Entende-se, ademais, que a amplitude do período temporal coberto pela pesquisa propicia contextualização suficiente para situar o histórico do tema e as tendências que resultaram na realidade atual.

Para subsidiar a análise do direito positivo, examina-se a evolução da literatura jurídica dedicada ao tema. Diante da generalidade da disciplina legal e do consequente protagonismo que o controle judicial assume, o estudo é acompanhado de pesquisa jurisprudencial e se volta à verificação, confirmação ou apresentação de formulações críticas às soluções adotadas no âmbito do Poder Judiciário.

Tendo em vista que o tema é pouco explorado no direito brasileiro, a pesquisa baseou-se também no exame da experiência estrangeira, onde o tema tem recebido maior atenção. Disso não resulta a proposta de desenvolver um trabalho de direito comparado. A abordagem nessa direção é assumidamente reducionista e busca colocar em perspectiva as soluções cogitadas e sustentadas à luz do direito brasileiro. Para tanto, a pesquisa considerará tradições de direito administrativo mais próximas e influenciadoras do direito administrativo brasileiro – notadamente, os direitos francês, italiano e português, observando ainda o impacto do direito comunitário europeu sobre o ordenamento desses países, que é crucial em relação ao tema.[34]

Esclarece-se, ademais, que não se proporá o transplante dos modelos identificados no exterior para a experiência local. Entende-se não haver solução uniforme de responsabilidade pré-contratual do Estado,

---

[32] "Art. 32. Nos contractos serão fixadas as multas em que incorrerem os arrematantes, quando faltarem ao cumprimento das obrigações que contrahirem. [...] O proponente que preferido recusar assignar o contracto, pagará uma multa equivalente a 10% do valor da fiança; esta multa nunca será inferior a 100$000".

[33] BARBOSA, Rui. Contrato de empreitada: Responsabilidade civil do Estado (laudo arbitral). *Revista Forense*, [s. l.], vol. XXIX, p. 75-91, jan./jun. 1918. p. 75-91.

[34] Cada qual influenciou o direito brasileiro de formas e em momentos diferentes, como é possível inferir das explicações contidas em manuais e cursos brasileiros sobre vários dos temas centrais da teoria do direito administrativo. Entre outras referências de obras que trataram do tema, remete-se a ALMEIDA, Fernando Dias Menezes de. *Formação da Teoria do Direito Administrativo no Brasil*. São Paulo: Quartier Latin, 2015. p. 118-135.

visto que: (i) as características gerais do direito de cada país mudam, (ii) as características dos diversos processos de contratação e seus regimes são diversas e (iii) a dinâmica das soluções ou remédios para preservar a legalidade e os interesses e direitos subjetivos nos processos de contratação varia em função da maior ou menor ênfase conferida por cada sistema aos diversos mecanismos, que podem atribuir mais peso à tutela *in natura* (voltada a preservar o direito à contratação) ou à tutela sucessiva ou secundária, voltada à reparação civil.

Em suma: não se pretende identificar solução "natural" ou "universal" de responsabilidade civil.[35] O exame da experiência internacional justifica-se na medida em que propicia o enriquecimento da exposição a partir de uma perspectiva mais abrangente, que forneça ao leitor elementos para situar a experiência brasileira e até mesmo criticar as soluções e proposições apresentadas neste trabalho.

Ainda como elemento informador do regime jurídico administrativo, e em razão das lacunas da disciplina especial, este trabalho considera a aplicação das regras da lei civil. O recurso a esse regramento se dá sob a premissa de ausência de dicotomia ou incompatibilidade *a priori* entre regimes de responsabilidade civil nos âmbitos privado e âmbito estatal. Essas regras são compreendidas como normas gerais de responsabilidade civil; dispostas em termos gerais, elas não têm incidência exclusiva às relações privadas.[36]

Em qualquer caso, admitindo-se os processos de contratação pública não como manifestações de império estatal, mas enquanto mecanismos específicos de trocas econômicas em um contexto de

---

[35] ARROWSMITH, Sue. Enforcing the Public Procurement Rules: Legal Remedies in the Court of Justice and the National Courts. *In:* ARROWSMITH, Sue. *Remedies for enforcing the public procurement rules*. Public Procurement in the European Community. Winteringham: Earlsgate Press, 1993. v. IV. p. 83.

[36] ALMEIDA, Fernando Dias Menezes de. Controle da Administração Pública e Responsabilidade do Estado. *In:* DI PIETRO, Maria Sylvia Zanella (coord.). *Tratado de direito administrativo*. São Paulo: Revista dos Tribunais, 2014. v. 7. p. 221. Segundo Menezes de Almeida: "De rigor, não é de se surpreender que sucessivos movimentos de aproximação e afastamento entre os ditos direito público e direito privado ocorram, como dois vetores, oscilantes segundo a evolução do modo de ser político, social e econômico do Estado" (ALMEIDA, Fernando Dias Menezes de. Controle da Administração Pública e Responsabilidade do Estado. *In:* DI PIETRO, Maria Sylvia Zanella (coord.). *Tratado de direito administrativo*. São Paulo: Revista dos Tribunais, 2014. v. 7. p. 224). Na mesma linha: "A verdade é que, no Brasil, mais do que faltar motivo para salvar a todo custo a dicotomia público e privado, havia excelentes motivos para deixar de usá-la como critério de definição de uma área jurídica como a administrativa" (SUNDFELD, Carlos Ari. *Crítica à doutrina antiliberal e estatista. In:* SUNDFELD, Carlos Ari. *Direito Administrativo para Céticos*. 2. ed. São Paulo: Malheiros, 2014. p. 138).

sociedade de mercado,[37] e o direito privado como o *locus* convencional do "direito geral do tráfego econômico", visualiza-se no sistema de licitações e contratações administrativas "capacidade de conexão"[38] com as soluções compatíveis presentes na legislação civil.

---

[37] SCHEBESTA, Hanna. *Damages in EU Public Procurement Law*. Heidelberg: Springer, 2016. p. 14.

[38] Ambas as referências entre aspas são extraídas com tradução livre de SCHMIDT-ASSMANN, Eberhard. *La Teoría General del Derecho Administrativo como Sistema*. Madrid: Marcial Pons, 2003. p. 299.

PARTE I

DA DECISÃO ESTATAL DE CONTRATAR AO DIREITO (E AO DEVER) DE CONTRATAR

CAPÍTULO 1

FORMAÇÃO E APERFEIÇOAMENTO DA DECISÃO ADMINISTRATIVA DE CONTRATAR

1.1 Introdução

A decisão administrativa de contratar revela-se quase sempre atrelada a um fenômeno processual. Trata-se de deliberação específica e autônoma, mas cuja realização se desdobra no tempo. Ela tem por pressuposto certo espaço inicial de autonomia administrativa contratual, que se esgota progressivamente em direção a uma situação de vinculação, cujo ápice é o momento em que a celebração do contrato se torna cabível e devida.

Conforme a sistematização proposta por Sérvulo Correia, a autonomia administrativa contratual desdobra-se em dois momentos sucessivos. Há a autonomia em relação à concepção do contrato e ao propósito de contratar. Trata-se da *competência para decidir contratar*. Essa autonomia subsiste até que os termos e condições contratuais sejam consolidados e é sucedida pela autonomia, meramente relativa e já restrita pelos atos anteriormente praticados, atinente à confirmação da presença dos pressupostos para contratar. É então exercida a *competência para celebrar o contrato*.[39] Esses momentos são examinados a seguir.

---

[39] CORREIA, José Manuel Sérvulo. *Legalidade e Autonomia Contratual nos Contratos Administrativos*. Coimbra: Almedina, 2003. p. 589 e seguintes.

1.2 O momento inicial: a autonomia administrativa e a formação da decisão de contratar

O contrato constitui mecanismo de cooperação para o exercício das funções administrativas. Como tal, reflete inegável teor consensual subjacente à sua celebração. Não obstante, como regra o Estado permanece em posição privilegiada para definir a relação contratual que estabelecerá. A maioria dos contratos administrativos constitui, como característica geral de concepção, instrumento de assunção e execução de obrigações organizado pelo Estado, orientado para o atingimento de fins por ele determinados. Nesses casos, são ajustes de adesão, o que faz com que a vontade manifestada pelo particular seja no mais das vezes constitutiva do preço por ele ofertado e, a partir das demais condições fixadas pela Administração, do contrato em si, mas não do conteúdo do contrato, previamente estipulado no âmbito estatal. Ressalvam-se exceções e a configuração de espaços de negociação pontuais nos modelos licitatórios gerais, envolvendo essencialmente preço e, eventualmente, aspectos técnicos.[40]

Diante disso, o momento inicial de formatação da decisão de contratar e composição do planejamento correspondente configura, como regra, fenômeno interno à Administração Pública, "que esgota os seus efeitos no interior da entidade adjudicante".[41]

---

[40] A afirmação sobre contratos de adesão, embora clássica e enunciada desde o direito administrativo francês, deve contemporaneamente ser compreendida em termos e não extensível de modo uniforme para todos os ajustes contratuais da administração pública. Seja pela admissão de contratos que comportam significativa autonomia do particular quanto à definição e redefinição dos meios (contratos de concessão, contratos de eficiência, contratos em geral que comportam ajustes pelo contratado nos projetos previamente elaborados pelo ente contratante), seja por contratos que podem ser inteiramente negociados (especialmente certas contratações diretas), seja até mesmo pelos mecanismos de renegociação e reorganização de contratos, sobretudo aqueles de longo prazo, pode-se dizer que a adesão é relativa e variável e, em qualquer caso, não constitui dado inerente e essencial aos contratos administrativos. Tratando das possibilidades em torno de negociações pré-contratuais ainda sob a égide das Leis 8.666/93, 10.520/02 e 12.462/11, conferir MOREIRA, Egon Bockmann. Licitação Pública e a negociação précontratual: a necessidade do diálogo públicoprivado. *Revista de Contratos Públicos*, Belo Horizonte, ano 2, n. 2, p. 6174, set. 2012/fev. 2013.

[41] "A decisão de contratar, em si mesma, é um ato interno, sem projeção fora da esfera da entidade adjudicante. Como alguma doutrina estrangeira explica, essa decisão não corresponde, pelo menos até a um certo momento, a uma declaração de vontade, no sentido em que não se dirige a nenhum sujeito estranho à entidade adjudicante. Pode, de certo modo, considerar-se que, até ao momento da sua exteriorização, se trata de um ato interno, de 'maturação da vontade', que esgota os seus efeitos no interior da entidade adjudicante" (GONÇALVES, Pedro Costa. *Direito dos Contratos Públicos*. 2. ed. Coimbra: Almedina, 2018. v. 1. p. 405).

Diz-se como regra porque essa sistemática convive com a aplicação de mecanismos que internalizam a participação do mercado e da sociedade em geral no processo de estruturação da relação contratual (arts. 21, parágrafo único, da Lei 14.133/21 e 10, inc. VI, da Lei 11.079/04, p. ex.). A decisão de contratar pode também ser provocada ou ter a sua concepção norteada pelo desenvolvimento de procedimentos de manifestação de interesse, o que se dá a partir de interlocução estruturada com agentes de mercado (art. 81 da Lei 14.133/21).

Há, ainda, contratações envolvendo situações de inovação tecnológica ou técnica e complexidade tais que levam a administração a compartilhar a concepção da relação contratual – em seus aspectos técnicos, econômicos e até mesmo jurídicos – com os licitantes. Em tais casos, o processo decisório acerca da concepção contratual se desdobra após a divulgação do edital de licitação ou do ato convocatório empregado para outros tipos de processos competitivos. É o que se dá na modalidade do diálogo competitivo, disciplinada no art. 32 da Lei 14.133/21, e no caso da encomenda tecnológica (arts. 20, §4º, da Lei 10.973/04 e 27, §4º, do Decreto 9.283/18).

1.3 A processualidade como técnica de canalização da decisão de contratar

Esses elementos indicam que a decisão de contratar – isto é, de definir e celebrar um determinado contrato – envolve um conjunto mais amplo e encadeado de providências, norteado por estudos, ponderações e aferições sobre os vários elementos envolvidos, cuja complexidade variará conforme as características do objeto a ser contratado e as circunstâncias envolvidas para a obtenção da melhor proposta. O juízo discricionário da administração quanto a contratar, que envolve a tomada de decisões em relação aos variados interesses, finalidades e circunstâncias, é seguido da prática de atos de verificação e controle para confirmar a viabilidade da contratação.

Daí se poder dizer que o modo de desenvolvimento da decisão estatal de contratar se relaciona fundamentalmente com a noção de processo. Constitui um dado comum do direito dos contratos públicos o desdobramento das providências administrativas necessárias para a celebração de um contrato em etapas, especialmente a partir do progressivo desenvolvimento das práticas licitatórias.

Se o direito privado clássico, alicerçado no conteúdo dos códigos oitocentistas, centrava-se em soluções pontuais de interação entre os interessados em contratar, consistentes essencialmente na prática dos atos de proposta ou oferta e aceitação, a doutrina administrativista já identificava especialmente ao longo do século XX um método público próprio de contratar, necessário para viabilizar o equilíbrio entre a escolha mais eficiente da proposta a contratar e a observância da isonomia.[42] Menezes Cordeiro nota que a concepção do período pré-contratual como *processo*, hoje largamente disseminada também no âmbito das relações privadas, tem a sua inspiração vinda das práticas de contratação administrativa.[43]

Na doutrina brasileira, a dimensão da processualidade da licitação veio a ser amplamente reconhecida, a ponto de a própria noção de licitação ser enquadrada como espécie de processo. Ilustram esse entendimento trabalhos publicados em meados do século XX: Miguel Seabra Fagundes[44] e Fernando Henrique Mendes de Almeida[45] explicam a "concorrência pública" a partir do conceito de *procedimento administrativo*. Ambos acentuam a vinculação e a orientação de todos

---

[42] "Diversamente do modelo clássico de formação de contratos no Direito privado, 'em que duas partes combinam declarações negociais simplificadas que, por aproximações sucessivas, permitem a célere conformação do conteúdo do contrato a celebrar', a celebração de um contrato público exige o prévio cumprimento de um 'degrau procedimental', de geometria variável, mas de duração só muito raramente curta, primariamente vocacionado a potenciar a eficiência na realização do interesse público (maximizando o leque de escolhas da Administração) e a igualdade entre os operadores econômicos do mercado no acesso aos benefícios econômicos da contratação administrativa" (TORGAL, Lino. A imprevisão na fase de formação dos contratos públicos. *In:* ALMEIDA, Fernando Dias Menezes de; MARQUES NETO, Floriano de Azevedo; MIGUEL, Luiz Felipe Hadlich; SCHIRATO, Vitor Rhein (coord.). *Direito público em evolução*: estudos em homenagem à professora Odete Medauar. Belo Horizonte: Fórum, 2013. p. 435).

[43] "Para traduzir a ideia duma sucessão de actos destinados a proporcionar a obtenção de determinado fim, a doutrina recente, numa manifestação de vitalidade do Direito Civil, tem utilizado a noção de processo, recuperada do Direito Público. A ideia é importante, uma vez que os actos integrados em sequência processual, com ou sem prejuízo da sua valia intrínseca, se encontram todos norteados para a obtenção do escopo visado pelo processo, com claros reflexos no regime de todo o complexo em causa. Este fenômeno, diagnosticado na gênese dos contratos pode, com inteiro rigor científico, ser apelidado de processo de formação do contrato" (CORDEIRO, António Manuel da Rocha e Menezes. *Direito das Obrigações*. Lisboa: Associação Acadêmica da Faculdade de Direito de Lisboa, 1988. v. 1. p. 436-437).

[44] FAGUNDES, Miguel Seabra. Concorrência pública - classificação dos concorrentes - ato administrativo - vício de ilegalidade e vício de mérito - mandado de segurança. *Revista de Direito Administrativo*, [s. l.], v. 22, p. 369-376, 1950. p. 375.

[45] "No nosso modo de ver. a concorrência pública não é um ato, ou dois, apenas. É um procedimento, cuja culminância aparece no ato solucionador da incógnita, que se traduz materialmente na idéia de oferta e procura num grupo restrito de interessados, para evitar a imoralidade administrativa da livre escolha, onde esta seria prejudicial à coisa pública" (ALMEIDA, Fernando Henrique Mendes de. Concorrência Pública. *Revista de Direito Administrativo*, [s. l.], v. 62, p. 340-342, 1960).

os atos praticados a um mesmo propósito, tal como originalmente estabelecido no momento de instauração do certame. Para Fernando Henrique Mendes de Almeida, "a concorrência pública é, em verdade, um procedimento administrativo, porque os atos que entram nela como elementos constitutivos são um 'monobloco'".[46]

Isso observado, verifica-se que, sob certo ângulo, a decisão de contratar pode até se assemelhar a um ato complexo, na medida em que a sua concretização pressupõe a emanação de manifestações integradas e sucessivas de diversos órgãos, mas não se confunde com tal figura, porque os atos administrativos a praticar, embora encadeados entre si, têm cada qual existência e eficácia jurídicas próprias.

A orientação processual foi incorporada no âmbito legislativo e resultou na superação de outras concepções utilizadas para definir a natureza jurídica da licitação.[47]

O Decreto-lei 2.300/86 consagrou a noção de "procedimento licitatório" (art. 3º, §1º, inc. I, §3º, art. 4º e 31, p. ex.). A alusão a "processo de licitação pública" aparece no art. 37, XXI, da Constituição Federal e foi assim observada pela Lei 8.666/93, com referências ao conceito de processo, extensível às contratações diretas (arts. 3º, §5º, e 26, parágrafo único). A Lei 8.666/93 permite identificar o processo como relação jurídica compreensiva do procedimento licitatório, conforme distinção que se colhe do art. 38. As Leis 13.303/16 (título II, capítulo I, seção VI) e 14.133/21 (art. 11, p. ex.) também destacam a natureza processual da licitação, com alusão, do mesmo modo, à noção de procésso para as contratações diretas (arts. 30, §3º, e 72, respectivamente).

A partir da disciplina consagrada no ordenamento, prevalece a conclusão de que os atos praticados no processo de contratação não "podem ser enfocados isoladamente", de modo que a licitação é compreendida como "uma série preordenada de atos, que se vinculam entre si, visando a produção de um ato jurídico final".[48]

---

[46] "Ora. a concorrência pública é, em verdade, um procedimento administrativo, porque os atos que entram nela como elementos constitutivos são um "monobloco". Todos os atos que nela entram por notícia expressa dos editais concorrem para um resultado: a realização de um contrato, depois de aprovada a concorrência pública pela autoridade que a ordenou" (ALMEIDA, Fernando Henrique Mendes de. Concorrência Pública. *Revista de Direito Administrativo*, [s. l.], v. 62, p. 340-342, 1960).

[47] Como exemplo, tratando da distinção entre ato-condição e processo de licitação, DALLARI, Adilson Abreu. *Aspectos jurídicos da licitação*. 7. ed. São Paulo: Saraiva, 2007, p. 31.

[48] JUSTEN FILHO, Marçal. *Comentários à Lei de Licitações e Contratos Administrativos*: Lei 8.666/1993. 18. ed. São Paulo: Thomson Reuters Brasil, 2019. p. 154.

1.4 As razões que justificam a progressiva vinculação da autonomia administrativa e dos interessados em contratar

Como ocorre em qualquer processo, os atos praticados pela Administração passam a informar – e a vincular, de forma incremental – os atos que se seguirão. Quando decide contratar, em geral a administração pública principia em um caminho munida de ampla autonomia, tanto quanto admitida nos quadrantes da lei e conforme as circunstâncias aplicáveis em cada caso. A partir de então, esse espaço de autonomia passa a ser progressivamente reduzido, na medida em que o ente público edita decisões posteriores e confirma o atendimento dos requisitos que estipulou para poder contratar.

Essa dinâmica se justifica pela incidência da isonomia, da imparcialidade e da noção de probidade administrativa. Tais normas operam como fatores naturalmente redutores e de vinculação da margem decisória da administração, na medida em que têm por efeito vedar o arbítrio e impor a consideração da atuação anteriormente praticada.

A vinculação exerce a função de propiciar um processo decisório objetivo, apto a obstar favorecimentos ou perseguições, sobretudo após o conhecimento da identidade dos concorrentes interessados em contratar. Daí Seabra Fagundes enunciar, citando Jèze, que o "instituto da concorrência pública" é, essencialmente e "por natureza, limitativo da discrição do administrador".[49]

A vinculação pautada por essas normas alcança a própria decisão final do processo de contratação. Trata-se de condição para que o dever de licitar seja observado, na medida em que o seu cumprimento pressupõe que o ente público se submeta ao resultado alcançado. Negar a vinculação do ente público aos atos que determinaram a instauração do processo de contratação e ao dever de contratar, quando os pressupostos necessários estiverem presentes, seria "torna[r] ilusória a concorrência".[50] Conforme sintetizado por Dallari, "não faz sentido

---

[49] FAGUNDES, Miguel Seabra. Concorrência pública - classificação dos concorrentes - ato administrativo - vício de ilegalidade e vício de mérito - mandado de segurança. *Revista de Direito Administrativo*, [s. l.], v. 22, p. 369-376, 1950. p. 375-376.

[50] "E o Tribunal de São Paulo decidiu, na apelação civil n. 11.651, diante da preterição do licitante de proposta mais vantajosa, em concorrência aberta pela Prefeitura da Capital: 'firmando o pacto de contrahendo, que estabeleceu o vínculo jurídico entre a Municipalidade e os concorrentes, não podia deixar de ser aceita a proposta dos autores, classificada como a melhor e a de maior vantagem' (Rev. de Direito, vol. 87, págs. 156-162). Nos embargos opostos a êsse acórdão, julgados em 11 de maio de 1923, confirmou-o fazendo ver que o arbítrio, acaso reconhecido à Administração em face do licitante de melhor proposta,

falar em julgamento objetivo se a administração puder recusar, injustificadamente, o vencedor, recusando-se a contratar".[51]

Pode-se ilustrar esse raciocínio com decisão do Supremo Tribunal Federal que deu origem à tese de repercussão geral acerca da configuração de direito subjetivo à nomeação de candidatos aprovados dentro do número de vagas estipulado no edital de concurso público. Na oportunidade, o Supremo reconheceu que, "ao lado das garantias de publicidade, isonomia, transparência, impessoalidade, entre outras, o direito à nomeação representa também uma garantia fundamental da plena efetividade do princípio do concurso público".[52]

As mesmas razões justificam a vinculação bilateral dos envolvidos. Isto é, não apenas do ente estatal, mas também dos particulares em relação às condições estipuladas para a contratação e aos atos por eles praticados. Se fosse admitida a livre desistência do interesse de contratar com a administração pública, esta restaria à mercê de praticar atos inúteis, sem nenhuma segurança quanto à possibilidade de alcançar êxito com a contratação. Mais grave, a conduta arbitrária dos particulares poderia favorecer práticas ilícitas de manipulação do resultado da licitação.

O ordenamento lida com esses problemas conferindo irrestrita liberdade aos interessados quanto à decisão de ingressar ou não no processo de contratação, para que, uma vez exercida essa decisão, tal liberdade consensualmente dê lugar a uma posição jurídica passiva, de dever honrar a proposta apresentada. O impedimento à livre desistência dos interessados em contratar se justifica para possibilitar ambiente austero de competição. O particular resta estritamente vinculado à proposta formulada, liberando-se do compromisso apenas em caso de motivo adequado e justificado para tanto (arts. 43, §6º, da Lei 8.666/93, e 90, §5, da Lei 14.133/21).

Essas considerações evidenciam um dado universal aos processos administrativos de contratação em geral, aí incluídos os processos licitatórios, de contratação direta e de concursos públicos. Todos eles são, em si e de forma inerente, vocacionados a orientar as condutas

---

'torna ilusória a concorrência' (Rev. e vol. cits., págs. 162-164)" (FAGUNDES, Miguel Seabra. Concorrência pública - Idoneidade dos concorrentes - Direito de petição - Atribuições administrativas do Presidente da República - Atos administrativos - Motivação e anulação. *Revista de Direito Administrativo*, [s. l.], v. 34, p. 398-408, 1953. p. 407).

[51] DALLARI, Adilson Abreu. *Aspectos jurídicos da licitação*. 7. ed. São Paulo: Saraiva, 2007. p. 210.

[52] Recurso extraordinário 598.099, Tribunal Pleno, relator Ministro Gilmar Mendes, j. 10.08.2011.

praticadas em direção a um resultado previamente estabelecido. Como consequência, tais processos operam, em graus variáveis, como mecanismos de limitação e progressiva circunscrição da discricionariedade administrativa e da autonomia privada, até que os sujeitos envolvidos alcancem as condições predefinidas necessárias para atingimento do resultado pretendido. Uma vez alcançado esse resultado, a natureza funcional da atividade desenvolvida – notadamente pelo ente público – determinará, como regra geral, a sua observância.

Por outro lado, a vinculação decorre também dos imperativos de racionalidade e eficiência. Trata-se de guardar coerência com o planejamento preliminar que a lei determina dever ser adequado e suficiente para possibilitar a contratação.[53]

Em suma, conforme as razões acima expostas, a vinculação não é um fim em si, mas uma forma de possibilitar a observância dos princípios referidos no tópico anterior e de assegurar coerência e racionalidade para atos estatais em torno de uma decisão inicial, cuja observância torna-se e permanece impositiva ao ente público. Traduz a ideia de que os atos praticados são e devem permanecer úteis, com base no pressuposto de que, se foram praticados, são inspirados por razões adequadas e necessárias, a serem mantidas em consideração. Essa lógica justifica a própria adoção de uma estrutura procedimental (o processo licitatório), cujo desenvolvimento deve seguir a tríade de "eficiência, eficácia e efetividade" da ação administrativa, tal como enunciada no §1º do art. 169 da Lei 14.133/21.

1.5 O direito positivo: da lógica de redução da discricionariedade administrativa ao paradigma da estrita vinculação

A lógica *por natureza* vinculante dos processos de contratação, conforme a expressão empregada por Seabra Fagundes, foi consagrada

---

[53] "Proíbe-se a aplicação de recursos públicos em empreendimentos com dimensões não estimadas ou estimadas em perspectivas irreais, inexequíveis, onerosas ou não isonômicas. Portanto, a relevância dessa etapa interna é extraordinária. Grande parte das dificuldades e dos problemas enfrentados pela Administração Pública ao longo da licitação e durante a execução do contrato pode ser evitada por meio de atuação cuidadosa e diligente nessa etapa interna. Todas as atividades preliminares destinam-se a evitar surpresas, desperdício de tempo e de recursos públicos e início de projetos inviáveis. Caracteriza-se sério vício quando se evidencia que a Administração Pública desencadeou a licitação ou promoveu a contratação sem ter cumprido as providências prévias, assumindo o risco de insucesso, controvérsias e litígios" (JUSTEN FILHO, Marçal. *Curso de Direito Administrativo*. 12. ed. São Paulo: Revista dos Tribunais, 2016. p. 333).

de forma expressa no direito brasileiro. E assim o foi com expressiva intensidade.

Exemplo inicial consta do Regulamento Geral de Contabilidade Pública da União, aprovado pelo Decreto 15.783 de 1922. O art. 749 do Regulamento, integrante da seção que regulava as "concurrencias publicas", indicava que as propostas apresentadas deveriam constituir "uma formula de completa submissão a todas as clausulas do edital e o preço que o proponente offerece", sendo vedado ao ente público tomar "em consideração quaesquer offertas de vantagens não previstas no edital de concurrencia [...]".

Essa norma era complementada pelo art. 755, que regia o processo de classificação e escolha da melhor proposta, definindo que "será escolhida, salvo outras razões de preferencia antecipadamente assignaladas no edital, a proposta mais barata, que não poderá exceder de 10% os preços correntes da praça sob pena de annullação da concurrencia".

A disciplina em comento revela dupla destinação. Dirigia-se aos licitantes, orientando-os a como formular suas propostas. Também norteava o processo decisório do ente público contratante, tanto em relação à apreciação da integral aderência das propostas ao edital, quanto ao estabelecer parâmetros de escolha das propostas, vedando a consideração de vantagens estranhas àquelas previamente definidas em edital.

Esse regramento, no entanto, não impediu que a doutrina visualizasse espaços de discricionariedade nas decisões administrativas adotadas no curso do certame. De acordo com as palavras de Guimarães Menegale, "a apreciação da idoneidade comercial e financeira, documental, em parte é sujeita à discrição da autoridade administrativa, que se pode manifestar na inscrição, como no julgamento das propostas".[54]

Em sentido próximo, Themistocles Brandão Cavalcanti notava que as vantagens a serem consideradas pela administração na licitação "são, não sòmente de preço, mas também de qualidade, condições de fornecimento, idoneidade do concorrente, etc.". Cavalcanti complementa essa observação enunciando que "fica ao arbítrio da administração apreciar as propostas e julgar da conveniência de aceitar esta ou aquela, levando em conta fatôres que escapam ao julgamento ou apreciação de outro poder".[55]

---

[54] MENEGALE, J. Guimarães. *Direito Administrativo e Ciência da Administração*. 2. ed. Rio de Janeiro: Borsoi, 1950. v. 2. p. 188.
[55] CAVALCANTI, Themistocles Brandão. *Curso de Direito Administrativo*. 8. ed. Rio de Janeiro: Livraria Freitas Bastos, 1967. p. 81.

Essas concepções de reserva de discricionariedade se explicavam em razão de certa dúvida em relação à adequação de um modelo de concorrência estritamente vinculante. Como se infere das passagens reproduzidas, o ceticismo decorria da compreensão de que nem sempre o edital preveniria a participação de sujeitos inidôneos ou a apresentação de propostas inadequadas.

É bem verdade, porém, que a ideia de flexibilidade a propósito das decisões adotadas no curso da licitação é atenuada por ambos os autores. Guimarães Menegale enunciava ser aplicável "o princípio, geralmente reconhecido como garantia de sua moralidade, de que, salvo nulidade, a adjudicação é obrigatória". A observância desse princípio serviria para atender os interesses *financeiro* e *administrativo* do ente estatal e, de igual modo, os interesses dos concorrentes.[56] Também Cavalcanti observava que o "arbítrio que exclui a solução rígida do menor preço" "pode ser, entretanto, limitado pela lei, pelos regulamentos e pelo edital, que fixam critérios mais objetivos a serem obedecidos pela administração ao apreciar as propostas".[57]

A lógica de vinculação foi reafirmada em termos genéricos no Decreto-lei 200/67 (art. 133) e ganhou configuração rigorosa no Decreto 2.300/86. Surge a alusão à "vinculação ao instrumento convocatório" como princípio (art. 3º), ao lado da regra de que "a Administração não pode descumprir as normas e condições do edital, a que se acha estritamente vinculada" (art. 33). A regra do art. 33 é complementada pelo dever de *julgamento objetivo* (art. 3º), o que pressupõe que a disciplina do edital determine não apenas o procedimento do ente público contratante na licitação, mas o faça em termos que eliminem espaço de subjetividade nas decisões administrativas subsequentes.

Disso resulta, segundo a doutrina, que a "vinculação ao instrumento convocatório pode ser entendida como princípio de limitação material e procedimental".[58] Diz-se então que o paradigma de estrita

---

[56] GUIMARÃES MENEGALE, J. Direito Administrativo e Ciência da Administração, cit., p. 191.

[57] CAVALCANTI, Themistocles Brandão. *Curso de Direito Administrativo*. 8. ed. Rio de Janeiro: Livraria Freitas Bastos, 1967. p. 81. Cabe observar que as considerações feitas por Guimarães Menegale e Cavalcanti não aparentam ter o propósito de enfatizar uma autonomia decisória da administração no curso da licitação, mas a propósito da estruturação dela, considerando modelos de julgamento distintos do (automático) menor preço. Essa inferência se baseia no fato de ambos os autores reconhecerem a possibilidade (quando não necessidade) de observância de um regime vinculativo no curso da licitação. No entanto, não se verifica nessas obras uma delimitação expressa nesses termos.

[58] MOREIRA, Egon Bockmann; GUIMARÃES, Fernando Vernalha. *Licitação Pública*: a Lei Geral de Licitação - LGL e o Regime Diferenciado de Contratação - RDC. São Paulo:

vinculação compreende o esgotamento da discricionariedade[59] a partir do momento de publicação do edital, ou, ainda, que a discricionariedade "é praticamente eliminada depois da publicação do instrumento convocatório", estendendo-se essa lógica não apenas à administração e aos licitantes, mas também a terceiros e órgãos controladores.[60]

Essa concepção se perpetua no direito positivo brasileiro até os dias atuais. Redação similar apareceu disposta nas Leis 8.666/93 (art. 44, §2º), 8.987/95 (art. 14), 13.303/16 (art. 54, §3º) e 14.133/21 (art. 5º). Este último diploma até admite configurações distintas (como variações de ordem procedimental, análise de menor preço associada a parâmetros de menor dispêndio),[61] mas essas opções permanecem essencialmente submetidas a decisões tomadas previamente à publicação do edital.

O modelo legislativo ora descrito identifica na *estrita vinculação* condição imprescindível para viabilizar a legitimidade da generalidade das licitações. Tal concepção ganha respaldo acentuado em contexto no qual as iniciativas legislativas em torno da licitação se apresentam como reativas à problemática de corrupção. Encontra-se subjacente a esse modelo a presunção de que espaços de autonomia administrativa no curso do processo de contratação abririam espaço a práticas reprováveis.

Trata-se de fenômeno caracterizado pela *superlegalização* da licitação, fundada na premissa do *gestor boca da lei*,[62] que gera modelos de contratação pública fortemente pautados pelas características de objetividade, uniformidade e rigidez. O edital constitui a "lei interna da licitação", conforme a célebre expressão de Hely Lopes Meirelles.[63]

Malheiros, 2012. 2012, p. 79. Do mesmo modo, JUSTEN FILHO, Marçal. *Comentários à Lei de Licitações e Contratações Administrativas*: Lei 14.133/2021. São Paulo: Thomson Reuters Brasil, 2021. p. 105.

[59] JUSTEN FILHO, Marçal. *Comentários à Lei de Licitações e Contratações Administrativas*: Lei 14.133/2021. São Paulo: Thomson Reuters Brasil, 2021. p. 120.

[60] MOREIRA, Egon Bockmann; GUIMARÃES, Fernando Vernalha. *Licitação Pública*: a Lei Geral de Licitação - LGL e o Regime Diferenciado de Contratação - RDC. São Paulo: Malheiros, 2012. p. 79.

[61] CÂMARA, Jacintho Arruda. Nova Lei de Licitações: maximalista, porém flexível. *Jota*, [s. l.], 25 out. 2022.

[62] Expressões adotadas por ROSILHO, André. *Licitação no Brasil*. São Paulo: Malheiros, 2013. p. 20. Não se quer dizer que a legislação consagrou modelos absolutamente rígidos de licitação. Em particular, a Lei 14.133/21 oportuniza ao administrador escolhas decisórias. Mas essas são decisões discricionárias a serem exercidas a propósito da composição do edital, não na condução do procedimento após a delimitação das regras aplicáveis, que deve dar-se no momento de publicação do ato convocatório.

[63] MEIRELLES, Hely Lopes. *Licitação e Contrato Administrativo*: de acordo com a Lei 8.666, de 21.06.1993, com todas as alterações posteriores. 15. ed. atual. por José Emmanuel Burle Filho, Carla Rosado Burle, Luís Fernando Pereira Franchini. São Paulo: Malheiros, 2010. p. 51.

O ato convocatório assume natureza de "ato regulamentar vinculante",[64] para disciplinar a integralidade do relacionamento entre ente público contratante, interessados em contratar e terceiros envolvidos.

De tudo o que se expôs, extrai-se a premissa de que o ordenamento não elimina a autonomia administrativa quanto a contratar, mas a concentra no momento prévio de concepção do processo de contratação e do respectivo contrato.

1.6 A atuação administrativa sob estrita vinculação: do automatismo à "adjudicação compulsória"

Assim, em detrimento de um modelo norteado por relativa margem de flexibilidade, que poderia conferir maior dinamismo e capacidade de adaptação da administração pública em relação a eventos supervenientes e às propostas apresentadas no curso da licitação, a opção legislativa configurou modelo essencialmente mecânico de ação administrativa. Esta opção renuncia às vantagens da flexibilidade, privilegiando a redução da complexidade do procedimento (mediante a concentração de todas as decisões discricionárias em momento antecedente) e potencial facilitação do controle em torno do desenvolvimento do processo.

A disciplina legal que concebe a atuação administrativa ao longo do certame como função autômata atribui a ela basicamente tarefas de verificação, meramente declaratórias, do preenchimento ou não das condições e pressupostos previamente estabelecidos para a evolução do processo em direção ao contrato.

Como observado por Sérvulo Correia, modelos de contratação estritamente vinculantes "transformam o acto de adjudicação num acto meramente verificativo (de '*accertamento*') e retiram à administração toda a possibilidade de apreciação valorativa das circunstâncias subjectivas e objectivas dos concorrentes".[65] Ainda nas palavras do publicista português, tal concepção de licitação resulta em um regime de "'adjudicação automática' ou 'adjudicação necessária'", que

---

[64] MOREIRA, Egon Bockmann; GUIMARÃES, Fernando Vernalha. Licitação Pública: a Lei Geral de Licitação - LGL e o Regime Diferenciado de Contratação - RDC. São Paulo: Malheiros, 2012. p. 79-80. Os autores referem, no entanto, à "relação administrativa material que surgirá quando da assinatura do futuro contrato", enquanto se entende aqui que tal relação, de direito material, já se origina no processo de contratação, antes mesmo da celebração do contrato.

[65] CORREIA, José Manuel Sérvulo. Legalidade e Autonomia Contratual nos Contratos Administrativos. Coimbra: Almedina, 2003. p. 695.

encontra na licitação "tão só um procedimento de individualização do co-contratante".[66]

Esse entendimento encontrou recepção no direito brasileiro. Em passagem já reproduzida, Guimarães Menegale aludia à *adjudicação obrigatória* como garantia de moralidade.[67] Na mesma linha, Hely Lopes Meirelles enumerava entre os princípios aplicáveis ao instituto da licitação o "princípio da adjudicação compulsória". Segundo Meirelles, a adjudicação constitui ato administrativo vinculante e obrigatório à administração, que resulta em impedimento à preterição do adjudicatário ou mesmo à abertura de outro certame enquanto se encontrar válida a adjudicação conferida.[68] O autor observa que da adjudicação, por sua vez, resultaria o direito a contratar,[69] mas sem que esse direito, ainda de acordo com a visão daquele administrativista, constitua derivação automática da adjudicação.[70]

---

[66] CORREIA, José Manuel Sérvulo. Legalidade e Autonomia Contratual nos Contratos Administrativos. Coimbra: Almedina, 2003. p. 696. Trata-se de entendimento que encontrou eco e segue considerado no direito português: "Os pressupostos previamente estabelecidos permitem concluir que a publicitação da decisão de contratar implica a autovinculação administrativa à conclusão do procedimento adjudicatório e à celebração do contrato com concorrente que apresentar a melhor proposta" (ALMEIDA, João Amaral; SÁNCHEZ, Pedro Fernández. Abertura de procedimento pré-contratual e dever de adjudicação. In: GONÇALVES, Pedro (org.). *Temas de Contratação Pública*. Coimbra: Coimbra Editora, 2011. v. I. p. 279-280).

[67] MENEGALE, J. Guimarães. *Direito Administrativo e Ciência da Administração*. 2. ed. Rio de Janeiro: Borsoi, 1950. v. 2. p. 191.

[68] "O princípio da adjudicação compulsória ao vencedor impede que a Administração, concluído o procedimento licitatório, atribua o seu objeto a outrem que não o legítimo vencedor (Estatuto, arts. 40 e 54). A adjudicação ao vencedor é obrigatória, salvo se este desistir expressamente do contrato ou o não firmar no prazo prefixado, a menos que comprove *justo motivo*. A compulsoriedade veda também que se abra nova licitação enquanto válida a adjudicação anterior" (MEIRELLES, Hely Lopes. *Direito Administrativo Brasileiro*. 14. ed. São Paulo: Revista dos Tribunais, 1989. p. 244). Trata-se de entendimento que vinha manifestado à luz do Decreto-lei 2.300/86 e que foi reiterado após a Lei 8.666/93 (MEIRELLES, Hely Lopes. *Direito Administrativo Brasileiro*. 34. ed. atual. por Eurico de Andrade Azevedo, Délcio Balestero Aleixo, José Emmanuel Burle Filho. São Paulo: Malheiros, 2008. p. 278-279). Ainda sobre tal princípio e sua possível releitura, a partir da noção de confiança legítima que será retomada adiante: NOHARA, Irene Patrícia. *Tratado de Direito Administrativo*: licitação e contratos administrativos. São Paulo: Revista dos Tribunais, 2014. v. 6. p. 116.

[69] "Adjudicação é o ato pelo qual se atribui ao vencedor o objeto da licitação para a subsequente efetivação do contrato. São efeitos jurídicos da adjudicação: (a) a aquisição do direito de contratar com a Administração nos termos em que o adjudicatário venceu a licitação [...]" (MEIRELLES, Hely Lopes. *Direito Administrativo Brasileiro*. 14. ed. São Paulo: Revista dos Tribunais, 1989. p. 273). Trata-se de entendimento também reiterado após a Lei 8.666/93 (MEIRELLES, Hely Lopes. Direito Administrativo Brasileiro. 34. ed. atual. por Eurico de Andrade Azevedo, Délcio Balestero Aleixo, José Emmanuel Burle Filho. São Paulo: Malheiros, 2008. p. 312-313).

[70] MEIRELLES, Hely Lopes. *Licitação e Contrato Administrativo*: de acordo com a Lei 8.666, de 21.06.1993, com todas as alterações posteriores. 15. ed. atual. por José Emmanuel Burle Filho, Carla Rosado Burle, Luís Fernando Pereira Franchini. São Paulo: Malheiros, 2010. p. 222.

Ou seja: a tese da "adjudicação compulsória" tendo por objeto o contrato poderia à primeira vista sugerir uma eficácia externa, relacionada ao próprio contrato, mas não é o caso. Tal expressão ilustra, em tom rigoroso e didático, o paradigma de estrita vinculação que ora se examina. No entanto, a expressão é empregada para identificar vinculação ainda interna ao processo licitatório – ou externa de forma restrita à vedação a que o ente público pratique ato incompatível com a licitação em curso, como o lançamento de outro certame. De acordo com essa concepção, a adjudicação é obrigatória, mas não a contratação. A adjudicação estabeleceria para o ente público uma espécie de vinculação negativa (não preterir), não de vinculação positiva (dever de contratar); implicaria apenas a certeza de que tão-somente o adjudicatário poderá ser contratado, se houver contratação.[71]

1.7 Os limites do modelo de vinculação estrita: a "dupla fuga" da licitação e as contingências pré-contratuais

Apesar das regras gerais e concepções teóricas acima descritas, e embora os modelos legislativos referidos acima apresentem clara tendência à generalização de modelos rígidos e vinculativos de licitação, o paradigma de *vinculação estrita* não prevalece de forma absoluta e totalizante. Não pode, ademais, ser considerado como um dado uniforme no direito brasileiro. O modelo encontra limites e não constitui a única dinâmica de contratar disponível à administração pública, como se demonstra a seguir.

1.7.1 A dupla fuga: da licitação e dos modelos rígidos de competição

Ao longo dos últimos anos, a doutrina veio a diagnosticar um fenômeno de *fuga da licitação*. Trata-se de movimento em reação ao modelo uniforme e rígido de licitação, na medida em que este não se apresente como a via necessariamente mais adequada e eficiente diante da pluralidade de situações enfrentadas na realidade administrativa.

Em trabalho publicado em 2015, Maria Sylvia Zanella Di Pietro observava que "uma das grandes tendências que se verifica atualmente em matéria de licitações é a de fuga do regime jurídico da

---

[71] Superior Tribunal de Justiça, mandado de segurança 12.047/DF, 1ª Seção, relatora Ministra Eliana Calmon, j. 28.03.2007.

Lei 8.666".[72] De forma específica, Di Pietro apontava que a tendência constituía resultado de falhas e insuficiências da Lei 8.666/93, como "o excesso de formalismo, com um procedimento excessivamente rígido" e, especificamente, "a ausência de previsão de negociação entre a Administração Pública e os licitantes".[73] Disso se seguiu a tendência de criação de regimes jurídicos diversos, mais ajustados a tipos peculiares de contratação pública.

O movimento a que ora se refere se traduz na *fuga dos processos competitivos*, mediante o recurso crescente a expedientes de contratação direta. Isso ocorre, por exemplo, em inúmeros casos de utilização das aquisições governamentais para fins regulatórios ou de fomento, mediante incorporação ao direito positivo de variadas hipóteses de contratação direta. Esse movimento encontra-se bem ilustrado na evolução histórica incremental do art. 24 da Lei 8.666/93.[74]

De forma complementar, verifica-se *fuga não propriamente da licitação, mas de formatos rígidos de processamento da competição* entre os interessados em contratar com a administração pública. Disseminam-se modelos de seleção distintos, ainda que com preservação da competição, tendentes a ampliar a flexibilidade e a autonomia do ente contratante para ajustar o processo conforme as interações com os interessados.

Ilustram essa tendência as contratações diretas no âmbito das empresas estatais, tal como reguladas pela Lei 13.303/16. Entre esses casos, está o da hipótese de "compra e venda de ações, de títulos de crédito e de dívida e de bens que produzam ou comercializem", para a qual a licitação é dispensada (art. 29, inc. XVIII).

É emblemático que a Lei 13.303/16 tenha recorrido à figura da dispensa de licitação em tais situações. Isso porque, na realidade, elas podem comportar métodos competitivos de contratação, como ocorre em outros processos de contratação direta. O emprego de soluções

---

[72] DI PIETRO, Maria Sylvia Zanella. O regime das licitações para os contratos de concessão. *In:* SUNDFELD, Carlos Ari; JURKSAITIS, Guilherme Jardim. *Contratos Públicos e Direito Administrativo.* São Paulo: Malheiros, 2015. p. 114.

[73] DI PIETRO, Maria Sylvia Zanella. O regime das licitações para os contratos de concessão. *In:* SUNDFELD, Carlos Ari; JURKSAITIS, Guilherme Jardim. *Contratos Públicos e Direito Administrativo.* São Paulo: Malheiros, 2015. p. 115. No mesmo sentido, apontando a lentidão e a onerosidade dos ritos da Lei 8.666/93 como fatores contribuintes da baixa competitividade de empresas estatais: BINENBOJM, Gustavo. Regulamentos simplificados de licitações para empresas estatais: o caso da Petrobras. *Fórum de Contratação e Gestão Pública*, Belo Horizonte, v. 6, n. 68, p. 10-25, 2007.

[74] Durante a sua vigência, o art. 24 foi alterado ou ampliado para disciplinar as hipóteses de dispensa de licitação pelas Leis 8.883/94, 9.648/98, 10.973/04, 11.107/05, 11.445/07, 11.484/07, 11.783/08, 12.188/10, 12.715/12, 12.873/13, 13.204/15, 13.243/16, 13.500/17.

diferenciadas se justifica pela necessidade de adotar lógicas negociais caracterizadas por interações segundo formatos peculiares, que extravasam os limites estritos de uma concorrência pública tal como tipicamente legislada.

O que se expõe é confirmado pelas disciplinas regulamentares voltadas a orientar a alienação de ativos pelas sociedades de economia mista federais (Decreto 9.188/17) e cessão de direitos de exploração, desenvolvimento e produção de petróleo, gás natural e outros hidrocarbonetos fluidos pela Petrobras (Decreto 9.355/18). As sistemáticas estruturadas nesses Decretos preveem que o processamento da competição entre os interessados comportará espaço para debate e aperfeiçoamento de aspectos técnicos, econômicos e jurídicos dos contratos a serem celebrados.[75]

Outro exemplo é a solução adotada pela Lei Complementar 182/2021, que instituiu o marco legal das *startups*, para contratação de "teste de soluções inovadoras" desenvolvidas ou a serem desenvolvidas pelos interessados (art. 13). Esse modelo admite negociação posterior à elaboração das propostas acerca das condições econômicas e dos "critérios de remuneração que serão adotados" (art. 13, §9º).

Ou seja: a opção legislativa e as definições regulamentares evidenciam o reconhecimento de que o problema, nesses casos, não está na impossibilidade de concorrência, mas na inaptidão ou insuficiência

---

[75] O Decreto 9.188/17 enuncia como seus fundamentos legais o art. 28, §3º, inc. II, da Lei 13.303/13, que dispensa a exigência de licitação "nos casos em que a escolha do parceiro esteja associada a suas características particulares, vinculada a oportunidades de negócio definidas e específicas, justificada a inviabilidade de procedimento competitivo", e o art. 29, *caput*, inc. XVIII, do mesmo diploma, que prevê a dispensa de licitação para "compra e venda de ações, de títulos de crédito e de dívida e de bens que produzam ou comercializem". O Decreto 9.188/17 prevê a realização de um processo competitivo para alienação de ativos no âmbito do qual, pós realizada a "preparação" do procedimento (art. 15, inc. I), promove-se consulta de interesse do mercado, que se dá "por meio de instrumento de divulgação da oportunidade" (art. 21). A isso se segue a apresentação de "propostas preliminares" por aqueles que manifestaram interesse em participar do procedimento (art. 24), o que dá lugar ao exame dessas propostas (art. 25) e a uma fase subsequente de apresentação de "propostas firmes" e vinculantes (arts. 29 e 31). O art. 30, parágrafo único, do Decreto 9.188/17, prevê que "as propostas poderão conter sugestões de alteração dos termos das minutas dos instrumentos jurídicos negociais, as quais serão avaliadas conforme o interesse da sociedade de economia mista". Já o art. 35, parágrafo único, dispõe sobre um momento posterior da negociação, que pode ser promovida com o interessado mais bem classificado ou, sucessivamente, com os demais interessados classificados na sequência, ao indicar que a negociação "poderá contemplar condições econômicas, comerciais, contratuais, além de outras consideradas relevantes à alienação" (art. 35, parágrafo único). O Decreto 9.355/18 tem disciplina procedimental praticamente idêntica, especialmente no tocante às possibilidades de negociação (arts. 27, parágrafo único, e 32, parágrafo único).

dos regimes legais existentes para viabilizar tais contratações de forma satisfatória. Tal constatação dá origem a sistemáticas peculiares, fixadas em nível regulamentar mediante autorização legislativa.

As técnicas flexíveis de competição, em regime diverso das modalidades licitatórias definidas em lei, já foram admitidas como constitucionais pelo Supremo Tribunal Federal. Reconheceu-se que "consulta de interesses, apresentação de propostas preliminares, apresentação de propostas firmes, negociação"[76] determinam a condução de processos de contratação de acordo com práticas de mercado sem que isso resulte em necessária incompatibilidade com os princípios do art. 37 da Constituição Federal.

A Lei 14.133/21, por sua vez, não afasta a centralidade do modelo rígido, mas elimina a sua hegemonia, ao dispor de outras formas de estruturação de contratações.

Exemplo de exceção ao modelo rígido de licitação é o diálogo competitivo. Trata-se de exemplo de destaque porque ilustra um contrafluxo diante do movimento de fuga da licitação, na medida em que internaliza no processo licitatório formas flexíveis de interação com o mercado para concepção da contratação. O acolhimento do diálogo competitivo ocorre em resposta à demanda por maior espaço decisório no curso do processo de contratação, baseado no diálogo com os agentes de mercado. O propósito é lidar com situações de elevada incerteza e assimetria de informações e permitir ao gestor público ser informado por interações estabelecidas com o mercado interessado na contratação. Isto sempre com a perspectiva pressuposta de obter ganhos relevantes de eficiência no planejamento contratual que a esfera estatal não atingiria isoladamente – ou atingiria, eventualmente, sob elevados custos financeiros, temporais e de oportunidade.

Não obstante, essas técnicas procedimentais flexíveis não afastam a concepção geral que norteia a Lei 14.133/21 e o direito positivo como um todo. O próprio diálogo competitivo, uma vez definida a concepção

---

[76] Ação direta de inconstitucionalidade 5.942, Plenário, Relator para acórdão Min. Luiz Fux, j. 13.10.2020. Cabe referência também à decisão da 2ª Turma do STF na ação cautelar 1.193 (relator Ministro Gilmar Mendes, j. 09.05.2006) que permitiu a continuidade de licitações da Petrobras sob o peculiar regime do Decreto 2.745/98. A controvérsia dizia respeito à constitucionalidade do Regulamento do Procedimento Licitatório Simplificado da estatal aprovado pelo referido Decreto. Hoje há novo Regulamento, sujeito ao Decreto 8.945/16, que também apresenta traços normativos próprios. Sobre a constitucionalidade do Decreto 2.745/98, remete-se a BINENBOJM, Gustavo. Regulamentos simplificados de licitações para empresas estatais: o caso da Petrobras. Fórum de Contratação e Gestão Pública, Belo Horizonte, v. 6, n. 68, p. 10-25, 2007.

contratual a ser licitada, seguirá o mesmo paradigma de vinculação em sua fase competitiva rumo à contratação (art. 32, §1º, inc. VIII).

1.7.2 A dissociação temporal entre a decisão de contratar e a oportunidade de contratar: a imprevisão na fase pré-contratual – contingências e riscos

Uma das dificuldades dos modelos de licitação diz respeito às incertezas presentes, eventualmente não antecipadas no planejamento do contrato, e àquelas inerentes ao futuro. Assim que conclui o planejamento de um determinado contrato, a administração pública passa a se sujeitar a riscos e fatores eventualmente ignorados que podem afetar ou frustrar o projeto contratual pretendido.

Trata-se de contingência particularmente característica do formato processual de contratar, do qual resulta um distanciamento temporal entre a decisão original e o momento em que a celebração do contrato se torna possível. Como o modo normal de contratação administrativa não é instantâneo, a decisão original se encontra sujeita a superveniências que podem afetar as necessidades ou propósitos originalmente concebidos, ou ainda as circunstâncias e premissas consideradas para a execução do contrato.

A rigor, ambos os polos do processo de contratação estão sujeitos a uma *imprevisão pré-contratual*.[77]

Em modelos de contratação flexíveis quanto à interação com os interessados, a imprevisão pode ser enfrentada pelo ente público com ajustes, ainda que em certa medida restritos, nos próprios parâmetros que orientarão a contratação. Já em modelos rígidos, há apenas duas soluções possíveis para lidar com superveniências que impeçam a contratação: suportar as variações, desde que compatíveis com o projeto contratual, ou revogar o processo de contratação, com a inutilização dos recursos públicos e privados empregados até então.

---

[77] "Como sucede em geral, é evidente que o caso imprevisto pode afetar diferentemente cada um dos polos da relação jurídica de contratação pública, dado que, nela, cada sujeito visa satisfazer, com o contrato a celebrar, objetivos diversos (o interesse público, de um lado, e o interesse privado, o outro)" (TORGAL, Lino. A imprevisão na fase de formação dos contratos públicos. *In:* ALMEIDA, Fernando Dias Menezes de; MARQUES NETO, Floriano de Azevedo; MIGUEL, Luiz Felipe Hadlich; SCHIRATO, Vitor Rhein (coord.). *Direito público em evolução*: estudos em homenagem à professora Odete Medauar. Belo Horizonte: Fórum, 2013. p. 439).

A imprevisão constitui a razão que impossibilita um modelo legislativo impositivo de vinculação estrita e inflexível do ente público a contratar, no qual a contratação propriamente dita constituiria derivação automática e inafastável da instauração do processo de contratação. Em termos amplos, é o que justifica a extinção do processo de contratação pela via da revogação, a par da competência de invalidação. Essas competências se relacionam com o dever estatal de corrigir defeitos na condução do processo licitatório e impedir a celebração de contratos viciados – hipótese em que se poderá determinar a anulação do processo de contratação –, ou de contratos que se revelem substancialmente incompatíveis com as premissas que o justificaram – o que ensejará, então, a competência de revogação da decisão original de contratar.

Esses elementos confirmam que, no modelo de vinculação estrita, a celebração do contrato não é uma decisão inovadora; é uma derivação dos atos anteriormente praticados, também ela submetida à sistemática vinculada da atuação estatal pré-contratual, o que, no entanto, não significa dizer que seja decorrência necessária daqueles atos, em razão da reserva decisória residual para não contratar. O exame das competências definidoras do destino do processo de contratação será desenvolvido adiante.

1.8 Panorama sobre as concepções em torno da "natureza jurídica" do edital e da vinculação estatal a contratar – a ausência de regime padrão de vinculação

Essas considerações evidenciam a impossibilidade de definir de forma abstrata e generalizante em que medida o conteúdo do ato inaugural do processo de contratação vincula o ente público em relação à futura contratação. E as questões estão estritamente relacionadas, dado que é o ato inaugural que orientará a forma e as condições para alcançar a contratação.

Há uma pluralidade de situações e de formas administrativas de contratar e de compor os processos de licitação e de contratação direta. Essa pluralidade explica a limitação das tentativas de definir uma natureza jurídica uniforme aos atos administrativos que instauram os processos de contratação, o que resulta também na impossibilidade de definir *a priori* o nível de vinculação administrativa em relação à futura contratação. Em meio às diversas possibilidades, cabe avaliar as incursões doutrinárias que foram feitas para estipular definições em torno da natureza jurídica do edital e da atuação administrativa pré-contratual, que são sumarizadas a seguir.

1.8.1 As concepções privatistas sobre o surgimento do dever de contratar

Concepções mais antigas, desenvolvidas ainda à luz do direito privado, visualizavam a iniciativa estatal de buscar um parceiro contratual e os atos posteriores como submetidos ao direito civil, com base nos institutos da proposta e aceitação.

Em laudo arbitral de 1917, Rui Barbosa examinou situação em que a União Federal havia enviado minuta de contrato às contrapartes, tendo estas, por sua vez, comunicado tempestivamente o aceite. Ato contínuo, a União recusou a prosseguir com a assinatura do contrato. Sustentando a incidência direta das "normas de direito civil", por ausência de legislação especial, Rui Barbosa concluiu que a União encontrava-se obrigada a contratar, com base na formação de "concurso das vontades". Nas palavras do jurista, o concurso de vontades teria sido consumado "solemnemente com a consulta do governo aos concorrentes acceitos sobre as clausulas do contracto por elles formuladas e a resposta dos concurrentes ao governo, em 19 de agosto de 1913, acceitando em todos os pontos, sem reserva nenhuma, as clausulas que se lhes offereciam".[78]

Em publicação contemporânea, Eduardo Espínola também reconheceu a incidência das regras gerais de direito privado como conformadora do regime de contratação estatal. Fixou a premissa de que, "quando o Estado abre concorrencia para a realização de obras publicas, exerce attribuições de ordem juridica privada, e não actos de poder".[79] Assim, afirmou que "as concorrencias publicas para a realização de obras e determinados serviços são verdadeiras offertas de contracto", enquanto "os que accorem ao convite da Administração, declaram *ipso facto* acceitar a offerta, apresentando por sua vez a obrigação de effectuar as obras projectadas". A partir desse encontro de declarações, prossegue Espínola, tem-se que "desde que sua proposta é approvada e aceita, adquire o proponente um direito inconcusso ao contracto que é objecto da concorrencia".[80]

De acordo com essa concepção, a vinculação estatal a contratar seria uma operação relativamente simples, que pressupunha a necessidade

---

[78] BARBOSA, Rui. Contrato de empreitada: Responsabilidade civil do Estado (laudo arbitral). *Revista Forense*, [s. l.], vol. XXIX, p. 75-91, jan./jun. 1918. p. 89.
[79] ESPÍNOLA, Eduardo. Concorrencia Publica. In: ESPÍNOLA, Eduardo. *Questões Juridicas e Pareceres*. São Paulo: Cia. Graphico-Editora Monteiro Lobato, 1925. p. 285.
[80] ESPÍNOLA, Eduardo. Concorrencia Publica. In: ESPÍNOLA, Eduardo. *Questões Juridicas e Pareceres*. São Paulo: Cia. Graphico-Editora Monteiro Lobato, 1925. p. 285-286.

de verificar se os atos praticados tinham o conteúdo material de proposta e aceitação. Sendo esse o caso, estariam presentes os pressupostos necessários para dar lugar ao contrato e tornar este reciprocamente exigível.

1.8.2 Concepções publicistas de rejeição à vinculação a um dever de contratar – "convite à apresentação de propostas"

Orientação radicalmente diversa, que ganhou espaço ao longo do século XX, desenvolveu-se no sentido de negar qualquer vinculação estatal a contratar, por mais que os processos de contratação fossem caracterizados por um paradigma marcadamente vinculado de atuação administrativa.

Noticiando a evolução do tema no direito português, Rui Cardona Ferreira alude à posição de Marcello Caetano como exemplar daquilo que refere como "tese tradicional", assentada "na ideia de que a abertura de concurso público consubstancia um mero convite a contratar, um convite à apresentação de propostas pelos concorrentes", em face do qual "a Administração preserva a sua liberdade de contratar ou não".[81]

Em sentido próximo, Celso Antônio Bandeira de Mello defendeu em estudo publicado em 1978 que a publicação do edital "não se traduz [em] uma promessa de contrato, mas simplesmente [em] uma convocação de interessados, a fim de que a administração pública decida ulteriormente se quer ou não contratar com o ofertante da proposta mais vantajosa".[82]

Esse entendimento guardava correspondência com a disciplina existente à época. No âmbito federal, vigiam o Decreto-lei 200/67 e o

---

[81] FERREIRA, Rui Cardona. A responsabilidade civil pré-contratual das entidades adjudicantes. Coimbra: Almedina, 2018. p. 15.

[82] "Sem embargo de todas estas especificações, nele não se traduz uma promessa de contrato, mas simplesmente uma convocação de interessados, a fim de que a administração pública decida ulteriormente se quer ou não contratar com o ofertante da proposta mais vantajosa. Em outras palavras: pelo edital e mesmo ao cabo da licitação, a administração não se obriga a vir a contratar com um dos proponentes. Reversamente, os ofertantes, ao fazerem suas propostas, obrigam-se a mantê-las pelo prazo assinado em lei ou no próprio instrumento de abertura. Do exposto não decorre, entretanto, que a administração possa arbitrariamente deixar de contratar com quem haja feito proposta satisfatória, mas, tão-só, que é um direito seu, atendendo a razões de interesse público esquivar-se a fazê-lo, pois não se obrigou a tanto, ao proceder a licitação, vez que o implemento do contrato subordina-se a razões de interesse público" (MELLO, Celso Antônio Bandeira de. O edital nas licitações. *Revista de Direito Administrativo*, [s. l.], v. 131, p. 281-299, 1978. p. 285).

Decreto 73.140/73. De acordo com o art. 6º, inc. I, deste último, previa-se à Administração "o *direito* de, por despacho motivado da autoridade competente, de que se dará ciências aos licitantes, revogar ou anular qualquer licitação, sem que caiba direito a reclamação ou pedido de indenização por parte dos participantes" (destaque nosso).

1.8.3 Concepções publicistas baseadas na vinculação *a priori*

Também propondo solução peculiar à administração pública, porém em sentido diverso daquele descrito no tópico anterior, Seabra Fagundes estabeleceu como premissa preliminar a rejeição à importação automática de soluções de direito privado. Contudo, não para negar a vinculação administrativa, mas para estabelecer contornos específicos e mais intensos a ela.

Segundo aquele administrativista, uma concepção privatista da concorrência pública não permitiria identificar no edital mais do que um "mero convite a propor", o que significaria reduzir a zero a vinculação da administração à futura contratação. Essa conclusão se baseava na orientação, vinda da perspectiva do direito privado, no sentido de que o "convite a fazer oferta" não é proposta; não teria caráter "pré-negocial nem [...] relevância jurídica".[83]

Essa conclusão seria, segundo Seabra Fagundes, incompatível com o "fenômeno específico e típico do Direito Público, oriundo de circunstâncias especiais e visando a fins específicos", do qual resultaria a premissa geral de que se encontra "a Administração pública por comprometida em face do licitante melhor classificado".[84]

---

[83] GOMES, Orlando. *Contratos*. Atualização: Antonio Junqueira de Azevedo e Francisco Paulo de Crescenzo Marino. 26. ed. Rio de Janeiro, Forense, 2007. p. 73.

[84] "Identificado o processo da concorrência com o dos contratos regidos pelo direito privado, exclui-se a vinculação da Administração pública por se não configurar no edital uma proposta, a sim mero convite a propor. Não se atenta, sob a influência dos critérios clássicos da teoria dos contratos, em que aí se trata de processo preliminar de escolha de um dos contratantes pelo outro, como fenômeno específico e típico do Direito Público, oriundo de circunstâncias especiais e visando a fins específicos. A melhor doutrina do Direito Administrativo não ratifica aquêle critério de interpretação, tendo a Administração pública por comprometida em face do licitante melhor classificado. Variam, é certo, os ângulos sob os quais cada autor encara o assunto, mas há convergência no sentido da solução" (FAGUNDES, Miguel Seabra. Concorrência pública - Idoneidade dos concorrentes - Direito de petição - Atribuições administrativas do Presidente da República - Atos administrativos - Motivação e anulação. *Revista de Direito Administrativo*, [s. l.], v. 34, p. 398-408, 1953. p. 405).

Em sentido similar, Carlos Medeiros Silva sustentou, no início da década de 1970, que a abertura da concorrência já é, em si, ato vinculante ensejador de "responsabilidade de cumprimento de uma promessa pública".[85]

Retomando o paralelo com o direito português, verifica-se que também naquele âmbito sobrevieram formulações similares mais recentes, baseadas na concepção de que, ao divulgar uma dada licitação, a administração formularia verdadeira "oferta ao público".

Essa é a tese manifestada por Sérvulo Correia[86] e por Alexandra Leitão[87], por exemplo. Como já se referiu acima, o primeiro autor identifica dois momentos principais da decisão de contratar, entremeados pela atuação do ente público e dos sujeitos privados interessados em contratar.

O primeiro momento corresponde à divulgação da decisão, que se qualificaria juridicamente como "oferta ao público *sui generis*". Sui generis porque essa oferta não é automaticamente seguida de aceitação. Ela suscita a apresentação das propostas que não corresponderão a "declarações de aceitação das quais decorra a conclusão do contrato mas sim [a] novas propostas".[88] A esse momento se seguirá fase que, após avaliação empreendida pela administração (sobre as condições subjetivas dos licitantes e as características objetivas de suas propostas), compreenderá o exercício da competência de "aderir, com maior ou menor grau de autodeterminação, às propostas que outros lhe apresentem".[89]

Outro posicionamento é defendido por Rui Cardona Ferreira, que qualifica a abertura da licitação como promessa pública. Isso significa identificar no edital a existência de um negócio jurídico unilateral, traduzido em dever de "prestação de facto jurídico".[90] Embora Ferreira discorde da tese de "oferta ao público", o raciocínio por ele

---

[85] SILVA, Carlos Medeiros. Concorrência pública - Anulação - Ato discricionário e ato arbitrário. *Revista de Direito Administrativo*, [s. l.], v. 104, abr./jun. 1971. p. 370.

[86] CORREIA, José Manuel Sérvulo. Legalidade e Autonomia Contratual nos Contratos Administrativos. Coimbra: Almedina, 2003. p. 700-701.

[87] LEITÃO, Alexandra. A Protecção Judicial dos Terceiros nos Contratos da Administração Pública. Coimbra: Almedina, 2002. p. 214-215.

[88] CORREIA, José Manuel Sérvulo. Legalidade e Autonomia Contratual nos Contratos Administrativos. Coimbra: Almedina, 2003. p. 701.

[89] CORREIA, José Manuel Sérvulo. Legalidade e Autonomia Contratual nos Contratos Administrativos. Coimbra: Almedina, 2003. p. 701.

[90] FERREIRA, Rui Cardona. A responsabilidade civil pré-contratual das entidades adjudicantes. Coimbra: Almedina, 2018. p. 17.

desenvolvido parte fundamentalmente da mesma premissa, consistente em identificar que a abertura da licitação "não é, propriamente, um convite a contratar, juridicamente inócuo – ou pouco mais do que isso – para a Administração, mas que dela emerge um dever de adjudicar, ainda que condicionado e sujeito a uma reserva de revogação".[91]

Desse entendimento resulta a conclusão de que a decisão de não adjudicar infundada constituiria descumprimento da "obrigação assumida" pela administração a partir do ato de instauração da licitação.[92] Isto é: a instauração da licitação já seria suficiente para dar surgimento a um "dever de celebração do contrato", desde que venham a ser atendidas as condições de escolha da melhor proposta para a contratação.[93]

Retornando ao direito brasileiro, também aqui a alusão à noção de promessa aparece adotada pela doutrina. Para Adilson Abreu Dallari, "o vínculo emergente da licitação é uma promessa de contrato, a qual, logicamente, tem como objeto a realização de um futuro contrato".[94]

1.8.4 A posição adotada: o foco nas premissas de vinculação das partes

A adoção de uma ou outra definição acerca da natureza jurídica dos atos de instauração de processos de contratação é determinante para a fixação das consequências jurídicas. No entanto, nenhuma das propostas descritas apresenta-se como apta a oferecer resposta suficiente para a variedade de práticas pré-contratuais que podem ser adotadas pela administração pública.

A licitação, assim como outros formatos de contratação administrativa, pode comportar maior ou menor autonomia administrativa em relação à celebração do futuro contrato. Tal característica derivará dos contornos concretos do ato que instaura a relação da administração pública junto aos interessados a contratar. No dizer de Paulo Mota Pinto, tal ato pode constituir uma mera *solicitação* ou *invitatio ad offerendum* (convite a contratar ou a ofertar), ou ainda uma proposta em sentido

---

[91] FERREIRA, Rui Cardona. A responsabilidade civil pré-contratual das entidades adjudicantes. Coimbra: Almedina, 2018. p. 17.
[92] FERREIRA, Rui Cardona. A responsabilidade civil pré-contratual das entidades adjudicantes. Coimbra: Almedina, 2018. p. 19.
[93] A esse respeito, FERREIRA, Rui Cardona. *A responsabilidade civil pré-contratual das entidades adjudicantes*. Coimbra: Almedina, 2018. p. 19.
[94] DALLARI, Adilson Abreu. *Aspectos jurídicos da licitação*. 7. ed. São Paulo: Saraiva, 2007. p. 35.

estrito. Na falta de disposição legal definidora, o enquadramento deve ser apurado pela análise das características do ato produzido.[95]

Como primeiro exemplo, licitações por menor preço são impulsionadas por edital instruído com a prévia definição de todos os aspectos da contratação, que aguarda apenas a formulação de preços pelos interessados e a classificação da melhor proposta. Esta sistemática aproxima o edital da lógica de uma verdadeira proposta vinda da administração – ou, mais precisamente, de uma *oferta ao público*, tal como regulada no art. 429 do Código Civil. Diz-se que apenas se aproxima porque o edital "encerra os requisitos essenciais ao contrato" exigidos no art. 429 com exceção de um único: falta o requisito de preço, a ser integrado pelos interessados. Disso resulta que o edital não será sucedido de simples aceitação por parte dos proponentes (o que nem seria compatível com a lógica de competição), mas da apresentação de requisito indispensável à formação do contrato, que será examinado pelo ente contratante, em conjunto com os demais requisitos exigidos dos interessados para contratar.

Esse modelo difere, por exemplo, da estrutura do diálogo competitivo. Este conta com dois editais, sendo o primeiro, inaugural, suficiente para delimitar o objeto da licitação e disciplinar o seu processamento, mas não para determinar o conteúdo contratual, visto que a função distintiva do diálogo é propiciar a composição das premissas contratuais no curso do próprio certame (art. 32, §1º, inc. VIII, da Lei 14.133/21). Nessa hipótese, nenhuma vinculação diretamente orientada ao contrato pode colocar-se no início da contratação, embora todos os atos a serem praticados permaneçam finalisticamente orientados a alcançar tal resultado.

No campo das contratações diretas, as possibilidades são inúmeras.

Em um extremo, a administração contratará segundo estrutura idêntica ao modelo clássico do Código Civil, como em caso de pequenas compras ou serviços de pronto pagamento, podendo até mesmo prescindir da estruturação de processo administrativo específico (art. 95, §2º, da Lei 14.133/21).

Em outro extremo, observadas as limitações inerentes ao regime de direito público, a administração pública pode envolver-se em tratativas de negociação atípicas e protraídas no tempo, tendo por objeto

---

[95] PINTO, Paulo Mota. Responsabilidade por violação de regras de concurso para celebração de um contrato (em especial o cálculo da indenização). *In:* GONÇALVES, Pedro (org.). *Estudos de Contratação Pública*. Coimbra: Coimbra Editora, 2010. v. II. p. 275.

contratações complexas, de modo similar a negociações privadas, com trocas de minutas e definições progressivamente pormenorizadas, até que as partes atinjam um consenso sobre os diversos aspectos – técnicos, comerciais, econômicos e jurídicos – do contrato pretendido.

Tome-se como exemplo processo de contratação direta para aquisição de equipamentos militares de alta complexidade tecnológica, ao qual se agreguem negociações de mecanismos de *offset* ou compensação. Esses elementos transcendem os componentes estritamente relacionados à prestação pretendida, para abarcar tratativas sobre aspectos e interesses muito mais amplos, em última análise associados às relações internacionais do país e ao desenvolvimento nacional. Isso tudo "com a intenção de gerar benefícios de natureza tecnológica, industrial ou comercial, conforme definido pelo Ministério da Defesa" (art. 2º, inc. VII, da Lei 12.598/12).[96] Contratações dessa espécie podem envolver múltiplas prestações, cada qual caracterizada por acentuada complexidade e condições próprias, que demandam interações pré-contratuais também elas processualizadas, mas substancialmente distintas daquelas disciplinadas por modelos fixos e rígidos de contratação.

Diante dessa diversidade de dinâmicas, e ainda que não se ignore a necessidade de identificação rigorosa e objetiva dos regimes jurídicos aplicáveis, o propósito deste trabalho não é exaurir o tema. Em vista da impossibilidade de identificar de forma prévia e uniforme o conteúdo de vinculação administrativa, opta-se, antes, por traçar as premissas gerais dessa vinculação, sujeitas a variações conforme o regime jurídico aplicável.

A primeira premissa, examinada neste capítulo, é que o ato inaugural confere ao ente estatal deveres processuais e materiais voltados à consecução do propósito ou vocação da atividade pré-contratual, ainda que em níveis variáveis e determináveis em concreto. Há uma vocação universal que norteia esses deveres, consistente em alcançar, de forma congruente, imparcial e eficiente, as condições necessárias para ultimar

---

[96] Para casos como esses, o Tribunal de Contas da União já avaliou e admitiu procedimentos que envolvem "a utilização dos mecanismos Request for Proposal - RFP (solicitação de proposta) e a Best and Final Offer - BAFO (seleção da melhor oferta), os quais têm a peculiaridade de permitir que os solicitantes tomem decisões com base nas informações fornecidas pelas proponentes e, também, com base em negociações realizadas pelas partes durante o processo de seleção. [...] Apesar da RFP não se tratar de procedimento licitatório, à luz dos princípios da eficiência e da busca pela proposta mais vantajosa, tal procedimento contribui para que a contratação do fornecimento dos aludidos navios de guerra, diga-se de passagem, dispensada na forma da lei, seja bem-sucedida, tanto no aspecto técnico-operacional quanto sob o viés econômico-financeiro" (Acórdão 2.853/2019-Plenário, relator Ministro Augusto Sherman Cavalcanti, j. 27.11.2019).

a contratação pretendida, conforme as prévias estipulações definidas como suficientes e adequadas pelo ente contratante.

A segunda premissa, que será examinada nos próximos dois capítulos, é que o ato inaugural já constitui uma declaração de caráter negocial, que deve ser assim considerado. Isso dentro de um contexto relacional, observando – notadamente como derivação dos princípios da segurança jurídica e da moralidade do *caput* do art. 37 da Constituição – os princípios da boa-fé, da confiança legítima e da conservação dos atos praticados.[97]

Por esse segundo prisma, há não apenas uma vinculação estatal interna, mas uma vinculação exterior, traduzida na tutela e no respeito dos interesses privados que acorrem para disputar a contratação administrativa, de modo que a frustração desses interesses se dará não sem consequências, inclusive em termos de responsabilidade civil.

1.8.5 A vinculação administrativa como critério distintivo em face do regime privado

Essas características evidenciam distinção relevante entre as formas de contratar administrativa e privada.[98]

Enquanto as tratativas privadas, ao menos em sua configuração clássica, encontram na celebração do contrato o "momento central da

---

[97] "Esso svolge una duplice funzione di legale conoscenza e di regolazione della gara. Le clausole in esso contenute non sono disapplicabili trattandosi di atto non normativo, mentre, tenuto conto della intrinseca configurazione del bando come dichiarazione negoziale, le clausole sono interpretabili in basi ai normali canoni propri del contratto, tra cui il principio di buona fede, affidamento e conservazione" (PETRELLA, Giuseppe. *Il risarcimento del danno da gara illegittima*. Milano: Giuffrè, 2013. p. 17).

[98] "Do exposto resulta, mais uma vez por oposição ao modelo tradicional da lei civil, em que a celebrado do contrato se assume 'como o momento central da vinculação final das partes a certas condições contratuais', que, no marco regulatório da contratação pública, a outorga reveste, em termos de compromisso vinculístico, um destaque relativamente secundário, sobretudo quando confrontada com as vinculações previamente assumidas pelos sujeitos procedimentais. Na atual perspectiva do legislador europeu e nacional da contratação pública, por outras palavras, 'a celebração do contrato constitui um trâmite final do procedimento que consiste numa mera consequência das decisões centrais e dos compromissos que tanto a entidade adjudicante como o adjudicatário previamente praticaram – não contendo, portanto, em si mesmo, decisões substanciais relevantes ou inovadoras. Doutra forma: ainda que constitua a meta final que se pretenda alcançar, a celebração do contrato assume uma relevância muito diminuta quando comparada às procedimentais que a antecedem" (TORGAL, Lino. A imprevisão na fase de formação dos contratos públicos. *In:* ALMEIDA, Fernando Dias Menezes de; MARQUES NETO, Floriano de Azevedo; MIGUEL, Luiz Felipe Hadlich; SCHIRATO, Vitor Rhein (coord.). *Direito público em evolução*: estudos em homenagem à professora Odete Medauar. Belo Horizonte: Fórum, 2013. p. 436).

vinculação final das partes" em relação ao contrato, na lógica administrativa a decisão principal em regra deve ser localizada em momento anterior, quando instaurado o processo de contratação. Se nas tratativas privadas em geral o acordo de vontades para contratar é um elemento imprevisível (ao menos em termos jurídicos, dada a ausência de vinculação *a priori* das partes), no âmbito administrativo a celebração do contrato é a consequência jurídica normal e esperada – uma decisão de caráter secundário e derivado, vinculada às decisões e atos anteriormente praticados. É a interrupção desse *iter* – por anulação ou revogação do processo de contratação – que constitui decisão inédita e excepcional, a ser assim justificada por contrariar os atos anteriormente praticados.

Desse modo, é possível identificar um paradoxo nas concepções publicistas que têm subjacente uma visão de supremacia pressuposta do ente estatal, a comportar margem discricionária mais ou menos indeterminada sobre contratar. Ao enfatizar a autonomia administrativa sobre o ato final de contratar, essa orientação acaba por aproximar a contratação administrativa do funcionamento do direito privado. A compreensão de que o Estado não se encontra vinculado a contratar tem subjacente uma lógica originalmente de traços autoritários,[99] caso se compreenda tal decisão como uma incontrastável noção de ato de império,[100] que equivale ao arbítrio privado para optar ou não pela contratação.

Essa constatação foi apresentada por Benoît Plessix a propósito do direito francês.[101] E no direito brasileiro já aparecia diagnosticada

---

[99] MARTINS, Ricardo Marcondes. Do encerramento da licitação. *In:* DAL POZZO, Augusto Neves; CAMMAROSANO, Márcio; ZOCKUN, Maurício. *Lei de Licitações e Contratos Administrativos Comentada*: Lei 14.133/21. São Paulo: Thomson Reuters Brasil, 2021. p. 348.

[100] "O edital de licitação subscrito por presidente de sociedade de economia mista com o objetivo de aquisição de um sistema de gravação digital de voz multicanal, equivale ato de império haja vista que consubstancia-se em ato administrativo sujeito às normas de direito público" (Superior Tribunal de Justiça, recurso especial 789.749/RS, 1ª Turma, relator Ministro Luiz Fux, j. 17.5.2007).

[101] "S'inspirant encore de l'analyse civiliste la plus classique, le juge administratif considère qu'un contrat est formé à partir du moment où les deux manifestations de volonté se rencontrent, c'est-à-dire au moment de l'acceptation; c'est celle-ci qui traduit vraiment la rencontre des consentements. Les arrêts sont, sur ce point, d'une étonnante limpidité, alors que la formation des principaux contrats publics nou met pourtant en présence d'un processus complexe. Ainsi, comme on le sait, dans les procédures d'appel d'offres ou d'adjudication, l'attribution du marché est décidée par une commission. Le contrat est-il alors déjà conclu? En réalité il n'en est rien: la commission se borne à proclamer le candidat retenu, mais cela n'équivaut nullement à la conclusion du contrat. Quel que soit le mode de passation choisi, l'accord de volonté n'est réalisé que lorsque la collectivité publique concernée conclut elle-même le contrat, c'est-à-dire approuve le choix de la commission. Ainsi, même dans le cadres de procédures très réglementées, le juge administratif tient à rappeler que la notion de consentement conserve un rôle primordial" (PLESSIX, Benoît. *L'utilisation du droit civil dans l'élaboration du droit administratif*. Paris: Editions Panthéon Assas, 2003. p. 197-198).

por Seabra Fagundes, com o apontamento de que a tese de *mero convite a contratar* para conferir autonomia ao ente contratante na fase terminal do processo de contratação correspondia a uma aproximação à lógica norteadora do direito privado, rejeitada com vigor por aquele administrativista.[102]

Em suma, a concepção de um amplo e pressuposto espaço de autonomia administrativa ao término do processo de contratação prioriza a decisão unilateral em detrimento do resultado da atividade administrativa anterior. Ela é similar ao direito privado clássico, que como regra *prioriza* a declaração de vontade daqueles que estão a negociar (o consentimento propriamente dito) em detrimento dos efeitos produzidos pelo desenvolvimento das tratativas em si. Diz-se *direito privado clássico* porque, como apontado por Plessix no direito francês[103] e, como constatado também no direito privado brasileiro, encontra-se ultrapassada a compreensão de que as partes se encontram vinculadas a contratar apenas quando optem por assim fazê-lo expressamente. Ainda que de forma excepcional, o exercício de autonomia pode gerar vinculação em momento anterior, com base em deveres de conduta orientados pela boa-fé, que determinam a progressiva vinculação das partes em função das condutas e expectativas geradas para as contrapartes.[104] Essa mesma premissa, de vinculação a partir do *processo pré-contratual* e pelos atos nele praticados, aplica-se à administração pública, pelo peculiar regime jurídico incidente, e com ainda maior intensidade.

1.9 Os requisitos necessários para viabilizar a celebração do contrato

Em vista das considerações feitas acima, cabe especificar os requisitos necessários para que as partes se vejam em condições de

---

[102] FAGUNDES, Miguel Seabra. Concorrência pública - Idoneidade dos concorrentes - Direito de petição - Atribuições administrativas do Presidente da República - Atos administrativos - Motivação e anulação. *Revista de Direito Administrativo*, [s. l.], v. 34, p. 398-408, 1953. *passim*.

[103] "Négligeant les nuances que le droit civil contemporain a apportées au schéma classique de l'accorde de volonté (théorie, d'origine allemande, de la *punctuation*, pratique des avant-contrats, etc.), le juge administratif continue de s'inspirer de la vision civilites la plus classique qui, de la façon la plus dépouillée, analyse la formation du contrat par la seule rencontre d'un offre et d'une acceptation" (PLESSIX, Benoît. L'utilisation du droit civil dans l'élaboration du droit administratif. Paris: Editions Panthéon Assas, 2003. p. 197-198).

[104] MARTINS-COSTA, Judith. *A boa-fé no direito privado*: critérios para a sua aplicação. 2. ed. São Paulo: Saraiva, 2018. p. 425 e ss.

contratar e como eles se verificam no desenvolvimento regular dos processos de contratação.

1.9.1 A estruturação do contrato e a formação do consenso: o regime simétrico de vinculação entre ente público e particulares

Independentemente do modelo de contratação de que se trate, é necessário que as condições contratuais estejam formatadas. Não é necessário que a disciplina contratual seja exaustiva em relação à concepção e à execução do objeto mediato a contratar. Desde que o objeto imediato (a delimitação das obrigações contraídas) esteja determinado, é possível remeter definições e inovações quanto à forma de desenvolvimento das prestações à fase de execução contratual. Também não é necessário que haja plena determinação dessas condições previamente à interação com os interessados, visto que, como indicado acima, o processo de contratação pode constituir o ambiente concebido pelo ente público como o mais adequado para concluir a formatação contratual.

De outra parte, a formação do contrato pressupõe a declaração de consentimento do particular interessado. Como já referido, a vinculação do particular ao dever de contratar ocorre desde o momento em que submete sua proposta à administração. No regime da Lei 8.666/93, previa-se a desistência da proposta até a conclusão da fase de habilitação (art. 43, §6º). Essa solução não foi incorporada à Lei 14.133/21.

Tal dever, que se destina a assegurar o resultado útil do certame e impedir condutas oportunistas que visem a frustrá-lo, aparenta instaurar um regime *a princípio* assimétrico: enquanto o ente público ainda exercerá a deliberação final acerca da contratação, o particular já se encontra vinculado desde quando ingressa no certame, observando as condições para tanto.[105]

Quando a lei impõe referido dever ao sujeito privado, revela que a relação pré-contratual que se estabelece é apta a formar posições

---

[105] Evidenciando a disseminação dessa lógica: "[...] pour le droit administratif, il n'y aucune ambiguïté: en déposant son offre, le pollicitant se constitue unilatéralement débiteur envers l'Administration d'une obligation de contracter au cas où son offre serait acceptée; l'offre revêt la forme d'un acte unilatéral obligatoire pour son auteur, indépendant de l'acceptation qui, seule, fait naître le contrat" (PLESSIX, Benoît. *L'utilisation du droit civil dans l'élaboration du droit administratif*. Paris: Editions Panthéon Assas, 2003. p. 200). No mesmo sentido: LAUBADÈRE, André de; VENEZIA, Jean-Claude; GAUDEMET, Yves. *Droit Administratif*. 15. ed. Paris: LGDJ, 1999. t. 1. p. 815.

jurídicas autônomas externas ao processo de contratação e já voltadas a contratar, ainda antes da formação do contrato. Afasta-se – ou, mais precisamente, entende-se como já exercitada – a autonomia privada do sujeito interessado em contratar a partir do momento em que ele formula a sua proposta. A partir de então, surge pretensão em favor do ente público a que o particular permaneça vinculado e responda por eventual desistência, se injustificada.

A solução legislativa é admissível porque o edital propicia condições suficientes para o exercício do consentimento do particular em relação à contratação – ressalvada a hipótese do diálogo competitivo, eis que apenas o segundo edital desta modalidade possibilitará tal consentimento e apenas a partir desse momento intermediário poderá surgir tal vinculação do particular, quando apresentar a proposta para o projeto contratual definitivo.[106] Ao oferecer proposta, o interessado adere ao programa contratual previamente estabelecido e o integra com a definição do preço e de eventuais aspectos técnicos, de forma suficiente para completar a disciplina contratual e possibilitar o aperfeiçoamento da contratação.

A alusão a um regime apenas *a princípio* assimétrico explica-se porque, na realidade, a diferença entre as posições jurídicas detidas pela administração e pelo proponente reside essencialmente no momento em que este último se vinculará, prévio à ocasião em que a administração também restará de igual modo vinculada.

A ausência de previsão similar à de vinculação do particular em relação ao ente público contratante justifica-se por duas razões.

Em primeiro lugar, porque é a proposta dos licitantes que constitui o ato que aperfeiçoa a disciplina contratual e permite a vinculação propriamente dita a contratar. Ou seja: enquanto o particular pode exercer seu consentimento frente às condições postas em edital no momento em que apresenta a proposta, isso não ocorre ao ente público. Para este, ainda restará a tarefa de avaliar as propostas e identificar a melhor delas, assim como a capacitação e a idoneidade dos proponentes.

Em segundo lugar, haverá ainda o dever estatal de confirmar a observância dos requisitos formais e materiais necessários à conclusão do contrato, com espaço limitado para manejo das competências para encerrar o certame sem contratar.

---

[106] Consentimento e vinculação nessa situação foram especificamente examinados em REISDORFER, Guilherme F. Dias. *Diálogo competitivo*: o regime da Lei nº 14.133/21 e sua aplicação às licitações de contratos de concessão e parcerias público-privadas. Belo Horizonte: Fórum, 2022, p. 170.

Essas condições não rebaixam o grau de vinculação da administração pública aos seus atos anteriores. A apresentação de proposta aceitável não demandará reapreciação valorativa do ente público acerca dos requisitos exigidos, apenas a confirmação do seu encaixe com o programa contratual previamente estabelecido, ao qual o ente público deve observância e perante o qual segue vinculado até o término do processo. Se é verdade que o proponente já se obriga a contratar desde que oferece proposta, a administração não surge integralmente desvinculada – há a vinculação ao programa contratual prévio e a vinculação a *celebrar* o contrato apenas ocorre em momento posterior. Confirmando-se o processo como regular e não havendo fatos supervenientes que justifiquem a sua revisão, haverá dever do ente público de ultimar a contratação.

A simetria dos regimes aplicáveis ao ente público aos particulares se verifica também a partir da hipótese admitida pela legislação de que o particular se libere do dever de contratar, em caso de justa causa (art. 90, §5º, da Lei 14.133/21). Essa hipótese encontra paralelo na competência revocatória. A reserva de revogação e a justificativa passível de ser apresentada pelo licitante pautam-se por parâmetros interpretativos similares,[107] diferenciando-se fundamentalmente pela natureza dos interesses – públicos ou internos à órbita do sujeito privado – que justificam a desvinculação.

A diferença da situação dos envolvidos, portanto, não é de substância, mas meramente de momento do aperfeiçoamento da

---

[107] Diz-se similar porque os suportes fáticos que autorizam respectivamente o exercício da competência revocatória e a invocação de justa causa pelo particular não se apresentam totalmente coincidentes. Enquanto a administração pública pode promover a revogação em caso de alteração objetiva e superveniente das condições que nortearão a execução do contrato, a justa causa a ser invocada pelo proponente não está necessariamente atrelada a uma superveniência, embora deva invariavelmente basear-se em razões objetivamente aferíveis e razoáveis de desvinculação, pautadas pela boa-fé objetiva e não por um juízo avaliativo meramente subjetivo ou arbitrário do particular. Ademais, enquanto uma alteração superveniente mais relevante nas condições de execução do contrato possa tender à revogação do certame, se afetar substancialmente a viabilidade do contrato ou os interesses e fins pretendidos pelo ente público, nem sempre resultará na configurarão "justa causa" ao privado, porque poderá incidir sobre riscos contratuais alocados no poder público. O licitante/contratante estará protegido da alteração das circunstâncias que não integram riscos contratuais a serem por ele assumidos, de modo que essas supervenências não justificarão isoladamente a retirada da proposta. A proteção ao licitante surge, ademais, desde o momento de apresentação da proposta, mesmo diante de eventos ocorridos no curso da licitação (conferir art. 135, inc. I, da Lei 14.133/21). Em suma, aspectos alheios ao contrato ou mesmo a ele internos (como circunstâncias supervenientes que impactem de forma extraordinária o contrato na esfera de riscos que seria assumida pelo particular) que prejudiquem a esfera jurídica privada poderão ser invocados como justa causa. Não tendo a lei fixado nenhuma limitação *a priori* aos motivos passíveis de invocação, a verificação deve ser feita caso a caso.

vinculação e relacionada à autoexecutoridade da decisão que determina o término do processo de contratação. Enquanto o particular precisa arguir justo motivo a ser apreciado pela administração (art. 90, §5º, da Lei 14.133/21), esta promoverá unilateralmente a anulação ou a revogação do certame, resguardadas as garantias de devido processo a todos os participantes do processo de contratação (arts. 71, §3º, e 165, inc. I, d, da Lei 14.133/21). O regime de vinculação de ambos os polos será o mesmo em termos materiais, mas com sujeição à decisão estatal final. Quando os pressupostos para contratar estiverem presentes, tanto o proponente quanto o ente público restarão obrigados a contratar.

1.9.2 As hipóteses de processos de contratação não tipificados

Pode-se discutir se essas mesmas condições se encontram presentes em processos atípicos, que não se enquadram rigorosamente na estrutura e lógica das licitações sujeitas à sistemática acima retratada.

Sobre o tema, deve-se lembrar a regra que determina a aplicação do conjunto normativo das licitações aos processos de contratação direta (art. 71, §4º, da Lei 14.133/21). É bem verdade que tal previsão não gera extensão automática e geral da disciplina licitatória, que deve ser compatibilizada com as características de cada situação. Disso se segue que deve ser encontrada em cada tipo de processo a *ratio* prevalente, que pode pender para maior proximidade com a sistemática das licitações, como facilitador da racionalização do procedimento, ou para um regime de maior indeterminação, flexibilidade e autonomia dos envolvidos.

Em qualquer caso, a fixação dos pressupostos necessários para que as partes se vinculem dependerá dos atos praticados, em um ambiente de atipicidade. A doutrina nota que "as considerações sobre o procedimento e sobre as formalidades da contratação direta devem ser adaptadas às circunstâncias de cada caso, tomando em vista tanto as previsões normativas aplicáveis como as situações fáticas existentes".[108]

Para ilustrar o que se expõe, tome-se como exemplo o conceito de *inaplicabilidade de licitação*, extraível do art. 28, §§3º e 4º, da Lei 13.303/16. Nestes casos, pode ou não haver processos competitivos e a escolha ocorrerá por critérios e métodos que, conquanto devam demonstrar racionalidade compatível com o regime jurídico administrativo, podem

---

[108] JUSTEN FILHO, Marçal. A contratação sem licitação nas empresas estatais. In: JUSTEN FILHO, Marçal (org.). *Estatuto Jurídico das Empresas Estatais*: Lei 13.303/2016 – Lei das Estatais. São Paulo: Revista dos Tribunais, 2016. p. 322.

não estar expressamente previstos no ordenamento, vindo a decorrer das práticas correntes havidas no mercado em que se insere o objeto da contratação.[109]

Outro exemplo, este de vinculação mais intensa em razão da caracterização de verdadeiro *dever obrigacional de contratar*, ocorre nas hipóteses em que o ente público visa obter a vinculação da contraparte, ainda em âmbito pré-contratual, mediante instrumentos verdadeiramente contratuais, como contratos preliminares. Esses instrumentos, conquanto de natureza contratual, têm função pré-contratual. O seu propósito é o de estabilizar expectativas, predeterminando condições para uma futura contratação e para a própria celebração do contrato. Por isso, conforme o caso, a ausência de celebração do contrato afinal pretendido constituirá verdadeiro inadimplemento contratual, mesmo que ainda se esteja, sob certo ângulo, a tratar de vinculação pré-contratual (art. 463 do Código Civil).

Em qualquer caso, todos os envolvidos, incluindo o ente público, devem pautar suas condutas pelos deveres gerais emanados da boa-fé, que serão objeto de análise detida no capítulo 2.

1.10 Os atos finais do processo de contratação: da adjudicação à contratação

Concluídas as fases de julgamento e classificação das propostas e habilitação, e uma vez examinados os recursos administrativos, compete ao ente público proceder aos atos finais do processo de contratação.

1.10.1 A adjudicação

O primeiro ato aqui referido corresponde à adjudicação (art. 71, *caput* e inc. IV, da Lei 14.133/21).

---

[109] "A definição do parceiro mais adequado não pode ser promovida, em muitos casos, por meio de um procedimento seletivo formal. A realização de uma licitação é uma solução imprestável, porque não se trata de selecionar a proposta mais vantajosa. Usualmente, existem interesses comuns, que excluem a realização de uma proposta formal específica. A identificação do parceiro adequado envolve, então, um processo de conversação, a discussão de projetos comuns, a verificação das habilidades e das virtudes apresentadas pelos potenciais parceiros e a identificação de pontos negativos. Ao final, a escolha será resultado de uma ponderação sobre aspectos positivos e negativos" (JUSTEN FILHO, Marçal. A contratação sem licitação nas empresas estatais. *In:* JUSTEN FILHO, Marçal (org.). *Estatuto Jurídico das Empresas Estatais*: Lei 13.303/2016 – Lei das Estatais. São Paulo: Revista dos Tribunais, 2016. p. 304).

A legislação brasileira alude ao ato de adjudicação tendo por objeto o "contrato" (art. 31, §1º, da Lei 8.666/93) ou o "objeto" do certame (art. 4º, XXI, da Lei 10.520/02; art. 28, inc. IV, da Lei 12.462/11; art. 51, inc. IX, da Lei 13.303/16; art. 71, inc. IV, da Lei 14.133/21).

Considerando a coexistência da adjudicação e da homologação como atos administrativos terminais, instaurou-se ampla discussão acerca da ordem de prática desses atos, especialmente diante das referências, à primeira vista incompatíveis, dos arts. 38, inc. VII, e 43, inc. VI, da Lei 8.666/93.[110] A questão ficou superada com as leis supervenientes. Ressalvada a Lei 12.232/10, que disciplina licitações e contratações de publicidade e conta com a indicação de que "será homologado o procedimento e adjudicado o objeto licitado" (art. 11, inc. XIV), os principais diplomas posteriores invariavelmente passaram a fazer referência ao esquema adjudicação-homologação, sinalizando a ordem a ser observada para a prática desses atos (Leis 10.520/02, art. 4º, inc. XXI e XXI, 12.462/11, art. 28, inc. IV, e 13.303/16, art. 51, inc. IX e X). O art. 71, inc. IV, da Lei 14.133/21 adotou a mesma ordem, o que justifica a abordagem prévia da adjudicação.

Como mencionado, em termos materiais, a doutrina em geral trata a adjudicação como derivação do acolhimento da proposta mais bem classificada, que se desdobra na confirmação de sua regularidade e na constatação de sua maior vantagem em relação às demais, à luz das regras do certame.[111]

É frequente o enquadramento da adjudicação como ato meramente declaratório e vinculado, cuja prática é cogente ao ente público

---

[110] "Pelo art. 43, inc. VI, não há, antes da homologação, uma 'adjudicação' nem haveria possibilidade de a Administração adjudicar sem ter, anteriormente, homologado. A homologação deriva da análise global e completa dos trabalhos da autoridade responsável pela licitação. A adjudicação concentra-se no resultado da licitação" (JUSTEN FILHO, Marçal. *Comentários à Lei de Licitações e Contratos Administrativos*: Lei 8.666/1993. 18. ed. São Paulo: Thomson Reuters Brasil, 2019. p. 1023). Vendo no ato de homologação a criação do direito à adjudicação: MOREIRA, Egon Bockmann; GUIMARÃES, Fernando Vernalha. *Licitação Pública*: a Lei Geral de Licitação - LGL e o Regime Diferenciado de Contratação - RDC. São Paulo: Malheiros, 2012. p. 352-353). Sendo ambos os atos reservados à autoridade superior, sublinhou-se "a questão é praticamente irrelevante, na medida em que ambos os atos serão praticados pela mesma autoridade, em sequência" (JUSTEN FILHO, Marçal. *Comentários ao RDC* (Lei 12.462/11 e Decreto 7.581/11). São Paulo: Dialética, 2013. p. 496).

[111] "A Comissão, ao adjudicar, apenas formaliza o julgamento, emite provimento administrativo ao declarar que o licitante 'X', ganhador da licitação, constitui-se na situação de proponente único perante ela. Portanto, a adjudicação nada mais é do que a consequência lógica do julgamento. O conteúdo do provimento administrativo é sempre o julgamento da Comissão" (FIGUEIREDO, Lúcia Valle. *Curso de Direito Administrativo*. 8. ed. São Paulo: Malheiros, 2006. p. 513).

contratante.¹¹² Daí vem o enunciado do princípio da "adjudicação compulsória". Em sentido complementar, Lúcia Valle Figueiredo sustentou a obrigatoriedade de adjudicação também como decorrência da existência do processo administrativo "que, tendo começado, deverá ser concluído, invalidado ou revogado".¹¹³

Esse entendimento corresponde à orientação que viria a ser consagrada em diversos diplomas legislativos, a partir de referências imperativas à prática da adjudicação: "decididos os recursos, a autoridade competente *fará* a adjudicação" (art. 4º, inc. XXI, da Lei 10.520/02); "proclamado o resultado final do certame, o objeto *será* adjudicado ao vencedor" (arts. 18-A e 13 das Leis 8.987/95 e 11.079/04, respectivamente); "reconhecida a habilitação dos licitantes, na forma dos incisos XI, XII e XIII deste artigo, *será* homologado o procedimento e adjudicado o objeto licitado" (art. 11, inc. XIV, da Lei 12.232/10) – destaques nossos.

Embora se reconheça amplamente que o próprio contrato constitua o objeto da adjudicação,¹¹⁴ é forte o entendimento de que a adjudicação produz, como regra, efeitos exclusivamente internos à licitação (isto é, não extensíveis ao futuro contrato). Daí resulta a conclusão de que a adjudicação produziria "direito à integração do procedimento ou então que a Administração declare as causas impeditivas dessa integração",¹¹⁵ ao tempo em que, em relação ao contrato, de forma mais limitada, a adjudicação propiciaria mera expectativa do direito de contratar.¹¹⁶

---

¹¹² "Trata-se de ato declaratório que não se confunde com a celebração do contrato, pois, por meio dele, a Administração proclama que o objeto da licitação é entregue ao vencedor. [...] Trata-se de ato vinculado, já que as únicas hipóteses em que a Administração pode deixar de efetuar a adjudicação são as de anulação ou revogação do procedimento, conforme previsto no art. 49 da Lei 8.666/93" (DI PIETRO, Maria Sylvia Zanella. *Direito Administrativo*. 34. ed. Rio de Janeiro: Forense, 2021. p. 472). Apontando a mesma conclusão no direito francês: "l'adjudication repose sur le principe de l'attribution *automatique*. Mais cet automatisme n'est pas sans inconvénient; il risque d'imposer à l'administration un cococontractant dont elle peut ne pas vouloir; il faut que soit ménagée à l'administration la garantie d'un veto possible; cette garantie résulte des *effets limités* de la décision d'adjudication" (LAUBADÈRE, André de; VENEZIA, Jean-Claude; GAUDEMET, Yves. *Droit Administratif*. 15. ed. Paris: LGDJ, 1999. t. 1. p. 814). Atribuindo à adjudicação um caráter discricionário, conferir CRETELLA JÚNIOR, José. *Curso de Direito Administrativo*. 16. ed. Forense: Rio de Janeiro, 1999. p. 392-393.

¹¹³ FIGUEIREDO, Lúcia Valle. *Direitos dos Licitantes*. 3. ed., rev. e ampl. São Paulo: Malheiros, 1992. p. 70-72.

¹¹⁴ FRANCO SOBRINHO, Manoel de Oliveira. *Contratos Administrativos*. São Paulo: Saraiva, 1981. p. 304-305.

¹¹⁵ FIGUEIREDO, Lúcia Valle. *Direitos dos Licitantes*. 3. ed., rev. e ampl. São Paulo: Malheiros, 1992. p. 99-100.

¹¹⁶ "[...] adjudicar não é contratar: por isso mesmo não se confundem o direito à adjudicação e o eventual direito à contratação. A fase da adjudicação confirma no vencedor da concorrência a qualidade bastante para que firme, com a Administração, o ajuste previsto

Encontram-se também no direito comparado alusões ao caráter "predominantemente vinculado" da adjudicação.[117] Caracteriza-se a adjudicação como ato de acertamento, de natureza mecânica e vinculada, especialmente nos modelos de licitação rígidos, pautados pelo princípio da vinculação ao edital – uma *"dichiarazione di scienza creativa di una certezza legale circa il presentatore dell'offerta idonea"*.[118]

Ao menos diante da Lei 8.666/93, era mais preciso afirmar que a adjudicação constituía ato de eficácia preponderantemente declaratória, mas não restrita a tanto. O ato de adjudicação produz efeitos diversos sobre os interessados em contratar.

Para o adjudicatário, a adjudicação produz efeitos essencialmente declaratórios. Embora seja usual a doutrina referir à criação de direitos e deveres a partir da adjudicação, entende-se ser mais preciso visualizar na adjudicação não propriamente o surgimento, mas a declaração acerca das seguintes posições jurídicas: "a) direito de não ser preterido; b) direito de exigir que se fundamentem as razões se o contrato não se aperfeiçoar; c) dever de sustentar a proposta para assinatura do contrato; d) dever de firmar o contrato nos termos em que se obrigou".[119]

Examinando o rol de consequências jurídicas descrito acima, nota-se que a adjudicação não promove a constituição de posições jurídicas novas. A rigor, os direitos e deveres listados decorrem do regime jurídico e dos atos até então praticados no curso do processo para contratar. O que a adjudicação faz é refletir um dado prévio, isto é: o resultado da disputa, já concluída, pela contratação.[120]

---

no edital. Não cabe afirmar ainda a existência, portanto, de um direito de exigir que o Poder Público realize o contrato" (recurso extraordinário 107.552/DF, 2ª Turma, relator Ministro Francisco Rezek, j. 28.04.1987). No mesmo sentido: Superior Tribunal de Justiça, recurso ordinário em mandado de segurança 22.447/RS, 1ª Turma, relator Ministro Luiz Fux, j. 18/12/2008).

[117] No direito português: SOUSA, Marcelo Rebelo de; MATOS, André Salgado de. *Contratos Públicos*: Direito administrativo geral. 2. ed. Lisboa: Dom Quixote, 2009. t. III. p. 118.

[118] GIANNINI, Massimo Severo. *Diritto Amministrativo*. 3. ed. Milano: Giuffrè, 1993. v. 2. p. 386-387.

[119] FIGUEIREDO, Lúcia Valle. *Curso de Direito Administrativo*. 8. ed. São Paulo: Malheiros, 2006. p. 514. Segundo Adilson Abreu Dallari, "o adjudicatário não tem direito ao contrato, mas apenas o direito de não ser preterido e, além disso, de exigir da Administração a integração do procedimento licitatório" (DALLARI, Adilson Abreu. *Aspectos jurídicos da licitação*. 7. ed. São Paulo: Saraiva, 2007. p. 182).

[120] "Parece poder afirmar-se, sem margem para dúvidas, que o acto administrativo é constitutivo quando se puder dizer que a génese dos efeitos inovadores lhe é directa e integralmente imputável, de modo que (i) o particular, antes do acto, se encontra numa posição jurídica diferente daquela que detém após a sua emanação e que (ii) a modificação é imputável ao conteúdo do próprio acto administrativo" (ALMEIDA, Mário Aroso de. *Anulação de actos administrativos e relações jurídicas emergentes*. Coimbra: Almedina, 2002. p. 101).

É o resultado da classificação e da constatação da habilitação de um determinado concorrente, anterior à adjudicação, que se apresenta como fato jurídico constitutivo de posição jurídica diferenciada do licitante mais bem classificado em relação aos demais. A adjudicação corresponde ao dever do ente público de reconhecer e declarar tal fato. A eficácia declaratória da adjudicação confirma-se, afinal, pela ilegalidade que se caracterizaria em caso de eventual recusa do ente público a editar o ato de adjudicação, que não afastaria a possibilidade de o Poder Judiciário reconhecer a condição do licitante vencedor em vista das regras do edital.

Portanto, quando se diz que o adjudicatário tem direito a que o processo de contratação seja ultimado, com decisão administrativa final, é devido reconhecer que tal direito surge em momento anterior, em favor do licitante classificado em primeiro lugar e inclusive para fundamentar a exigência de que o certame prossiga para as etapas subsequentes, rumo à contratação.

Já para os licitantes que não alcançaram a adjudicação, esse ato produz efeitos declaratórios negativos a propósito da possibilidade de contratar. No regime da Lei 8.666/93, produzia também efeitos desconstitutivos, em relação à liberação do compromisso de contratar (art. 81, parágrafo único). Essa sistemática foi alterada pela Lei 14.133/21. Nela há previsão mais flexível em caso de o adjudicatário original recusar-se a assinar o contrato. A administração poderá convocar os licitantes originalmente não adjudicatários e com eles negociar a redução de suas propostas, ou contratar conforme o quanto tiverem proposto originalmente (art. 90, §§5º a 7º). Desse modo, a adjudicação em si não é mais apta a desconstituir o dever dos demais licitantes de observar as respectivas propostas.

1.10.2 A homologação

A homologação da licitação, referida também como *aprovação* do processo de contratação,[121] apresenta-se como ato de verificação da viabilidade do certame. O seu objeto abrange o exame confirmatório da validade jurídica propriamente dita do processo de contratação e da conveniência do resultado alcançado, consideradas as circunstâncias

---

[121] DALLARI, Adilson Abreu. *Aspectos jurídicos da licitação*. 7. ed. São Paulo: Saraiva, 2007. p. 187 e ss.; NOHARA, Irene Patrícia. *Tratado de Direito Administrativo*: licitação e contratos administrativos. São Paulo: Revista dos Tribunais, 2014. v. 6. p. 175.

contemporâneas à edição desse ato. Trata-se do momento derradeiro da licitação bem-sucedida, a ser sucedido pela convocação final a contratar. Nesse momento procedimental, conforme o art. 71 da Lei 14.133/21, caberá à autoridade competente decidir por (i) determinar o saneamento de ato irregular que comporte tal solução; ou (ii) anular o certame, por vício de legalidade, ou (iv) revogá-lo, por razões de interesse público superveniente; ou, então (iv) prosseguir com a homologação.

São correntes as afirmações de que a homologação tem no exame da regularidade jurídica a sua faceta vinculada, enquanto o exame da conveniência e oportunidade da contratação seria essencialmente discricionário. Entende-se que as afirmações em um ou outro caso precisam ser atenuadas e devidamente contextualizadas. Os temas da invalidação e da revogação serão tratados em pormenor na sequência, mas cabe antecipar o entendimento de que nenhuma dessas competências se revela como estritamente vinculada ou discricionária. Traços mais ou menos vinculados aparecem em ambas. Em termos gerais, no entanto, prevalece a *ausência* de discricionariedade ou a sua tendencial *redução a zero*, conforme as circunstâncias.

Quanto ao papel exercido pela homologação, parte da doutrina atribui ao referido ato o efeito de estabelecer o direito a contratar em favor do sujeito privado envolvido. A esse propósito, Adilson Abreu Dallari expõe que "a aprovação (ou homologação) altera substancialmente a situação do ex-proponente ou licitante, que não tem mais uma simples expectativa de direito ao contrato, mas sim um direito de contratar".[122]

Outra parcela indica que seria apenas em momento subsequente que surgiria uma "promessa de contrato", quando, homologado o certame, a Administração vier a convocar o particular especificamente para contratar.[123] Por esse prisma, tal qual a adjudicação, a homologação produziria efeito meramente interno à esfera administrativa e ao processo de contratação – não relacionado, portanto, ao contrato. Isto é, a homologação seria um *plus* em relação à adjudicação por comportar controle amplo do processo de contratação, mas seria redundante em relação à situação do particular no que se refere à contratação. E isso sob um regime de relativa precariedade, na medida em que a homologação permanece ela própria excepcionalmente sujeita a ser retirada, o que

---

[122] DALLARI, Adilson Abreu. *Aspectos jurídicos da licitação*. 7. ed. São Paulo: Saraiva, 2007. p. 210.
[123] FIGUEIREDO, Lúcia Valle. *Direitos dos Licitantes*. 3. ed., rev. e ampl. São Paulo: Malheiros, 1992. p. 99-100.

ocorrerá caso venha a ser reconhecida invalidade de modo superveniente, ou caso se constate o cabimento de revogar a licitação, diante de fatos supervenientes, desde que ainda não ultimada a contratação.[124]

O entendimento adotado neste trabalho é o de que a homologação só faz confirmar – de forma atualizada, mais abrangente e tendencialmente definitiva – a viabilidade da contratação de acordo com os pressupostos anteriormente definidos e então verificados como regularmente preenchidos. Ela não produz em si alterações sobre a condição jurídica do proponente adjudicatário, que continua a derivar fundamentalmente do resultado do processo de contratação.

Veja-se que a Lei 14.133/21, tal como o fazia a Lei 8.666/93, ocupa-se de tratar dos atos de adjudicação e homologação sem estabelecer os efeitos produzidos por cada qual. Sistemática diversa está disposta no art. 60 da Lei 13.303/16, onde consta que "a homologação do resultado implica a constituição de direito relativo à celebração do contrato em favor do licitante vencedor".

A leitura isolada da Lei 14.133/21, ainda mais em contraste com a previsão da 13.303/16, poderia conduzir à conclusão de ausência de eficácia vinculante à administração quanto à futura contratação. Entende-se, no entanto, que essa concepção não é compatível com o direito brasileiro. Adere-se à observação de Marçal Justen Filho no sentido de que a orientação legislativa manifestada na Lei 13.303/16 "apenas confirma a única interpretação compatível com os princípios constitucionais que disciplinam a atividade administrativa do Estado".[125]

Desse modo, em entendimento parcialmente diverso do que se poderia extrair de uma leitura literal do art. 60 da Lei 13.303/16 (que atribui à homologação o efeito de constituir o direito a contratar – sobre essa regra, conferir ainda o tópico 3.3.4, a seguir), a compreensão aqui

---

[124] "A Administração, ao homologar a licitação, compromete-se, apenas, a celebrar o contrato com o vencedor, se vier a celebrá-lo. e isso de maneira implícita, pois, explicitamente, está reconhecendo a validade do ato que selecionou seu co-contratante. Inferimos da conclusão anterior que, mesmo depois de homologada a licitação, poderá a Administração revogar o procedimento licitatório, por razões supervenientes de inoportunidade ou inconveniência. Note-se: dizemos *revogar o procedimento* e não, apenas, o ato homologatório. Tal raciocínio não pode levar à conclusão de que este comportamento poderá se realizar sem ônus para a Administração" (FIGUEIREDO, Lúcia Valle. *Direitos dos Licitantes*. 3. ed., rev. e ampl. São Paulo: Malheiros, 1992). Com alusão à existência de direito adquirido após a adjudicação e a homologação, mas sem a identificação do objeto desse direito: Superior Tribunal de Justiça, recurso ordinário em mandado de segurança 23.402/PR, 2ª Turma, relatora Ministra Eliana Calmon, j. 18.03.2008.

[125] JUSTEN FILHO, Marçal. *Comentários à Lei de Licitações e Contratações Administrativas*: Lei 14.133/2021. São Paulo: Thomson Reuters Brasil, 2021. p. 1214.

adotada baseia-se na premissa de que o direito a contratar surge previamente, do acoplamento entre as condições previamente estabelecidas pelo ente contratante com o resultado válido e conveniente alcançado. Como será aprofundado no capítulo 3, é o resultado da licitação que produz o direito a contratar, não os atos de adjudicação e de homologação, que apenas o refletem e declaram.

Portanto, diversamente do que ocorre no caso das decisões de anulação e revogação, a homologação consiste em ato que não envolve inovação. A homologação está atrelada à atividade administrativa desenvolvida anteriormente e tem eficácia declaratória do preenchimento dos requisitos originalmente estabelecidos para contratar. Justifica-se para propiciar à autoridade superior a aferição do que foi realizado, como marco do exercício de controle sobre o processo licitatório e confirmação da adequação do resultado alcançado. Desse modo, não é a homologação, nem tampouco a adjudicação, que constitui o direito a contratar. Em termos amplos, ambos os atos "desempenham a função de dar *atendibilidade* a situações jurídicas que já se encontram constituídas".[126]

Como exemplo prático que reflete o entendimento ora exposto, cabe menção ao Decreto 10.086/2022 do Estado do Paraná, que regulamenta a Lei 14.133/21. O Decreto prevê que a "autoridade máxima" deverá, por ocasião do encerramento do processo, "adjudicar o objeto, homologar a licitação e convocar o licitante vencedor para a assinatura do contrato, *preferencialmente em ato único*" (art. 107, inc. IV - destaque nosso). É possível inferir da norma a compreensão de ausência de diferença substancial entre os três atos nela relacionados. Isso não apenas pela previsão da edição de "ato único", mas sobretudo porque se prevê que essa prática deve ocorrer "preferencialmente". Ou seja, há um escalonamento mais procedimental do que material no que diz respeito a esses atos, que pode ser eliminado para agilizar o encerramento do certame.

1.10.3 A convocação para celebrar o contrato

Promovida a homologação, prossegue-se para o momento em que o particular será convocado para assinar o contrato. Conforme o art. 90 da Lei 14.133/21, "a Administração convocará regularmente o

---

[126] ALMEIDA, Mário Aroso de. *Anulação de actos administrativos e relações jurídicas emergentes.* Coimbra: Almedina, 2002. p. 103-104.

licitante vencedor para assinar o termo de contrato ou para aceitar ou retirar o instrumento equivalente, dentro do prazo e nas condições estabelecidas no edital de licitação, sob pena de decair o direito à contratação, sem prejuízo das sanções previstas nesta Lei".

É apenas com a celebração do contrato, devidamente formalizada, que a relação contratual se instaura. Tal como ocorre na experiência de outros países, o direito brasileiro adota a concepção de que a existência do contrato administrativo pressupõe a sua formalização como condição *ad substantiam*, o que se infere de regras como aquelas compreendidas no art. 95 da Lei 14.133/21. A assinatura do contrato tem o efeito de constituir as partes em condição jurídica diversa, já como contratantes.

O *caput* do art. 90 da Lei 14.133/21 estabelece de forma imperativa que "a Administração *convocará* [...]". Não se trata de disposição inovadora, pois normas com referências igualmente mandatórias à convocação já existiam no ordenamento (arts. 64, *caput*, da Lei 8.666/93 e 4º, inc. XXII, da Lei 10.520/02). Ao tempo em que impõem ao ente público o dever de convocar para contratar, tanto a Lei 8.666/93 quanto a Lei 14.133/21 aludem a um "direito à contratação" por parte do adjudicatário, o que aponta para uma diferença apenas aparente entre o regime desses diplomas e a definição da Lei 13.303/16: em todos eles se verifica a confirmação de surgimento de um direito a contratar antes (e não a partir) da convocação à celebração do contrato.

Essa disciplina confirma que não há faculdade ao ente público para prosseguir com a contratação. Há dever, que se estabelece previamente e orienta em termos cogentes os atos finais do processo de contratação, aí incluído o ato de convocação a contratar. Tampouco está em jogo apenas o exercício de uma competência administrativa enquanto fenômeno interno ao ente público contratante e passível de ser considerado isoladamente, mas posição jurídica já formada na esfera jurídica do sujeito habilitado, assim expressamente consagrada na legislação e oponível ao ente público.

1.11 As hipóteses de extinção excepcional do processo de contratação determinadas pelo ente contratante sem atingir a celebração do contrato

Se a celebração do contrato constitui o resultado normal dos processos de contratação instaurados pela administração, cabe examinar as hipóteses em que tal resultado não é atingido. Considerando a lição de que, "enquanto a produção é fenômeno normal, geral, a retirada dos atos é claramente um fenômeno particular e excepcional",[127] trata-se aqui de situações anômalas, porque resultam na frustração da atuação estatal que tenha sido desenvolvida.

A extinção anômala pode decorrer de fatos não imputáveis à administração ou a quem quer que seja. É o que ocorrerá quando a licitação restar *deserta*, o que ocorre quando "não surgiram licitantes interessados" (art. 75, III, "a", da Lei 14.133/21). Pode decorrer ainda de carências dos licitantes, correspondentes à ausência de atendimento dos requisitos de habilitação ou de proposta, hipótese que se convencionou denominar *fracasso* do processo de contratação (art. 75, III, "a" e "b", da Lei 14.133/21).

De outra parte, a extinção sem contratação pode decorrer de atos praticados pela própria administração pública ou de variações supervenientes produtoras de impacto nos interesses e objetivos perseguidos por ela. Esses atos dizem respeito à verificação da regularidade jurídica do processo e da manutenção da conveniência da contratação.

1.11.1 A anulação

Sob a vigência dos diplomas legais anteriores sobre licitação, prevalecia orientação de que a competência para anular processos de contratação viciados seria estritamente vinculada, com eficácia meramente declaratória, porque o ato nulo não teria aptidão à produção de efeitos jurídicos. Seria problema exclusivamente relacionado à órbita estatal e à preservação da legalidade administrativa, alheio a considerações sobre a esfera jurídica de outros sujeitos.

A estrita vinculação decorria do *caput* do art. 49 da Lei 8.666/93, que, seguindo a redação do art. 39 do Decreto-lei 2.300/86, determinava que a autoridade competente para a aprovação da licitação deveria "anulá-la por ilegalidade, de ofício ou por provação de terceiros". A mesma orientação aparece na primeira parte do art. 53 da Lei 9.784/99: "a Administração deve anular seus próprios atos, quando eivados de vício de legalidade [...]".

Esse entendimento seria moderado em hipóteses de menor gravidade da invalidade, desde que o ato fosse passível de convalidação e houvesse constatação de ausência de prejuízos. Como reflexo, o art. 55 da Lei 9.784/99 veio a dispor que, "em decisão na qual se evidencie não acarretarem lesão ao interesse público nem prejuízo a terceiros,

---

[127] ALESSI, Renato. *A revogação dos atos administrativos*. São Paulo: Contracorrente, 2022. p. 26.

os atos que apresentarem defeitos sanáveis poderão ser convalidados pela própria Administração".[128]

A consideração da competência anulatória como assunto atinente exclusivamente à administração pública decorria do entendimento de que não haveria direitos em face do Estado em caso de invalidade, conforme o enunciado da Súmula 473 do STF.[129] A anulação se produziria com eficácia *ex tunc*, portanto, porque não se haveria de admitir efeitos jurídicos decorrentes do ato nulo, tanto mais para vincular a administração a outros sujeitos em situação reconhecida como irregular.[130]

Extensão dessa orientação encontrava-se inserida no art. 39 do Decreto-lei 2.300/86, segundo o qual a anulação da licitação deveria dar-se "sem a obrigação de indenizar". A determinação foi reiterada no §1º do art. 49 da Lei 8.666/93: "a anulação do procedimento licitatório por motivo de ilegalidade não gera obrigação de indenizar, ressalvado o disposto no parágrafo único do art. 59 desta Lei".

Dessas referências, normativas, teóricas e jurisprudenciais, resultou a orientação de que "na anulação não há direito algum para o ganhador da licitação".[131]

---

[128] Recepcionando esse entendimento no Superior Tribunal de Justiça: "Demonstrada a suficiente abrangência publicitária da licitação e ausente alegação objetiva de prejuízo, prevalece o interesse público, como chancelador da legalidade do ato, perdendo significado a irregularidade ocorrida" (recurso especial 287.727/CE, 1ª Turma, relator Ministro Milton Luiz Pereira, j. 24.09.2002); "A regra enunciada no verbete 473 da Súmula do STF deve ser entendida com algum temperamento: no atual estágio do direito brasileiro, a Administração pode declarar a nulidade de seus próprios atos, desde que, além de ilegais, eles tenham causado lesão ao Estado, sejam insuscetíveis de convalidação e não tenham servido de fundamento a ato posterior praticado em outro plano de competência. (STJ, RMS 407/Humberto)" (recurso especial 300.116/SP, 1ª Turma, relator Ministro Humberto Gomes de Barros, j. 06.11.2001).

[129] "A administração pode anular seus próprios atos, quando eivados de vícios que os tornam ilegais, porque dêles não se originam direitos; ou revogá-los, por motivo de conveniência ou oportunidade, respeitados os direitos adquiridos, e ressalvada, em todos os casos, a apreciação judicial".

[130] Sobre as súmulas 346 e 473 do STF: "No tocante à anulação, o que se afirma, nessas súmulas, é o primado incontrastável do princípio da legalidade. Os atos administrativos ilegais não produzem qualquer efeito, não geram, por consequência, quaisquer direitos" (SILVA, Almiro Couto e. Anulação e revogação dos atos administrativos e direito ao ressarcimento. *In:* ALMEIDA, Fernando Dias Menezes de; MARQUES NETO, Floriano de Azevedo; MIGUEL, Luiz Felipe Hadlich; SCHIRATO, Vitor Rhein (coord.). *Direito público em evolução*: estudos em homenagem à professora Odete Medauar. Belo Horizonte: Fórum, 2013. p. 335). Ainda sobre o tema, de uma perspectiva contemporânea à edição das súmulas, REALE, Miguel. *Revogação e anulamento do ato administrativo*. Rio de Janeiro: Forense, 1968. p. 71-72.

[131] Superior Tribunal de Justiça, mandado de segurança 12.047/DF, 1ª Seção, relatora Ministra Eliana Calmon, j. 28.03.2007, e recurso especial 686.220/RS, 1ª Turma, relator Ministro José Delgado, j. 17.02.2005.

As iniciativas legislativas mais recentes a propósito do tema mudaram o panorama. Nos últimos anos, fortaleceu-se tendência normativa com ênfase na consideração das consequências resultantes da atividade administrativa. Isso é especialmente evidente no campo das invalidades administrativas.

Sem deixar de considerar as regras pioneiras dos arts. 2º da Lei 9.784/99 e 27 da Lei 9.868/99, a reforma da LINDB – Lei de Introdução às Normas do Direito Brasileiro – produzida pela Lei 13.655/2018 protagoniza a guinada no tema. Assim o faz ao explicitar a submissão da competência de invalidação a um juízo de proporcionalidade, que abrange a consideração das alternativas disponíveis (art. 20, parágrafo único), as "consequências jurídicas e administrativas" havidas (art. 21, *caput*) e a consideração não apenas dos "interesses gerais", mas também a vedação à imposição "aos sujeitos atingidos ônus ou perdas que, em função das peculiaridades do caso, sejam anormais ou excessivos" (art. 21, parágrafo único).

Essas regras representam a superação do entendimento consagrado na Súmula 473 do STF. Os efeitos originados de irregularidades administrativas passam a integrar a equação de variáveis a serem ponderadas pela administração pública para definir a solução jurídica (invalidação ou preservação) mais adequada.

Por esse prisma, a invalidação não é uma operação de lógica naturalística e abstrata. Pressupõe a consideração dos efeitos produzidos pela conduta ou ato inválido sobre a realidade. Tais efeitos informarão a escolha da forma de reação mais adequada diante da invalidade verificada: devem ser objeto da deliberação administrativa para serem preservados ou desconstituídos se e na medida em que essa determinação se afine com a realidade verificada, bem como com as regras aplicáveis e a proporcionalidade.

Assim, permanece atual a lição de Seabra Fagundes no sentido de que, "no direito administrativo, importa menos a natureza do efeito em si que as repercussões que a invalidez do ato, atentas as circunstâncias eventuais, venha trazer ao interesse público, pelo quê um mesmo vício pode, muita vez, acarretar consequências diversas".[132] De acordo com essa concepção, o exercício da competência de invalidação é uma técnica de composição de interesses.[133]

---

[132] SEABRA FAGUNDES, Miguel. *O controle dos atos administrativos pelo Poder Judiciário*. 7. ed. Rio de Janeiro: Forense, 2005. p. 70.
[133] Com a ressalva de se estar diante de contextos históricos e normativos distintos, pode-se fazer um paralelo com as palavras de Jèze: "El elemento esencial que influye en la

Essa tendência é recepcionada pelo art. 147 da Lei 14.133/21. A norma condiciona a anulação à impossibilidade de saneamento da irregularidade e à constatação de que a anulação seja a alternativa mais adequada ao "interesse público". A deliberação deve basear-se na consideração de uma série de elementos exemplificativamente elencados no mesmo dispositivo.[134] O conjunto mais amplo de fatores diz respeito a aspectos públicos (inc. I a III, IX) e à preservação ou redução de custos dos esforços já realizados ou a realizar para viabilizar as prestações contratadas (inc. IV a VIII, X e XI).

Destaque-se que o parágrafo único do art. 147 alude a um encargo adicional específico, correspondente à "indenização por perdas e danos" como uma das providências a ser adotada para resolver o problema da irregularidade com a viabilização da continuidade do contrato tido como viciado. A mesma referência aparece no §1º do art. 148. Caso a anulação "não se revele medida de interesse público", admite-se a preservação do contrato e a solução de indenização por perdas e danos, a serem acompanhadas das responsabilizações cabíveis.[135] Essas

---

severidad de la sanción no es solamente la gravedad de la irregularidad cometida, sino también, y sobre todo, la importancia del interés, social o individual, en juego. [...] Una irregularidad de la misma naturaleza (violación de una formalidad, inobservancia de un plazo, etc.), podrá, y aun deberá, según las circunstancias, la época y el medio, sancionarse más o menos enérgicamente. Los razonamientos por analogía son, pues, muy peligrosos en esta materia. Una vez más, es preciso desconfiar de las deducciones de la lógica pura. Conviene recordar siempre que existen intereses que se deben conciliar; la sanción más adecuada es la que concede a cada interés la parte que legítimamente le corresponde" (JÈZE, Gaston. *Principios Generales del Derecho Administrativo*. Buenos Aires: Depalma, 1948. v. I. p. 79-80).

[134] "Art. 147. Constatada irregularidade no procedimento licitatório ou na execução contratual, caso não seja possível o saneamento, a decisão sobre a suspensão da execução ou sobre a declaração de nulidade do contrato somente será adotada na hipótese em que se revelar medida de interesse público, com avaliação, entre outros, dos seguintes aspectos: I - impactos econômicos e financeiros decorrentes do atraso na fruição dos benefícios do objeto do contrato; II - riscos sociais, ambientais e à segurança da população local decorrentes do atraso na fruição dos benefícios do objeto do contrato; III - motivação social e ambiental do contrato; IV - custo da deterioração ou da perda das parcelas executadas; V - despesa necessária à preservação das instalações e dos serviços já executados; VI - despesa inerente à desmobilização e ao posterior retorno às atividades; VII - medidas efetivamente adotadas pelo titular do órgão ou entidade para o saneamento dos indícios de irregularidades apontados; VIII - custo total e estágio de execução física e financeira dos contratos, dos convênios, das obras ou das parcelas envolvidas; IX - fechamento de postos de trabalho diretos e indiretos em razão da paralisação; X - custo para realização de nova licitação ou celebração de novo contrato; XI - custo de oportunidade do capital durante o período de paralisação".

[135] "Caso a paralisação ou anulação não se revele medida de interesse público, o poder público deverá optar pela continuidade do contrato e pela solução da irregularidade por meio de indenização por perdas e danos, sem prejuízo da apuração de responsabilidade e da aplicação de penalidades cabíveis".

disposições consagram uma cláusula geral de ressarcimento de "perdas e danos" atrelada à definição da "solução da irregularidade" havida no processo licitatório, desacompanhada, no entanto, da delimitação dos sujeitos destinatários da norma.

Como será aprofundado na segunda parte deste trabalho, esse regime legal confirma que os danos de confiança resultantes das deliberações estatais e dos vícios nelas verificados devem ser levados em consideração no exercício da competência de invalidação do processo de contratação. Nessa condição, também são elementos cuja consideração pode ou não justificar a aplicação do princípio *favor acti*,[136] conforme os resultados indenizatórios que sejam consequência de eventual invalidação, em favor do contratado irregular e/ou do sujeito lesado pela ausência de contratação.

Todos esses aspectos – notadamente, o dever de ponderação e o reconhecimento de que atos administrativos inválidos podem dar origem a direitos e posições jurídicas a serem preservados (ou, então, indenizados) – geram, como a doutrina vem a apontar, uma relativa aproximação entre as figuras da anulação e da revogação.[137] Ainda que se trate de competências inconfundíveis entre si, relacionadas com o tratamento de vícios de ilegalidade e reexame das circunstâncias de conveniência e oportunidade, respectivamente, a aproximação tem como ponto focal o exame, pela administração, das consequências da decisão a ser adotada em ambas as situações, para eliminar ou não um determinado ato. Esse exercício deve considerar também os efeitos derivados da frustração da confiança despertada naqueles que se dispuseram a disputar a contratação administrativa.

1.11.2 A revogação

A competência para revogação da licitação é uma condição de equilíbrio do sistema, necessária para fazer frente às contingências de

---

[136] "La confianza derivada de la existencia del acto comporta para todos los que intervinieron en su nacimiento un deber de conservación (principio *favor acti*). Lo que se traduce en importantes limitaciones, como vimos, en las facultades de reaccionar frente al acto que nació inválido, y, con mayor razón, en orden a la extinción de las relaciones dimanantes de un acto que, por cumplir todos los requisitos, nació válido" (PÉREZ, Jesús González. *El principio general de la buena fe en el derecho administrativo*. 2. ed. Madrid: Civitas, 1983. p. 133).

[137] "De todo modo, a distinção entre revogação e anulação permanece sendo admissível, mesmo que não mais prevaleça o entendimento de que o ato inválido não produziria efeitos jurídicos nem geraria direitos subjetivos para as partes ou terceiros" (JUSTEN FILHO, Marçal. *Comentários à Lei de Licitações e Contratos Administrativos*: Lei 8.666/1993. 18. ed. São Paulo: Thomson Reuters Brasil, 2019. p. 915).

processos de contratação que se protraem no tempo. Ela combina o compromisso entre a relativa estabilidade dos atos anteriormente praticados (daí a sua motivação depender de fatos supervenientes adequados e suficientes) e a dinâmica da atividade administrativa para lidar com as exigências de adaptação à realidade em evolução.

De certo modo, tal como ocorre na hipótese de anulação, a lógica de exercício dessa competência também se ampara no raciocínio de quem pode o mais, pode o menos: se a administração pública pode extinguir uma relação contratual já existente por razões de validade (art. 148, §2º, da Lei 14.133/21) ou de interesse público, poderia, por igual fundamento, impedir o início do contrato que possa ser afetado por esses fatores via revogação, mesmo que diante de um processo de contratação concluído, desde que antes da celebração do contrato.[138]

No art. 39 do Decreto-lei 2.300/86, havia geral e singela autorização para revogação fundada na identificação de "interesse público".[139] A Lei 8.666/93 incorporou disciplina mais pormenorizada, ao prever que a competência revocatória é circunscrita às situações em que se constatem "razões de interesse público decorrente de fato superveniente devidamente comprovado, pertinente e suficiente para justificar tal conduta" (art. 49). Em fórmula próxima, o art. 62 da Lei 13.303/16 condiciona a revogação à constatação de "razões de interesse público decorrentes de fato superveniente que constitua óbice manifesto e incontornável" à contratação.

A Lei 14.133/21 conta com redação mais direta e simples. O art. 71, §2º, limita-se a estabelecer que "o motivo determinante para a revogação do processo licitatório deverá ser resultante de fato superveniente devidamente comprovado".

A literalidade da nova disposição confirma a persistência da limitação decorrente da impossibilidade de revogar a licitação por simples reconsideração das premissas determinadas pela decisão de

---

[138] Ressalve-se o limite do argumento no direito brasileiro em relação à revogação. Os contratos podem ser extintos por razões de interesse público não necessariamente supervenientes – basta examinar o teor de regras como as do art. 137, VIII, da Lei 14.133/21 e 37 da Lei 8.897/95, por exemplo. O legislador restringiu o exercício da competência revocatória no âmbito da licitação à configuração de fatos supervenientes como solução que privilegia a vinculação de todos os envolvidos ao resultado da licitação. Ainda assim, a contraposição de regimes é apenas relativa, visto que a decisão de extinguir o contrato por razões de interesse público também se submete a limites fáticos e de motivação específicos, que tendem – inclusive pelo ônus da indenização decorrente – a reduzir a possibilidade de revisitação de fatos anteriores como causa justificadora da revogação. A verificação de eventual desvio de finalidade na extinção do contrato também será norteada, entre outras pautas de controle, pela constatação de eventual propósito de burla à licitação.

[139] "Art. 39. A Administração poderá revogar a licitação por interesse público, devendo anulá-la por ilegalidade, de ofício ou mediante provocação de terceiros".

instaurar o processo de contratação. O regramento não abre espaço para mudança do padrão ou critério decisório em relação aos fatos previamente estabelecidos e conhecidos. O legislador admite a revogação por *inconveniência superveniente*, baseada em fatos novos, descartando a hipótese de *inconveniência originária* – que, se eventualmente configurada, poderá dizer respeito a problemas do planejamento, atrelados à validade dos atos correspondentes.

Ou seja: a revogação só tem lugar quando seja possível constatar incompatibilidade substancial entre a situação antecedente, que orientou a decisão de contratar, e superveniências que venham a prejudicar a observância ou consecução das premissas ou objetivos da contratação, a ponto de essa discrepância justificar a inutilização dos atos anteriormente praticados, por inconciliabilidade entre o propósito de contratar e a nova realidade que se impõe.

O requisito legal de superveniência, além da lógica funcional, peculiariza o processo decisório estatal ao término do processo de contratação porque, diferentemente do que ocorre no direito privado, evidencia a ausência da possibilidade de arrependimento do ente público. Desse regime resultam o compromisso com a estabilidade e a coerência em relação aos atos anteriormente praticados, bem como a conclusão de que a revogação é exceção, não a regra do processo de contratação.[140]

A significativa redução do campo de aplicação da revogação pode ser justificada, em primeiro lugar, pela tendência natural de preservar a utilidade, a estabilidade e o aproveitamento dos atos editados pela administração. Trata-se ainda, mesmo que de forma indireta, de incentivo normativo ao adequado planejamento da licitação e do contrato. Disso deriva a impossibilidade de equiparar a margem discricionária havida no momento de composição do processo de contratação com a margem discricionária, residual, a ser exercitada a propósito da revogação. Não há identidade entre elas e pode ocorrer que a decisão de revogar se configure como ato vinculado conforme as circunstâncias.[141]

---

[140] "É precisamente esta restrição à margem de livre decisão das entidades administrativas, operada pelo princípio estruturante da legalidade da competência, que, por um lado, inviabiliza o reconhecimento de uma reserva de não adjudicação, isto é, de um poder para livre revogação ou suspensão dos efeitos da prévia decisão de contratar, e que, por outro, permite identificar as estritas condições em que a Entidade Adjudicante pode concluir o procedimento sem proceder à adjudicação de qualquer proposta" (ALMEIDA, João Amaral; SÁNCHEZ, Pedro Fernández. Abertura de procedimento pré-contratual e dever de adjudicação. *In:* GONÇALVES, Pedro (org.). *Temas de Contratação Pública*. Coimbra: Coimbra Editora, 2011. v. I. p. 283).

[141] Adilson Abreu Dallari sintetiza esse raciocínio ao indicar que "é inadmissível entender que a Administração tenha iguais faculdades para aprovar ou não aprovar o procedimento",

A impossibilidade de prosseguir com a contratação em caso de revogação leva parte da doutrina a retratar a revogação como ato em regra vinculado, concluindo que a terminologia adotada pela legislação seria equivocada, na medida em que a competência seria mais propriamente relacionada às hipóteses de "decaimento ou caducidade fática – novas circunstâncias fáticas – ou decaimento ou caducidade normativa – novas circunstâncias normativas – que tornaram o certame incompatível com o Direito".[142] Em qualquer caso, prevalece o entendimento de que a revogação é solução excepcional, cabível apenas quando não for possível viabilizar o projeto contratual original.

Em segundo lugar, a estrita delimitação legal do alcance da competência revocatória se justifica pelo propósito de impedir que o exercício de tal competência se traduza em burla ao dever de licitar ou em instrumento de coação do licitante vencedor. A limitação é diretamente relacionada com a realização dos princípios que norteiam os processos de contratação administrativa. Assim se dá mesmo se essa restrição puder envolver aparente ou circunstancial desvantagem à administração. A relação entre a limitação da competência revocatória e o dever de observar o resultado da licitação é tal que decisão do Superior Tribunal de Justiça reconheceu a impossibilidade de admissão de oferta posterior, feita por licitante em valor mais vantajoso já fora do rito da licitação, como fato superveniente a justificar a revogação do certame.[143]

---

pois "a licitação é feita visando a celebração de um contrato", de modo que "a revogação deve ser absolutamente excepcional, tem de ser devidamente justificada, pautando-se pelos princípios da seriedade da Administração e da boa-fé" (DALLARI, Adilson Abreu. *Aspectos jurídicos da licitação*. 7. ed. São Paulo: Saraiva, 2007. p. 190; 205). Em termos mais amplos: "Dever-poder discricionário de editar o ato, e dever-poder de modificar discricionariamente a relação que dele deriva, são elementos considerados essencialmente distintos, uma vez que não há razão para considerar que o segundo deva decorrer, necessariamente, do primeiro. [...] as duas discricionariedades são consideradas distintas, já que pode ocorrer que uma se exaura, por assim dizer, com a edição do ato, sem que sobreviva para a administração algum dever-poder discricionário relativo à modificação ulterior da relação [...]" (ALESSI, Renato. *A revogação dos atos administrativos*. Tradução: Antonio Araldo Ferraz Dal Pozzo, Augusto Neves Dal Pozzo, Ricardo Marcondes Martins. São Paulo: Contracorrente, 2022. p. 67-68).

[142] As palavras são de MARTINS, Ricardo Marcondes. Do encerramento da licitação. In: DAL POZZO, Augusto Neves; CAMMAROSANO, Márcio; ZOCKUN, Maurício. *Lei de Licitações e Contratos Administrativos Comentada*: Lei 14.133/21. São Paulo: Thomson Reuters Brasil, 2021. p. 347-348). Além da terminologia, o referido autor nega a configuração de discricionariedade: "essa extinção não é discricionária, não decorre de um juízo de conveniência e oportunidade; é vinculada, decorre da interpretação do Direito e da constatação de que exige a extinção do certame".

[143] "É ilícito considerar oferta extemporânea, apresentada após encerrado o certame, como fato novo superveniente que possa justificar a revogação de todo o processo licitatório. Aceitar tal tese permite prolongar o processo licitatório indefinidamente, aquebrantando

Em vista dessas razões, apesar da ausência de menção na Lei 14.133/21 a fórmulas qualificadoras do fato superveniente como "pertinente e suficiente para justificar tal conduta" (art. 49 da Lei 8.666/93), ou como "óbice manifesto e incontornável" à contratação" (o art. 62 da Lei 13.303/16), a competência revocatória no âmbito do novo diploma permanece submetida essencialmente à mesma lógica.[144]

Essa lógica pode ser identificada por analogia nas razões manifestadas pelo Supremo Tribunal Federal no recurso extraordinário 598.099, a propósito da recusa administrativa à nomeação de candidatos aprovados em concurso público dentro do número de vagas previsto em edital.

Na oportunidade, pautando-se pelos princípios constitucionais aplicáveis a certames públicos em geral, o STF fixou os seguintes pressupostos como necessários para justificar o "excepcionalíssimo não cumprimento" da "obrigação de nomear os aprovados dentro do número de vagas previsto no edital": (i) superveniência do evento ensejador da situação excepcional; (ii) imprevisibilidade, "determinada por circunstâncias extraordinárias, imprevisíveis à época da publicação do edital"; (iii) gravidade traduzida em "onerosidade excessiva, dificuldade ou mesmo impossibilidade de cumprimento efetivo das regras do edital"; (iv) necessidade de "adotar tal medida quando absolutamente não existirem outros meios menos gravosos para lidar com a situação excepcional e imprevisível".[145]

Como se infere do conjunto normativo analisado ao longo deste capítulo, a mesma sistemática afirmada pelo Supremo a propósito dos concursos públicos permeia, ainda que não com a explicitação legislativa das mesmas premissas (que, diga-se, também não são legisladas a propósito dos concursos públicos), o regime de revogação de licitações públicas. Em primeiro lugar, porque a competência revocatória é

---

a segurança jurídica, a vinculação do ente licitante às regras do edital (art. 3º da Lei 8.666/1993) e a necessidade de as contratações pelo Poder Público se aperfeiçoarem em prazo razoável à luz do princípio da eficiência (art. 37, caput, da CF)" (agravo interno no recurso ordinário em mandado de segurança 63.878/DF, 2ª Turma, relator Ministro Herman Benjamin, j. 10.08.2021).

[144] O que é observado por Ronny Charles Lopes de Torres, tendo em vista o art. 71, §2º, da Lei 14.133/21: "[...] a revogação da licitação pressupõe que seu motivo seja baseado em fato superveniente, pertinente (possuindo relação direta entre fato e motivo da revogação), suficiente (de tal forma que justifique a medida, o que mostra seu trato como ato excepcional) e condizente com o interesse público" (TORRES, Ronny Charles Lopes de. *Leis de Licitações Públicas comentadas*. 14. ed., rev., atual. e ampl. São Paulo: Juspodivm, 2023. p. 415).

[145] Recurso extraordinário 598.099, Tribunal Pleno, relator Ministro Gilmar Mendes, j. 10.08.2011.

invariavelmente condicionada à configuração de um fato superveniente. Em segundo lugar, porque tal fato não pode constituir evento casual qualquer – mas sim um que se revele como adequado e suficiente para justificar a necessária revogação do processo de contratação, o que deverá ser ponderado em cada caso. Em vista desses elementos, a competência revocatória revela composição de pressupostos estritamente vinculados com espaços discricionários que são necessariamente residuais e excepcionais.

Dessas considerações resulta que a revogação da licitação por razões não supervenientes nem justificadoras do manejo dessa competência configura infração ao regime de processamento da licitação. Se já houver licitante individualizado ou individualizável como vencedor, configura ilícito consistente na recusa ilegítima a contratar.

1.12 Balanço final e sequência

Buscou-se neste capítulo demonstrar que a vocação do processo de contratação, especialmente quando norteado pelo princípio da vinculação ao instrumento convocatório, consiste em reduzir a discricionariedade a zero, o que em regra ocorre antes mesmo do momento de celebração do contrato, quando os atos praticados se mostrarem suficientes para determinar a contratação.[146] O atingimento da finalidade "típica" ou "normal", que é a obtenção do contrato pretendido – aquilo que já se veio a denominar como "epílogo eficaz do processo licitatório"[147] –, é o resultado esperado da atuação administrativa eficiente e efetiva.

Assim, uma vez preservados os pressupostos e condições estipulados no momento de exercício da *competência de decidir contratar*, a *competência para contratar* se concretizará por meio do exercício de ato marcadamente vinculado – "o contrato será obrigatório".[148] Não se trata

---

[146] "Se, chegada a fase de aprovação, constatar-se não ter havido qualquer alteração relevante na situação fática existente à época da abertura do certame, prevalecerá a decisão de contratar então tomada. Em consequência, a adjudicação deverá ser necessariamente homologada. Inexistirá qualquer juízo discricionário a exercitar" (SUNDFELD, Carlos Ari. Limites ao poder de revogar licitação para concessão de serviço público. *In:* SUNDFELD, Carlos Ari. *Pareceres*: licitação, processo administrativo e propriedade. São Paulo: Revista dos Tribunais, 2013. v. III. p. 378-379).

[147] MOTTA, Carlos Pinto Coelho. Direito subjetivo do adjudicatário ao resultado eficaz da licitação. *Revista Brasileira de Direito Público*, Belo Horizonte, ano 4, n. 15, p. 73-107, out./dez. 2006. p. 74e 93.

[148] FIGUEIREDO, Lúcia Valle. *Curso de Direito Administrativo*. 8. ed. São Paulo: Malheiros, 2006. p. 513-514.

de sustentar limitação à autonomia administrativa, mas de identificar o momento, prévio, em que ela é manifestada dentro da escala procedimental de desenvolvimento da atividade pré-contratual, em meio aos atos que a lei prevê como necessários e suficientes para promover a contratação. A lógica processual e funcional que rege a atividade administrativa permite identificar "um fenómeno de recuo da autonomia contratual da entidade adjudicante a momentos procedimentais prévios à adjudicação".[149]

Esses fatores fundamentam o entendimento de que adjudicação, homologação ou mesmo a convocação a contratar não são atos criadores de um direito a contratar. O direito positivo, do qual emanam as premissas de vinculação referidas acima, permite visualizar um modelo em que *direito* e *dever* de contratar são posições jurídicas emergentes do resultado da licitação, antes mesmo de serem proclamados como tais pela administração.

A reserva residual de revogação e a possibilidade de anulação do processo de contratação, embora por vezes referidas como ponto de partida para negar a vinculação administrativa, não infirmam a lógica ora sustentada. Bem ao contrário, permitem identificá-la de forma ainda mais nítida. Como assinalado por Seabra Fagundes, o exercício dessas competências "só é admissível se houver justa causa e terá de ser tomada em despacho motivado. Pelo que, longe de excluir, como regra, o deferimento necessário da adjudicação ao licitante de melhor proposta, vem corroborá-lo".[150]

Em síntese, a disciplina vigente não é indiferente em relação à decisão administrativa de celebrar ou não o contrato. Extrai-se dela o surgimento de um dever, e não simples possibilidade de contratar, ao lado do correlato direito à contratação.

Este último elemento – o *direito à contratação* – descortina ângulo complementar pelo qual a vinculação estatal pode ser visualizada. Esse ângulo baseia-se na compreensão do processo de contratação como

---

[149] FERREIRA, Rui Cardona. *Indemnização do interesse contratual positivo e perda de chance (em especial, na contratação pública)*. Coimbra: Coimbra Editora, 2011. p. 75. Complementa o mesmo autor que "a medida desse recuo e da inerente restrição da liberdade decisória da entidade adjudicante podem, todavia, variar". Ainda sobre o tema, CORREIA, José Manuel Sérvulo. *Legalidade e Autonomia Contratual nos Contratos Administrativos*. Coimbra: Almedina, 2003. p. 590.

[150] FAGUNDES, Miguel Seabra. Concorrência pública - Idoneidade dos concorrentes - Direito de petição - Atribuições administrativas do Presidente da República - Atos administrativos - Motivação e anulação. *Revista de Direito Administrativo*, [s. l.], v. 34, p. 398-408, 1953. p. 407-408.

relação jurídica, da qual emergem posições jurídicas e deveres de consideração que também conformam a autonomia estatal em relação à celebração do contrato. De modo a integrar a exposição feita neste capítulo, focada na pessoa do ente público contratante, os capítulos 2 e 3 partem da perspectiva baseada nas normas com escopo de proteção dos particulares, notadamente a segurança jurídica, a moralidade administrativa e a boa-fé, para descrever de forma abrangente a situação havida nos dois polos da relação pré-contratual administrativa.

CAPÍTULO 2

O REGIME JURÍDICO DA RELAÇÃO PRÉ-CONTRATUAL

2.1 Introdução

A visão da atividade administrativa pré-contratual como processo permite compreender os aspectos internos, decisórios e organizacionais do ente público relacionados à contratação. Não obstante, o exame da perspectiva interna à administração pública não retrata a integralidade do fenômeno pré-contratual. A análise deve ser complementada com a verificação da forma como as esferas jurídicas do ente contratante e dos sujeitos interessados em com ele contratar se relacionam e se desenvolvem ao longo do processo. Passa-se agora a descrever o regime jurídico que pauta a interação entre as partes e as regras de conduta que emergem do relacionamento pré-contratual.

2.2 As concepções teóricas para explicar o relacionamento pré-contratual

Diversas explicações teóricas foram desenvolvidas em torno das interações pré-contratuais.

Uma primeira perspectiva, destituída de maior complexidade, baseava-se no modelo clássico de interações privadas. Estruturado nos atos pontuais de proposta e aceitação, esse modelo era caracterizado por disciplina legal voltada a determinar as situações em que as partes permaneceriam ou não obrigadas a observar tais atos e os efeitos por eles produzidos, notadamente em relação à celebração do contrato.

Quaisquer outras formas de interação ou efeitos decorrentes eram considerados como dados alheios ao Direito, relegados ao "limbo jurídico".[151]

A progressiva relevância social e econômica das tratativas suscitou o desenvolvimento de concepções diversas, não limitadas à disciplina encontrada nas codificações civis.

De um lado, na tentativa de explicar as interações mais amplas e complexas havidas no momento pré-contratual em meio à disciplina legislativa pontual, surgiram as noções de "relação de fato" e de "contato social". Essas construções se baseiam em pressupostos sociológicos e constituem propostas em face do vácuo jurídico relativo ao momento pré-contratual. Vácuo porque, apesar da peculiar relação estabelecida nas tratativas para contratar, o regime jurídico aplicável à fase pré-contratual não seria nem aquele puramente relacionado à observância de deveres legais (de resto, não tipificados para estabelecer condutas pré-contratuais específicas), nem se configuraria como regime contratual, justamente porque a função dessas interações é precedente, consistente em desembocar em futura relação contratual.[152]

Essas teorias buscam apontar a existência de uma escala de contato social mais intensa nessas situações. Como observado pela doutrina, a noção de contato social guarda paralelo com as de "sociedade de fato" ou "união de fato". Contudo, enquanto pretende identificar um fenômeno novo coberto pelo Direito, essas concepções falhariam em estabelecer as premissas do regime jurídico correspondente.[153]

---

[151] MARTINS-COSTA, Judith. *A boa-fé no direito privado*: critérios para a sua aplicação. 2. ed. São Paulo: Saraiva, 2018. p. 470.

[152] "A insuficiência da metodologia clássica, negocialista ou legalista, para enquadrar o âmbito em expansão da *culpa in contrahendo*, provocou o aparecimento de concepções dogmáticas novas. Em primeiro lugar, refira-se a doutrina das relações contratuais de facto [...] – [que] abrangeria a velha *culpa in contrahendo*" (CORDEIRO, António Manuel da Rocha e Menezes. *Da boa fé no direito civil*. Coimbra: Almedina, 2001. p. 555).

[153] "A doutrina das relações contratuais de facto, tal como saiu da pena de Haupt, mereceu críticas pontuais. Interessa, porém, uma ponderação global do tema. O aposto 'de facto', apesar de criticado, tem o mérito de apontar a presença de um instituto que regista desvios perante certos princípios gerais. A ideia aparece noutras oportunidades, como as 'sociedades de facto' ou nas 'uniões de facto'. A especialidade, assim retratada, não vai ao ponto de retirar o instituto em causa do campo jurídico. Tal como na contraposição entre a questão de facto e a questão de direito, de nível diferente, aliás, trata-se de problemas '[...] determinados juridicamente, no seio do direito e pelo direito'. [...] Na falta de uma ordenação satisfatória, a doutrina das relações contratuais de facto, carecida de regulação legal expressa, falha, por insuficiência, na determinação exacta das fronteiras e do regime das figuras que abranja" (CORDEIRO, António Manuel da Rocha e Menezes. *Da boa fé no direito civil*. Coimbra: Almedina, 2001. p. 559-560).

De outro lado, surgiram formulações de teses ditas contratualistas a propósito do relacionamento pré-contratual. Essa linha foi inaugurada pelo próprio Jhering. Como registrado pela doutrina, a construção do jurista alemão se justificava porque o ordenamento alemão não dispõe de cláusula geral de responsabilidade extracontratual que comportasse a responsabilidade por *culpa in contrahendo*. Como a tese de responsabilidade pré-contratual proposta por Jhering não era comportada no rol legal de hipóteses de responsabilidade extracontratual, aquele jurista recorreu a uma concepção contratual das tratativas, como via para comportar a solução de responsabilidade.[154]

Em direção similar, destaca-se, entre outras construções contratualistas, a teoria do duplo contrato do direito inglês (*"the two contract analysis"*).

Essa teoria é aqui abordada por se originar de licitação pública. Ela surgiu no precedente *Blackpool v. Blackpool BC* (Court of Appeal, 1990).[155] O caso dizia respeito a questionamento da decisão do Município de Blackpool de recusar considerar a proposta de determinado concorrente. A dificuldade em identificar no direito inglês fundamento jurídico que pudesse justificar atribuir ao Município um dever de *fair dealing* em ambiente ainda pré-contratual, para consideração da proposta do ofertante, resultou em conceber a existência de um *contrato procedimental* pressuposto. Esse contrato teria como base o ato de estipulação de regras e divulgação do processo competitivo, entendido como uma espécie de oferta unilateral para contratar. Desse contrato procedimental resultaria ao ente público o dever de considerar com seriedade qualquer proposta que se adequasse às regras estabelecidas.

---

[154] Sobre o tema, MARTINS-COSTA, Judith. *A boa-fé no direito privado*: critérios para a sua aplicação. 2. ed. São Paulo: Saraiva, 2018. p. 449. Ainda a esse respeito: "under German law the principle of liability for *culpa in contrahendo* has been developed in order to compensate for certain lacunae of tort liability, especially as regards the limited number of actions for tort" (NIEDZELA, Andrea; ENGSHUBER, Reinhard. Enforcing the Public Procurement rules in Germany. In: ARROWSMITH, Sue. *Remedies for enforcing the public procurement rules*. Public Procurement in the European Community. Winteringham: Earlsgate Press, 1993. v. IV. p. 373-374).

[155] Court of Appeal, Blackpool Aero Club v. Blackpool Borough Council (1990). Disponível em: https://uk.practicallaw.thomsonreuters.com/Document/I758CA520E42711DA8FC2A0 F0355337E9/View/FullText.html?transitionType=Default&contextData=(sc. Default)&comp=pluk. Acesso em: 10 dez. 2022. Sobre o tema, em uma abordagem generalista: CHEN-WISHART, Mindy. *Contract Law*. 6. ed. Oxford: Oxford University Press, 2018. p. 64; com foco nos processos de contratação administrativa: GORDON, Daniel; GOLDEN, Michael R. Money Damages in the Context of Bid Protests in the United States. In: FAIRGRIEVE, Duncan; LICHÈRE, François. *Public Procurement Law*: Damage as an Effective Remedy. Oxford: Hart Publishing, 2011. p. 185-195; DAVIES, Anne. *The Public Law of Government Contracts*. New York: Oxford University Press, 2008.

Ou seja: desenvolveu-se ficção consistente em estabelecer que, ao ingressarem em tratativas, as partes, incluindo o próprio Estado, aderem a uma espécie de contrato implícito (*implied contract*), do qual pode ou não resultar o contrato efetivamente pretendido entre as partes – daí a referência à existência de dois contratos. Posteriormente, a abordagem contratualista veio a ser reafirmada no caso *Harmon v. Corporate Officer of the House of Commons*. Este precedente serviu para confirmar a solução previamente estabelecida em *Blackpool* no tocante à vinculação de ente público no ambiente pré-contratual. E serviu também para consagrar a responsabilidade civil pré-contratual do Estado no direito inglês, já em termos compatíveis com as diretivas europeias editadas a partir da década de 1990 sobre o tema.[156]

Embora se aluda a um contrato procedimental, a construção permite visualizar uma subjacente proteção material da confiança daqueles que se engajaram para contratar – ou, ao menos, a proteção dos recursos engajados para disputar o contrato, concretizada no dever de responsabilidade reconhecido em *Harmon*. Embora o direito inglês seja tradicionalmente refratário a um dever de negociar de boa-fé, a teoria do duplo contrato determina um dever geral das partes de observar pautas de conduta qualificáveis pelo *fair dealing* e por nível de razoabilidade compatível com a observância das expectativas produzidas sobre a contraparte com quem se negocia, segundo as peculiaridades de cada caso. A doutrina estabeleceu a partir dessa teoria um paralelo com a noção alemã de *culpa in contrahendo*, sob os pressupostos próprios do direito inglês.[157]

---

[156] Queen's Bench Division (Administrative Court), Harmon CFEM Facades v. Corporate Officer of the House of Commons [1999]. Disponível em: https://vlex.co.uk/vid/harmon-cfem-facades-uk-792802897. Acesso em: 10 dez. 2022. Sobre essa decisão: "HHJ Humphrey Lloyd QC decided in Harmon that a tenderer is entitled to recover damages if he can show that he has been wrongfully deprived of a contract, or of a real and substantial chance of being awarded a contract and in consequence has wasted his costs of tendering or lost the chance of recovering them through the contract or has lost the net profit and contribution to overheads that he would have obtained or the chance of so doing. The Judge robustly asserted that the damages remedy should be an adequate and deterrent remedy" (BANKS, Fiona; BOWSHER, Michael. Damages Remedy in England & Wales and Northern Ireland. *In:* FAIRGRIEVE, Duncan; LICHÈRE, François. *Public Procurement Law*: Damage as an Effective Remedy. Oxford: Hart Publishing, 2011. p. 63-64). Também comentando o caso: "The judge in Harmon considered that the effectiveness principle allows recovery of losses whether or not formally recoverable in English law and for that reason he allowed recovery of the tender costs and profits of other companies in the same group as Harmon, regardless of whether English law would generally allow this" (TREUMER, Steen. Basis and Conditions for a Damages Claim for Breach of the EU Public Procurement Rules. *In:* FAIRGRIEVE, Duncan; LICHÈRE, François. *Public Procurement Law:* Damage as an Effective Remedy. Oxford: Hart Publishing, 2011. p. 162).

[157] MARTÍN, José M. Fernández. *The EC Public Procurement Rules*: A critical analysis. New York: Oxford University Press, 1996. p. 264.

Essa e outras correntes contratualistas vieram a ser objeto de críticas e ressalvas. As objeções não se colocaram quanto ao cabimento da proteção a partir de deveres recíprocos de consideração entre as partes, mas quanto à forma de construção da solução. A literatura que examinou a aplicação da noção de *implied contract* para as contratações públicas apresenta apontamentos sobre as incertezas em torno do momento de formação e do escopo desse contrato pressuposto, bem como sobre o conteúdo das obrigações que seriam objetivamente extraíveis dele.[158]

2.3 A relação jurídica pré-contratual como análoga à relação contratual, porém produtora de deveres não prestacionais – a incidência do princípio da boa-fé

As teorias acima descritas revelam alternância entre extremos. Variam entre as tentativas de identificar uma quase insondável relação de fato e os esforços em visualizar relações contratuais em bases igualmente imprecisas, buscando, neste último caso, o fundamento para estabelecer pautas de conduta para as partes em uma ficção.

A superação dessas duas compreensões ocorre, em particular no direito alemão e nos ordenamentos continentais mais próximos a ele, a partir da identificação de deveres de conduta diretamente extraíveis da lei – notadamente, do princípio da boa-fé, tal como este surgiu pioneiramente consagrado no §242 do BGB. Não se tratou de fenômeno exclusivo a essas tradições: a doutrina aponta a mesma tendência no direito francês, porém baseada inicialmente não na boa-fé, mas na teoria da causa.[159]

O desenvolvimento do tema no direito alemão sob o pálio do princípio da boa-fé permitiu, segundo observado pela doutrina,

---

[158] As críticas podem ser verificadas em WEATHERILL, Stephen. Enforcing the Public Procurement Rules in the United Kingdom. In: ARROWSMITH, Sue. *Remedies for enforcing the public procurement rules*. Public Procurement in the European Community. Winteringham: Earlsgate Press, 1993. v. IV. p. 291, e em ARROWSMITH, Sue. *The Law of Public and Utilities Procurement*. London: Sweet & Maxwell, 1996. p. 38-39.

[159] Sobre a evolução mais restrita e posterior do princípio da boa-fé no direito francês, conferir MARTINS- MARTINS-COSTA, Judith. *A boa-fé no direito privado*: critérios para a sua aplicação. 2. ed. São Paulo: Saraiva, 2018. p. 115-117. Trata-se de perspectiva que, no direito administrativo, segundo a descrição de José Guilherme Giacomuzzi, acompanhando palavras de Hauriou, considera como ilícita a causa "quando proibida em lei, contrária aos bons costumes ou à ordem pública" (GIACOMUZZI, José Guilherme. *A moralidade administrativa e a boa-fé na Administração Pública*: o conteúdo dogmático da moralidade administrativa. 2. ed. São Paulo: Malheiros Editores, 2013. p. 66).

"distinguir entre o contrato (fonte de relação jurídica de onde derivam direitos e obrigações contratuais) e um não-contrato que não é, todavia um 'nada' para o Direito", mas uma "relação jurídica obrigacional de fonte legal".[160] No dizer de Antônio Chaves, ainda que não se tenha uma relação contratual, verifica-se a instauração de peculiar e especial "ligação de confiança, com obrigações recíprocas de conteúdo positivo", que aproxima "a *culpa in contrahendo* à imputabilidade contratual",[161] embora com esta não se confunda.

Tem-se, assim, ambiente pré-contratual instaurado pela autonomia das partes, mas que não é estritamente regido por essas vontades, na medida em que é informado por deveres de conduta fundados no princípio geral de boa-fé objetiva.

É essa a solução adotada no direito brasileiro. O art. 422 do Código Civil dispõe que "os contratantes são obrigados a guardar, assim na conclusão do contrato, como em sua execução, os princípios de probidade e boa-fé". Sobre o conjunto de atos praticados para possibilitar a "conclusão do contrato", a jurisprudência veio a fixar orientação uniforme no sentido de que também nesse estágio preliminar há incidência da boa-fé.[162]

A aplicação da boa-fé objetiva se desdobra em três frentes ou funções gerais. O princípio opera: (i) enquanto parâmetro interpretativo das relações estabelecidas; (ii) como fonte de deveres e direitos recíprocos, incluindo os deveres de lealdade, de informação, cooperação e proteção da confiança alheia, perante os quais surgem posições jurídicas ativas que permitem às partes exigir reciprocamente a observância de tais deveres; e (iii) como limitação ou baliza ao exercício dessas posições jurídicas.[163]

Daí decorrem dois aspectos marcantes.

Em primeiro lugar, os deveres originados da boa-fé são distintos e mais intensos do que os deveres gerais de relacionamento em

---

[160] MARTINS-COSTA, Judith. *A boa-fé no direito privado*: critérios para a sua aplicação. 2. ed. São Paulo: Saraiva, 2018. p. 470. Conferir ainda TOMASEVICIUS FILHO, Eduardo. *O princípio da boa-fé no direito civil*. São Paulo: Almedina, 2020, p. 99.

[161] CHAVES, Antônio. *Responsabilidade pré-contratual*. São Paulo: Lejus, 1997. p. 141.

[162] "A boa-fé também rege a fase pré-contratual, razão pela qual a frustração da expectativa legítima de conclusão do contrato impõe a condenação às perdas e danos decorrentes. Precedentes" (Superior Tribunal de Justiça, agravo interno no agravo interno no agravo em recurso especial 1.684.366/SP, 3ª Turma, relator Ministro Moura Ribeiro, j. 29.11.2021).

[163] "O princípio da boa-fé objetiva exercer três funções: (i) instrumento hermenêutico; (ii) fonte de direitos e deveres jurídicos; e (iii) limite ao exercício de direitos subjetivos" (Superior Tribunal de Justiça, recurso especial 1.202.514, 3ª Turma, relatora Ministra Nancy Andrighi, j. 21/06/2011).

sociedade. Mais do que deveres de abstenção, são deveres ativos, de consideração e tutela da esfera jurídica alheia. Tampouco se confundem com obrigações contratuais propriamente ditas. Não são deveres de *prestação*, como os que caracterizam o contrato propriamente dito, mas deveres de *proteção* da contraparte. A função desses deveres consiste em nortear o exercício da autonomia privada, de modo a impedir que a liberdade negocial seja desenvolvida de forma abusiva.

Em segundo lugar, justamente por instaurar regime protetivo ainda na fase formativa do contrato, tendo por objeto situações intermediárias, o princípio da boa-fé vem a alcançar não apenas os direitos subjetivos, em geral já protegidos pela legislação, mas também os estágios de formação das posições jurídicas pretendidas. Daí a disseminação da invocação do princípio da boa-fé para proteção da noção fluida de confiança,[164] que vem a requalificar conceitos jurídicos tradicionais, tais como as "legítimas expectativas" surgidas da interação entre as partes, para conferir a elas regime de proteção peculiar.[165]

2.4 A retomada das considerações acerca da perspectiva interna à Administração Pública: a legislação pautada pelo polo estatal da relação

O regime próprio aos processos de contratação administrativa é suficiente para justificar o afastamento das teorias sociológicas ou contratuais de relacionamento pré-contratual, na medida em que há determinação em lei de diversos deveres a serem observados pelo ente público, assim como a estipulação formal do momento em que as partes ingressam em relação jurídica propriamente contratual.

---

[164] "A boa fé tem papéis mais profundos e relevantes. Tome-se o caso da interrupção injustificada das negociações: não há aí [...] um desrespeito pelos escopos da autonomia privada, que, por definição, exigem apenas uma orientação de actos com vista à formação do contrato como possível e não como necessário; tão pouco existe uma violação de um dever de contratar, que a boa fé, contra a autonomia privada, não iria, neste caso, estabelecer; verifica-se, antes, uma protecção concedida à confiança da parte que, perante o comportamento da outra, acreditou, com justificação, no concretizar do contrato projectado e, por isso, suportou danos" (CORDEIRO, António Manuel da Rocha e Menezes. *Da boa fé no direito civil*. Coimbra: Almedina, 2001. p. 650-561).

[165] Nesse sentido, no Superior Tribunal de Justiça, a propósito de relações privadas: recurso especial 1.224.007, 4ª Turma, relator Ministro Luis Felipe Salomão, j. 24.04.2014; agravo interno no agravo em recurso especial 952300, 4ª Turma, relator Ministro Raul Araújo, j. 11.02.2020; recurso especial 1374830, 3ª Turma, relator Ministro Ricardo Villas Bôas Cueva, j. 23.06.2015; recurso especial 1.803.278, 3ª Turma, relator Ministro Ricardo Villas Bôas Cueva, j. 02.10.2019.

Esse modelo legal é suficiente para nortear o desenvolvimento dos processos de contratação administrativa, porém desde uma visão autocentrada da administração pública. É um regime do qual deriva tratamento meramente ocasional ou reflexo às expectativas, interesses e direitos próprios dos sujeitos que se habilitam para contratar com o poder público.

Para utilizar expressão referida por Menezes de Almeida, parece possível afirmar que essa tradição do direito positivo das licitações se inspira em um eixo "estatizante-publicista da teoria do direito administrativo",[166] que busca diferenciar a atividade pré-contratual estatal de concepções privatistas e posicionar o ente estatal em posição sobranceira à dos particulares. Tal concepção enfatiza a proteção dos interesses e objetivos do ente estatal em relação ao processo de contratação, relegando espaço residual e secundário à tutela dos sujeitos privados.

É bem verdade que a Lei 8.666/93 chegou a consagrar a solução, não recepcionada expressamente pela Lei 14.133/21, de que "todos quantos participem de licitação promovida pelos órgãos ou entidades a que se refere o art. 1º têm direito público subjetivo à fiel observância do pertinente procedimento estabelecido nesta lei" (art. 4º). E reconhece, assim como a Lei 14.133/21, um direito a contratar em favor do particular legitimado a tanto, ao término do processo.

No entanto, seguindo a tônica que norteia a tradição legal, os direitos enunciados vieram a ser interpretados de forma restritiva – limitados, de modo geral, a uma dimensão procedimental, e mesmo nesse âmbito, sujeito a restrições. É ilustrativa a orientação jurisprudencial que se firmou estabelecendo restrições ou mesmo a eliminação do exercício de contraditório e ampla defesa nos casos de anulação e revogação de licitações.[167] Por esse prisma, se mesmo as faculdades *processuais* são limitadas, do ponto de vista *material* os interesses privados surgem tutelados de forma reflexa e residual, na medida em que sejam coincidentes com a adoção de providências para preservação da legalidade estrita ou com os interesses que estão a cargo do ente estatal.

---

[166] ALMEIDA, Fernando Dias Menezes de. *Formação da Teoria do Direito Administrativo no Brasil*. São Paulo: Quartier Latin, 2015. p. 434.

[167] "Só há contraditório antecedendo a revogação quando há direito adquirido das empresas concorrentes, o que só ocorre após a homologação e adjudicação do serviço licitado. O mero titular de uma expectativa de direito não goza da garantia do contraditório" (Superior Tribunal de Justiça, recurso ordinário em mandado de segurança 23.402/PR, 2ª Turma, relatora Ministra Eliana Calmon, j. 18.03.2008).

Entende-se que essa é uma perspectiva reducionista do regime jurídico aplicável aos processos de contratação administrativa. Os compromissos estatais não se resumem a atuar de forma hígida conforme os deveres legais tipificados relacionados à obtenção da contratação. Envolvem também a consideração dos efeitos da atuação estatal sobre a esfera jurídica dos sujeitos que com ele se relacionam. Para retratar e aprofundar o detalhamento desse regime jurídico mais amplo, cabe descrever, antes de tudo, os contornos gerais da relação jurídica que se estabelece no ambiente pré-contratual.

2.5 A noção de relação jurídica e o direito administrativo

Conforme a concepção que se adote, a relação jurídica pode ser vista ora como *relação social recepcionada e reconhecida pelo Direito*, sujeita à imputação de posições jurídicas ativas e passivas a determinados sujeitos que integram tal relação,[168] ora como *relação entre normas*, que qualificam os sujeitos e lhes prescrevem condutas interrelacionadas.[169] Por esta última perspectiva, o Direito não reconhece um dado social prévio – é ele, antes, que constitui a relação, enquanto dado resultante da disciplina da atuação dos sujeitos de direito que a integram.[170]

Considera-se aqui a relação jurídica como vínculo concreto, assim estabelecido pelo ordenamento, que compreende polos que se relacionam entre si mediante o exercício, observância ou sujeição a certas posições jurídicas.

A relação jurídica é integrada por *sujeitos de direito* (os "termos" da relação jurídica – referidos também por Vilanova como antecedente ou referente, de um lado, e consequente ou relato, de outro)[171] e tem

---

[168] "Relação jurídica – *stricto sensu* – vem a ser unicamente a relação da vida social disciplinada pelo Direito, mediante a atribuição a uma pessoa (em sentido jurídico) de um direito subjectivo e a correspondente imposição a outra pessoa de um dever ou de uma sujeição" (ANDRADE, Manuel Domingues de. *Teoria Geral da Relação Jurídica*. Coimbra: Almedina, 1987. v. I. p. 2).

[169] FERRAZ JÚNIOR, Tércio Sampaio. *Introdução ao Estudo do Direito*: técnica, decisão, dominação. 4. ed. São Paulo: Atlas, 2003. p. 165.

[170] "As normas, assim, *falam de* um mundo ou de uma realidade que *parece* estar por de trás do mundo social das interações: a realidade das relações jurídicas. O que Kelsen tenta nos dizer, porém, é que essa 'realidade' nada mais é do que o sentido normativo da conduta; a relação entre credor e devedor não é uma relação em si (substância) que o direito vem a disciplinar, mas é a própria disciplina: juridicamente, credor é um objeto *constituído* pelas normas e *não reconhecido* por elas, a relação entre ele e o devedor idem" (FERRAZ JÚNIOR, Tércio Sampaio. *Introdução ao Estudo do Direito*: técnica, decisão, dominação. 4. ed. São Paulo: Atlas, 2003. p. 166).

[171] VILANOVA, Lourival. *Causalidade e Relação no Direito*. 4. ed. São Paulo: Revista dos Tribunais, 2000. p. 116-117.

caráter concreto, porque consiste em fato jurídico ou se origina dele.[172] A relação compreende a criação de enlace jurídico entre os sujeitos a partir de um *vínculo de atributividade*,[173] ou *operador relacionante*,[174] que tem por objeto a atribuição de posições jurídicas aos sujeitos relacionados.

São essas posições jurídicas o objeto propriamente dito da relação jurídica.[175] Para os fins deste trabalho, as posições jurídicas podem ser reconduzidas a quatro categorias fundamentais – direitos, deveres, poderes e sujeições.

2.5.1 Uma figura inicialmente secundária na dogmática administrativa

A noção de relação jurídica não exerceu papel central na consolidação dos sistemas de direito administrativo. Com raízes fincadas num ideário de Estado liberal, em suas origens o direito administrativo tinha como foco de exame *o que o Estado deve fazer e o regime próprio a essa atuação*, isto é: buscava-se a definição de quais atividades o Estado poderia desempenhar tendo em vista os limites decorrentes da legalidade e dos direitos individuais, a par dos progressivos esforços em identificar um regime peculiar à ação administrativa. Em boa medida, os esforços teóricos restaram concentrados mais em torno da formação e do conteúdo das decisões editadas no âmbito da função administrativa – daí a centralidade da teoria do ato administrativo –, e não tanto no ângulo de processamento do relacionamento do Estado com particulares.

A ausência de maior interesse na interação entre Estado e privados na teoria do direito administrativo pode ainda ser relacionada à identificação, até princípios do século XX, de que havia atividades, especialmente contratuais, desenvolvidas pelo Estado sob regime de direito privado. E resulta também de um paradigma específico de atuação administrativa. Além de as funções administrativas serem menos numerosas e extensas dentro de um contexto mais próximo do ideário liberal, compreendia-se que o desempenho dessas funções,

---

[172] VILANOVA, Lourival. *Causalidade e Relação no Direito*. 4. ed. São Paulo: Revista dos Tribunais, 2000. p. 123; PINTO, Carlos Alberto Mota. *Teoria Geral do Direito Civil*. 4. ed. Coimbra: Coimbra Editora, 2005. p. 190.

[173] REALE, Miguel. *Lições preliminares de Direito*. 27. Ed. 10. Tir. São Paulo: Saraiva, 2011, p. 219.

[174] VILANOVA, Lourival. *Causalidade e Relação no Direito*. 4. ed. São Paulo: Revista dos Tribunais, 2000. p. 117.

[175] PINTO, Carlos Alberto da Mota. *Teoria Geral do Direito Civil*. 4. ed. Coimbra: Coimbra Editora, 2005. p. 177 e ss.

atrelado à legalidade e em prol do interesse público, dispensaria a interação com interesses particulares para o fim de promover a simples aplicação da lei. A atividade administrativa constituiria mera técnica executória do texto legal e, por essa razão, não dependeria do concurso de sujeitos privados para ser implementada.[176]

Daí se aludir à utilização inicial da noção de relação jurídica no âmbito do direito administrativo mais como recurso de linguagem do que como figura dogmática na acepção técnica.[177] E, ainda assim, a partir de uma concepção peculiar de *relação de poder*, de caráter assimétrico e hierarquizado, no âmbito da qual o particular aparece como destinatário do poder administrativo – figurando como sujeito passivo, ou administrado –, cujos interesses são protegidos sob a condição de que correspondam aos direitos subjetivos clássicos, assim consagrados em lei e como tal oponíveis à administração, ou então quando se revelem coincidentes com os interesses públicos.[178]

Essa concepção de relação de poder não nega a existência de deveres ao Estado, mas restringe o alcance de proteção das posições jurídicas ativas dos cidadãos em face desses deveres, porque o propósito de atuação da administração não residiria na satisfação de interesses subjetivos, mas daqueles cuja realização é atribuída ao Estado.

Fruto exemplar dessa concepção é a noção de interesse legítimo, desenvolvida com maior destaque no direito italiano. Essa figura, que não se confundiria com a noção de direito subjetivo (este último compreendido como um dado assim qualificado e assegurado em lei), veio a ser empregada para explicar pretensões particulares aptas a serem reconhecidas e tuteladas pelo direito objetivo para o exercício de faculdades processuais. Mas isso apenas na medida em que coincidentes com o "interesse público". Ou seja: tais interesses não corresponderiam a pretensões autônomas de direito material.[179]

Tal construção reflete compreensão mais ampla que, baseada nos atributos de imperatividade, autoexecutoriedade e presunção de legitimidade do ato administrativo perante a lei, relegou as reflexões em torno do relacionamento jurídico entre Estado e cidadãos a uma posição

---

[176] Sobre o tema, entre outros, conferir MARQUES NETO, Floriano de Azevedo. A superação do ato administrativo autista. *In:* MEDAUAR, Odete; SCHIRATO, Vitor Rhein (org.). *Os caminhos do ato administrativo*. São Paulo: Revista dos Tribunais, 2011. Em especial p. 97.

[177] SILVA, Vasco Pereira da. *Em Busca do Acto Administrativo Perdido*. Coimbra: Almedina, 2003. p. 152.

[178] SILVA, Vasco Pereira da. *Em Busca do Acto Administrativo Perdido*. Coimbra: Almedina, 2003. p. 152.

[179] ALESSI, Renato. *Diritto Amministrativo*. Milano: Giuffrè, 1949. p. 271.

secundária, ou, pelo menos, invariavelmente assimétrica, em que estes últimos usualmente se encontram em situação de subordinação.[180]

2.5.2 As razões para o recurso à figura da relação jurídica

O cenário se modifica a partir do fenômeno de constitucionalização do Direito. Marcado pelo "efeito expansivo das normas constitucionais, cujo conteúdo material e axiológico se irradia, com força normativa, por todo o sistema jurídico",[181] esse fenômeno transformou o modo de compreensão e aplicação do direito administrativo.

Nesse novo contexto, o recurso à noção de relação jurídica vem a se justificar por uma função dogmática ou metodológica, voltada a propiciar compreensão mais precisa da atuação administrativa em meio (i) ao alastramento de interações público-privadas e (ii) ao profundo e generalizado processo de subjetivação do Direito, produto do fenômeno da constitucionalização.[182]

Especialmente o processo de subjetivação, que será aprofundado no capítulo seguinte, é marcado pela reconfiguração da noção clássica de direito subjetivo, o que se dá a partir da teoria dos direitos fundamentais e da eficácia irradiante destes. Se antes a situação do indivíduo frente à atuação estatal revelava algum direito apenas se este viesse expressamente previsto em lei como tal, concedendo proteção jurídica apenas ocasional e reflexa às demais situações, hoje se refere ser "difícil imaginar um interesse particular que, de uma ou outra forma, não guarde relação com os bens jurídicos protegidos pelos direitos fundamentais".[183]

---

[180] ANDRADE, José Carlos Vieira de. *Lições de Direito Administrativo*. 4. ed. Coimbra: Imprensa da Universidade de Coimbra, 2015. p. 67.

[181] BARROSO, Luís Roberto. A constitucionalização do direito e suas repercussões no âmbito administrativo. *In*: ARAGÃO, Alexandre Santos de; MARQUES NETO, Floriano de Azevedo (coord.). *Direito administrativo e seus novos paradigmas*. Belo Horizonte: Fórum, 2008. p. 32.

[182] A atualidade da análise das "relações Administração-cidadão", em comparação a reflexões teóricas anteriores, é exposta em MEDAUAR, Odete. *Direito Administrativo Moderno*. 19. ed. São Paulo: Revista dos Tribunais, 2015. p. 283 e ss.

[183] "Es difícil de imaginar un interés particular que, de una u otra forma, no guarde relación con los bienes jurídicos protegidos por los derechos fundamentales. Frente a todo lo anterior hay que afirmar que los derechos fundamentales no son programas normativos completos pendientes ya sólo de su aplicación; tampoco se puede ver en los derechos fundamentales una esfera imprecisa y desordenada de intereses que sólo ante una agresión se concretan en situaciones jurídicas firmes. Antes bien, el contenido preciso de cada derecho fundamental resulta de un proceso de concreción gradual donde la ley cumple la tarea primordial" (SCHMIDT-ASSMANN, Eberhard. *La Teoría General del Derecho Administrativo como Sistema*. Madrid: Marcial Pons, 2003. p. 84-85).

O *status* que os cidadãos assumem perante o Estado resulta da incidência direta das normas constitucionais sobre a atividade administrativa. É marcado por uma tendência expansiva de posições jurídicas ativas e autônomas perante os deveres estatais e baseado em pautas de controle da atuação estatal mais amplas e intensas. A densificação da proteção de direitos e o alargamento das fronteiras da própria noção de direito subjetivo – não apenas em termos individuais, mas também considerando interesses coletivos e de terceiros em geral – alça as posições jurídicas ativas dos cidadãos a pauta de prioridade no direito administrativo. Em meio a uma tendência de "hipersubjetivização" do Direito,[184] diz-se, então, que "os direitos fundamentais transformaram as 'relações de poder' em verdadeiras relações jurídicas".[185]

A relação jurídica não é aqui invocada como solução propriamente dita a problemas jurídicos, nem como evidência em si de um determinado regime jurídico, mas, antes disso, como técnica para "tornar visíveis os problemas".[186] No dizer de Vasco Pereira da Silva, a relação jurídica oferece "uma 'chave de leitura' adequada"[187] para a atuação administrativa que se desenvolve mediante contínua interação com terceiros.

Portanto, não se trata de negar ou de subordinar a relevância da abordagem da teoria das formas de atuação administrativa centrada na análise dos institutos *ato, contrato* e *processo*. Trata-se de enfatizar, a par dessas figuras e dentro de seus respectivos campos de aplicação, "uma abordagem de direcção relativa à conduta",[188] que busca ver na atuação administrativa uma atividade em movimento – "a dinâmica do fenômeno, na sua concretude existencial".[189] O objetivo é extrair

---

[184] A expressão, atribuída a Jacques Chevallier, é desenvolvida por Menezes de Almeida em: ALMEIDA, Fernando Dias Menezes de. *Formação da Teoria do Direito Administrativo no Brasil*. São Paulo: Quartier Latin, 2015. p. 412.
[185] SILVA, Vasco Pereira da. *Em Busca do Acto Administrativo Perdido*. Coimbra: Almedina, 2003. p. 212-213.
[186] WOLFF, Hans J.; BACHOF, Otto; STOBER, Rolf. *Direito Administrativo*. Tradução: Antonio F. de Sousa. Lisboa: Fundação Calouste Gulbenkian, 1999. v. I. p. 497 e 498
[187] SILVA, Vasco Pereira da. *Em Busca do Acto Administrativo Perdido*. Coimbra: Almedina, 2003. p. 188.
[188] "A teoria da relação jurídica e a teoria das formas jurídicas dizem algo sobre as exigências comunicativas fundamentais de todo o pedido de direcção. A teoria das relações jurídicas fixa os limites e os modos de entendimento. A teoria das formas visa assegurar a transparência e a estabilidade dos resultados" (SCHMIDT-ASSMANN, Eberhard. *Dogmática jurídico-administrativa*: um balanço intermédio sobre a evolução, a reforma e as funções futuras. São Paulo: Saraiva, 2016. p. 97-98)
[189] "Digo 'relação jurídica', e não 'instituto jurídico', pois estou interessado na dinâmica do fenômeno, na sua concretude existencial – a criação e aplicação da norma; não apenas sua

com maior precisão desse movimento repercussões e compromissos que nortearão o processo decisório e as condutas futuras dos sujeitos envolvidos. Como referido por Letícia Queiroz de Andrade, "a norma geral e abstrata prevê condutas-tipo, enquanto a relação jurídica entrelaça posições jurídicas concretas e sujeitos de direito individualizados, como mecanismo indutor de suas condutas".[190]

Em outras palavras, a figura da relação jurídica é útil para apreender a dinâmica de desenvolvimento das posições jurídicas ao longo do tempo.[191] Tal abordagem revela-se particularmente relevante quando a atuação administrativa se destina a produzir posições e situações jurídicas novas, como ocorre nos processos de contratação.

A criação de posições jurídicas pelo desenvolvimento da atividade administrativa constitui fenômeno nem sempre especificamente regulado ou mesmo identificado em lei. Tais situações podem surgir de posições jurídicas inicialmente desprovidas de base jurídica material que, impulsionadas pela legitimação processual atribuída aos particulares e pelo envolvimento no processo decisório estatal, têm potencial de dar surgimento a posições jurídicas materiais com eficácia opositiva (de defesa) ou pretensiva (de cobrança de providências) perante a administração.

A aplicação da noção de relação jurídica enquanto fenômeno dinâmico serve para contribuir para a identificação das posições jurídicas iniciais e da dinâmica de seu desenvolvimento ou densificação, à luz das finalidades que norteiam a atividade administrativa envolvida, do regime jurídico de proteção da esfera dos particulares e das condutas adotadas nas interações havidas. Trata-se de ir além do conteúdo da decisão administrativa tal como produzida, para aferir, antes disso e inclusive para permitir a avaliação da legitimidade de tal decisão, "os vínculos jurídicos existentes entre a Administração e os privados,

---

descrição em sentido abstrato. Cf. Manuel A. Domingues de Andrade: 'Relação jurídica – *stricto sensu* – vem a ser unicamente a relação da vida social disciplinada pelo Direito, mediante a atribuição a uma pessoa (em sentido jurídico) de um direito subjectivo e a correspondente imposição a outra pessoa de um dever ou de uma sujeição'. Ao seu tempo, instituto jurídico é o 'complexo de normas (pode às vezes tratar-se de uma só) que contém a disciplina jurídica de uma dada relação jurídica em sentido abstracto' (ANDRADE, Manuel Domingues de. *Teoria Geral da Relação Jurídica*. Coimbra: Almedina, 1987. v. I. p. 2-5)" (MOREIRA, Egon Bockmann. *Direito das Concessões de Serviço Público*: Inteligência da Lei 8.987/1995 (Parte Geral). São Paulo: Malheiros, 2010. p. 89-90).

[190] ANDRADE, Letícia Queiroz de. *Teoria das relações jurídicas da prestação de serviço público sob regime de concessão*. São Paulo: Malheiros, 2015. p. 43.

[191] SCHMIDT-ASSMANN, Eberhard. *La Teoría General del Derecho Administrativo como Sistema*. Madrid: Marcial Pons, 2003. p. 313.

anteriores ou posteriores à prática do acto administrativo",[192] considerando os efeitos jurídicos daí emergentes.

Assim, é possível identificar a existência de uma relação jurídica material antes mesmo da formação de direitos. Indo além do protótipo ou arquétipo da relação jurídica, reconhece-se que esta não pressupõe necessariamente a sua integração desde o início por direito subjetivo e correlatos deveres já aperfeiçoados. Pode ela constituir, anteriormente, o próprio ambiente que produzirá direitos. Nas palavras de Schmidt-Assmann, opera-se, via relação jurídica, a "'procedimentalização' da doutrina de direito subjetivo".[193] Diz-se, então, que a noção de relação jurídica pode revelar-se "em parte consequência, em parte condição dos direitos subjetivos".[194]

Essas observações podem ser relacionadas com o que se expôs no tocante à função declaratória (e não constitutiva) dos atos de adjudicação e de homologação, enquanto momentos processuais em que se reconhece a materialidade de posições jurídicas – direito e dever de contratar – previamente configuradas, assim oponíveis à administração pública, ainda que não se encontrem assim retratadas na legislação.

---

[192] SILVA, Vasco Pereira da. *Em Busca do Acto Administrativo Perdido*. Coimbra: Almedina, 2003. p. 160-161. Ainda de acordo com esse raciocínio, segundo o mesmo autor: "A relação jurídica apresenta, assim, a vantagem dogmática de possuir um âmbito de aplicação muito maior do que o do acto administrativo, capaz de englobar todas as decisões unilaterais (individuais e concretas) da Administração – e permitindo ainda o enquadramento teórico dos direitos e deveres dos sujeitos jurídicos, anteriores ou posteriores a esses actos –, assim como de abranger também todas as demais situações em que sejam estabelecidas ligações jurídicas entre as autoridades administrativas e os particulares (contratos, actuações jurídicas informais), para além de permitir igualmente a explicação do relacionamento das autoridades públicas, umas relativamente às outras. Daí que a doutrina da relação jurídica permita tanto a melhor compreensão dogmática dos fenómenos administrativos clássicos, como daqueloutros da moderna Administração prestadora e infra-estrutural, que a teoria do acto administrativo é incapaz de explicar" (SILVA, Vasco Pereira da. *Em Busca do Acto Administrativo Perdido*. Coimbra: Almedina, 2003. p. 205-206).
[193] "Contemplado desde la perspectiva de las relaciones jurídicas, un importante cometido del Derecho es, precisamente, garantizar la formación de derechos subjetivos. Se produce así desde esta perspectiva lo que podríamos llamar una 'procedimentalización' de la doctrina del derecho subjetivo" (SCHMIDT-ASSMANN, Eberhard. *La Teoría General del Derecho Administrativo como Sistema*. Madrid: Marcial Pons, 2003. p. 96). Ainda sobre o tema: Em sentido próximo: "Temos tomado a relação jurídica em sentido amplo, de modo a abranger tanto aquelas cujos termos [sujeitos] são titulares de direitos subjetivos e de obrigações correlatas quanto outras posições de titulares, a quem se lhes dão direitos potestativos, direitos reflexos, interesses legítimos, facultamentos, ou autorizações sem o poder de exigir coativamente (judicialmente) o cumprimento das prestações, objeto desses facultamentos, revestidos de licitude, mas desprovidos de eficácia processual" (VILANOVA, Lourival. *Causalidade e Relação no Direito*. 4. ed. São Paulo: Revista dos Tribunais, 2000. p. 162).
[194] SCHMIDT-ASSMANN, Eberhard. *La Teoría General del Derecho Administrativo como Sistema*. Madrid: Marcial Pons, 2003. p. 212-213.

Tais posições emergem do atendimento das condições previstas para contratar e, como regra, são assim configuradas antes mesmo de serem declaradas formalmente pelo ente público.

Poder-se-ia objetar dizendo que o papel aqui atribuído à noção de relação jurídica já seria desempenhado pela figura do processo administrativo. No entanto, essas figuras não operam de forma equivalente.

O processo administrativo é o veículo de desenvolvimento das relações jurídicas estabelecidas entre administração pública e particulares. Traduz uma lógica de encadeamento de atos ordenados aptos a viabilizar os fenômenos de colaboração e participação dos privados, mas não é suficiente para explicar o desenvolvimento material do relacionamento entre Estado e privados, isto é, o surgimento e a articulação das posições jurídicas materiais que emergem de tais interações.

É cabível, então, afirmar que a concretização das relações jurídicas administrativas ocorre pela via do processo administrativo,[195] de modo que o processo é o canal de desenvolvimento da relação jurídica material, mas esta não se confunde com aquele nem se reduz a uma dimensão processual. O processo serve de plataforma para a formação e desenvolvimento de posições jurídicas, mas não é necessariamente suficiente em si para fundar e fundamentar os resultados materiais alcançados.[196] Este ponto será retomado no item 2.5.4, a propósito dos contornos concretos da relação jurídica pré-contratual administrativa.

2.5.3 A delimitação do conceito de relação jurídica administrativa

Definidos os traços gerais e a função da relação jurídica para a dogmática administrativa, cabe especificar o que se vem a conceber como relação jurídica administrativa, para, a partir disso, determinar o que seja a relação jurídica pré-contratual estabelecida no âmbito administrativo.

A doutrina apresenta variações em torno do conceito de relação jurídica administrativa. Como fatores caracterizadores da relação, alude-se à consecução de finalidades públicas, ou ao exercício de

---

[195] ALMEIDA, Mário Aroso de. Anulação de actos administrativos e relações jurídicas emergentes. Coimbra: Almedina, 2002. p. 127.

[196] Desta forma, a própria noção de procedimento administrativo é enquadrada e teoricamente assimilada pela doutrina da relação jurídica, surgindo o procedimento como um instrumento de regulação de relações jurídicas, cujos intervenientes são chamados a actuar para defesa das suas posições jurídicas substantivas" (SILVA, Vasco Pereira da. *Em Busca do Acto Administrativo Perdido*. Coimbra: Almedina, 2003. p. 161).

uma função pública, ou, ainda, a um regime de indisponibilidade de interesses.

Em abordagem clássica sobre o tema, Cirne Lima enfatiza a lógica de dever e o "influxo de uma finalidade cogente" como elementos caracterizadores do que denomina como *relação de administração*. A finalidade cogente própria do direito público seria apenas aquela que "aparece defendida e protegida, pela ordem jurídica, contra o próprio agente e contra terceiros". Desse modo, e por contraste, o direito privado poderia conhecer apenas *atividades de administração* (como o mandato), mas não verdadeiras *relações de administração*.[197]

Mais recentemente, Marçal Justen Filho apontou como fator de caracterização da relação jurídica administrativa a indisponibilidade de ao menos parte dos interesses envolvidos, cuja persecução é atribuída a uma pessoa estatal, em geral integrante da relação.[198]

Conjugando os elementos presentes nas concepções de Cirne Lima e Justen Filho, Egon Bockmann Moreira alude a dois elementos como fatores de distinção da relação jurídica administrativa, consistentes na "qualificação diferenciada dos interesses atribuídos/detidos pelos sujeitos participantes" e na existência de "finalidade preestabelecida em lei".[199]

Propondo a identificação das relações jurídicas de direito administrativo também a partir de uma junção de elementos, Vieira de Andrade definiu tal espécie de relação como envolvendo "a qualidade pública dos sujeitos, a natureza pública dos fins e a especificidade pública (prerrogativas de autoridade) dos meios utilizados".[200]

---

[197] LIMA, Ruy Cirne. *Princípios de Direito Administrativo*. 7. ed. São Paulo: Malheiros, 2007. p. 106. Note-se que Cirne Lima propõe um conceito de relação de administração que, conquanto estruturador do Direito Administrativo, não representa a única lógica relacional presente na atividade administrativa, podendo conviver com aquilo que o autor identifica como "relação de direito subjetivo", com a qual a relação de administração se entrelaça, sendo esta invariavelmente condição daquela: "Podem, no Direito Administrativo, como no direito privado, nascer simultaneamente, do mesmo negócio jurídico, a relação do direito subjetivo e a relação de administração. No Direito Administrativo, assim se desata, por exemplo, a controvérsia acerca da natureza jurídica da concessão de serviço público, da qual defluem simultaneamente, além da relação de administração, direitos subjetivos, recíprocos do concedente e do concessionário. [...] Cabe aqui se observe que os direitos subjetivos públicos, unidos, no Direito Administração, à relação de administração, têm, de regra, no desenvolvimento desta, uma como *conditio sine qua*" (LIMA, Ruy Cirne. *Princípios de Direito Administrativo*. 7. ed. São Paulo: Malheiros, 2007. p. 108-109).

[198] JUSTEN FILHO, Marçal. *Introdução ao Estudo do Direito*. Brasília: edição do autor, 2020. p. 207.

[199] MOREIRA, Egon Bockmann. *Processo Administrativo*: princípios constitucionais e a Lei nº 9.784/1999 (com especial atenção à LINDB). 6. ed. Belo Horizonte: Fórum, 2022. p. 21.

[200] ANDRADE, José Carlos Vieira de. *Lições de Direito Administrativo*. 4. ed. Coimbra: Imprensa da Universidade de Coimbra, 2015. p. 67-68.

A consideração das prerrogativas de autoridade como fator caracterizador da relação jurídica administrativa não é dado pacífico. Rejeitando a hierarquia ou desequilíbrio de interesses e prerrogativas como condições inerentes à noção, Letícia Queiroz de Andrade lembra as situações em que a administração se relaciona segundo a lógica de consenso. Observa, ainda, a variabilidade das posições jurídicas que a administração pode assumir, sendo ilustrativas as hipóteses em que o ente administrativo figura meramente como sujeito passivo na relação. Nesses casos, a realização das finalidades públicas dispensa competências de prevalência sobre a outra parte.[201]

Apontando que também as relações privadas se orientam, ainda que em menor medida, a propósitos transcendentes aos interesses das partes (o que é evidenciado, por exemplo, pela noção de função social, aplicável à propriedade e aos contratos privados), Juarez Freitas propõe identificar a caracterização da relação jurídica administrativa a partir do conjunto dos princípios regentes da atividade administrativa.[202]

Diante dessas formulações, considera-se aqui a relação jurídica administrativa como vínculo concreto estabelecido entre sujeitos de direito, tendo por objeto o exercício de função administrativa. Mais especificamente, a composição das relações jurídicas administrativas compreende posições jurídicas que envolvem condutas correspondentes ao exercício de uma função administrativa. A noção de função administrativa relaciona-se com os fatores distintivos considerados pela doutrina, como a qualificação diferenciada de interesses e a incidência de regime jurídico próprio à administração pública, marcado por competências e sujeições específicas. Isto sem que se tenha de recorrer a uma noção de supremacia geral ou pressuposta, cabendo, antes disso,

---

[201] A autora conclui que o "desequilíbrio jurídico" figura como dado recorrente nas relações jurídicas administrativas, ressalvando que isso não decorre pura e simplesmente da "qualidade inerente ao sujeito que representa a Administração Pública, mas em função da qualidade dos interesses que determinam a constituição da correspondente relação jurídica" (ANDRADE, Letícia Queiroz de. *Teoria das relações jurídicas da prestação de serviço público sob regime de concessão*. São Paulo: Malheiros, 2015. cit., p. 72). No mesmo sentido, indicando que qualquer exceção à isonomia no relacionamento Estado e particulares "deve ser instituída por lei, além de sujeitar-se, no seu contexto específico e na sua extensão, ao teste de proporcionalidade": BINENBOJM, Gustavo. *Uma Teoria do Direito Administrativo*: Direitos Fundamentais, Democracia e Constitucionalização. 2. ed. Rio de Janeiro: Renovar, 2008. p. 309; remetendo a ideia de um regime jurídico-administrativo caracterizado por uma inerente supremacia à categoria de "obsoletismos", ao lado da noção das relações de sujeição especial: MEDAUAR, Odete. *Direito Administrativo Moderno*. 19. ed. São Paulo: Revista dos Tribunais, 2015. p. 380-383.

[202] FREITAS, Juarez. *Estudos de Direito Administrativo*. 2. ed. São Paulo: Malheiros, 1997. p. 15-16.

buscar na disciplina específica aplicável o conteúdo, o alcance e a forma de realização das competências e demais condutas cabíveis.

De todo modo, e como se vê, a alusão à noção de relação jurídica administrativa não é suficiente para identificar um determinado regime jurídico. É amplo o espectro de possibilidades de conformação e regulação das relações jurídicas. Alude-se mesmo à relação jurídica como "conceito-quadro", enquanto noção apta a explicar e ser aplicada a diversas situações distintas.[203] Como tal, a relação jurídica é sujeita a modulações de acordo com as características da função administrativa exercida e do regime jurídico aplicável à contraparte que se relaciona com a administração.[204] É necessário, portanto, encontrar em cada caso o conteúdo próprio da relação jurídica de que se trate.

2.5.4 A relação jurídica administrativa pré-contratual

A noção de relação jurídica não é estranha ao tratamento teórico conferido às licitações públicas. A doutrina tende a acentuar o aspecto processual desse tipo de relação jurídica.

A esse respeito, Marçal Justen Filho alude ao "relacionamento jurídico entre a Administração e uma pluralidade de sujeitos, que disputam o direito de contratação administrativa", sujeito à observância do devido processo legal.[205] Em sentido próximo, Moreira e Guimarães descrevem a licitação como "relação jurídica processual instalada entre sujeitos de direito (públicos e privados) – o que significa dizer que dá nascimento a conjunto de deveres e direitos públicos subjetivos".[206] Ainda segundo esses autores, a licitação daria lugar a uma "relação administrativa material que surgirá quando da assinatura do futuro contrato".[207]

---

[203] SILVA, Vasco Pereira da. *Em Busca do Acto Administrativo Perdido.* Coimbra: Almedina, 2003. p. 161.

[204] "Em observação pormenorizada, mostra-se que, verdadeiramente, existe não *a* relação jurídica administrativa, mas somente uma *pluralidade* de relações jurídicas administrativas reguladas e formadas muito diferentemente (também quando elas são compreendidas sob o conceito coletivo da relação jurídica administrativa)" (MAURER, Hartmut. *Direito Administrativo Geral.* Barueri: Manole, 2006. p. 193).

[205] JUSTEN FILHO, Marçal. *Introdução ao Estudo do Direito.* Brasília: edição do autor, 2020. p. 209.

[206] MOREIRA, Egon Bockmann; GUIMARÃES, Fernando Vernalha. *Licitação Pública*: a Lei Geral de Licitação - LGL e o Regime Diferenciado de Contratação - RDC. São Paulo: Malheiros, 2012. p. 29-30.

[207] MOREIRA, Egon Bockmann; GUIMARÃES, Fernando Vernalha. *Licitação Pública*: a Lei Geral de Licitação - LGL e o Regime Diferenciado de Contratação - RDC. São Paulo:

Há quem, de forma diversa ou complementar, aplique a noção de relação jurídica em sentido material aos processos de contratação, mas isso de forma mais restrita, para tratar da perspectiva de contratação e identificar o regime peculiar aplicável ao adjudicatário frente à administração pública. É o que Alécia Bicalho propõe, ao afirmar, à luz da Lei 8.666/93, que um dos efeitos produzidos pela adjudicação consistiria em "estabelece[r] nítida relação jurídica entre a Administração e o vencedor da disputa", no âmbito da qual o adjudicatário assume posição jurídica ativa frente à administração, correspondente ao "direito subjetivo público à manutenção do resultado eficaz do certame, bem como ao de não ser preterido na possível contratação".[208]

De forma mais restritiva, há corrente jurisprudencial que condiciona os efeitos regulares da própria relação jurídica processual, no tocante ao exercício das garantias inerentes ao devido processo administrativo, à prévia individualização de um concorrente como adjudicatário. Um dos efeitos dessa compreensão consiste em conferir interpretação restritiva ao art. 49, §3º, da Lei 8.666/93, mediante reconhecimento exclusivamente ao sujeito adjudicatário da legitimação processual e da oportunidade de contraditório e ampla defesa para ser ouvido em caso de desfazimento da licitação, como acima já observado[209] – entendimento este, diga-se, afastado pelos arts. 62, §3º, e 71, §3º, das Leis 13.303/16 e 14.133/21, respectivamente.[210]

A compreensão aqui adotada é a de que os processos de contratação administrativa correspondem a relações jurídicas de natureza material, usualmente submetidas a um desenvolvimento tipificado e processualizado,[211] instauradas a partir do momento em que os sujeitos

---

Malheiros, 2012. p. 79-80.

[208] BICALHO, Alécia Paolucci Nogueira. A segurança jurídica no procedimento licitatório. *In*: VALIM, Rafael; OLIVEIRA, José Roberto Pimenta; DAL POZZO, Augusto Neves (coord.). *Tratado sobre o Princípio da Segurança Jurídica no Direito Administrativo*. Belo Horizonte: Fórum, 2013. p. 516.

[209] Superior Tribunal de Justiça, recurso ordinário em mandado de segurança 23.402/PR, 2ª Turma, relatora Ministra Eliana Calmon, j. 18.3.2008.

[210] No âmbito do primeiro diploma, assegura-se que a revogação ou a anulação da licitação somente será efetivada depois de se conceder *aos licitantes*, no plural, que manifestem interesse em contestar o respectivo ato prazo apto a lhes assegurar o exercício do direito ao contraditório e à ampla defesa (art. 62, §3º). De igual modo, o segundo diploma estabelece que, "nos casos de anulação e revogação, deverá ser assegurada a prévia manifestação dos interessados", também no plural (art. 71, §3º).

[211] Lembre-se da hipótese dos contratos verbais, de celebração imediata pela Administração, admitidos em hipóteses "de pequenas compras ou o de prestação de serviços de pronto pagamento, assim entendidos aqueles de valor não superior a R$ 10.000,00 (dez mil reais)" (art. 95, §2º, da Lei 14.133/21). Nestes casos, a Administração pode apresentar

interessados passam a estabelecer contatos mútuos para a contratação. Pode-se dizer que a relação tem natureza ambivalente: é processual, mas não apenas, pois mostra-se permeada também por ligações de coordenação (direitos e deveres) e subordinação (poderes e sujeições) entre as partes que compõem uma relação jurídico-material formativa. Esse conjunto de posições jurídicas – processuais e materiais – articula-se em vista do objetivo de originar uma relação jurídica material consequente, correspondente ao contrato.[212]

A convergência de traços materiais e processuais é resultado da generalização da lógica processual para o desenvolvimento das atividades administrativas em geral – não apenas aquelas envolvendo a solução de controvérsias ou litígios. A junção de fatores processuais e materiais torna a própria fronteira entre essas realidades difusa. Pode-se até mesmo reconhecer a função ambivalente dos atos praticados no curso do processo – o que, longe de afastar o caráter material da relação jurídica desenvolvida, apenas o confirma. Esse raciocínio é exposto por Mário Aroso de Almeida em passagem extensa, mas com desenvolvimento que justifica transcrição mais ampla:

> Num tal contexto, aos actos administrativos cabe fazer a ponte entre a realidade procedimental e a realidade material. Com efeito, os actos administrativos nascem no procedimento, determinados pelo quadro da realidade substantiva que no interior do procedimento se formou, pela ideia da realidade que ali se desenhou, em função dos elementos reunidos, das posições manifestadas e dos juízos que a seu respeito se formularam. Mas vão projectar os seus efeitos fora do procedimento, sobre o quadro real dos interesses que de algum modo nele se debateram. Por este motivo, associa a doutrina aos actos administrativos uma dupla natureza, enquanto actos de procedimento, que nessa sede são produzidos e que, portanto, correspondem a uma realidade procedimental, mas também enquanto actos que – ao contrário do que sucede com outras manifestações, de alcance estritamente procedimental – estatuem sobre o quadro jurídico material e que, portanto, também correspondem a uma *realidade substantiva*, que actua sobre a realidade exterior ao procedimento, introduzindo novos efeitos na ordem jurídica. [...]

---

proposta propriamente dita ou se sujeitar, *in totum*, à oferta de terceiros. Como regra, será dispensado processo administrativo específico, mas nem por isso deixará de haver relação jurídica pré-contratual, ainda que pontual e de conclusão eventualmente instantânea.

[212] Sobre relações de coordenação e subordinação: FERRAZ JÚNIOR, Tércio Sampaio. *Introdução ao Estudo do Direito*: técnica, decisão, dominação. 4. ed. São Paulo: Atlas, 2003. p. 167-170.

A nosso ver, há, pois, que distinguir, no quadro das relações jurídico-administrativas, as disposições que dizem respeito aos bens da vida e ao modo como eles se distribuem e a eles se acede, e nessa perspectiva instituem e estruturam as chamadas *posições substantivas de fundo*, que dão corpo a essas relações, e as disposições de carácter formal ou procedimental, que apenas de forma indirecta ou acessória se reportam a esses bens e dão lugar a um complexo de situações jurídica que podem ser qualificadas como *instrumentais*, no sentido em que, estando ao serviço e existindo, portanto, em função das posições substantivas de fundo, só indirectamente se dirigem aos bens da vida que aquelas têm por objecto.[213]

Com essas considerações, o que se propõe enfatizar é que o processo é o veículo de desenvolvimento da relação jurídica pré-contratual, mas tal relação se desdobra em uma dupla frente – processual e material –, sendo esta última o elemento essencial que a caracteriza e orienta finalisticamente as condutas praticadas. Pode-se então afirmar que a utilização de modelos processuais de atuação resulta na imposição de deveres, faculdades e ônus processuais específicos às partes, mas todos esses elementos têm caráter instrumental e não reduzem a caracterização da relação jurídica pré-contratual e das posições jurídicas materiais que a integram, destinadas a se convolar em dever e direito de contratar.

Esse processo formativo será examinado no capítulo 3. Como lá se aprofundará, o início do relacionamento já instaura uma situação objetiva de confiança que enseja não apenas o surgimento de posições jurídicas processuais, mas proteção material aos envolvidos. Nos estágios iniciais, essa proteção tem a ver essencialmente com o patrimônio investido para disputar a contratação. Em relação à contratação propriamente dita, a relação surge com grau de eficácia mínimo e em termos condicionais, densificando-se conforme os atos praticados pelas partes. Dentro dessa perspectiva, a proposição de Bicalho referida acima pode ser adotada para situar um degrau ou etapa intermediária da eficácia da (já antes estabelecida) relação jurídica pré-contratual rumo à celebração do contrato.

Em suma, o processo ordena o desenvolvimento racional de uma ligação funcional entre as partes de natureza material, que se desenvolve ao longo do tempo com o aperfeiçoamento e convolação das meras expectativas em torno do desenvolvimento adequado do processo em direitos e deveres de contratar. Essa perspectiva aponta que a relação

---

[213] FERRAZ JÚNIOR, Tércio Sampaio. *Introdução ao Estudo do Direito*: técnica, decisão, dominação. 4. ed. São Paulo: Atlas, 2003. p. 138-139.

jurídica absorve o processo, sem com ele se confundir, adotando-o como meio de realização e criação de posições jurídicas substantivas.[214]

2.6 O ângulo complementar do regime jurídico da relação pré-contratual: segurança jurídica, moralidade e boa-fé e a proteção da confiança

Como assinalado acima, a relação pré-contratual se distingue pela ausência de criação de obrigações e direitos prestacionais propriamente ditos. A legislação se ocupa essencialmente de determinar deveres processuais a serem observados pelos envolvidos. Resta, porém, verificar o regime que norteia a situação material dos sujeitos que se relacionam.

Extraem-se do ordenamento vetores gerais que incidem sobre esse relacionamento e informam a autonomia administrativa e os deveres relacionados ao surgimento de vínculos pré-contratuais com interessados. São eles os princípios da segurança jurídica, da moralidade e da boa-fé. Passa-se a verificar a forma e a extensão da incidência dessas normas no ambiente pré-contratual administrativo.

2.6.1 O princípio da segurança jurídica

As alusões à segurança jurídica enquanto princípio são frequentes no discurso jurídico atual, mas são fruto de desenvolvimentos relativamente recentes, havidos nas últimas décadas. Fernando Dias Menezes de Almeida aponta que a segurança jurídica passou a ser objeto de disciplina legislativa no direito brasileiro de forma mais específica apenas a partir da década de 1990.[215] É também nesse contexto que o tema surge expressamente na Constituição (art. 103-A, §1º, conforme a Emenda Constitucional 45/2004) e passa a ser tratado de forma mais pormenorizada pela jurisprudência.[216]

---

[214] SILVA, Vasco Pereira da. *Em Busca do Acto Administrativo Perdido*. Coimbra: Almedina, 2003. p. 161.

[215] ALMEIDA, Fernando Dias Menezes de. Princípios da administração pública e segurança jurídica. *In*: VALIM, Rafael; OLIVEIRA, José Roberto Pimenta; DAL POZZO, Augusto Neves (coord.). *Tratado sobre o Princípio da Segurança Jurídica no Direito Administrativo*. Belo Horizonte: Fórum, 2013.

[216] Com isso, evidentemente, não se quer dizer que soluções de segurança jurídica fossem estranhas ao ordenamento, mas sim que prevaleciam as soluções de segurança definidas pelo Poder Legislativo, via legislação – e isso sem prejuízo de manifestações jurisprudenciais, ainda que pontuais, que utilizaram o método de ponderação para privilegiar a consolidação de situações fáticas irregulares, contrárias ao regime legal a elas aplicável, antes do movimento aqui exposto (recurso extraordinário 85.179, 1ª Turma, relator Ministro Bilac Pinto, j. 04.11.1977).

Tradicionalmente, a segurança jurídica aparece articulada no direito brasileiro essencialmente pela cláusula constitucional de proteção ao direito adquirido, ao ato jurídico perfeito e à coisa julgada (art. 5º, inc. XXXVI).[217] É essa a cláusula de conexão entre o princípio da legalidade e a noção de segurança jurídica. A segurança jurídica é, ademais, operacionalizada pela legislação a partir de outros mecanismos clássicos, como os institutos da decadência e da prescrição.

Esse modelo assenta na premissa de que a legalidade é o instrumento por excelência de definição de soluções de segurança jurídica. As previsões legais operariam como limite intransponível à atuação estatal. No limite, essa premissa vem a se confundir com a conclusão de que há segurança jurídica dentro dos limites da legalidade, de sorte que, de modo geral, o que mais estivesse fora das hipóteses legisladas não comportaria proteção do ponto de vista da segurança jurídica.

O movimento que ganha tração a partir da década de 90 inova nesse panorama porque abriga o reconhecimento da normatividade da segurança jurídica enquanto *princípio*, com eficácia extensível além das hipóteses legisladas. Em certa medida, a relevância da segurança como princípio também tem a ver com a evolução da legalidade, permeada pela inflação legislativa e pela maior generalidade dos programas legais.[218] A segurança passa a entrar no jogo de ponderação com os demais princípios e o seu enquadramento como princípio amplia o seu campo de aplicação.

A consagração do princípio da segurança jurídica se dá a partir de argumentos amplos e em alguma medida fluidos. No âmbito de decisões do Supremo Tribunal Federal, identificam-se referências a fundamentos como a noção de *Estado de Direito*, o *direito à segurança* (art. 5º, *caput*) e a *dignidade da pessoa humana* (art. 1º, inc. III).[219] A referência

---

[217] SILVA, Almiro Couto e. O princípio da segurança jurídica (proteção à confiança) no direito público brasileiro e o direito da administração pública de anular seus próprios atos administrativos: o prazo decadencial do art. 54 da Lei do Processo Administrativo da União (Lei nº 9.784/99). *Revista da Procuradoria-Geral do Estado do Rio Grande do Sul*, Porto Alegre, v. 27, n. 57, p. 35-78, dez. 2003. p. 42.

[218] BAPTISTA, Patrícia Ferreira. *Segurança Jurídica e Proteção da Confiança Legítima no Direito Administrativo*: Análise Sistemática e Critérios de Aplicação no Direito Administrativo Brasileiro. [Carolina do Sul]: Kindle Direct Publishing, 2015. p. 49.

[219] ALMEIDA, Fernando Dias Menezes de. Princípios da administração pública e segurança jurídica. *In*: VALIM, Rafael; OLIVEIRA, José Roberto Pimenta; DAL POZZO, Augusto Neves (coord.). *Tratado sobre o Princípio da Segurança Jurídica no Direito Administrativo*. Belo Horizonte: Fórum, 2013. p. 57-58. A relação entre Direito e segurança é vista mesmo como um "truísmo" por Patrícia BAPTISTA, Patrícia Ferreira. *Segurança Jurídica e Proteção da Confiança Legítima no Direito Administrativo*: Análise Sistemática e Critérios de Aplicação no Direito Administrativo Brasileiro. [Carolina do Sul]: Kindle Direct Publishing, 2015. p. 11).

a esses fundamentos abrangentes concorre para o reconhecimento da aplicação generalizada "do princípio da segurança jurídica às relações ditas de Direito público".[220]

2.6.2 As dimensões ou funções da segurança jurídica

Em termos conceituais, como os fundamentos referidos acima permitem antever, as tentativas de significação da noção de segurança jurídica são mais ou menos próximas, ou mesmo equivalentes, à noção de Direito, ou de Estado de Direito, relacionadas às ideias de "'certeza', 'segurança' e 'confiabilidade do 'Direito' ou 'da ordem jurídica'".[221] Há uma dificuldade conceitual, derivada da forte conexão da segurança com essas noções amplas.

Em termos funcionais, é usual a alusão a uma tríplice dimensão do princípio da segurança jurídica, desdobrada nas noções de *segurança do direito, segurança no direito* e *segurança pelo direito*.[222]

Também nesse sentido, no direito comparado: "Le principe d''État de droit', bien que complexe et peu clair, et de ce fait critiqué, reste, pour la majorité des auteurs, l'idée de référence de laquelle il faut incontestablement déduire la théorie de la protection de la confiance légitime" (CALMES, Sylvia. *Du principe de protection de la confiance légitime en droits allemand, communautaire et français*. Paris: Dalloz, 2001. p. 62).

[220] ALMEIDA, Fernando Dias Menezes de. Princípios da administração pública e segurança jurídica. In: VALIM, Rafael; OLIVEIRA, José Roberto Pimenta; DAL POZZO, Augusto Neves (coord.). *Tratado sobre o Princípio da Segurança Jurídica no Direito Administrativo*. Belo Horizonte: Fórum, 2013. p. 57-58. Conforme passagem clássica, que ilustra a riqueza do tema: "a segurança jurídica é tema dos mais fascinantes e, paradoxalmente, inquietantes do Direito, nos diversos ramos jurídicos. Segurança jurídica, no mais das vezes, traduz o sentimento de justiça que deve ser preservado através da manutenção de circunstâncias consolidadas, quer tenham atingido a esfera individual ou se relacionem a interesses da sociedade" (COSTALDELLO, Angela Cassia. *A invalidade dos atos administrativos: uma construção teórica frente ao princípio da estrita legalidade e da boa-fé*. Curitiba, 1998. 160 f. Tese (Doutorado em Direito do Estado) – Setor de Ciências Jurídicas, Universidade Federal do Paraná, 1998. p. 33).

[221] "La sécurité juridique est 'axiomatique', de sorte que son évocation ne revêt finalement de signification particulière que par l'usage que décident d'en faire les acteurs – notamment les juges – d'une système juridique donné: la 'stabilité des situations juridiques individuelles est même immanente au droit public, le juge n'ayant fait que constater une nécessité sociale'. Plus fonctionnelle que conceptuelle, elle ne serait finalement 'rien d'autre que le nom donné par le juge aux manifestations de son équité et de sa discrétionnarité'. Par conséquent, elle constitue une notion polysémique, une 'exigence plurivoque', et les auteurs s'accordent pour admettre que les tentatives de définition de la sécurité juridique se heurtent à de sérieuses difficultés. Il paraît donc malaisé de concevoir la notion en soi, de manière générique ou abstraite. Elle semble se confondre avec la notion de droit elle-même, empêchant dès lors tout discernement entre cette sécurité juridique et d'autres exigences du droit" (CALMES, Sylvia. *Du principe de protection de la confiance légitime en droits allemand, communautaire et français*. Paris: Dalloz, 2001. p. 155-156).

[222] BAPTISTA, Patrícia Ferreira. *Segurança Jurídica e Proteção da Confiança Legítima no Direito Administrativo*: Análise Sistemática e Critérios de Aplicação no Direito Administrativo Brasileiro. [Carolina do Sul]: Kindle Direct Publishing, 2015. p. 11 e ss.

A *segurança do direito* diz respeito a atributo próprio do ordenamento, consistente em oferecer "objetividade, determinabilidade e previsibilidade do '*status* jurídico' das condutas".[223] Trata-se da segurança jurídica esperada não apenas no exercício da atividade administrativa, mas como predicado da disciplina a ela aplicável.[224]

A *segurança no direito* tem a ver com a forma como são preservadas situações – sobretudo aquelas subjetivas – em face de alterações no ordenamento. É aqui que opera a cláusula de proteção do direito adquirido. A doutrina alude ao desdobramento dessa proteção em duas facetas – objetiva e subjetiva, sendo a primeira relativa à (ir) retroatividade dos atos estatais (objeto, portanto, do já referido art. 5º, inc. XXXVI, da Constituição), enquanto a faceta subjetiva diz respeito à proteção da confiança frente à atuação estatal.[225]

A *segurança pelo direito* diz respeito à "efetividade e cobertura dos instrumentos processuais e substantivos", para o fim de assegurar "proteção contra toda e qualquer agressão ou ameaça contra os direitos reconhecidos no ordenamento".[226]

Este trabalho é estruturado nessa tríplice dimensão.

A *segurança do direito* é examinada no que diz respeito ao processo de formação da decisão estatal de contratar e à forma como as exigências de objetividade, imparcialidade, eficiência e previsibilidade aqui se aplicam – é essa a base da confiança que inspira os interessados em contratar, que foi objeto da exposição feita no capítulo 1.

A *segurança no direito* é examinada a partir do efetivo respeito à confiança (não enquanto estado anímico, mas enquanto fenômeno objetivo e jurídico) surgida na esfera jurídica daqueles interessados

---

[223] MODESTO, Paulo. Legalidade e autovinculação da Administração Pública: pressupostos conceituais do contrato de autonomia no anteprojeto da nova lei de organização administrativa. *In:* MODESTO, Paulo (org.). *Nova organização administrativa brasileira*. 2. ed. Belo Horizonte: Fórum, 2010. p. 127-129.

[224] VALIM, Rafael. O princípio da segurança jurídica no direito administrativo. *In:* VALIM, Rafael; OLIVEIRA, José Roberto Pimenta; DAL POZZO, Augusto Neves (coord.). *Tratado sobre o Princípio da Segurança Jurídica no Direito Administrativo*. Belo Horizonte: Fórum, 2013. p. 79.

[225] SILVA, Almiro Couto e. O princípio da segurança jurídica (proteção à confiança) no direito público brasileiro e o direito da administração pública de anular seus próprios atos administrativos: o prazo decadencial do art. 54 da Lei do Processo Administrativo da União (Lei nº 9.784/99). *Revista da Procuradoria-Geral do Estado do Rio Grande do Sul*, Porto Alegre, v. 27, n. 57, p. 35-78, dez. 2003. p. 37.

[226] MODESTO, Paulo. Legalidade e autovinculação da Administração Pública: pressupostos conceituais do contrato de autonomia no anteprojeto da nova lei de organização administrativa. *In:* MODESTO, Paulo (org.). *Nova organização administrativa brasileira*. 2. ed. Belo Horizonte: Fórum, 2010. p. 127-129.

em contratar com o Estado e que com ele passam a se relacionar com tal fim. Por esse ângulo, a segurança é vista não apenas a partir de seu componente de *previsibilidade*, mas de *relativa estabilidade* das posições jurídicas emergentes do processo de contratação. Tal estabilidade não se confunde com rigidez. Relaciona-se com a ideia de que deve haver segurança de que as posições jurídicas dos particulares não poderão ser ignoradas ou suprimidas, ainda que possam ser modificadas em função do exercício de competências como a anulação e a revogação. A abordagem deste ângulo da segurança jurídica é promovida neste capítulo e no capítulo 3.

A *segurança pelo direito*, por fim, tem a ver com o sistema de remédios das contratações públicas e é aqui abordada tendo em vista especialmente a responsabilidade civil do Estado. A análise é objeto da parte 2 deste trabalho, considerando, conforme as palavras de CANOTILHO, que "o sistema de pretensões indemnizatórias e compensatórias dos poderes públicos inscreve-se no *instrumentarium* de estabilização do direito".[227]

2.6.3 O convívio entre os imperativos de segurança e legalidade e a insuficiência da disciplina específica das licitações

A noção de *segurança do direito* significa que a segurança jurídica pressupõe a legalidade e é por ela concretizada. No entanto, o imperativo de segurança jurídica vai além da legalidade.[228] As interações público-privadas se multiplicaram, com o crescimento da dependência dos particulares da atuação estatal. Essa realidade propiciou o reconhecimento do Estado Social como "ambiente ideal para o desenvolvimento e o surgimento, respectivamente, dos princípios da segurança jurídica e da proteção à confiança".[229] Isso se dá em meio a uma relativa tensão:

---

[227] CANOTILHO, José Joaquim Gomes. *A responsabilidade do Estado por actos lícitos*. 2. ed. rev. e ampl. Belo Horizonte: Fórum, 2019. p. 20.
[228] Explicando essa distinção com a noção de segurança jurídica como *fato*, enquanto traduzida na legalidade, e como *valor*, quando operacionalizada de forma complementar à própria legalidade: MARTINS, Ricardo Marcondes. *Efeitos dos vícios do ato administrativo*. São Paulo: Malheiros, 2008. p. 307 e 310.
[229] SILVA, Almiro Couto e. O princípio da segurança jurídica (proteção à confiança) no direito público brasileiro e o direito da administração pública de anular seus próprios atos administrativos: o prazo decadencial do art. 54 da Lei do Processo Administrativo da União (Lei nº 9.784/99). *Revista da Procuradoria-Geral do Estado do Rio Grande do Sul*, Porto Alegre, v. 27, n. 57, p. 35-78, dez. 2003. p. 39. No mesmo sentido: "Or, se besoin de protection de la

a mesma ampliação das tarefas estatais, que suscita aos cidadãos maior necessidade de proteção e continuidade jurídica, compele os agentes estatais a uma dinâmica de adaptação contínua à realidade.[230]

Nesse contexto, a função legislativa não é capaz de propiciar um programa de estabilidade de expectativas suficientemente abrangente das diversas situações que se apresentam. A legalidade se transformou diante do crescimento e ampliação da complexidade da atuação administrativa ao longo do século XX. O recurso mais amplo a conceitos indeterminados e à atribuição de discricionariedade à administração pública perpetuou o caráter diretivo da legislação, mas ela veio a se tornar mecanismo insuficiente, se considerada de forma isolada, para assegurar segurança e estabilidade. A generalidade dessa lógica normativa opera a mediação entre a normativa constitucional (sem prejuízo da incidência direta desta) e a dinâmica infralegal.[231]

Assim, a legalidade, antes espaço central e por excelência de determinação dos mecanismos de proteção da segurança jurídica, cede espaço para a normatividade constitucional que, com base nos princípios e direitos fundamentais, exerce papel relevante de limitação da discricionariedade administrativa. É por essa dimensão que a aplicação da segurança jurídica reconfigura o exercício da atividade administrativa: como limite geral, de matriz constitucional, à atuação administrativa, de forma articulada com os mecanismos previstos em lei. Em outras palavras, a segurança jurídica permanece operacionalizada pela legalidade, mas a complementa dentro de

---

confiance individuelle, qui constitue la véritable moteur de l'évolution du principe, n'est à son tour compréhensible que sur fond des changements de la société et du droit du XXe siècle, qui – pour plusieurs raisons, telles l'industrialisation et le progrès technique (avec les risques qu'il comporte), la paupérisations urbaine, les deux guerres, ou encore la dépendance internationale – ont élargi les tâches de l'État moderne interventionniste [...] Ainsi, cet élargissement des tâches étatiques a profondément modifié le rapport du citoyen à l'État: le premier est devenu dépendant vis-à-vis du second" (CALMES, Sylvia. *Du principe de protection de la confiance légitime en droits allemand, communautaire et français*. Paris: Dalloz, 2001. p. 6-7).

[230] "Si l'élargissement croissant des tâches étatiques a augmenté le besoin individuel de continuité juridique, il oblige par ailleurs le pouvoirs publics à une adaptation constante de leur activité à la réalité qui change rapidement" (CALMES, Sylvia. *Du principe de protection de la confiance légitime en droits allemand, communautaire et français*. Paris: Dalloz, 2001. p. 7). E essa tensão permite embasar a observação de surgimento de "estratégias de fuga à rigidez das formas e às restrições legais à liberdade decisória da Administração" (BINENBOJM, Gustavo. *Uma Teoria do Direito Administrativo*: Direitos Fundamentais, Democracia e Constitucionalização. 2. ed. Rio de Janeiro: Renovar, 2008. p. 18).

[231] Sobre a evolução da legalidade nessa direção: BINENBOJM, Gustavo. *Uma Teoria do Direito Administrativo*: Direitos Fundamentais, Democracia e Constitucionalização. 2. ed. Rio de Janeiro: Renovar, 2008. p. 125 e ss. e OTERO, Paulo. *Legalidade e Administração Pública*: o sentido da vinculação administrativa à juridicidade. Coimbra: Almedina, 2007. p. 152-193.

um programa mais amplo de conformação e orientação da atuação administrativa decisória.[232]

2.6.4 Um desenvolvimento do direito administrativo em direção à segurança jurídica: o princípio da moralidade administrativa

Um dos conceitos que surge estreitamente relacionado com o princípio da segurança jurídica no tocante ao regime jurídico administrativo é o da moralidade. Tal como a noção de segurança jurídica, desde o seu surgimento a moralidade administrativa apresenta laços com a legalidade, inclusive para ser nela parcialmente albergada.

É útil recorrer à sistematização proposta por Giacomuzzi, para quem a moralidade consagrada na Constituição pode ser desdobrada em duas noções amplas.

A moralidade administrativa referida no art. 5º, LXXIII, da Constituição corresponde a uma noção *objetiva* de moralidade, vinculada ao conceito de legalidade substancial. Como notado pelo publicista gaúcho, aqui a moralidade se apresenta como elemento (conceito indeterminado) do suporte fático da norma a ser aplicada. Como tal, essa noção objetiva de moralidade apresenta, de um lado, uma faceta com viés subjetivo, voltado a embasar o controle do desvio de poder. De outro lado, tal noção se desdobra em outra faceta de caráter objetivo. Esta última é voltada ao controle dos motivos, do objeto e dos efeitos do ato. A concepção da moralidade por esse prisma corresponde à noção originalmente concebida no direito francês, que integra o desenvolvimento da noção de legalidade administrativa e foi assim recepcionada na Lei 4.717/65.[233]

A segunda concepção de moralidade, denominada por Giacomuzzi como *subjetiva*, consiste em enquadrá-la enquanto princípio,

---

[232] Sobre os influxos da segurança jurídica e da boa-fé sobre o exercício de competências discricionárias, para "limitar as escolhas públicas possíveis, direcionando os procedimentos decisionais das autoridades públicas": MARRARA, Thiago. A boa-fé do administrado e do administrador como fator limitativo da discricionariedade administrativa. *In*: VALIM, Rafael; OLIVEIRA, José Roberto Pimenta; DAL POZZO, Augusto Neves (coord.). *Tratado sobre o Princípio da Segurança Jurídica no Direito Administrativo*. Belo Horizonte: Fórum, 2013. p. 429-431.

[233] GIACOMUZZI, José Guilherme. *A moralidade administrativa e a boa-fé na Administração Pública*: o conteúdo dogmático da moralidade administrativa. 2. ed. São Paulo: Malheiros Editores, 2013. p. 45, e MOREIRA NETO, Diogo de Figueiredo. Moralidade administrativa – Do conceito à efetivação. *Revista de Direito Administrativo*, [s. l.], v. 190, p. 1-44, 1992. p. 10-11.

positivado no *caput* do art. 37; Também essa segunda noção apresenta duas dimensões próprias. Uma objetiva, relacionada à consagração da boa-fé objetiva enquanto norma de conduta, produtora de deveres de coerência à atuação estatal,[234] e outra subjetiva, atinente ao dever de honestidade e probidade administrativa dos sujeitos envolvidos na atividade administrativa.[235]

Embora os diversos desdobramentos sejam relevantes para o tema aqui trabalhado, é o *ângulo objetivo* do *princípio da moralidade* – a boa-fé enquanto *standard* jurídico hermenêutico e normativo e sua relação com a segurança jurídica – que mais importa para a abordagem aqui desenvolvida.

Do princípio da moralidade, traduzido como norma de boa-fé objetiva, é possível extrair deveres de conduta administrativa relacionados ao respeito e à proteção dos interesses dos cidadãos. Segundo descrito por Humberto Ávila, emana do princípio da moralidade o dever de praticar "condutas sérias, leais, motivadas e esclarecedoras, mesmo que não previstas na lei".[236]

Esses deveres constituem instrumental para realização da segurança jurídica e se identificam com aqueles extraídos do princípio da boa-fé objetiva. Revelam que tanto este último princípio quanto o da moralidade exercem a função de normas *relacionais*, das quais resultam duas consequências principais.

Por um primeiro ângulo, como já referido, essas normas estabelecem pautas gerais de conduta relacionadas à seriedade, lealdade e diligência, o que se justifica para não afetar a esfera alheia de forma indevida ou mesmo inesperada, tendo em vista a confiança legítima que venha a se originar a partir da atuação estatal. Por esse prisma, a moralidade serve como parâmetro de controle de situações em que a prática de um determinado ato administrativo é, ao menos em tese, juridicamente viável (seu objeto é possível e decorre do exercício de

---

[234] NOBRE JÚNIOR, Edilson Pereira. *O princípio da boa-fé e sua aplicação no direito administrativo brasileiro*. Porto Alegre: Sergio Antonio Fabris Editor, 2002. p. 156.
[235] GIACOMUZZI, José Guilherme. *A moralidade administrativa e a boa-fé na Administração Pública*: o conteúdo dogmático da moralidade administrativa. 2. ed. São Paulo: Malheiros Editores, 2013. p. 285 e ss.
[236] ÁVILA, Humberto. *Teoria dos Princípios*: da definição à aplicação dos princípios jurídicos. 8. ed. São Paulo: Malheiros, 2008. p. 96. Ainda nesse sentido, demonstrando a articulação entre segurança jurídica e o princípio da moralidade: MARRARA, Thiago. A boa-fé do administrado e do administrador como fator limitativo da discricionariedade administrativa. *In:* VALIM, Rafael; OLIVEIRA, José Roberto Pimenta; DAL POZZO, Augusto Neves (coord.). *Tratado sobre o Princípio da Segurança Jurídica no Direito Administrativo*. Belo Horizonte: Fórum, 2013. p. 445-446.

competência regular, definida em lei para sua prática), mas se torna maculada em função de defeitos intrínsecos ou em razão dos efeitos produzidos – não apenas sobre a órbita administrativa, mas sobre a esfera jurídica dos demais envolvidos. Tais efeitos podem ensejar o dever de indenizar os sujeitos prejudicados. Daí a doutrina apontar, conforme se colhe de observação de Moreira Neto, intrínseca relação entre moralidade e a lógica de proporcionalidade, dado que a moralidade também impõe a necessária ponderação e o adequado tratamento dos efeitos produzidos pela ação administrativa.[237]

Por um segundo ângulo, a moralidade e a boa-fé informam a hermenêutica da legislação de licitações e contratos administrativos, em linha com o princípio da segurança jurídica. Como tal, incorporam ao processo decisório estatal a consideração das expectativas e posições jurídicas geradas nos sujeitos envolvidos no processo de contratação, que passam a informar e tendencialmente vincular a atuação estatal. Essa determinação encontra-se expressa em termos amplos no art. 21 da LINDB, de acordo com o qual a decisão que "decretar a invalidação de ato, contrato, ajuste, processo ou norma administrativa deverá indicar de modo expresso suas consequências jurídicas e administrativas".

Dito de outro modo, esses deveres servem para explicar a tese aqui cogitada, de que a administração pública se vincula progressivamente à decisão de contratar não apenas porque o regime jurídico aplicável estabelece esse resultado, mas também em vista dos efeitos induzidos sobre a esfera dos interessados em contratar. É justamente esse ângulo da problemática, em torno da formação da decisão de contratar, que passa a ser abordado na sequência. O propósito é identificar em que medida a boa-fé se articula com o regime legal específico das licitações e contratações administrativas.

2.6.5 O peculiar desenvolvimento da boa-fé no direito administrativo

É possível afirmar que o princípio da boa-fé não é um componente da gênese das teorias que deram origem ao direito administrativo.

---

[237] "Como se pode observar nos cinco tipos de vício de imoralidade administrativa a partir dos motivos, dois foram os princípios aplicados: o da realidade, nos casos de inexistência e de insuficiência, e o da razoabilidade, nos casos de inadequação, incompatibilidade e desproporcionalidade dos motivos" (MOREIRA NETO, Diogo de Figueiredo. Moralidade administrativa – Do conceito à efetivação. *Revista de Direito Administrativo*, [s. l.], v. 190, p. 1-44, 1992. p. 10-11 e 13).

A doutrina aponta que seria procedente identificar até mesmo certa resistência inicial ao ingresso da boa-fé no direito administrativo, ao menos na concepção inspirada na matriz francesa. Isso tanto porque (i) o conceito de boa-fé (tanto mais em sua concepção objetiva) não foi adotado como pilar estruturante do próprio direito francês, quanto (ii) em razão da concepção de Estado liberal, concebido para contatos público-privados pontuais, como (iii) pela noção de legalidade aplicável à atividade administrativa, cuja pressuposta autossuficiência não demandaria o recurso a normas relacionais de natureza aberta para complementar a disciplina legal e, por fim, (iv) pela lógica de aplicação da boa-fé, necessariamente casuística e que poderia propiciar ingerência judicial mais acentuada sobre a atividade administrativa.[238]

Do ponto de vista dos cidadãos, a proteção originária da legalidade se traduziria nos direitos assim expressamente conferidos pelo ordenamento. Se as relações entre administração e particulares são integralmente regidas pela lei, seria procedente, então, a afirmação de que *"quien tiene derecho no necesita de la buena fe"*.[239]

Segundo apontado por Sainz Moreno, essa concepção deriva de compreensão equivocada do princípio da legalidade, assentada no pressuposto de que, se a atuação administrativa é legítima apenas quando baseada na lei, a adequação jurídica dessa atuação seria completamente resolvida pela disciplina legal. Segundo o autor espanhol, a *"cobertura legal previa condiciona* ab initio *la legitimidad de la actuación administrativa, pero no agota, en modo alguno, la regulación íntegra de esa actuación"*.[240] O jurista espanhol parte dessa consideração para justificar o entendimento de que a atividade administrativa se encontra sujeita ao Direito como um todo, inclusive aos *"principios generales que lo integran y dan sentido"*. E extrai dessa conclusão fundamento para a aplicação do princípio da boa-fé ao Estado e às relações por ele travadas com particulares.

O cenário se altera profundamente no decorrer do século XX, com o elastecimento da discricionariedade administrativa e a ampliação das relações entre a esfera pública e os sujeitos privados. Enquanto a

---

[238] Sobre os contornos dessa noção de legalidade e sua evolução: OTERO, Paulo. *Legalidade e Administração Pública*: o sentido da vinculação administrativa à juridicidade. Coimbra: Almedina, 2007. p. 148 e ss. Sobre a evolução do entendimento acerca da legalidade e de sua articulação com a boa-fé: CORDEIRO, António Manuel da Rocha e Menezes. *Contratos Públicos*: subsídios para a dogmática administrativa, com exemplo no princípio do equilíbrio financeiro. Coimbra: Almedina, 2007. p. 97.

[239] SAINZ MORENO, Fernando. La buena fe en las relaciones de la Administración con los administrados. *Revista de Administración Pública*, Madrid, n. 89, maio/ago. 1979. p. 311.

[240] SAINZ MORENO, Fernando. La buena fe en las relaciones de la Administración con los administrados. *Revista de Administración Pública*, Madrid, n. 89, mai./ago. 1979. p. 311-312.

resposta a essa nova dinâmica de atuação estatal foi dada no direito francês com base em referenciais como a noção de moralidade administrativa, o direito alemão conheceu a ampliação do campo de aplicação do princípio da boa-fé em direção ao direito público, para lidar com os mesmos problemas.

A noção de boa-fé foi incorporada ao direito administrativo brasileiro e ambas as concepções – francesa e alemã – encontraram eco por aqui, acabando por compor uma aparente simbiose.

Essa simbiose se revela justamente a partir da dupla dimensão da moralidade administrativa, tal como descrita por Giacomuzzi e referida acima. A dimensão objetiva da moralidade é aquela radicada na tradição francesa, que norteou de forma mais pioneira e intensa o direito administrativo brasileiro. Já a dimensão subjetiva da moralidade – designadamente, o aspecto objetivo dessa dimensão (a boa-fé) – revela a ascendência do direito alemão.[241] A inspiração tedesca se espraia no direito privado brasileiro (art. 422 do Código Civil) e alcança o direito público, sobretudo a partir da edição da Lei 9.784/99. Esse diploma consagra o princípio da moralidade (art. 2º, *caput*) e estabelece a observância de "padrões éticos de probidade, decoro e boa-fé" como critério geral de atuação administrativa (art. 2º, parágrafo único, inc. IV).

A aplicação da boa-fé à atuação administrativa ampara-se, afinal, na noção geral e universal de que qualquer atuação jurídica pressupõe seriedade, veracidade e lealdade. Essa premissa é reforçada pela posição institucional e pela peculiar presunção que se coloca em relação à regularidade da atuação estatal.[242]

---

[241] Vale lembrar que a incorporação da noção de boa-fé à Lei 9.784/99 teve forte contribuição de Almiro do Couto e Silva e a produção acadêmica do administrativa gaúcho não deixa dúvidas sobre os contributos por ele extraídos do direito alemão para a construção das noções de segurança jurídica e de boa-fé no direito brasileiro. Ainda sobre o tema, recorre-se novamente à constatação de Giacomuzzi, que revela inclusive uma ausência (ou apenas aparente) incompatibilidade ou distanciamento entre a tradição francesa e a noção de boa-fé: "[...] a – verdadeira – origem da idéia de moralidade, ligada à de boa administração, relaciona-se com a boa-fé do tráfego jurídico-privado do Direito Alemão. A boa-fé a que se referia Hauriou, à época, era, ao menos uma vez expressamente, aquela do §157 do BGB ('os contratos interpretam-se como o exija a boa-fé, com consideração pelos costumes do tráfego'). [...] Foi esse tráfego negocial, pautado pela *boa-fé objetiva*, justamente aquele referido por Hauriou ao fazer menção, pela primeira vez, em 1903, à boa administração e à moralidade objetiva (administrativa). O enlace histórico está justamente aí" (GIACOMUZZI, José Guilherme. *A moralidade administrativa e a boa-fé na Administração Pública*: o conteúdo dogmático da moralidade administrativa. 2. ed. São Paulo: Malheiros Editores, 2013. p. 231-232).

[242] MELLO, Celso Antônio Bandeira de. Estabilidade dos atos administrativos: segurança, boa-fé, confiança legítima ante os atos estatais. *In:* MELLO, Celso Antônio Bandeira de. *Grandes Temas de Direito Administrativo*. São Paulo: Malheiros, 2009. p. 174-175. Ainda sobre

Como tal, a boa-fé se incorpora ao direito público com as suas próprias dimensões objetiva e subjetiva.

A dimensão objetiva corresponde à boa-fé como norma principiológica produtora de deveres à administração pública. Esses deveres de veracidade, lealdade, probidade e honestidade têm modo de aplicação em certa medida diverso da legalidade clássica, por se fazerem aplicáveis de forma tópica e casuística.[243] Têm, ademais, feição marcadamente objetiva – aplicam-se por razões transcendentes aos interesses das partes e independentemente da vontade delas, pautando o exercício da autonomia de cada qual.

Por essa perspectiva, observado o regime legal, as condutas concretas manifestadas pelos sujeitos que se relacionam e as expectativas reciprocamente por eles suscitadas importam tanto ou, eventualmente, mais do que a declaração de se vincular. Ressalvados as condições e os limites legais, os atos e as condutas objetivamente manifestados, que se espera sejam sérios e que venham a ter conteúdo conclusivo, podem ser em si e por si aptos a produzir um estado jurídico de vinculação, significando dizer que o seu descumprimento poderá, de igual modo, gerar consequências como a responsabilização civil examinada neste trabalho.[244]

---

o tema: "Anote-se, derradeiramente que, mesmo se não existisse a presunção de legitimidade dos atos administrativos, o administrado não teria que arcar com consequências patrimoniais gravosas resultantes de falhas administrativas, *salvo se fosse seu dever* assumir – mais que uma atividade neutra, carente de predicação sobre a lisura dos comportamentos administrativos – uma posição de suspicácia rotineira quanto à legitimidade das condutas da Administração. Em suma, a menos que existisse um insólito princípio da presunção de ilegalidade dos atos administrativos, descaberia agravar o administrado em nome de defeitos irrogáveis à contraparte pública" (MELLO, Celso Antônio Bandeira de. Estabilidade dos atos administrativos: segurança, boa-fé, confiança legítima ante os atos estatais. *In:* MELLO, Celso Antônio Bandeira de. *Grandes Temas de Direito Administrativo*. São Paulo: Malheiros, 2009. p. 176).

[243] "A boa objectiva não comporta uma interpretação-aplicação clássica. Desde cedo, tem sido traçado o seu paralelo com as lacunas. A disposição que remeta para a boa fé não tem, ela própria, um critério de decisão: a interpretação tradicional de tal preceito não conduz a nada. Na sua aplicação, o processo subsuntivo torna-se impossível. [...] O estudo do litígio concreto, a comparação de casos similares, a sua dogmatização e a sistematização subsequente formam a base essencial duma investigação sobre a boa fé" (CORDEIRO, António Manuel da Rocha e Menezes. *Da boa fé no direito civil*. Coimbra: Almedina, 2001. p. 42-43). Ainda sobre o tema, pode-se dizer que o trabalho seminal a propósito das características de operacionalização da boa-fé na literatura brasileira é o de MARTINS-COSTA, Judith. *A boa-fé no direito privado*: critérios para a sua aplicação. 2. ed. São Paulo: Saraiva, 2018.).

[244] "A responsabilidade fundada na confiança visa à proteção de interesses que transcendem o indivíduo, ditada sempre pela regra universal da boa-fé, sendo imprescindível a quaisquer negociações o respeito às situações de confiança criadas, estas consideradas objetivamente, cotejando-as com aquilo que é costumeiro no tráfico social. A responsabilidade pela quebra da confiança possui a mesma *ratio* da responsabilidade pré-contratual, cuja aplicação já fora reconhecida pelo STJ (REsp 1051065/AM, REsp 1367955/SP). [...] Com

Por sua vez, a dimensão subjetiva da boa-fé compreende a tutela da crença despertada sobre a atuação estatal. A observância da dimensão subjetiva impõe ao processo decisório estatal considerar os efeitos das deliberações tomadas no âmbito da esfera de interesses de sujeitos relacionados, notadamente no tocante à confiança legítima que tenha sido instalada a partir da atuação estatal.

Essa compreensão novamente se relaciona com a conjunção das noções de moralidade e boa-fé. O controle da atividade administrativa pela moralidade e pela boa-fé alcança a apreciação dos efeitos produzidos pela atuação estatal. A consideração dos efeitos do ato administrativo, enquanto um dos componentes do processo decisório estatal, permite identificar como as dimensões objetiva e subjetiva da boa-fé, a despeito da autonomia conceitual, apresentam-se interrelacionadas na prática. Um dos pontos de contato entre essas dimensões é a proteção da confiança – que pressupõe a boa-fé subjetiva daquele que confia, ao tempo em que se ampara na existência de deveres objetivos daquele cuja atuação gera confiança tutelável pelo Direito. Na síntese de Menezes Cordeiro, "a confiança constitui, por excelência, uma ponte entre as boas fés objectiva e subjectiva, devendo assentar em ambas".[245]

2.6.6 O princípio da boa-fé e as contratações públicas

Apesar da consagração geral da boa-fé como critério decisório para a atividade administrativa e da sua aplicação em diversas hipóteses, parece possível afirmar que a sua aplicação em relação à atuação pré-contratual da administração pública tem sido cogitada de forma mais genérica e, em certa medida, rara e ocasional.

Permite-se especular uma primeira razão para tanto, que diz respeito ao fato de os aspectos relacionados à segurança jurídica, à moralidade administrativa e à boa-fé serem temas relativamente mais novos na aplicação do direito administrativo, ainda em estágio de expansão e amadurecimento.[246]

---

efeito, por mais que inexista contrato formal, o direito deve proteger o vínculo que se forma pela repetição de atos que tenham teor jurídico, pelo simples e aqui tantas vezes repetido motivo: protege-se a confiança depositada por uma das partes na conduta de seu parceiro negocial" (Superior Tribunal de Justiça, recurso especial 1309972/SP, 4ª Turma, Rel. Ministro Luis Felipe Salomão, j. 27.04.2017).

[245] CORDEIRO, António Manuel da Rocha e Menezes. *Da boa fé no direito civil*. Coimbra: Almedina, 2001. p. 1238.

[246] BAPTISTA, Patrícia Ferreira. *Segurança Jurídica e Proteção da Confiança Legítima no Direito Administrativo*: Análise Sistemática e Critérios de Aplicação no Direito Administrativo Brasileiro. [Carolina do Sul]: Kindle Direct Publishing, 2015. p. 45.

A segunda razão, esta específica e diretamente inferida das características do ordenamento, tem a ver com a formatação legislativa dos processos de contratação. Em termos comparativos, o regime jurídico pré-contratual administrativo é muito mais detalhado do que aquele aplicável às relações privadas. Neste último, a boa-fé exerce papel proeminente justamente por prevalecer no âmbito privado a atipicidade de condutas, não sujeitas à regulação pormenorizada. É natural, então, que o tratamento das relações administrativas pré-contratuais orbite em torno da lógica de observância estrita do princípio da legalidade, diversamente do que ocorre a propósito do desenvolvimento orgânico das tratativas pré-contratuais privadas.

Em outras palavras, dentro da racionalidade de estrita vinculação que se consolidou como modelo do direito das licitações no Brasil, é compreensível que nenhum dos diplomas legais de licitações e contratos tenha feito referência à boa-fé, apesar das generosas listagens de princípios neles contidas. A boa-fé não exerce para as contratações administrativas a mesma função estruturadora que desempenha no direito privado. A lógica preponderante de contratação pública no direito brasileiro, baseada em conjunto amplo e exaustivo de regras, não reserva maior espaço de autonomia – e de espaço de aplicação da boa-fé – aos sujeitos públicos e privados envolvidos.

Não obstante, esse mesmo raciocínio permite identificar onde a boa-fé encontra lugar relevante de aplicação nos processos de contratação administrativa, inclusive para fins de responsabilidade pré-contratual.[247]

Esclareça-se, de início, que a ausência de consagração legislativa da boa-fé especificamente para os contratos administrativos não afasta a incidência desse princípio sobre a atuação administrativa contratual ou pré-contratual, de forma compatível com as competências atribuídas para o exercício dessas funções.

A atuação geral da administração pública está submetida ao princípio da boa-fé do ponto de vista processual e do ponto de vista material, como se infere do art. 2º, parágrafo único, inc. IV, da Lei

---

[247] No direito italiano, por exemplo, Elio Casetta observa que "La giurisprudenza più recente, però, sembra aver riconosciuto la rilevanza delle regole di buona fede e correttezza in ordine all'attività provvedimentale dell'amministrazione utilizzando lo schema della responsabilità precontrattuale" (CASETTA, Elio. *Manuale di Diritto Amministrativo*. 15. ed. Milano: Giuffrè, 2013. p. 716). Do mesmo modo, no direito português, afirmando a aplicabilidade da boa-fé (ainda que defendendo alcance de aplicação mais limitado) no processo de contratação pública: LEITÃO, Alexandra. *A Protecção Judicial dos Terceiros nos Contratos da Administração Pública*. Coimbra: Almedina, 2002. p. 411.

9.784/99. Conforme reconhecido pelo Superior Tribunal de Justiça, "inclusive no campo do contrato administrativo" o controle das condutas verificadas "passa a ser informado pela noção de boa-fé objetiva, transparência e razoabilidade", abrangendo as fases "pré-contratual, durante o contrato e pós-contratual".[248]

Estabelecida essa premissa, verifica-se que a boa-fé assume relevância maior em processos de contratação com feição aberta e flexível, ou para a tomada de decisões que, mesmo em processos tipificados e intensamente regulados, possam envolver aspectos marginalmente discricionários, como a decisão de não contratar. Quanto maior for o espaço de indeterminação, flexibilidade e discricionariedade, tanto maior será a relevância da boa-fé, como critério normativo voltado a orientar, reduzir ou mesmo, conforme as circunstâncias, eliminar a margem discricionária eventualmente existente.[249]

A opção legislativa de estipular disciplina menos minudente e específica para orientar a atuação administrativa se verifica nos processos de contratação direta, para institutos como o procedimento de manifestação de interesse (embora este seja procedimento meramente auxiliar de licitações e contratações – art. 78, inc. III, da Lei 14.133/21) e para o diálogo competitivo. Essas hipóteses abrem espaço para que os princípios assumam protagonismo na pauta normativa que determinará a regularidade de condutas não exaustivamente disciplinadas. Assim é que a conclusão afirmada por Maís Moreno a propósito dos procedimentos de manifestação de interesse, no sentido de que tais processos devem ser regidos pelo princípio da "boa-fé e do senso de cooperação mútua e alimentar a expectativa de ambas as partes quanto à continuidade do vínculo",[250] estende-se, por idênticas razões, a todo e qualquer processo de contratação, tanto mais quando a atuação administrativa não estiver integralmente programada em lei.

Em síntese, a aplicação da boa-fé assume particular relevância não apenas para os processos de contratação caracterizados por espaços

---

[248] Recurso especial 914.087/RJ, 1ª Turma, relator Ministro José Delgado, j. 04.10.2007.

[249] MARRARA, Thiago. A boa-fé do administrado e do administrador como fator limitativo da discricionariedade administrativa. In: VALIM, Rafael; OLIVEIRA, José Roberto Pimenta; DAL POZZO, Augusto Neves (coord.). Tratado sobre o Princípio da Segurança Jurídica no Direito Administrativo. Belo Horizonte: Fórum, 2013. p. 456-457; MODESTO, Paulo. Legalidade e autovinculação da Administração Pública: pressupostos conceituais do contrato de autonomia no anteprojeto da nova lei de organização administrativa. In: MODESTO, Paulo (org.). Nova organização administrativa brasileira. 2. ed. Belo Horizonte: Fórum, 2010. p. 129-130.

[250] MORENO, Maís. A participação do administrado no processo de elaboração dos contratos de PPP. Belo Horizonte: Fórum, 2019. p. 66.

de flexibilidade e maior margem decisória, mas para a generalidade dos processos de contratação, particularmente no que diz respeito à decisão final. O espaço de indeterminação residual existente em relação à decisão de contratar é norteado pela boa-fé – não somente para permear o processo decisório do ente público, mas também para regular os efeitos da decisão de não contratar.

2.6.7 Os contornos gerais da proteção da confiança: diferenciação em face das noções de segurança jurídica, legalidade e boa-fé

As considerações feitas acima permitem chegar ao cerne de um dos principais pontos deste trabalho, que corresponde à proteção da confiança legítima oponível ou exigível do Estado em seus processos de contratação.

Em uma primeira aproximação, enquanto decorrência das noções tratadas acima e como "manifesto resultado da junção dos princípios da moralidade e da segurança nas relações jurídicas",[251] a proteção da confiança legítima propicia juízos intuitivos do que seja o seu significado, o que não prescinde da definição dos contornos jurídicos dessa noção e de seu conteúdo.

Conforme a construção desenvolvida por Luhmann, a sociedade se baseia na noção de confiança e trabalha com formas distintas de absorção de desapontamentos. Aquele sociólogo classificou as expectativas em duas categorias, cognitivas e normativas. No primeiro caso, a quebra das expectativas gera ônus ao sujeito que expectava, consistente na necessidade de conformação ou adaptação à realidade que produziu o desapontamento da expectativa. No segundo caso, a expectativa mantém-se como valor preservado e os efeitos decorrentes da sua quebra integram ônus atribuído ao sujeito que a desestabilizou.[252] Trata-se, em outras palavras, da distinção de expectativas subordinadas ao *ser* e ao *dever ser*.[253]

---

[251] FREITAS, Juarez. O controle dos atos administrativos e os princípios fundamentais. 4. Ed. São Paulo: Malheiros, 2009. p. 73.
[252] LUHMANN, Niklas. *Sociologia do direito*. Tradução: Gustavo Bayer. Rio de Janeiro: Tempo Brasileiro, 1983. p. 56 a 58.
[253] A propósito das expectativas normativas: "Seu sentido [o da norma] implica na incondicionabilidade de sua vigência na medida em que a vigência é experimentada, e portanto também institucionalizada, independentemente da satisfação fática ou não da norma. O símbolo do 'dever ser' expressa principalmente a expectativa dessa vigência contrafática, sem colocar em discussão essa própria qualidade – aí estão o sentido e a função do 'dever

O uso desses mecanismos permitiria equilibrar a liberdade das ações dos indivíduos com a demanda por certos níveis de estabilidade nas relações. A dinâmica entre esses dois fatores resulta na estipulação de hipóteses em que ora prevalece o interesse na adaptação, ora se justifica proteção peculiar às expectativas surgidas.

Ainda de acordo com Luhmann, a especialização da sociedade e a intensificação e massificação de relacionamentos impessoais ampliam a demanda por mecanismos institucionais que assegurem certos níveis de proteção da confiança e reduzam a complexidade das interações sociais.[254] Essa observação é particularmente pertinente às tratativas que norteiam o tráfico jurídico contemporâneo, incluindo os processos de contratações administrativas, caracterizados pela impessoalidade e pela consequente ausência, como regra geral, de laços pessoais de confiança como fator decisório para estabelecer relacionamentos.

Em termos jurídicos, a proteção da confiança é uma emanação do princípio da segurança jurídica, classificada por parte da doutrina como a faceta subjetiva da segurança jurídica.[255] No entanto, não é um dado universal e inerente à noção de segurança.

Uma das formas de diferenciar a noção de segurança jurídica e de proteção da confiança se baseia na compreensão de que a segurança opera como princípio indiferente aos interesses que estejam em jogo nas situações concretas. O seu modo de funcionamento é voltado a assegurar previsibilidade e estabilidade do sistema jurídico, sem que isso implique privilegiar um ou outro interesse. É certo que a sua aplicação resulta na tutela de certos interesses, mas tal se dá de forma mediata, na medida em que haja coincidência entre os efeitos da solução de segurança jurídica e tais interesses.

Diversamente da noção de segurança jurídica, a proteção da confiança assume conotação subjetiva e se instrumentaliza diretamente à tutela de certos interesses – alcançados por uma confiança que possa ser juridicamente qualificada – em face de iniciativas que visem a instabilizá-los ou eliminá-los. A proteção da confiança visa a preservar uma determinada situação em favor de um dado interesse. Daí se falar

---

ser'" (LUHMANN, Niklas. *Sociologia do direito*. Tradução: Gustavo Bayer. Rio de Janeiro: Tempo Brasileiro, 1983. p. 57).

[254] LUHMANN, Niklas. *Sociologia do direito*. Tradução: Gustavo Bayer. Rio de Janeiro: Tempo Brasileiro, 1983. p. 58.

[255] SILVA, Almiro Couto e. O princípio da segurança jurídica (proteção à confiança) no direito público brasileiro e o direito da administração pública de anular seus próprios atos administrativos: o prazo decadencial do art. 54 da Lei do Processo Administrativo da União (Lei nº 9.784/99). *Revista da Procuradoria-Geral do Estado do Rio Grande do Sul*, Porto Alegre, v. 27, n. 57, p. 35-78, dez. 2003. p. 42.

que o que choca o cidadão não é toda e qualquer violação da segurança jurídica, mas aquela que agrave a sua esfera jurídica.[256] A proteção da confiança representa, portanto, um *componente individualista* da garantia, mais ampla e objetiva, da segurança jurídica.[257]

Logo, o que confere contornos peculiares à proteção da confiança é a sua caracterização como mecanismo de equilíbrio casuístico entre as exigências de mutabilidade da realidade e de estabilização de expectativas. Como tal, a proteção da confiança se diferencia dos mecanismos legais estáticos que determinam uma única e previamente conhecida solução. Se a legalidade confere previsibilidade e segurança à aplicação do Direito por resultar em soluções homogêneas e previsíveis, a proteção da confiança opera para justificar a manutenção de situações eventualmente excepcionais e contrárias à legalidade.

Ou seja, a tutela da confiança ao mesmo tempo opera a instabilização do sistema geral, ampliando o papel do Judiciário para definir soluções jurídicas caso a caso,[258] e realiza a dimensão de *estabilidade* da segurança jurídica dentro de condições casuísticas e particulares, em vista dos efeitos jurídicos e práticos que tenham sido produzidos. A proteção da confiança é um mecanismo de adaptação proporcional da segurança jurídica ao caso concreto, observando a moralidade administrativa[259] e a preservação do princípio da isonomia.[260]

De outra parte, a proteção da confiança legítima também não se confunde com a boa-fé.

---

[256] CALMES, Sylvia. Du principe de protection de la confiance légitime en droits allemand, communautaire et français. Paris: Dalloz, 2001. p. 167.

[257] CALMES, Sylvia. Du principe de protection de la confiance légitime en droits allemand, communautaire et français. Paris: Dalloz, 2001. p. 168.

[258] CALMES, Sylvia. Du principe de protection de la confiance légitime en droits allemand, communautaire et français. Paris: Dalloz, 2001. p. 177-178.

[259] "Por todo o exposto, o princípio da confiança recíproca entre administrado e Administração deve ser visto e tratado como uma das vigas mestras do Direito Administrativo, informando a hermenêutica das relações de administração, desempenhando inexcedível e infungível função integradora, exatamente por ser uma concretização, em sentido técnico, do princípio da moralidade, no justo entrelaçamento com os outros princípios de mesma estatura fundamental, todos regentes da atuação da Administração Pública direta e indireta" (FREITAS, Juarez. *Estudos de Direito Administrativo*. 2. ed. São Paulo: Malheiros, 1997. p. 30).

[260] "Pela nossa parte, e em conjunto com diversa doutrina, temos vindo a procurar apoio para a tutela da confiança no princípio geral da igualdade. [...] Ora a pessoa que se encontre numa situação de confiança e que erga, sobre ela, todo um edifício de atitudes, fica numa posição específica diferente da pessoa que não tenha sido colocada em tal circunstancialismo. Perante isso, a lei a aplicar tem de ter essa confiança em conta: quando não, e por tratar de modo igual o que é diferente, contunde com a igualdade" (CORDEIRO, António Manuel da Rocha e Menezes. *Contratos Públicos*: subsídios para a dogmática administrativa, com exemplo no princípio do equilíbrio financeiro. Coimbra: Almedina, 2007. p. 99-100).

É bem verdade que a compreensão acerca da relação entre os princípios da boa-fé e da confiança legítima passa por observar que os espaços de aplicação dessas noções não se baseiam em fronteiras estanques, porque as funções desempenhadas por elas, embora não idênticas, não são necessariamente dissociadas entre si. E ambas encontram uma raiz comum – a *fides*.[261]

No entanto, as noções se distinguem na medida em que a tutela da confiança corresponde à proteção das expectativas (polo ativo da relação de confiança). Diversamente, a boa-fé, em seu lado objetivo, exerce a função de *"standard* jurídico", a propiciar *"o direcionamento de comportamento* no tráfico negocial".[262] Da boa-fé objetiva emergem um dever ou obrigação de não fazer (não violar a confiança alheia, gerando prejuízos a outrem) e um dever ou obrigação de fazer consistente em agir de forma coerente e cooperativa. A boa-fé subjetiva, por sua vez, é o pressuposto da proteção e do surgimento do polo ativo da relação de confiança. A tutela da confiança vem então a ser um consequente, isto é, o resultado da aplicação conjugada da boa-fé em suas feições objetiva e subjetiva.

2.6.8 A relação de confiança e os critérios para identificação de sua proteção na relação pré-contratual administrativa

A confiança sempre se verifica em termos relacionais, na medida em que a sua proteção pressupõe que atos, condutas e comunicações praticados por um sujeito sejam aptos a inspirar o surgimento de expectativas tuteladas pelo ordenamento em outro.

Na relação de confiança, aquele que confia – que se pode dizer estar no polo ativo de tal relação – pode nutrir expectativas legítimas em relação à viabilidade, à seriedade e à estabilidade de manifestações concretas que o ordenamento reconheça como aptas a inspirar confiança tutelável. Diz-se que a caracterização desse polo ativo – que envolve, especificamente, a questão de definir se a confiança é em si ou não um direito – é uma *nébuleuse*.[263] Não há enquadramento dogmático

---

[261] MARTINS-COSTA, Judith. *A boa-fé no direito privado*: critérios para a sua aplicação. 2. ed. São Paulo: Saraiva, 2018. p. 254-257.
[262] MARTINS-COSTA, Judith. *A boa-fé no direito privado*: critérios para a sua aplicação. 2. ed. São Paulo: Saraiva, 2018. p. 254-257.
[263] CALMES, Sylvia. Du principe de protection de la confiance légitime en droits allemand, communautaire et français. Paris: Dalloz, 2001. p. 31.

preciso. Adota-se aqui a compreensão de que a noção de confiança não se constitui como posição jurídica autônoma. Antes, configura um elemento qualificativo e incidente sobre outras posições jurídicas – designadamente, interesses e expectativas em geral que não disponham de proteção específica a partir de hipóteses tipificadas em lei.

Já no polo passivo, aquele que produz confiança em outrem assume, de forma mais bem definida, posição jurídica própria correspondente (i) ao dever de prosseguir em comportamento consistente e não contraditório e, (ii) na medida do dever de coerência que se instaure em torno dessa conduta, de proteger a esfera daquele que passou a confiar e responder pelas consequências derivadas da quebra da confiança instaurada.

Ou seja: recai sobre o sujeito que deve proteger a confiança um efeito limitativo da sua esfera de atuação. Essa limitação pode ser absoluta ou relativa. Conforme o caso, a proteção da confiança poderá resultar num dever estrito de assegurá-la em termos de preservar a estabilidade e continuidade da situação gerada ou de, podendo modificar a conduta própria até então adotada, responder pelos efeitos decorrentes.

Em última análise, a proteção da confiança terá sempre subjacente uma questão de alocação de ônus e custos (inclusive de oportunidade) e de observância de certa concepção de igualdade.[264] Traduzida essa consideração para as relações público-privadas, a definição acerca da proteção ou da possibilidade de frustração da confiança envolverá ônus a serem assumidos individualmente ou pela coletividade, via Estado.

As considerações acima importam em concluir que as definições acerca da proteção da confiança não são neutras. E devem ser buscadas no ordenamento jurídico. A dificuldade geral é que a proteção da confiança nem sempre aparece explícita no ordenamento. Em geral, baseia-se em normas principiológicas (segurança jurídica, moralidade

---

[264] MARTINS-COSTA, Judith. *A boa-fé no direito privado*: critérios para a sua aplicação. 2. ed. São Paulo: Saraiva, 2018. p. 92 – ainda na mesma obra, aponta-se que "ao proteger-se a confiança de uma pessoa vai-se, em regra, onerar outro; isso implica que esta outra seja, de algum modo, a responsável pela situação criada" (p. 93). Seguindo a mesma orientação: "Em regra, a necessidade de se impor o respeito à boa-fé do particular encontra fundamento maior na segurança jurídica e na consagração dos direitos fundamentais. [...] os direitos fundamentais sugerem, entre outras coisas, que as restrições da vida particular estejam democraticamente legitimadas por escolhas do povo e que não infrinjam, entre outras coisas, o princípio da isonomia" (MARRARA, Thiago. A boa-fé do administrador e do administrador como fator limitativo da discricionariedade administrativa. *In*: VALIM, Rafael; OLIVEIRA, José Roberto Pimenta; DAL POZZO, Augusto Neves (coord.). *Tratado sobre o Princípio da Segurança Jurídica no Direito Administrativo*. Belo Horizonte: Fórum, 2013. p. 446).

e boa-fé), cuja incidência e forma de aplicação devem ser verificadas no caso concreto.

Para promover a identificação das situações de imputação jurídica do dever de proteger a confiança, verificam-se construções que apresentam pontos em comum.

Em sistematização formulada por Menezes Cordeiro, considerando também as relações jurídicas administrativas, aquele jurista enumera quatro requisitos para a proteção da confiança: (i) situação concreta de confiança que se revele "conforme com o sistema e traduzida na boa fé subjectiva e ética"; (ii) "uma justificação para essa confiança, expressa na presença de elementos objetivos capazes de, em abstracto, provocarem uma crença plausível"; (iii) "um investimento de confiança consistente em, da parte do sujeito, ter havido um assentar efectivo de actividades jurídicas sobre a crença consubstanciada, em termos que desaconselhem o seu preterir"; e (iv) a imputação da situação da confiança a quem, por ação ou omissão, tenha quebrado a expectativa correspondente à confiança.[265]

Examinando a questão do ponto de vista específico do direito administrativo, a partir dos parâmetros estabelecidos no §48 da Lei do Procedimento Administrativo Federal de 1976 da Alemanha, Patrícia Ferreira Baptista alude a três requisitos: (i) identificação de norma de escopo protetivo aplicável à situação, de modo a permitir a "verificação da existência de uma confiança suscetível de proteção pelo ordenamento"; (ii) a constatação de boa-fé subjetiva daquele que confia ("que o beneficiário do ato não tenha dado causa à ilegalidade do ato e dela não tenha tido conhecimento"); e (iii) a existência do investimento de confiança ("que tenha havido uma manifestação concreta da confiança depositada no ato").[266]

É possível identificar nas relações pré-contratuais administrativas todos os pressupostos sistematizados nas classificações apresentadas acima, para reconhecer a existência de tutela jurídica da confiança investida pelos sujeitos interessados em contratar com o ente público, o que se faz agrupando tais pressupostos em dois tópicos.

---

[265] CORDEIRO, António Manuel da Rocha e Menezes. *Contratos Públicos*: subsídios para a dogmática administrativa, com exemplo no princípio do equilíbrio financeiro. Coimbra: Almedina, 2007. p. 92 e CORDEIRO, António Manuel da Rocha e Menezes. *Da boa fé no direito civil*. Coimbra: Almedina, 2001. p. 1248-1249.

[266] BAPTISTA, Patrícia Ferreira. A revisão dos atos ilegais no direito administrativo contemporâneo: entre legalidade e proteção da confiança. *In:* ALMEIDA, Fernando Dias Menezes de; MARQUES NETO, Floriano de Azevedo; MIGUEL, Luiz Felipe Hadlich; SCHIRATO, Vitor Rhein (coord.). *Direito público em evolução*: estudos em homenagem à professora Odete Medauar. Belo Horizonte: Fórum, 2013. p. 320.

2.6.8.1 Os requisitos de situação concreta de confiança, de sua justificação objetiva e de imputação da proteção de confiança ao ente público

Como vem sendo referido, o propósito da relação jurídica pré-contratual envolve ordenar, coordenar e estabilizar as expectativas mútuas dos sujeitos em tratativas em relação à celebração do contrato. A formação de situação prévia de confiança legítima é, ao lado da autonomia de que as partes dispõem para contratar, pilar que fundamenta a força vinculativa do contrato.

A proteção é orientada a possibilitar condições para o exercício regular da autonomia de cada parte de contratar. No direito público, essas condições são propiciadas pela vinculação estatal aos atos praticados, pela tipicidade (como regra) das providências e pelo conteúdo decisório a adotar. Também a excepcionalidade das hipóteses de recusa a proceder com a contratação, bem como os princípios da segurança jurídica, da moralidade e da boa-fé, compõem conjunto normativo que permite visualizar a formação de condição jurídica suficiente para instaurar expectativas relacionadas à adequada e séria condução do processo e ao firme propósito de alcançar a contratação. Diante do regime jurídico administrativo, afigura-se possível afirmar que a proteção da confiança revela traços inclusive mais intensos do que o quanto verificado nas relações pré-contratuais privadas.

Trata-se de confiança lastreada na presunção de legitimidade dos atos administrativos e de submissão da atividade administrativa ao princípio da legalidade. Esses elementos são aptos – ainda mais no caso da administração pública – a gerar *situação de confiança especial e objetivada*, "que não se reduz ao estado de fato característico da boa-fé subjetiva, ou 'boa-fé crença', mas é pautada pelo que comumente acontece (*id quod plerumque accidit*) em certo setor ou situação da vida".[267]

É pertinente retomar referência à orientação fixada pelo Supremo Tribunal Federal no recurso extraordinário 598.099, onde foram fixadas para os processos de concurso público as mesmas premissas aqui descritas. Inclusive porque o paralelo com a proteção da confiança no regime das licitações públicas foi traçado no voto da Min. Cármen Lúcia,[268]

---

[267] MARTINS-COSTA, Judith. *A boa-fé no direito privado*: critérios para a sua aplicação. 2. ed. São Paulo: Saraiva, 2018. p. 254.

[268] "Isto é paralelo ao que se passa numa licitação em que se diz que ao licitante vencedor não se reconhece direito algum. [...] A Administração tem que ser moral, ética em todos os seus comportamentos, e não acredito em uma democracia que não viva do princípio da

cabe resgatar as considerações feitas naquele julgado, aplicáveis aos processos de contratação administrativa em geral:

> O dever de boa-fé da Administração Pública exige o respeito incondicional às regras do edital, inclusive quanto à previsão das vagas do concurso público. Isso igualmente decorre de um necessário e incondicional respeito à segurança jurídica como princípio do Estado de Direito. Tem-se, aqui, o princípio da segurança jurídica como princípio de proteção à confiança. Quando a Administração torna público um edital de concurso, convocando todos os cidadãos a participarem de seleção para o preenchimento de determinadas vagas no serviço público, ela impreterivelmente gera uma expectativa quanto ao seu comportamento segundo as regras previstas nesse edital. Aqueles cidadãos que decidem se inscrever e participar do certame público depositam sua confiança no Estado administrador, que deve atuar de forma responsável quanto às normas do edital e observar o princípio da segurança jurídica como guia de comportamento. Isso quer dizer, em outros termos, que o comportamento da Administração Pública no decorrer do concurso público deve se pautar pela boa-fé, tanto no sentido objetivo quanto no aspecto subjetivo de respeito à confiança nela depositada por todos os cidadãos.[269]

O regime jurídico acima enunciado não apenas induz confiança, como constitui o fundamento para a imputação, ao ente estatal, do dever de tutelá-la e de arcar com as consequências derivadas da sua eventual violação. Isso tanto como forma de observância dos deveres de boa-fé, com a consideração dos interesses individuais envolvidos, como enquanto dimensão específica de tutela dos interesses transcendentes que norteiam o processo de contratação, embasada no respeito e na proteção da esfera jurídica dos sujeitos em relação com a administração pública.

Como se aprofundará na sequência do trabalho, a proteção da confiança é imputada de modo que a atuação estatal posterior não poderá prejudicar os investimentos realizados pelos sujeitos privados em

---

confiança do cidadão na Administração. A não nomeação desmotivada é uma quebra da confiança". De fato, tanto os fundamentos relacionados às "garantias de publicidade, isonomia, transparência, impessoalidade", quanto aqueles especificamente dirigidos à tutela dos sujeitos privados ("proteção à confiança"; "princípios da lealdade, da boa-fé administrativa e da segurança jurídica"), permitem alcançar a mesma conclusão em relação à vinculação da Administração Pública ao dever de contratar". Estabelecendo o mesmo paralelo: MARTINS, Ricardo Marcondes. Do encerramento da licitação. *In*: DAL POZZO, Augusto Neves; CAMMAROSANO, Márcio; ZOCKUN, Maurício. *Lei de Licitações e Contratos Administrativos Comentada*: Lei 14.133/21. São Paulo: Thomson Reuters Brasil, 2021. p. 352.

[269] Recurso extraordinário 598.099, Tribunal Pleno, relator Ministro Gilmar Mendes, j. 10.08.2011.

situação de confiança. Isso significa o dever do ente estatal de responder pelas consequências de atos antijurídicos que venha a cometer, ou ainda pela alteração lícita do rumo da atuação estatal que venha a inutilizar os esforços voltados à disputa da contratação. Haverá situações em que o ente público poderá legitimamente mudar a orientação de sua conduta, para anular ou revogar o processo. No entanto, ao fazê-lo, terá de suportar os efeitos produzidos na esfera dos sujeitos que com ele se relacionam, durante o período em que a confiança na regularidade e na viabilidade da contratação se manteve presente.

Os fundamentos específicos dessa relação de imputação serão retomados na segunda parte deste trabalho, a propósito dos pressupostos para configuração da responsabilidade civil do Estado. A solução que restará, em especial no caso de frustração legítima da confiança em razão do exercício de competências estabelecidas em lei comportando tal efeito, será a indenizatória.

2.6.8.2 O requisito do investimento viável de confiança

De outra parte, a confiança a ser tutelada pressupõe a existência de elementos concretos, presentes na realidade externa à esfera do sujeito que confia. Especificamente, trata-se de aferir se há "investimento de confiança".[270] Os investimentos de confiança, que pressupõem sejam empregados de boa-fé para que possam ser tutelados, são elementos circunstanciais e concretos, relacionados à conduta manifestada e às providências adotadas pelo candidato a contratar com o ente público.

Esses investimentos passam a ser configurados a partir do início da mobilização para atendimento dos requisitos e providências exigidos pelo ente público para a disputa da contratação lançada. Dizem respeito aos recursos e esforços empregados para disputar a contratação administrativa que se mostrem aptos a dar lugar à configuração, ao longo do processo de contratação, do direito a contratar. É esse substrato material e concreto que assume relevância jurídica e se encontra tutelado, não o estado anímico do sujeito que confia.

Há um elemento adicional a ser considerado, que qualifica o investimento de confiança tutelável, consistente em sua adequação e viabilidade frente às condições necessárias para contratar. Como será aprofundado na parte 2 deste trabalho, o sujeito que venha a postular

---

[270] Por todos, CORDEIRO, António Manuel da Rocha e Menezes. *Da boa fé no direito civil*. Coimbra: Almedina, 2001. p. 1248-1249.

indenização deve demonstrar dispor das condições necessárias para disputar a contratação, o que supõe o preenchimento dos requisitos subjetivos e objetivos legitimamente exigíveis para tanto.

O atendimento desses requisitos é necessário porque, se o sujeito não reúne as condições imprescindíveis para a eventual contratação, poderá até confiar legitimamente na atuação administrativa, mas o investimento de confiança será inevitavelmente fadado ao insucesso. E isso se dará por razões próprias àquele que investiu. Logo, o insucesso não pode ser objeto de reparação pecuniária, porque antes de tudo foi provocado pelo próprio interessado. O ente estatal permanecerá sujeito ao regime normativo aplicável, inclusive no que diz respeito à observância dos sobreditos princípios relacionais, mas não estará obrigado a responder por prejuízos sofridos por sujeitos que não se encontrem aptos a contratar.

2.6.8.3 Síntese sobre a configuração da confiança no ambiente pré-contratual

Em vista desses elementos, considera-se que a confiança passível de proteção no âmbito do relacionamento pré-contratual administrativo deriva do regime jurídico aplicável e pressupõe os seguintes elementos: (i) o ingresso do particular em processo de contratação instaurado com ente estatal, o que instaurará logo à partida peculiar situação objetiva de confiança; (ii) a existência de boa-fé subjetiva do particular em relação à viabilidade do processo de contratação, o que passa pela idoneidade de sua conduta; (iii) a existência de engajamento e efetivo cumprimento dos requisitos exigidos para disputa do processo de contratação, que se traduz no *investimento viável de confiança*.

2.7 Arremate e sequência

Estipuladas as premissas gerais de aplicação dos princípios da segurança jurídica, da moralidade e da boa-fé e os requisitos para a proteção da confiança legítima no âmbito dos processos de contratação administrativa, cabe avançar em direção à identificação das posições jurídicas emergentes de parte a parte com a instauração e o desenvolvimento do processo de contratação.

Já se situou no capítulo 1 como a situação da esfera estatal evolui ao longo do processo de contratação e os deveres que sobre ela recaem. Sendo o processo de contratação um fenômeno relacional, cabe retomar o exame da situação própria ao ente estatal, integrando-o com a análise das posições jurídicas assumidas pelos particulares ao longo do processo de contratação. É o que se faz no capítulo 3, com o objetivo de identificar, em termos dinâmicos, a composição das posições jurídicas ativas emergentes do processo de contratação perante o Estado ao longo dos estágios da relação.

CAPÍTULO 3

AS POSIÇÕES JURÍDICAS EMERGENTES DA RELAÇÃO PRÉ-CONTRATUAL

3.1 A visão estrutural da relação jurídica e as posições jurídicas relacionadas à celebração do contrato

Interessa para o presente estudo examinar com maior detalhe o conteúdo da relação jurídica, que se desdobra nas posições jurídicas detidas pelos sujeitos que estabelecem a relação entre si, tendo como foco de atenção o processo de formação do direito à contratação. Essa será a base para, em seguida, analisar a conformação jurídica desse direito.

As posições jurídicas *ativas* consideradas são duas – o direito subjetivo e o poder, ou direito potestativo. As posições *passivas* correlatas são o dever e a sujeição.

O direito subjetivo pode ser definido como o "poder de exigir ou pretender de outrem um determinado comportamento positivo (acção) ou negativo (abstenção ou omissão)".[271] A sua contraparte, do lado passivo da relação, será o dever jurídico, que terá por objeto o exercício de certas condutas exigíveis por outrem.

Já o poder, ou direito potestativo, consiste na faculdade de "produzir efeitos jurídicos que inelutavelmente se impõem à contraparte".[272] A essa posição jurídica ativa corresponde uma sujeição, consistente na

---

[271] PINTO, Carlos Alberto da Mota. *Teoria Geral do Direito Civil*. 4. ed. Coimbra: Coimbra Editora, 2005. p. 181-182.
[272] PINTO, Carlos Alberto da Mota. *Teoria Geral do Direito Civil*. 4. ed. Coimbra: Coimbra Editora, 2005. p. 183.

situação "de ver produzir-se forçosamente uma consequência na sua esfera jurídica por mero efeito do exercício do direito pelo seu titular".[273]

Essas posições podem resultar diretamente do regime legal, presentes os pressupostos fáticos necessários para a incidência desse regime, ou podem ser criadas pela autonomia das partes. Podem apresentar-se de forma isolada, hipótese em que se denominará a relação jurídica como *simples* ou *singular*, ou podem ser atribuídas ao sujeito de forma entrelaçada com outras posições jurídicas, o que caracterizará relação jurídica *complexa*.[274]

É possível identificar as quatro categorias de posições jurídicas referidas acima nos processos de contratação pública.

De forma exemplificativa, o ente estatal terá os deveres relacionados a dar impulso oficial do processo de contratação, observar os atos previstos e guardar coerência com os atos anteriormente praticados. No polo privado da relação, haverá direito subjetivo correlato à observância desses deveres. Isso vinha expressamente reconhecido no já referido art. 4º da Lei 8.666/93. A ausência de previsão correspondente na Lei 14.133/21 não afeta a conclusão, extraível também de outras regras, como os incisos do parágrafo único do art. 2º da Lei 9.874/99. O ente estatal dispõe ainda de poderes em sentido próprio, como a competência sancionatória no âmbito dos processos de contratação, com a correspondente sujeição dos sujeitos privados.

No tocante à celebração do contrato, verifica-se situação peculiar.

Quanto ao ente estatal, se estiverem presentes os pressupostos para a contratação ao término do processo, surge posição jurídica equivalente a um direito de exigir do sujeito privado em condições de contratar que honre a sua proposta e assine o contrato (art. 90 da Lei 14.133/21). Essa posição jurídica equivale a um *direito*, segundo a enumeração de posições jurídicas acima mencionada, porque diz respeito à exigibilidade do dever do proponente de celebrar o contrato. Caso eventualmente descumprido esse dever, ao Estado surge outra posição jurídica – o poder de sancionar o particular.

Se, diversamente, não estiverem presentes os pressupostos para a contratação, o ente estatal exercerá então um poder, que corresponde à extinção do processo de contratação, em face do qual os sujeitos privados se encontrarão em estado de sujeição.

---

[273] PINTO, Carlos Alberto da Mota. *Teoria Geral do Direito Civil*. 4. ed. Coimbra: Coimbra Editora, 2005. p. 183.
[274] PINTO, Carlos Alberto da Mota. *Teoria Geral do Direito Civil*. 4. ed. Coimbra: Coimbra Editora, 2005. p. 186.

Em qualquer caso, o exercício pelo Estado de todas essas posições é também um dever, em razão da natureza funcional da atividade empreendida. Todas as posições jurídicas detidas pelo ente estatal, mesmo os poderes e direitos, constituem aquilo que se convencionou denominar como *poder-dever* ou *dever-poder*,[275] que evidencia uma natureza mista da função administrativa, de caráter passivo-ativo.[276] Assim, e como referido no capítulo 1, há não só uma possibilidade, mas dever de convocar o particular a contratar, quando confirmados os pressupostos para tanto, como se extrai do art. 90 da Lei 14.133/21.

Em relação ao polo privado da relação, também se verifica situação ambivalente.

Se já estiverem presentes os pressupostos para a contratação, emergirá para o sujeito apto a contratar o direito a tanto. É a legislação que define essa posição jurídica, ao referir ao direito à contratação em contraposição ao dever do ente estatal de convocar o particular a celebrar o contrato (arts. 54 do Decreto-lei 2.300/86, 64 da Lei 8.666/93, 75 da Lei 13.303/16 e 90 da Lei 14.133/21).

Ao mesmo tempo, e como antes referido, o particular de igual modo se submete à lógica funcional e vinculativa que norteia a atuação estatal. Uma vez convocado, deve honrar a sua proposta, ou responder pelas consequências. A não observância do dever de contratar pelo particular caracteriza, de acordo com a lei, "o descumprimento total da obrigação assumida" e resulta na sujeição do particular a sanções, correspondentes "às penalidades legalmente estabelecidas e à imediata perda da garantia de proposta em favor do órgão ou entidade licitante" (art. 90, §5º, da Lei 14.133/21). Portanto, presentes as condições para celebrar o contrato, o particular incorpora em sua esfera jurídica posições jurídicas de exigir (direito) e de ser exigido (dever) a contratar.

A constatação dessas posições jurídicas no estágio terminal do processo de contratação deve ser integrada pela visualização de como elas se formam.

No momento de sua instauração, a relação pré-contratual em regra se apresenta com grau de eficácia mínimo em relação à possibilidade de contratação. Essa lógica é referida por Judith Martins-Costa a propósito das relações pré-contratuais privadas, com o reconhecimento

---

[275] MELLO, Celso Antônio Bandeira de. *Curso de Direito Administrativo*. 35. Ed. São Paulo: Malheiros, 2021. p. 61.
[276] JUSTEN FILHO, Marçal. *Curso de Direito Administrativo*. 14. ed. Rio de Janeiro: Forense, 2023. p. 37.

de "graus de escalonamento" das interações e atos praticados.²⁷⁷ Na doutrina, Pontes de Miranda apresentou considerações sobre o alcance, os efeitos mínimos e a vinculação decorrentes dos atos jurídicos.²⁷⁸ De forma similar, Justen Filho enumera três graus de eficácia dos atos jurídicos, conforme a exigibilidade de uma determinada posição jurídica se encontre subordinada a eventos futuros (eficácia mínima), ou já exista exigibilidade porque presentes as condições para tanto (eficácia média), ou quando, descumprido o dever que era exigível, já há "direito de exigir coativamente a conduta devida" (grau máximo de eficácia). Essas construções evidenciam a dinâmica de eficácia conforme a aptidão dos eventos que se sucedem para alcançar a plena exigibilidade, não necessariamente existente em um primeiro momento, das condutas previstas ou pretendidas a partir dos atos praticados.²⁷⁹

Com base nessas considerações, passa-se a especificar como ocorre o processo formativo dessas posições jurídicas, até o estágio em que venham a apresentar as características relacionadas à plena exigibilidade do direito de contratar e do dever a tanto.

3.2 Situando a discussão: a noção de direito subjetivo

A caracterização de um "direito à contratação" como resultado do processo de contratação passa pela compreensão mais ampla acerca da noção de direito subjetivo.

Apesar de sua aplicação universal, a noção de direito subjetivo não é imune a controvérsias. Também não é uma concepção estática. O entendimento acerca do direito subjetivo é marcado por movimentos mais amplos ao longo do tempo, que revelam concepções distintas acerca da configuração e da abrangência de aplicação dessa noção.

---

[277] MARTINS-COSTA, Judith. *A boa-fé no direito privado*: critérios para a sua aplicação. 2. ed. São Paulo: Saraiva, 2018. p. 422.

[278] MIRANDA, Francisco Cavalcante Pontes de. *Tratado de Direito Privado*. Eficácia jurídica. Determinações inexas e anexas. Direitos. Pretensões. Ações. Rio de Janeiro: Borsoi, 1955. t. 5. p. 5 e ss.

[279] JUSTEN FILHO, Marçal. *Curso de Direito Administrativo*. 14. ed. Rio de Janeiro: Forense, 2023. p. 158-159.

3.2.1 O direito subjetivo entre tendências subjetivistas e objetivistas – da visão estática à hipersubjetivização decorrente do fenômeno de constitucionalização do Direito

Uma proposta de sistematização de alguns desses movimentos foi apresentada por Paul Roubier em meados do século XX, com a identificação de duas primeiras tendências gerais verificadas a partir da modernidade.

Antes de tudo, Roubier situa a noção de direito subjetivo como conceito moderno. Descreve que até a modernidade prevalecia uma concepção objetiva de Direito.[280] É a partir de então, dentro da lógica do jusracionalismo, que a construção de prerrogativas individuais viria a ganhar relevo e posição de centralidade, na esteira da Declaração dos Direitos do Homem.[281] Nesse momento se verificaria aquilo que Roubier conclui ser, dentro do contexto específico de sua obra, o apogeu de uma concepção de Direito fundamentalmente centrada no direito subjetivo. E é nesse mesmo contexto que surge o direito administrativo, "ligado ao moderno Estado de direito, inspirado pelo movimento do Constitucionalismo, cuja essência se identifica na célebre Declaração dos Direitos do Homem e do Cidadão, de 1789".[282] A Declaração se baseia na noção de direitos naturais, sujeitos a restrições necessariamente delimitadas em lei (arts. 4º e 5º).[283]

Na sequência, conforme aponta o jurista francês, segue-se o avanço da era industrial. A generalização de problemas e reivindicações sociais colocou em xeque o primado da liberdade individual como parâmetro justificador da atuação restrita e pontual do Estado liberal. O atendimento a necessidades sociais crescentes passou a constituir

---

[280] Conforme suas palavras, "L'objectivisme représente la tendance historiquement la plus ancienne" (ROUBIER, Paul. *Droits Subjectifs et Situations Juridiques*. Paris: Dalloz, 1963. p. 16). Também sobre o tema, WIEACKER, Franz. *História do Direito Privado Moderno*. 3. ed. Lisboa: Fundação Calouste Gulbenkian, 2004. p. 254.

[281] ROUBIER, Paul. *Droits Subjectifs et Situations Juridiques*. Paris: Dalloz, 1963. p. 7-8.

[282] ALMEIDA, Fernando Dias Menezes de. Controle da Administração Pública e Responsabilidade do Estado. In: DI PIETRO, Maria Sylvia Zanella (coord.). *Tratado de direito administrativo*. São Paulo: Revista dos Tribunais, 2014. v. 7. p. 269.

[283] "Art. 4º - A liberdade consiste em poder fazer tudo o que não prejudique o próximo: assim, o exercício dos direitos naturais de cada homem não tem por limites senão aqueles que asseguram aos outros membros da sociedade o gozo dos mesmos direitos. Estes limites só podem ser determinados pela lei. Art. 5º - A lei não proíbe senão as ações nocivas à sociedade. Tudo o que não é vedado pela lei não pode ser obstado e ninguém pode ser constrangido a fazer o que ela não ordene". Tradução extraída de: https://br.ambafrance.org/A-Declaracao-dos-Direitos-do-Homem-e-do-Cidadao. Acesso em: 30 dez. 2022.

fator legitimador da atuação estatal, o que ocorreu em paralelo com o acréscimo de deveres aos indivíduos, o processo de funcionalização de direitos e a incorporação de relações antes reguladas pela moral e pelos bons costumes ao âmbito do Direito.[284] O individualismo cede algum espaço à solidariedade; a abstenção do Estado liberal cede ao anseio de bem-estar social; as responsabilidades são atribuídas não apenas ao Estado, mas partilhadas com a sociedade, esta entendida como um composto de segmentos sociais heterogêneos.[285]

Ao tempo em que essa realidade se caracteriza pelo reconhecimento de mais direitos – fenômeno de acolhimento de pretensões de proteção individualizada ou coletiva a determinadas situações ou categorias de sujeitos, pela via do *"canal des revendications démocratiques"*[286] –, ganha tração um movimento de caráter objetivista, com propostas de redução da relevância e até mesmo de questionamento da noção de direito subjetivo.

Nesse segundo estágio, surgem as formulações teóricas que negariam a existência ou utilidade da noção de direito subjetivo, o que é ilustrado pelas notórias concepções de Duguit e Kelsen.[287] Roubier aponta que essas construções, embora não tenham prevalecido, tiveram o mérito de lançar luzes à distinção entre duas categorias de "situações jurídicas distintas", correspondentes às situações objetivas e aos direitos subjetivos em sentido próprio.[288] Essas posições coexistiriam nos vários ramos do direito, com uma variedade de "jogos de organização" conformados pela lógica dos respectivos conjuntos normativos.

A corrente objetivista suscitou o desenvolvimento de novas concepções para explicar a situação dos cidadãos frente à administração pública. O direito público revelou-se campo propício para um *jogo de organização* inspirado pela tendência objetivista, que, entre outras concepções, pode ser identificada a partir das construções em torno

---

[284] GOMES, Orlando. *A crise do Direito*. São Paulo: Max Limonad, 1955. p. 27.

[285] WIEACKER, Franz. *História do Direito Privado Moderno*. 3. ed. Lisboa: Fundação Calouste Gulbenkian, 2004. p. 718. Da perspectiva específica do direito administrativo: MEDAUAR, Odete. *O Direito Administrativo em Evolução*. 3. ed. Brasília, DF: Gazeta Jurídica, 2017. p. 83-92 e 122-129.

[286] ROUBIER, Paul. *Droits Subjectifs et Situations Juridiques*. Paris: Dalloz, 1963. p. 48.

[287] " Il y a là le principe d'une distinction importante, à laquelle nous arrivons maintenant, entre deux catégories de situations juridiques: les situations objectives et les droits subjectifs. Ces deux types de situations juridiques correspondent à deux tendances différentes de l'organisation juridique, dont nous devons examiner les traits fondamentaux, à la lumière d'exemples des deus sortes" (ROUBIER, Paul. *Droits Subjectifs et Situations Juridiques*. Paris: Dalloz, 1963. p. 8-9).

[288] ROUBIER, Paul. *Droits Subjectifs et Situations Juridiques*. Paris: Dalloz, 1963. p.8-9.

do conceito de interesse público. As teorizações que se seguiram foram marcadas pela ênfase ou prevalência da atribuição ao Estado de posições jurídicas de poder ou de prerrogativas, com a consequente posição de sujeição dos destinatários da atuação estatal.[289]

Em termos práticos, essas teorizações se refletem em construções que contrapõem direitos subjetivos de caráter "civil" e "administrativo".[290] Em sentido similar, é útil referir à construção doutrinária italiana que promove a distinção entre a noção de direito subjetivo perfeito e as noções de *direito enfraquecido* (*diritto affievolito*), de *interesses legítimos* e de *meros interesses*, que é aqui especificamente adotada para descrever a tendência ora descrita.

A concepção italiana se baseava na premissa de que o cidadão dispõe perante a administração pública de uma esfera jurídica em sentido próprio e, a par dela, de uma esfera de interesses que seriam tutelados apenas na medida em que coincidentes com o direito objetivo. Esses interesses seriam caracterizáveis como "direitos em sentido lato",[291] sem, no entanto, constituir fundamento para proteção jurídica individual e autônoma.

Como sistematizado por Alessi, (i) os *direitos subjetivos perfeitos* seriam aqueles assim enunciados pela lei; (ii) os *meros interesses* dos particulares jamais poderiam ser considerados como posições jurídicas propriamente ditas – seriam pretensões não jurídicas à obtenção de certo benefício ou ao evitamento de algum prejuízo; (iii) os *interesses legítimos* seriam interesses individuais "indiretamente ou ocasionalmente protegidos", conforme coincidissem ou não com o interesse público em jogo em determinada situação; e (iv) os *direitos enfraquecidos*, por sua

---

[289] "[...] tandis que la tendance subjectiviste aboutit, comme on le verra, à créer un régime de droits et d'obligations, les tendances objectivistes se représentent les prérogatives et les charges sous la forme de pouvoirs et de devoirs. [...] Ceci constitue d'ailleurs la plus forte différence entre le droit public et le droit civil, et c'est la conséquence directe du fait, déjà signalé, que le droit public est aussi objectiviste qu'il est possible de l'être. Certes, on n'entend pas dire que le droit public ne connaît pas de droits subjectifs; il en existe indiscutablement, et notamment les collectivités publiques (Etat, provinces, communes) ont, dans leurs domaine privé, bien des droits, droits de propriété, droits de créance, droits d'entreprise et de clientèle, qu'elles gèrent à la manière d'une personne privée. En revanche, nous pensons que, pour tout ce qui concerne la puissance publique, et notamment les pouvoirs sur les personnes, il s'agit, non pas de rapports de droit et d'obligation entre l'Etat et les gouvernés, mais bien de rapports de pouvoir et de devoir" (ROUBIER, Paul. *Droits Subjectifs et Situations Juridiques*. Paris: Dalloz, 1963. p. 20).

[290] ALCOZ, Luis Medina. Historia del concepto de derecho subjetivo en el Derecho Administrativo Español. *Revista de Derecho Público*: Teoría y Método Marcial Pons Ediciones Jurídicas y Sociales, Madrid, v. 1, p. 7-52, 2021. p. 22.

[291] ALESSI, Renato. *Diritto Amministrativo*. Milano: Giuffrè, 1949. p. 271.

vez, seriam efetivamente direitos, mas se comportariam de duas formas frente à administração: diante de competências discricionárias, o direito enfraquecido se manifestaria como interesse, sujeito a ser suprimido; diante de competências vinculadas, os direitos enfraquecidos se equiparariam a direitos perfeitos.[292]

Esses conceitos revelam subjacente uma concepção não necessariamente de oposição entre a atuação administrativa discricionária e a afirmação de posições jurídicas ativas dos particulares perante a administração, mas de subordinação destas àquela.

Ao mesmo tempo, essas noções refletem contexto econômico e social em que as interações público-privadas se intensificam e multiplicam a ponto de ir muito além das situações previamente fixadas no ordenamento, em que estejam em jogo direitos legislados. A atuação estatal como um todo passa a afetar as esferas de interesses privados e sociais de forma mais ampla e complexa,[293] além das fronteiras do conceito clássico de direito subjetivo.

Em outras palavras, a centralidade do conceito clássico de direito subjetivo é abalada, em momento no qual interesses privados de variadas ordens se proliferam perante a atuação estatal, sendo reconduzidos a conceitos como de direitos *secundários, reflexos, enfraquecidos*, ou de meros *interesses*. Se apenas direitos especificamente assegurados em lei poderiam ser oponíveis ao Estado, um número menor de situações passa a ser alcançada por tutela jurídica plena frente à administração.

---

[292] ALESSI, Renato. *Diritto Amministrativo*. Milano: Giuffrè, 1949. p. 438 e 442. Ainda sobre o tema: GIANNINI, Massimo Severo. *Diritto Amministrativo*. 3. ed. Milano: Giuffrè, 1993. v. 2. p. 74-75). Para as várias teorias em torno da noção de interesses legítimos, conferir GARCÍA DE ENTERRÍA, Eduardo; FERNÁNDEZ, Tomás-Ramón. *Curso de Direito Administrativo*. Tradução: José Alberto Froes Cal. Revisor técnico: Carlos Ari Sundfeld. São Paulo: Revista dos Tribunais, 2014. v. II. p. 70; e SILVA, Vasco Pereira da. *Em Busca do Acto Administrativo Perdido*. Coimbra: Almedina, 2003. p. 216. Ilustrado o reflexo da teoria do interesse legítimo para além da Itália, e a negação de uma tutela material a tais posições: GORDILLO, Agustin. *Princípios Gerais de Direito Público*. São Paulo: Revista dos Tribunais, 1977. p. 191-192.

[293] "Em poucas palavras, o *Welfare State* está devolvendo ao setor privado, em forma de privatizações, algumas tarefas que tomou a si depois da Segunda Grande Guerra. [...]. O novo foco é e será o cidadão enquanto co-participante das atividades do Estado, seja enquanto eleitor, escolhendo seus governantes, seja enquanto participante da Administração, tomando parte nas políticas públicas. Uma vida, em suma, do cidadão com o Estado, e não contra o Estado. De fato, a 'soft administration' ganha terreno, e o Estado moderno vem tratando com as partes privadas, e em seu nome e interesse, como nunca antes fizera. Estado e cidadãos devem trabalhar juntos, e, nesse novo cenário, a boa-fé objetiva tem importante papel" (GIACOMUZZI, José Guilherme. Nunca confie num burocrata: a doutrina do "estoppel" no sistema da "common law" e o princípio constitucional da moralidade administrativa (art. 37, da CF/88). In: ÁVILA, Humberto (org.). *Fundamentos do Estado de Direito*: estudos em homenagem ao professor Almiro do Couto e Silva. São Paulo: Malheiros, 2005. p. 418).

Em meio a esse contexto, surge um terceiro movimento, representando o retorno do pêndulo em direção à subjetivização do direito. Essa nova tendência ganha impulso – não necessariamente de forma linear – a partir do período pós-guerra, com o desenvolvimento da teoria dos direitos fundamentais, a reconfiguração dos sistemas constitucionais e a progressiva submissão da atuação administrativa aos direitos fundamentais não apenas em sua "dimensão subjetiva de proteção de situações individuais", mas a partir da consideração dos direitos fundamentais enquanto conformadores de uma "ordem objetiva de valores".[294]

Os direitos fundamentais são erigidos a uma posição de centralidade no direito administrativo.[295] Reconhece-se neles o potencial

---

[294] BARROSO, Luís Roberto. A constitucionalização do direito e suas repercussões no âmbito administrativo. *In:* ARAGÃO, Alexandre Santos de; MARQUES NETO, Floriano de Azevedo (coord.). *Direito administrativo e seus novos paradigmas*. Belo Horizonte: Fórum, 2008. p. 35; "[...] la completa subjetivización de la relación entre ciudadano y Estado, subrayada por el concepto de tutela jurídica omnicomprensiva de los derechos del individuo [...], es el resultado de la evolución del Derecho desde la segunda posguerra. Fritz Ossenbühl le ha calificado de 'verdadero giro copernicano en el sistema jurídico administrativo'. Tampoco esta evolución ha escapado a la crítica [...] En este punto la Ley Fundamental ha adoptado, sin embargo, una posición muy clara: al someter a todos los poderes públicos a los derechos fundamentales en su art. 1.III, la Ley Fundamental impone la subjetivización del ordenamiento jurídico como algo irrenunciable. La misma conclusión se desprende de la orientación global del Derecho administrativo a la tutela de los derechos fundamentales del individuo" (SCHMIDT-ASSMANN, Eberhard. *La Teoría General del Derecho Administrativo como Sistema*. Madrid: Marcial Pons, 2003. p. 94-95). Sobre uma "tensão dialética entre a lógica da autoridade e a lógica da liberdade", esta última relacionada à "vertente garantística" do direito administrativo: BINENBOJM, Gustavo. *Uma Teoria do Direito Administrativo*: Direitos Fundamentais, Democracia e Constitucionalização. 2. ed. Rio de Janeiro: Renovar, 2008. p. 18.

[295] "También la dogmática del derecho subjetivo ha avanzado notablemente al amparo de los derechos fundamentales. El 'encargo de subjectivización' (Wahl) que deriva de los derechos fundamentales ha dado un sentido uniforme a la vetusta categoría del derecho subjetivo, que ocupa hoy una posición central en el Derecho administrativo [...]. Incluso en el seno de la propia Constitución los derechos fundamentales actúan como matriz generadora de nuevos derechos subjetivos: en torno al núcleo elemental de los derechos fundamentales (como *derechos de defensa*) han arraigado otros derechos subjetivos, una amplia panoplia de acciones procesales (de cesación, eliminación, plena reparación e indemnizatoria) y derechos auxiliares. De otro lado, la dimensión protectora de los derechos fundamentales ha intensificado las tendencias subjetivizadoras. Así se observa en dos ámbitos de debate: en primer lugar, en torno a las posibles pretensiones de protección como forma de reacción frente a nuevas situaciones de peligro (como las que derivan de los riesgos de la técnica); y en segundo lugar, sobre la protección de intereses de terceros que, no siendo destinatarios de la resolución administrativa, pretenden ejercer acciones como vecinos o competidores" (BINENBOJM, Gustavo. *Uma Teoria do Direito Administrativo*: Direitos Fundamentais, Democracia e Constitucionalização. 2. ed. Rio de Janeiro: Renovar, 2008. p. 83-84). Recepcionando essa orientação e a aplicando como núcleo estruturador de propostas de releitura do direito administrativo brasileiro, conferir JUSTEN FILHO, Marçal. *Curso de Direito Administrativo*. 14. ed. Rio de Janeiro: Forense, 2023. *passim*, e BINENBOJM, Gustavo. *Uma Teoria*

de eficácia imediata perante a atuação estatal, que em certa medida ressignifica a legalidade administrativa, já não mais vista como um dado "abstrato, supraordenado e objetivo, [...] à margem de tal situação subjetiva dos cidadãos".[296] Os direitos fundamentais informam, afinal, o processo de "juridificação do poder discricionário", envolvendo designadamente "o dever da Administração de actuar em conformidade com princípios jurídicos fundamentais, como os da imparcialidade, da igualdade, da justiça, da proporcionalidade, da racionalidade, da boa-fé e da protecção da confiança legítima, que é vista como um 'direito' dos particulares ao exercício correcto do poder discricionário".[297]

O fenômeno da constitucionalização do Direito conduz à superação da premissa de que a consagração explícita de direitos e correlatos deveres é condição indispensável para que posições jurídicas ativas possam emergir do relacionamento concreto com o Estado. A proteção pode decorrer de normas gerais estruturantes, desde que seja possível delas extrair um propósito ou escopo de proteção.

Exemplo característico desse fenômeno corresponde ao próprio princípio da segurança jurídica, em seu desdobramento que proporciona a proteção da confiança legítima.[298] O sentido subjetivo dessas normas

---

do Direito Administrativo: Direitos Fundamentais, Democracia e Constitucionalização. 2. ed. Rio de Janeiro: Renovar, 2008. *passim*. Alude-se a essas obras como um todo porque os diversos pontos nelas tratados são permeados pela concepção referida.

[296] "[...] a articulação entre legalidade administrativa e situação jurídica do administrado [...] fica fulminada quando se considera tal legalidade como algo abstrato, supraordenado e 'objetivo', construída à margem de tal situação subjetiva dos cidadãos, a partir da simples perspectiva imanente da Administração. Nas bases do sistema existe a consciência entranhada de tal articulação profunda, consciência tornada explícita pela magna criação histórico-jurisprudencial do recurso francês de *excès de pouvoir* e as soluções paralelas que, sob umas ou outras justificativas, acompanharam outros Direitos nacionais. Ao reconhecer ao cidadão uma ação jurisprudencial para conseguir a eliminação do(s) ato(s) administrativo(s) que 'incorra(m) em qualquer forma de violação do ordenamento jurídico' (art. 70.2 LJ), a jurisprudência ou as Leis não estão atribuindo a tal cidadão uma função abstrata de fiscalização da observância objetiva da legalidade pela Administração, uma função do Ministério Público; ao contrário, estão reconhecendo a ele um verdadeiro direito subjetivo para defender sua liberdade quando esta se sente injustamente (*id est*: ilegalmente) atacada pela Administração: *ubi remmedium, ibi ius*" (GARCÍA DE ENTERRÍA, Eduardo; FERNÁNDEZ, Tomás-Ramón. *Curso de Direito Administrativo*. Tradução: José Alberto Froes Cal. Revisor técnico: Carlos Ari Sundfeld. São Paulo: Revista dos Tribunais, 2014. v. II. p. 78).

[297] ANDRADE, José Carlos Vieira de. *Lições de Direito Administrativo*. 4. ed. Coimbra: Imprensa da Universidade de Coimbra, 2015. p. 76-77.

[298] "Na atualidade a segurança jurídica deixa de ser uma segurança 'de direitos subjetivos' para se transformar em preservação do ordenamento, pela acessibilidade, inteligibilidade, estabilidade de relações jurídicas ou confiabilidade sistêmica" (TORRES, Heleno Taveira. O princípio de proteção da confiança legítima no direito administrativo e no direito tributário. *In*: ALMEIDA, Fernando Dias Menezes de; MARQUES NETO, Floriano de

gerais é identificado na observação de Ricardo Marcondes Martins no sentido de que, "contemporaneamente, a segurança jurídica e a justiça vêm sendo integradas num conceito único de proteção dos bens jurídicos: segurança jurídica e justiça passam a significar 'segurança dos bens jurídicos'".²⁹⁹

3.2.2 Da configuração estrutural à configuração funcional da noção de direito subjetivo – a tendencial integração das noções de direito e meros "interesses"

O processo histórico resumido acima desemboca na ampliação do emprego da noção de direito subjetivo. Esse conceito vem a alcançar uma diversidade de situações que, conforme as palavras de Tércio Sampaio Ferraz Júnior, podem ser traduzidas em termos amplos como "faculdades jurídicas (modos de interagir) que o titular pode fazer valer mediante procedimentos garantidos por normas".³⁰⁰ Essas faculdades não são necessariamente tipificadas; podem ser deduzidas a partir de uma hermenêutica diretamente baseada em normas constitucionais. Caracterizam-se para fazer frente a agressões que provenham da administração e justifiquem reação protegida pelo Direito, para recuperar vantagem perdida ou eliminar componente injusto criado pela atuação administrativa.³⁰¹ Em outras palavras, há um fenômeno de subjetivização do direito administrativo e do processo decisório estatal.³⁰²

Azevedo; MIGUEL, Luiz Felipe Hadlich; SCHIRATO, Vitor Rhein (coord.). *Direito público em evolução*: estudos em homenagem à professora Odete Medauar. Belo Horizonte: Fórum, 2013. p. 80).

²⁹⁹ O autor relaciona referida conclusão à obra de Antonio-Enrique Pérez Luño (*La Seguridad Jurídica*. 2. ed. Barcelona: Ariel, 1994) em: MARTINS, Ricardo Marcondes. *Efeitos dos vícios do ato administrativo*. São Paulo: Malheiros, 2008. p. 311.

³⁰⁰ "A expressão direito subjetivo cobre diversas situações, difíceis de serem trazidas a um denominador comum. A própria liberdade, em seu ambíguo sentido moderno de autonomia e de não-impedimento, é ela própria um lugar-comum, um importante topos que orienta e organiza o raciocínio, mas que não lhe confere um caráter lógico rigoroso. Dada essa diversidade de casos, é possível opor, assim, a noção de direito objetivo às diferentes situações subjetivas, entendidas como posições jurídicas dos destinatários das normas em seu agir: exercer atos de vontade, ter interesses protegidos, conferir poder, ser obrigado etc. [...]. A expressão direito subjetivo, em síntese, considerada à luz de sua função jurídica, aponta para a posição de um sujeito numa situação comunicativa, que se vê dotado de faculdades jurídicas (modos de interagir) que o titular pode fazer valer mediante procedimentos garantidos por normas (FERRAZ JÚNIOR, Tércio Sampaio. *Introdução ao Estudo do Direito*: técnica, decisão, dominação. 4. ed. São Paulo: Atlas, 2003. p. 149 e 153).

³⁰¹ "Por isso a famosa afirmação de Bachof, decisiva na evolução prática e na interpretação do Direito alemão, de acordo com a qual todas as vantagens (*Begünstigen*) decorrentes do ordenamento para cada cidadão tornaram-se verdadeiros direitos subjetivos, expressa um princípio fundamental do atual Estado de Direito; mas deve ser matizada, para evitar

Eduardo García de Enterría e Tomás-Ramón Fernández propuseram sistematizar esse fenômeno com a enumeração de dois gêneros de direitos subjetivos frente à administração: (i) direitos típicos ou ativos, equiparáveis aos "direitos clássicos do Direito privado" e caracterizados por pretensões "para a consecução de prestações patrimoniais ou de respeito de titularidades jurídico-reais, ou de vinculação a atos provenientes da própria Administração ou de respeito a uma esfera de liberdade formalmente definida"; e (ii) direitos reacionais ou impugnatórios, caracterizados como posições jurídicas ativas oponíveis ao Estado que, mesmo sem consagração específica e explícita no ordenamento, apresentam o potencial de suscitar a eliminação de "atuação ilegal", "para o restabelecimento da integridade" de interesses que surjam protegidos enquanto derivação da legalidade em sentido amplo.[303] Para esses autores, esta última categoria abrangeria as hipóteses tradicionalmente denominadas no direito italiano como interesses legítimos.[304]

Embora a proposta dos publicistas espanhóis envolva uma classificação bipartite do fenômeno, a concepção pode ser vista como unitária enquanto formulação que indica que esse plexo de posições jurídicas distintas e heterogêneas está sujeito a proteção jurídica, independentemente da configuração como direito típico ou não. Propostas similares foram apresentadas baseadas na mesma lógica, para afirmar a ampliação da noção de direito subjetivo enquanto conceito aglutinador de posições ou pretensões jurídicas em geral frente à administração.

---

eventuais equívocos, com a observação de que a constituição em direitos subjetivos não surge diretamente pela inferência de tais vantagens a partir do ordenamento, senão única e exclusivamente quando estas sofrem uma agressão injusta da Administração, direitos subjetivos que tendem então ao restabelecimento de tais vantagens pela via da reação ou da eliminação do injusto que as nega, as desconhece ou as perturba" (GARCÍA DE ENTERRÍA, Eduardo; FERNÁNDEZ, Tomás-Ramón. *Curso de Direito Administrativo*. Tradução: José Alberto Froes Cal. Revisor técnico: Carlos Ari Sundfeld. São Paulo: Revista dos Tribunais, 2014. v. II. p. 81).

[302] "La subjetivación del Derecho administrativo sustantivo ha ido de la mano de la subjetivación del proceso administrativo. Una no se entiende sin la otra: quien sufre las extralimitaciones del poder, en cuanto titular de derechos, tiene constitucionalmente garantizada una protección plena, lo que implica garantías de imparcialidad e igualdad de armas, así como la posibilidad de practicar prueba y obtener condenas a hacer" (ALCOZ, Luis Medina. Historia del concepto de derecho subjetivo en el Derecho Administrativo Español. *Revista de Derecho Público*: Teoría y Método Marcial Pons Ediciones Jurídicas y Sociales, Madrid, v. 1, p. 7-52, 2021. p. 32).

[303] GARCÍA DE ENTERRÍA, Eduardo; FERNÁNDEZ, Tomás-Ramón. *Curso de Direito Administrativo*. Tradução: José Alberto Froes Cal. Revisor técnico: Carlos Ari Sundfeld. São Paulo: Revista dos Tribunais, 2014. v. II. p. 82.

[304] GARCÍA DE ENTERRÍA, Eduardo; FERNÁNDEZ, Tomás-Ramón. *Curso de Direito Administrativo*. Tradução: José Alberto Froes Cal. Revisor técnico: Carlos Ari Sundfeld. São Paulo: Revista dos Tribunais, 2014. v. II. p. 78-80.

Sob essa concepção, admite-se que esses elementos, conquanto não formem um agrupamento homogêneo, atraem proteção do ordenamento, em níveis variáveis. Por esse prisma, podem ser reconduzidos a um denominador comum.³⁰⁵

No direito italiano, Vincenzo Irelli também reconhece a existência das duas situações descritas por García de Enterría e Fernández, denominando-as respectivamente como direito subjetivo e interesses legítimos. Indica que a primeira confere ao seu titular posição jurídica que o habilita a satisfazer o seu interesse substancial por conta própria, enquanto o interesse legítimo dependeria do exercício de competências estatais e abrangeria duas prerrogativas: de participação no processo de formação de decisão estatal e de reação em caso de exercício ilegítimo da competência administrativa. A renovada concepção de interesse jurídico revela-se não mais limitada a uma dimensão estritamente formal. Essa concepção identifica fundamento para que o sujeito lesado reclame proteção jurídica subjetiva material, com o afastamento do ato lesivo e até mesmo indenização decorrente, conforme a disciplina jurídica aplicável comporte um ou outro remédio, ou ambos.³⁰⁶

Tal compreensão afasta a conclusão de que "a observância da legalidade" constitui para a administração "um dever puramente objetivo, decorrente da vinculação positiva que de tal legalidade decorre diretamente para ela", para, em seu lugar, admitir-se que "a Lei objetiva pode, contrariamente ao que supúnhamos antes, se decompor efetivamente, em um conjunto de situações jurídicas subjetivas".³⁰⁷

As mesmas discussões aparecem no direito francês. Em face da orientação do Conselho de Estado, a doutrina dá conta de um processo de elastecimento da noção de *direito lesado*. Este passa a equivaler a uma noção mais ampla, de *interesse protegido*, de modo a viabilizar o alcance mais abrangente da tutela jurídica.³⁰⁸

---

³⁰⁵ Também se referindo a dois tipos de direitos subjetivos, Vasco Pereira da Silva afirma que o ordenamento pode "atribuir diretamente o direito subjetivo, ou fazê-lo, de forma indirecta, através do estabelecimento de um dever" (SILVA, Vasco Pereira da. *Em Busca do Acto Administrativo Perdido*. Coimbra: Almedina, 2003. p. 219-220). No mesmo sentido, ALMEIDA, Mário Aroso de. *Anulação de actos administrativos e relações jurídicas emergentes*. Coimbra: Almedina, 2002. p. 116.
³⁰⁶ IRELLI, Vincenzo Cerulli. *Corso di Diritto Amministrativo*. Torino: G. Giappichelli Editore, 2000. p. 390.
³⁰⁷ GARCÍA DE ENTERRÍA, Eduardo; FERNÁNDEZ, Tomás-Ramón. *Curso de Direito Administrativo*. Tradução: José Alberto Froes Cal. Revisor técnico: Carlos Ari Sundfeld. São Paulo: Revista dos Tribunais, 2014. v. II. p. 80.
³⁰⁸ YANNAKOPOULOS, Constantin. *La notion de droits acquis en droit administratif français*. Paris: LGDJ, 1997. p. 249-250.

A propósito da realidade francesa, Constantin Yannakopoulos afirma que a diferença entre "direitos" e os chamados "interesses legítimos" não seria de natureza, mas relacionada à intensidade da proteção jurídica a incidir em cada caso. A palavra *direito* figuraria como *standard*, abrangente da noção de interesse.[309] Yannakopoulos conclui que o significado do termo *direito* na jurisprudência administrativa moderna francesa pressupõe a consideração de um espectro de posições – "*prérogatives juridiques*" – que, ao invés de refletir contraposição estanque entre direitos e fatos, esboçam uma gradativa passagem destes, enquanto seja possível neles identificar interesses individualizáveis, a direitos.[310]

Chega-se assim a um importante ponto de inflexão, verificado contemporaneamente em diversos ordenamentos: passa-se a visualizar o interesse legítimo e situações jurídicas em formação não em contraposição radical e substancial à noção de direito. A lógica do tudo (direito subjetivo previsto em lei e aperfeiçoado) ou nada (o restante de situações que se verifiquem) é superada para admitir a tutela formal e material dos sujeitos que se relacionam com o Estado a partir da pretensão de correção da ação à administrativa. Essa proteção se desdobra ao longo das interações estabelecidas, abrangendo situações subjetivas não correspondentes a um direito propriamente dito, mas vocacionadas a resultar na obtenção de um determinado bem ou vantagem, que aparecem sujeitas a um *progressivo rafforzamento* juridicamente tutelado.[311]

Essas observações não implicam equiparar toda e qualquer situação coberta por algum grau de proteção do ordenamento a um direito em acepção clássica. Pretensões podem surgir condicionadas ou não a pronunciamentos estatais que, em maior ou menor medida, poderão (deverão) compor o interesse tutelado com outros igualmente relevantes e realizá-lo de diferentes formas. Como consequência, o conteúdo e a eficácia dessas posições jurídicas variarão, em termos de exigibilidade e formas de satisfação (se por via direta e *in natura*, ou pela via indenizatória, como forma de ceder à realização direta de um dado interesse jurídico tutelado pelo poder público). A conformação dessas situações protegidas pode, portanto, estar mais ou menos dependente da mediação da atuação estatal.

---

[309] YANNAKOPOULOS, Constantin. La notion de droits acquis en droit administratif français. Paris: LGDJ, 1997. p. 253.
[310] YANNAKOPOULOS, Constantin. *La notion de droits acquis en droit administratif français*. Paris: LGDJ, 1997. p. 249-250.
[311] CASETTA, Elio. *Manuale di Diritto Amministrativo*. 15. ed. Milano: Giuffrè, 2013. p. 378.

A gradação remete a um leque de posições jurídicas ativas relacionáveis a um conceito lato de *direito*. Há diferença não tanto de natureza ou qualidade entre essas posições, mas de graus de eficácia, atrelados à densidade normativa que se verifica em relação à proteção dessas posições. Com apoio nas palavras de Vieira de Andrade, é possível reconhecer uma "*continuidade gradativa* das figuras do 'direito subjectivo' e do 'interesse legalmente protegido' no que respeita à determinabilidade e à individualização do conteúdo, bem como à intencionalidade e à intensidade da protecção – a definir em cada hipótese por interpretação das normas aplicáveis".[312]

Essa compreensão reforça o descabimento da referência ao *interesse legítimo* no direito brasileiro em sua acepção clássica, enquanto dado substancialmente distinto da noção de direito subjetivo.[313] O conceito de interesse pode ser utilizado como elemento descritivo de situação que não se equipara a um direito subjetivo consagrado em lei, sem que daí se possa importar a sua concepção original no direito italiano – superada inclusive por lá – de caracterizá-lo *a priori* como condição jurídica inferior, ou meramente processual, destituída de proteção jurídica material.

Se o *interesse legítimo* é conceito que carrega em sua originalidade a marca de uma concepção de atuação administrativa de feições estatizantes ou mesmo autoritárias, hoje ele vem a se integrar no processo

---

[312] ANDRADE, José Carlos Vieira de. *Lições de Direito Administrativo*. 4. ed. Coimbra: Imprensa da Universidade de Coimbra, 2015. p. 73. Em complemento: "Há a considerar, desde logo, a existência de *diversos tipos de direitos subjectivos*, alguns dos quais não eram habitualmente configurados como tais nas relações jurídicas administrativas. [...] Existem, de facto, *direitos limitados*, enquanto direitos subjectivos públicos que *não gozam de uma tutela plena*. É o que acontece, desde logo, com os direitos condicionados em sentido estrito – designadamente, os direitos *atribuídos por actos administrativos*, mas sujeitos a *condição suspensiva* (*pendente conditione*) ou a uma actuação procedimental *integrativa da eficácia* (aprovação, visto), que só produzem os seus efeitos principais se vier a verificar-se a condição ou a prática do acto integrativo (que, no entanto, têm ou podem ter efeitos *ex tunc*, retrotraídos à data da perfeição do acto). Mas é igualmente o que se passa com os *direitos enfraquecidos*, que podem, por força da lei ou por força de acto administrativo com base na lei, ser sacrificados através do exercício legítimo de poderes da autoridade administrativa. [...] Há a considerar ainda os *direitos incompletos*, que, sendo mais que expectativas jurídicas, resultam da vinculação material de decisões interlocutórias em procedimentos complexos – por exemplo, os direitos ao licenciamento resultantes da aprovação do projecto de arquitectura no procedimento de licenciamento de obras particulares" (ANDRADE, José Carlos Vieira de. *Lições de Direito Administrativo*. 4. ed. Coimbra: Imprensa da Universidade de Coimbra, 2015. p. 73-75).

[313] Sobre a rejeição do conceito no direito brasileiro: MELLO, Celso Antônio Bandeira de. Proteção jurisdicional dos interesses legítimos no direito brasileiro. *In*: MELLO, Celso Antônio Bandeira de. *Grandes Temas de Direito Administrativo*. São Paulo: Malheiros, 2009. p. 148.

mais amplo de afirmação das garantias e direitos individuais.[314] Esse racional argumentativo pode ser identificado na jurisprudência brasileira, com recurso à expressão "legítimo interesse" não no sentido original da construção italiana, mas como fundamento para resguardar situações materiais não reconduzíveis ao conceito estrito de direito.[315]

Diante disso, a proteção de *direitos* frente à Administração dá lugar a expressões mais genéricas, como *situazione giuridica di vantaggio*[316] e "situações favoráveis sobre as quais se instalou uma confiança fundada"[317] frente à administração. A propósito do direito comunitário europeu, Alexandra Leitão adota formulação similar para afirmar uma mudança do eixo estruturante de proteção perante o Estado. Esse eixo, antes baseado na delimitação de direitos especificamente definidos, seria hoje informado pela "importância crescente que assume o critério da vantagem efetivamente retirada pelo particular do meio contencioso para definir a sua posição jurídica substantiva".[318]

A propósito do direito brasileiro, em termos igualmente amplos, Celso Antônio Bandeira de Mello conclui que, "uma vez que a legalidade tem caráter protetor dos indivíduos, resulta que estes têm direito a ela e pessoal interesse em sua restauração sempre que a quebra da ordem jurídica implicar agravo ou subtração de uma vantagem (ou de acesso a ela) que os atinja individualmente".[319] Logo, o que haverá em

---

[314] ALCOZ, Luis Medina. Historia del concepto de derecho subjetivo en el Derecho Administrativo Español. *Revista de Derecho Público*: Teoría y Método Marcial Pons Ediciones Jurídicas y Sociales, Madrid, v. 1, p. 7-52, 2021. p. 41.

[315] Há decisão do Superior Tribunal de Justiça que, relacionada à responsabilidade civil de concessionária de serviço público, pode ser considerada para a responsabilidade civil do Estado em geral, inclusive pela equiparação estabelecida no art. 37, §6º, da Constituição. No caso, houve represamento de rio federal para construção de usina hidrelétrica, que resultou na "alteração das espécies e redução do valor comercial do estoque pesqueiro. O STJ reconheceu à comunidade pesqueira direito à indenização por lucros cessantes correspondentes à frustração do "legítimo interesse": "embora notória a finalidade pública do represamento de rio para a construção de usina hidrelétrica, no caso em exame, sendo certo que o empreendimento respeitou o contrato de concessão e as normas ambientais pertinentes, a alteração da fauna aquática e a diminuição do valor comercial do pescado enseja dano a legítimo interesse dos pescadores artesanais, passível de indenização" (recurso especial 1.371.834/PR, 4ª Turma, relatora Ministra Maria Isabel Gallotti, j. 5.11.2015).

[316] CASETTA, Elio. *Manuale di Diritto Amministrativo*. 15. ed. Milano: Giuffrè, 2013. p. 373.

[317] MODESTO, Paulo. Legalidade e autovinculação da Administração Pública: pressupostos conceituais do contrato de autonomia no anteprojeto da nova lei de organização administrativa. *In:* MODESTO, Paulo (org.). *Nova organização administrativa brasileira*. 2. ed. Belo Horizonte: Fórum, 2010. p. 127-129.

[318] LEITÃO, Alexandra. A Protecção Judicial dos Terceiros nos Contratos da Administração Pública. Coimbra: Almedina, 2002. p. 77-78.

[319] MELLO, Celso Antônio Bandeira de. Proteção jurisdicional dos interesses legítimos no direito brasileiro. *In:* MELLO, Celso Antônio Bandeira de. *Grandes Temas de Direito Administrativo*. São Paulo: Malheiros, 2009. p. 149-150.

comum nessas diversas posições jurídicas relacionadas a um conceito lato de direito é a identificação de uma posição de vantagem, ou de proteção contra uma desvantagem, conferida pelo ordenamento, do que resulta algum grau de vinculação do Estado. O grau de eficácia daquela vantagem ou proteção, que se caracteriza em face do grau de densidade e exigibilidade do dever estatal, dependerá do regime jurídico e das condições concretas verificadas.

3.2.3 A proteção do processo de formação do direito: a segurança jurídica e a evolução das posições jurídicas em um *continuum*

Observadas essas premissas, pode-se, em termos amplos, afirmar uma gradação, não tipificável *a priori*, de situações que vão (i) desde meros *interesses em sentido lato*, que tendem, em especial num contexto relacional, a se acoplar a um *direito à legalidade* e aos quais é, como regra, assegurado o exercício de faculdades processuais, assim como proteção de direito material, esta de forma proporcional à medida de afetação da esfera dos indivíduos pela atuação estatal; (ii) à configuração de direitos propriamente ditos, porém formativos, limitados ou incompletos, porque dependentes de atuação estatal complementar; (iii) até se chegar a direitos com eficácia plena – aqueles assim assegurados pela legislação ou decorrentes da atuação estatal suficiente para proporcionar a sua incorporação plena à esfera jurídica de alguém, de modo a possibilitar ao seu titular exigir a prática ou abstenção de uma conduta estatal.[320]

Essa última escala, com eficácia plena frente ao Estado, pode ser identificada na noção de direito adquirido, tal como positivada no art. 6º, §2º, da LINDB: "Consideram-se adquiridos assim os direitos que o seu titular, ou alguém por êle, possa exercer, como aquêles cujo começo do exercício tenha têrmo pré-fixo, ou condição pré-estabelecida inalterável, a arbítrio de outrem".

Diante dessa realidade plural, a doutrina aponta a "insuficiência do princípio do direito adquirido para proteger" determinadas situações diretamente tuteladas por princípios e valores constitucionais, especialmente aquelas "em vias de consolidação", perante práticas legislativas e administrativas aptas a ferir a expectativa razoável dos

---

[320] SILVA, Vasco Pereira da. *Em Busca do Acto Administrativo Perdido.* Coimbra: Almedina, 2003. p. 216.

cidadãos em face da atuação estatal.[321] O diagnóstico se justifica particularmente para as situações ou posições juridicamente tuteladas em formação em meio ao processo decisório estatal. Tem-se aqui a problemática em torno da expectativa de direito.

Um primeiro enfoque do tema considera que a expectativa seria fenômeno inapto a produzir efeitos jurídicos. Essa concepção é informada pela contraposição com a noção clássica de direito subjetivo e retrata a expectativa de direitos dentro de uma lógica binária – diretos e não-direitos. Tal orientação se encontra aplicada em célebre julgado do Superior Tribunal de Justiça a propósito da expectativa de contratar com a administração: "o vencedor do processo licitatório não é titular de nenhum direito antes da assinatura do contrato. Tem mera expectativa de direito, não se podendo falar em ofensa ao contraditório e à ampla defesa, previstos no §3º do artigo 49 da Lei nº 8.666/93".[322]

Um segundo enfoque, que não é recente, mas permanece atual, busca identificar a produção de efeitos jurídicos em meio ao processo formativo do direito que se espera alcançar. Em análise pautada pelo Código Civil de 1916, Carvalho Santos indicou que a expectativa de direito "funda-se num facto aquisitivo, já em parte realizado, mas cuja completa verificação é ainda incerta. Todavia, esta fundada previsão produz effeitos [...]".[323]

No dizer de Eduardo Espínola, o período de formação do direito "não é indifferente á ordem juridica". Segundo Espínola, ainda quando

---

[321] "É bem verdade que, em face da insuficiência do princípio do direito adquirido para proteger tais situações, a própria ordem constitucional tem-se valido de uma ideia menos precisa e, por isso, mais abrangente, que é o princípio da segurança jurídica enquanto postulado do Estado de Direito. [...] Assim, ainda que se não possa invocar a ideia de direito adquirido para a proteção das chamadas situações estatutárias ou que se não possa reivindicar direito adquirido a um instituto jurídico, não pode o legislador ou o Poder Público em geral, sem ferir o princípio da segurança jurídica, fazer *tabula rasa* das situações jurídicas consolidadas ao longo do tempo. Situações ou posições consolidadas podem assentar-se até mesmo em um quadro inicial de ilicitude. Nesse contexto assume relevância o debate sobre a anulação de atos administrativos, em decorrência de sua eventual ilicitude. Igualmente relevante se afigura a controvérsia sobre a legitimidade ou não da revogação de certos atos da Administração após decorrido determinado prazo. Em geral, associam-se aqui elementos de variada ordem ligados à boa-fé da pessoa afetada pela medida, a confiança depositada na inalterabilidade da situação e o decurso de tempo razoável" (MENDES, Gilmar Ferreira; BRANCO, Paulo Gustavo Gonet. *Curso de Direito Constitucional*. 8. ed. São Paulo: Saraiva, 2013. p. 380-381).

[322] Superior Tribunal de Justiça, recurso ordinário em mandado de segurança 30.481/RJ, 2ª Turma, Rel. Ministra Eliana Calmon, j. 19.11.2009). No mesmo sentido: recurso ordinário em mandado de segurança 23.402/PR, 2ª Turma, relatora Ministra Eliana Calmon, j. 18.03.2008.

[323] SANTOS, J. M. de Carvalho. *Código Civil interpretado*: parte geral (arts. 43-113). 2. ed. Rio de Janeiro: Freitas Bastos, 1938. v. II. p. 218.

não se possa falar no exercício de direito futuro, enquanto ainda não constituído, a proteção que incide determina a proteção do processo formativo do direito em face de "influencias maleficas duma oposição contraria ao jus e á *aequitas*". Daí se afirmar a impossibilidade de enquadrar a expectativa de direito em uma moldura de "antithese entre o direito e o não direito".[324] Cabe identificar os fatos e atos jurídicos necessários à formação de um dado direito, sem que a ausência da integralidade desses elementos permita negar eficácia e tutela jurídica ao processo formativo. Esse processo é orientado pela finalidade perseguida (constituição do pretendido direito), que norteia a conduta dos sujeitos relacionados entre si, supondo e exigindo a regularidade dessas atuações.[325]

Embora não se trate de fenômeno de fácil apreensão e enquadramento, a expectativa pode ser visualizada em graus de densidade, para compreender os efeitos que dela podem irradiar. Como exemplo, Pontes de Miranda afirmava que a expectativa poderia dizer respeito a "fatos talvez já juridicizados, mas [com] efeito [ainda] no mundo fáctico",[326] ou

---

[324] ESPÍNOLA, Eduardo. *Manual do Código Civil Brasileiro*: parte geral – dos factos jurídicos (arts. 74 a 160). Org. Paulo de Lacerda. Rio de Janeiro: Jacintho Ribeiro dos Santos, 1923. v. III. p. 39.

[325] "Rudolph von Ihering considera detidamente o lado passivo dos direitos e sustenta que, na phase anterior á acquisição do direito, no periodo de espectativa, entre o primeiro e o ultimo elemento do facto acquisitivo como complexo, ha uma passividade vinculada, que é diretamente protegida pela ordem jurídica, antes do reconhecimento dos efeitos activos. [...] Escreve o eminente jurista philosopho de Goettingen – demonstrando a necessidade de protecção dos direitos futuros: 'Pode parecer contrario á logica das coisas que um direito seja capaz de produzir efeitos ainda antes de existir. [...] Mas, segundo já por vezes temos observado, a configuração dos direitos é essencialmente influenciada pela noção de fim, não ha a menor contradicção em reconhecer que a favor de um direito em formação, portanto em vista de um fim futuro, se apresentem desde logo restricções, que lhe devem preparar e assegurar a realização futura" (ESPÍNOLA, Eduardo. *Manual do Código Civil Brasileiro*: parte geral – dos factos jurídicos (arts. 74 a 160). Org. Paulo de Lacerda. Rio de Janeiro: Jacintho Ribeiro dos Santos, 1923. v. III. p. 41-42).

[326] MIRANDA, Francisco Cavalcante Pontes de. *Tratado de Direito Privado*. Eficácia jurídica. Determinações inexas e anexas. Direitos. Pretensões. Ações. Rio de Janeiro: Borsoi, 1955. t. 5. p. 290. Ainda nas palavras de Pontes: "Os direitos nascem instantâneamente, ou não. No primeiro caso, todo o fato, ou todos os fatos, de que depende a aquisição dos direitos, se produzem de uma só vez; [...]. No segundo caso, há fatos diferentes, ou reiterados, que vêm uns após outros, ou um após outro; de modo que cada um deles, acontecendo, é passo para a aquisição do direito, porém não ainda a aquisição. Há momentos em que muito falta; e momento em que quase nada falta. Estão os futuros titulares em expectativa. Mas erraríamos se tratássemos como sendo no mesmo plano tôdas as expectativas. Há direitos *in fieri* a que apenas falta a quem o vai adquirir o exercício de algum direito, ou pretensão; e direitos *in fieri*, que sòmente surgirão se algo acontecer, ou outrem praticar algum ato. Naturalmente, todos os direitos ainda não adquiridos, ainda não formados, não existem. Porém há diferença de probabilidade de virem a existir e, a juízo do titular futuro, são bem próximos de existência, de surgimento, aquêles cuja formação só depende de ato seu"

poderia relacionar-se a uma "situação jurídica", entendida em termos amplos, já sujeita à incidência de regras que sinalizem a proteção da formação dessa expectativa.[327]

Essas considerações, que constituem formulações clássicas desenvolvidas a propósito do direito privado desde o início do século XX, encontram ligação com formulações contemporâneas. Assim se passa especificamente no âmbito das relações jurídico-administrativas, na medida em que a incidência de normas protetivas – notadamente, a boa-fé – ocorre antes mesmo e a propósito do surgimento de direitos com eficácia plena, para o fim de regular o aperfeiçoamento dessas posições jurídicas.[328]

Encontram-se na doutrina administrativista referências no sentido de que a relevância principal da proteção da confiança legítima diz respeito não aos direitos subjetivos tal como definidos em lei, mas a situações em consolidação, ou ainda a situações de fato consolidadas na realidade à margem da disciplina normativa.[329] O âmbito de proteção inclui, como observado por Odete Medauar, "direitos que não são ainda adquiridos, mas se encontram em vias de constituição ou suscetíveis de se constituir".[330]

Sylvia Calmes explica que o funcionamento do princípio da proteção da confiança legítima encontra espaço em situações

---

(MIRANDA, Francisco Cavalcante Pontes de. *Tratado de Direito Privado*. Eficácia jurídica. Determinações inexas e anexas. Direitos. Pretensões. Ações. Rio de Janeiro: Borsoi, 1955. t. 5. p. 282).

[327] "Foi Josef Kohler (*Der Prozess als Rechtsverhältnis*, 62; *Enzyklopädie*, 327; *Lehrbuch*, I, §49, s., 152 s.) quem definiu a *situação jurídica* como elemento ou degrau da formação ou desenvolvimento do direito subjetivo. [...] Tratar-se-ia, pois, de algo de juridicamente relevante, *antes* do direito subjetivo. Algo de embrionário. Não há dúvida que nem sempre a regra jurídica *só* se interessa pelo suporte fáctico depois de se completar êsse. Sempre que êsse interesse começa antes da formação do direito subjetivo, ou durante o seu desenvolvimento, mas fora dele, há situações jurídicas. Já por aí se vê que é larguíssimo o conceito; nêle cabem os estados mais diferentes" (MIRANDA, Francisco Cavalcante Pontes de. *Tratado de Direito Privado*. Eficácia jurídica. Determinações inexas e anexas. Direitos. Pretensões. Ações. Rio de Janeiro: Borsoi, 1955. t. 5. p. 297).

[328] MAZZA, Alexandre. *Relação Jurídica de Administração Pública*. São Paulo: Saraiva, 2012. p. 121-122.

[329] ÁVILA, Humberto. *Teoria da segurança jurídica*. 3. ed. São Paulo: Malheiros, 2014. p. 385. No mesmo sentido, VALIM, Rafael. O princípio da segurança jurídica no direito administrativo. In: VALIM, Rafael; OLIVEIRA, José Roberto Pimenta; DAL POZZO, Augusto Neves (coord.). *Tratado sobre o Princípio da Segurança Jurídica no Direito Administrativo*. Belo Horizonte: Fórum, 2013. p. 75, e NASCIMENTO, Leandro Maciel. *A segurança jurídica na jurisprudência do STF*: a proteção de expectativas não abrangidas pelos direitos adquiridos. Rio de Janeiro: Lumen Juris, 2017. p. 177-178.

[330] MEDAUAR, Odete. Segurança jurídica e confiança legítima. In: ÁVILA, Humberto (org.). *Fundamentos do Estado de Direito*: estudos em homenagem ao professor Almiro do Couto e Silva. São Paulo: Malheiros, 2005. p. 115.

compreensivas de um *pré-comportamento do ente estatal*, que constitui a base da confiança. Essas situações são aptas a gerar interesses individuais, que, por sua vez, compõem "núcleos de direitos subjetivos".³³¹ Nesse quadro, a confiança legítima operaria como elo entre aqueles interesses e os direitos que podem deles advir. Desse modo, entende-se que a confiança em si não é um direito, como já se referiu acima, mas antes uma derivação objetiva do ordenamento que compõe regime jurídico protetivo das expectativas legítimas surgidas dos atos estatais e da interação entre sujeitos públicos e privados. Nessa linha, a proteção jurídica ao direito *in fieri* é baseada no princípio da confiança legítima e mesmo em "decisões parcelares ou parciais favoráveis". Como tal, traduz-se "na proibição à Administração de impedir arbitrariamente a produção do facto ou acto que dê origem a esse direito".³³²

Conforme a densidade e certeza dos atos praticados – e, por consequência, da confiança legítima a partir deles instaurada –, pode ocorrer que o espaço entre expectativa de direito e o direito propriamente dito se torne tênue e incerto, a ponto que, diante da realidade dos fatos e atos praticados, "a fronteira esmaece e, em alguns casos, o direito se impõe)",³³³ antes mesmo do oficial e formal reconhecimento da existência do direito. A esse respeito, Yannakopoulos propõe distinção entre "situação adquirida" e "direito adquirido", como forma de ilustrar *"la création dynamique de la situation administrative"*.³³⁴ O direito adquirido pressuporia como regra necessariamente a *situação adquirida*, mas esta não necessariamente dará surgimento ao direito adquirido, em vista das contingências e condições a serem consideradas pela atuação administrativa.

Note-se, por isso, que a expectativa de direito não afasta a inerente mutabilidade da realidade³³⁵ e com ela convive. As expectativas estão sujeitas à superveniência de fatores que venham a impedir legitimamente a sua convolação em direito. A proteção das expectativas

---

[331] CALMES, Sylvia. Du principe de protection de la confiance légitime en droits allemand, communautaire et français. Paris: Dalloz, 2001. p. 33-34.

[332] ANDRADE, José Carlos Vieira de. *Lições de Direito Administrativo*. 4. ed. Coimbra: Imprensa da Universidade de Coimbra, 2015. p. 81-82.

[333] FREITAS, Juarez. Direito fundamental à boa administração pública e a constitucionalização das relações administrativas brasileiras. *Interesse Público*, Belo Horizonte, ano 12, n. 60, p. 13-24, mar./abr. 2010. p. 23.

[334] YANNAKOPOULOS, Constantin. La notion de droits acquis en droit administratif français. Paris: LGDJ, 1997. p. 331.

[335] YANNAKOPOULOS, Constantin. La notion de droits acquis en droit administratif français. Paris: LGDJ, 1997. p. 527.

jurídicas não opera necessariamente de modo a exaurir autonomia ou discricionariedade em torno delas, mas para estabelecer a proteção do engajamento dos sujeitos e da conexão entre as expectativas verificadas e a finalidade pretendida (aquisição do direito), admitindo-se que a eventual quebra dessa conexão seja objeto de reação baseada no ordenamento.

Cabe aplicar essas ideias aos processos de contratação pública, como passo final para avançar à parte II do trabalho.

3.3 Os estágios de formação do direito à contratação

As questões atinentes a definir como e quando surge o direito à contratação e a delimitar qual é a proteção jurídica a incidir antes da efetiva aquisição do direito à contratação, apta a ensejar um correlato dever estatal a contratar, são problemas relacionados entre si.

Como foi referido no capítulo 1, a legislação alude a um direito a contratar, mas não define quando ele se aperfeiçoa. Há concepções que visualizam no ato de adjudicação o surgimento do direito a contratar, enquanto outras identificam na homologação o efeito de estabelecer o direito a contratar em favor do sujeito privado envolvido. Encontram-se ainda referências, por vezes vagas, à existência de direito adquirido apenas após a adjudicação e a homologação. E há, por fim, entendimento de que somente a convocação, se vier a ocorrer, conferiria direito ao contrato.

Já se tendo afirmado a premissa de que o direito a contratar emerge diretamente do resultado da licitação e para nortear a prática daqueles atos, tal resposta pode ainda ser pormenorizada a partir da compreensão do processo formativo desse direito.

Compreende-se que os sujeitos interessados em contratar com o Estado encontram-se sujeitos a um *iter* que, como regra, pode ser dividido em três estágios principais: (i) interesse ou direito ao desenvolvimento regular do processo de contratação; (ii) individualização de situações materiais relacionadas à contratação, que vão desde a identificação de chances reais e concretas de contratar à caracterização de vitória da disputa, sendo esta última a base de configuração de um direito a contratar eventual; e (iii) o direito adquirido a contratar, dotado de plena exigibilidade.

3.3.1 O direito (interesse de confiança) na regularidade do processo de contratação

O direito ao desenvolvimento regular do processo de contratação tem a ver com o exercício regular das competências administrativas pré-contratuais. Ele surge quando um dado sujeito ingressa no processo de contratação. Pode ser relacionado com a noção contida no art. 4º da Lei 8.666/93 de "direito público subjetivo à fiel observância do pertinente procedimento estabelecido nesta lei", já referida em outras passagens deste estudo. No entanto, como já indicado, não se limita a um conteúdo meramente processual. Há incidência de parâmetros materiais que pautarão a conduta dos envolvidos, inclusive no tocante aos efeitos produzidos sobre a esfera jurídica da contraparte (arts. 2º, parágrafo único e incisos, da Lei 9.784/99, 21 e 27 da LINDB).

Em outras palavras, esses parâmetros materiais compõem um vínculo objetivo de confiança. O vínculo é objetivo por não depender de manifestação do ente público e dos envolvidos a respeito dessa tutela, nem pressupor construções contratualistas para a proteção da confiança. É com base nesse vínculo que as partes desenvolvem investimentos de confiança para observar as providências legais e aquelas definidas em concreto tendo em vista o resultado pretendido. A partir de sua instauração, as partes se encontram reciprocamente obrigadas a não frustrar esse engajamento e podem exigir as providências previstas para o encaminhamento do processo de contratação.[336]

Na medida em que seja possível identificar a efetiva viabilidade de um determinado sujeito a contratar com a administração, o que pressupõe a verificação da ocorrência das condições subjetivas (elementos de habilitação do candidato a contratar) e objetivas (suficiência e viabilidade da proposta, inclusive em termos de preço e perante as demais propostas, se existentes), esse interesse passa a se traduzir também em expectativas à tutela dos esforços investidos e, progressivamente, à própria contratação.

---

[336] "Trata-se do derecho típico y fundamental de los candidatos que puede reputarse axioma general cualquiera que sea la figura del contrato del Estado que se contemple. Este derecho no es otro que el de poder exigir ante la Administración y ante la jurisdicción competente que por el órgano de contratación se respeten las normas formales y materiales que deban presidir la adjudicación del contrato. La seguridad jurídica del candidato y del interés privado en juego se cimenta en esta normativa, que sirve de soporte a la voluntad pública y el incumplimiento de la misma por la Administración llevará aparejada la nulidad de las actuaciones y la indemnización de los danos y perjuicios que se puedan haber ocasionado" (GIL, José Ignacio Monedero. *Doctrina del Contrato del Estado*. Madri: Instituto de Estudios Fiscales, 1977. p. 346-347).

Esse é um degrau a ser considerado porque o investimento de confiança deve, para ser tutelado, traduzir-se em efetiva viabilidade de disputar o contrato, como referido no capítulo 2. Se o particular não reúne condições para contratar, ele poderá até confiar e, enquanto tiver condições de participar do processo, terá condições de exigir o seu correto encaminhamento. Todavia, essa confiança, conquanto legítima, não adquirirá os requisitos necessários para justificar reparação em caso de sua violação.

3.3.2 Da individualização de expectativas e chances de contratar à configuração do direito a contratar em seu primeiro estágio: o direito eventual

As expectativas em relação à contratação surgem na medida em que se torna possível delinear, ainda que sob algum grau momentâneo de incerteza, qual será o sujeito com maior potencial para contratar, considerando, em termos comparativos, as possibilidades dos vários concorrentes em relação ao êxito no processo. A formação gradual do direito já foi reconhecida no âmbito do Poder Judiciário, com a indicação de que "os participantes de uma licitação nutrem expectativas de direito ao longo do procedimento, as quais, à medida que o procedimento avança, vão se convertendo em direitos adquiridos".[337]

Tais expectativas suscitam proteção subjetiva oponível ao ente público e a terceiros. Na medida em que seja possível individualizar a situação de um dado interessado, por revelar chances mais significativas de contratar, mesmo esse suporte fático – a *chance real*, ainda não traduzida na certeza de contratação – não poderá ter a sua consecução impedida pelo ente público. A sua supressão indevida, traduzida na interrupção da formação do direito ainda potencial, poderá ensejar responsabilização. A temática das chances de contratar e de sua perda é aprofundada nos capítulos 5 e 6.

Em um passo seguinte, as chances de contratação se convolarão na formação do direito a contratar quando a classificação vier a ser definida, com a identificação de um primeiro colocado apto a contratar. Essa definição, embora decorrente das circunstâncias objetivamente postas para cada concorrente, resta em regra estabilizada ao término da fase recursal do processo, que confirmará as condições necessárias para proclamação do vencedor.

---

[337] Tribunal Regional Federal da 4ª Região, apelação cível 5003272-60.2013.4.04.7000, 3ª Turma, relatora Desembargadora Vânia Hack de Almeida, j. 12.06.2019.

A partir de então, não estará mais em jogo a identificação de meras chances de vir a contratar, mas o direito já configurado a tanto. A adjudicação declarará ou certificará a vitória na licitação. É esta – a vitória – o fato jurídico que dá surgimento ao direito a contratar, que tanto orienta quanto determina, presentes os pressupostos, a edição dos atos de adjudicação e de homologação.[338]

Esse raciocínio – de que o direito pretendido em processos competitivos emerge dos atos suficientes para individualizar um determinado sujeito como apto a ser selecionado pela Administração – é encontrado no âmbito da jurisprudência a propósito de licitação pública.[339] É, em particular, posição muito mais recorrente a propósito do direito à nomeação derivado da aprovação no número de vagas previsto em concursos públicos. O que ora se expõe é ilustrado por decisão do Superior Tribunal de Justiça que reconheceu a convolação da expectativa a ser nomeado em direito propriamente dito como resultado não da convocação administrativa, mas automaticamente da prévia aprovação:

> 1. Consolidou-se na doutrina e na jurisprudência pátrias o entendimento segundo o qual os aprovados em concurso público não têm direito subjetivo à nomeação, mas apenas expectativa de direito, pois se submete ao juízo de conveniência e oportunidade da Administração.
> 2. Essa expectativa de direito, contudo, é transformada em direito subjetivo à nomeação do aprovado se preterido na ordem de classificação (Súmula n. 15/STF), especialmente se aberto novo concurso público na vigência do anterior, ou se, durante o prazo de validade do concurso, for contratado outro servidor a título precário para exercer as mesmas funções do cargo para o qual o candidato foi aprovado.
> 3. Da mesma forma, pacificou-se nesta Corte a tese segundo a qual, caso aprovado dentro do número de vagas previsto no edital do certame, a expectativa de direito do candidato se convola em direito subjetivo

---

[338] "L'offerta non è idonea perché tale la dice l'ufficio di gara; è idonea per dati oggettivi, che l'ufficio di gara accerta e proclama" (GIANNINI, Massimo Severo. *Diritto Amministrativo*. 3. ed. Milano: Giuffrè, 1993. v. 2. p. 386-487).

[339] "Se a administração não desfaz (anula ou revoga) a licitação é porque a considera regular. Assim a considerando, não se sustenta a tese da facultatividade da contratação do adjudicatário, seja porque a administração não pode ignorar os efeitos jurídicos dos próprios atos, seja porque ela deve se curvar aos princípios da moralidade e eficiência aos quais está jungida por força do texto constitucional. [...] A licitação não foi desfeita (revogada ou anulada) pela administração, gerando, para o vencedor, o direito adquirido de adjudicar o objeto, e a ordem natural das coisas indica que a etapa subsequente seria a convocação da Espaço Aberto para a assinatura do contrato" (Tribunal Regional Federal da 4ª Região, apelação cível 5003272-60.2013.4.04.7000, 3ª Turma, relatora Desembargadora Vânia Hack de Almeida, j. 12.06.2019).

à nomeação para o cargo a que concorreu e foi classificado, tendo em vista os princípios da lealdade, da boa-fé administrativa e da segurança jurídica, bem como o fato de que a criação de cargos depende de prévia dotação orçamentária.[340]

Questão diversa do problema de aperfeiçoamento (atinente aos requisitos de *existência* e *validade*) do direito diz respeito à sua *eficácia* no tocante à exigibilidade da contratação frente à administração.

Como abordado no capítulo 1, o resultado do certame, com a vitória de um determinado sujeito, não confere a faculdade de exigir de pronto a celebração do contrato. Isso se justifica em razão dos atos de certificação e de controle a serem praticados pelo ente público e das possibilidades admitidas em lei de extinção legítima do processo sem contratar.

Por isso, mais propriamente, com a vitória na licitação surge um direito *futuro*, que independe de declaração do ente público para que passe a existir, mas depende de condições conclusivas, em geral derivadas de manifestação administrativa, para se convolar no direito *adquirido* a contratar, quando então adquirirá plena exigibilidade.

Dito de outra forma, o direito emergente do resultado da disputa, conquanto já assim formado, encontra-se em escala inicial ou contida de eficácia perante o ente público contratante. É direito em estágio anterior àquele "direito à contratação" referido no *caput* do art. 90 da Lei 14.133/21, pois este último já se apresenta após a manifestação administrativa conclusiva e definitiva sobre a celebração do contrato. Essa concepção de direito condicionado ou eventual se assemelha à noção de *situação adquirida* citada acima a partir da obra de Yannakopoulos, como momento imediatamente anterior ao da configuração do direito adquirido.

Os direitos futuros, desdobrados nas noções de *direito condicional* ou *condicionado* e de *direito eventual*, encontravam-se originalmente disciplinados no art. 74, inc. III, do Código Civil de 1916.[341] O *direito*

---

[340] Recurso ordinário em mandado de segurança 34.075/SP, Relator Ministro Mauro Campbell Marques, j. 23.08.2011. No mesmo sentido: Tendo em vista os princípios da lealdade, da boa-fé administrativa e da segurança jurídica, bem como o "fato de que a criação de cargos depende de prévia dotação orçamentária, o candidato aprovado dentro do número de vagas previsto no edital do certame, consideradas as desistências dos candidatos melhor classificados, não tem mera expectativa de direito, mas verdadeiro direito subjetivo à nomeação. Precedentes" (recurso ordinário em mandado de segurança 21.323/SP, 6ª Turma, relatora Ministra Maria Thereza de Assis Moura, j. 01.06.2010).

[341] "Art. 74. Na aquisição dos direitos se observarão estas regras: [...] III. Dizem-se actuaes os direitos completamente adquiridos e futuros os cuja acquisição não se acabou de operar.

condicionado constitui espécie de direito futuro verificado "quando uma clausula existe, que subordina o efeito do acto juridico a evento futuro e incerto".[342] Existe *direito eventual* quando a sua aquisição em definitivo não depende apenas das partes, mas da natureza do direito em causa.[343] Essa distinção justifica empregar neste trabalho a expressão *direito eventual a contratar*, no lugar de um *direito condicional* propriamente dito.

A opção se explica porque o aperfeiçoamento do direito não decorre de condição estabelecida entre as partes – o ente público e o sujeito que com ele pretende contratar. A condição é estipulação convencional, conforme o art. 121 do Código Civil.[344] Na generalidade dos casos, o aperfeiçoamento do direito a contratar não depende de estipulação pelas partes, embora isso possa ocorrer em contratações diretas.

É bem verdade que o direito ainda dependerá de atuação estatal complementar. Contudo, esta não se coloca como atividade voluntária, mas como decorrência do regime jurídico aplicável e das condições objetivas previamente fixadas como determinantes para a contratação. Em outras palavras, a convolação do direito eventual em direito definitivo ocorre em razão da persistência das condições objetivas que lhe dão base – a serem atestadas pelo ente público para concluir o processo de contratação, ou confirmadas pela evolução dos fatos –, de modo a vincular, dessa forma, ambos os polos da relação pré-contratual ao dever de contratar.[345]

Como direito ainda futuro, o direito eventual a contratar envolve processo de aperfeiçoamento desdobrado nas etapas estabelecidas em lei para declarar a adjudicação, promover a homologação do processo e convocar o particular à celebração do contrato. Conforme prática que se veio a estabelecer nos últimos anos, o direito eventual pode, ainda, encontrar-se sujeito ao cumprimento de "obrigações prévias à

Parágrafo único. Chama-se deferido o direito futuro, quando sua aquisição pende somente do arbítrio do sujeito; não deferido, quando se subordina a fatos ou condições falíveis".

[342] SANTOS, J. M. de Carvalho. *Código Civil interpretado*: parte geral (arts. 43-113). 2. ed. Rio de Janeiro: Freitas Bastos, 1938. v. II. p. 222-223.

[343] O direito eventual é configurado "quando a clausula não deriva exclusivamente das partes, mas decorre necessariamente da natureza do direito a que accede (art. 117)" (SANTOS, J. M. de Carvalho. Código Civil interpretado: parte geral (arts. 43-113). 2. ed. Rio de Janeiro: Freitas Bastos, 1938. v. II. p. 222-223).

[344] "Art. 121. Considera-se condição a cláusula que, derivando exclusivamente da vontade das partes, subordina o efeito do negócio jurídico a evento futuro e incerto".

[345] ESPÍNOLA, Eduardo. *Manual do Código Civil Brasileiro*: parte geral – dos factos jurídicos (arts. 74 a 160). Org. Paulo de Lacerda. Rio de Janeiro: Jacintho Ribeiro dos Santos, 1923. v. III. p. 46. Ainda a respeito: GOMES, Orlando. *Introdução ao direito civil*. Coordenação e atualização: Edvaldo Brito. Atualização: Reginalda Paranhos de Brito. 22. ed. Rio de Janeiro: Forense, 2019. p. 287.

celebração do contrato"³⁴⁶ pelo sujeito vencedor. Essas obrigações têm sido fixadas em especial em leilões de contratos de concessão, como sendo exigíveis apenas do concorrente vencedor, em geral após a prática dos atos de adjudicação e de homologação do certame.

Em sentido próximo, já se cogitou no passado acerca da aplicação da noção de direito eventual para anúncios públicos de oferta de contrato. Cabe referência à exposição de Eduardo Espínola sobre o tema:

> Referimo-nos aqui ás hypotheses em que falte o consentimento duma das partes para que o direito se diga completamente adquirido e, portanto, actual. Temos, pois, que considerar as declarações unilateraes de vontade e os casos complexos de oferta de contracto. [...] No caso de promessa de recompensa, só haverá direito completamente adquirido, quando á declaração de vontade do annunciante venha unir-se a daquele, que satisfez as condições impostas nos annuncios públicos. Antes dessa declaração poderá dizer-se eventual o direito do concurrente á recompensa, sujeito, como está, á revogação de que fala o art. 1.514 do Codigo Civil, ou ás eventualidades do artigo 1.515.³⁴⁷

Há outras referências na doutrina em sentido similar, a propósito da configuração tanto de um direito quanto de um dever *condicionado* de contratar, ainda que sem remissão específica à noção de direito futuro. Seabra Fagundes alude a um direito a contratar "só condicionado a motivo de interêsse público devidamente justificado".³⁴⁸ Hely Lopes Meirelles mencionava a formação de um direito a contratar emergente da adjudicação, mas que se encontraria em suspenso até que o ente estatal decidisse proceder com a celebração do contrato.³⁴⁹

---

³⁴⁶ Como exemplo, o edital do leilão 01/2022 da Agência Nacional de Aviação Civil - ANAC, que teve por objeto a concessão de bloco de aeroportos composto por Congonhas, previu o seguinte: "6.1. As obrigações previstas na presente Subseção, no item 6.2, devem ser cumpridas pela Adjudicatária de cada Bloco de Aeroportos, em até 60 (sessenta) dias após a publicação do ato de homologação, prorrogáveis, justificadamente, a critério da Diretoria da ANAC". Tais obrigações envolvem remunerar a organizadora do leilão, a empresa responsável pela elaboração dos estudos que embasaram a licitação e a Infraero, apresentar garantia de execução do contrato e providências documentais e societárias. Disponível em: https://www.gov.br/anac/pt-br/assuntos/concessoes/andamento/setima-rodada/edital-e-anexos/edital.pdf/view. Acesso em: 09 dez. 2022.

³⁴⁷ ESPÍNOLA, Eduardo. *Manual do Código Civil Brasileiro*: parte geral – dos factos jurídicos (arts. 74 a 160). Org. Paulo de Lacerda. Rio de Janeiro: Jacintho Ribeiro dos Santos, 1923. v. III. p. 49-50.

³⁴⁸ FAGUNDES, Miguel Seabra. Concorrência pública - Idoneidade dos concorrentes - Direito de petição - Atribuições administrativas do Presidente da República - Atos administrativos - Motivação e anulação. *Revista de Direito Administrativo*, [s. l.], v. 34, p. 398-408, 1953. p. 407-408.

³⁴⁹ MEIRELLES, Hely Lopes. *Licitação e Contrato Administrativo*: de acordo com a Lei 8.666, de 21.06.1993, com todas as alterações posteriores. 15. ed. atual. por José Emmanuel Burle Filho, Carla Rosado Burle, Luís Fernando Pereira Franchini. São Paulo: Malheiros, 2010. p. 222.

Encontram-se construções similares a propósito do tema também mais recentemente. Egon Bockmann Moreira e Fernando Vernalha Guimarães aludiram à configuração de um *direito subjetivo público condicionado de celebrar o contrato administrativo*, sujeito à prática dos atos posteriores previstos em lei para confirmá-lo.[350] Em sentido similar, vinculando o direito a contratar ao ato de aprovação (homologação) do certame como condição de eficácia, Adilson Abreu Dallari afirma que "o vencedor do certame tem mais do que uma simples expectativa de direito ao contrato; tem, isso sim, um direito ao contrato, ao qual apenas falta eficácia".[351]

Quanto à eficácia do direito eventual, cabe repisar que essa posição jurídica, apesar de não ser integrada pela exigibilidade de celebração do contrato, já se configura como direito propriamente dito e pode assim ser objeto de tutela. É essa a grande relevância prática da identificação da formação do direito eventual, assim extraída do art. 130 do Código Civil: "ao titular do direito eventual, nos casos de condição suspensiva ou resolutiva, é permitido praticar os atos destinados a conservá-lo".

Ou seja: como tal, o direito eventual comporta a prática, "sem duvida, [de] todos os actos conservatórios"[352] para assegurar a sua conservação contra possíveis violações e, em especial, para possibilitar "o reconhecimento integral no momento que se verificar a plena acquisição, isto é, em que fique perfeito o facto acquisitivo".[353]

Ao comentar o art. 121 do Código Civil de 1916, que dispunha de redação similar à do art. 130 do Código Civil vigente, Pontes de Miranda reconheceu, na hipótese, um direito expectativo, para destacar que "direito há, e pode ser tutelado para que se conserve".[354] Transpondo a observação para o direito administrativo, o direito eventual assim persistirá enquanto não sobrevier ato estatal que identifique vícios

---

[350] "[...] a adjudicação não cria apenas uma expectativa de direito (esta, a mera possibilidade ou esperança de adquirir um direito), mas, sim, vai um momento além e instala ao adjudicatário um direito subjetivo condicionado: aquele direito que existe mas é submetido a determinada condição (a hipótese de a Administração celebrar o contrato, o evento futuro e incerto que, se ocorrer, faz nascer o direito à contratação" (MOREIRA, Egon Bockmann; GUIMARÃES, Fernando Vernalha. *Licitação Pública*: a Lei Geral de Licitação - LGL e o Regime Diferenciado de Contratação - RDC. São Paulo: Malheiros, 2012. p. 352-353).

[351] DALLARI, Adilson Abreu. *Aspectos jurídicos da licitação*. 7. ed. São Paulo: Saraiva, 2007. p. 190.

[352] SANTOS, J. M. de Carvalho. *Código Civil interpretado*: parte geral (arts. 43-113). 2. ed. Rio de Janeiro: Freitas Bastos, 1938. v. II. p. 228 a 230.

[353] SANTOS, J. M. de Carvalho. *Código Civil interpretado*: parte geral (arts. 43-113). 2. ed. Rio de Janeiro: Freitas Bastos, 1938. v. II. p. 100.

[354] PONTES DE MIRANDA, Francisco Cavalcanti. *Tratado de Direito Privado*. T. 5, cit., p. 291.

aptos a anular o certame ou circunstâncias a justificar a sua revogação. E obrigará o ente estatal à prática dos atos finais do processo de contratação.

Aplicadas essas considerações para a administração pública, pode-se afastar a concepção de que, por ser eventual e subordinado a eventos futuros e ainda incertos, o direito seria inapto a produzir efeitos. Esse entendimento implica superar a orientação que qualifica a situação do licitante em condições de contratar com a administração como mera expectativa de direito caracterizada por um conteúdo jurídico residual ou nulo. Nem a expectativa (enquanto situação em que o fato aquisitivo do direito ainda não se completou) é destituída de conteúdo jurídico, nem tampouco constitui ela o único ou último elemento possível integrante da esfera jurídica do interessado em contratar.

A proteção jurídica existente, já própria a um direito formado, serve como fundamento jurídico para soluções como a de buscar a sustação judicial de revogação ilegítima de licitação, de modo a possibilitar ao vencedor originário fazer valer o seu direito de contratar, diante de negativa infundada do ente público a tanto.[355] Se a administração promove a extinção do processo de contratação de forma indevida, frustra esse direito e autoriza o seu titular a reagir em âmbito judicial frente à ilegalidade. Isso tanto para alcançar a aquisição definitiva do direito, quanto, não sendo tal resultado possível em razão da decisão administrativa de não contratar ou de circunstâncias supervenientes (consolidação de contratação irregular, por exemplo), obter a devida reparação de forma coerente com a posição jurídica frustrada.

Se, por outro lado, a administração promove a extinção do processo de forma válida, o direito que ainda se caracteriza como eventual, destituído de exigibilidade, pode ser legitimamente suprimido, de acordo com a própria finalidade de aplicação das competências manejadas para tanto. Nesses casos, a legislação impede a prática dos atos indispensáveis para que tal direito alcance a eficácia plena a que se encontrava originalmente destinado, o que não quer dizer que esteja eliminada a possibilidade de responsabilidade civil do ente público, como se demonstrará na parte 2 do trabalho.

---

[355] "[...] Ausência de fato superveniente, pertinente e suficiente, na dicção do referido art. 49, "caput", da Lei nº 8.666/1993, para justificar a revogação da licitação. [...] Sentença concessiva da segurança para arrecar a revogação e determinar a homologação da licitação, a adjudicação do objeto licitado e a convocação para assinatura do contrato mantida" (Tribunal de Justiça de São Paulo, apelação cível 0005935-60.2014.8.26.0477, 13ª Câmara de Direito Público, relator Desembargador Spolador Domingues, j. 03.02.2016).

3.3.3 A eventual configuração de direito condicional: o excepcional preestabelecimento de situação específica condicionante da contratação

Conforme as razões acima expostas, o regime legal que caracteriza e delimita competência revocatória resulta na configuração de um direito eventual. Mas não se descarta a possibilidade de a posição jurídica formada apresentar a configuração de *direito condicional*. Como antecipado no tópico anterior, o direito condicionado encontra-se atrelado ao implemento de uma determinada condição. Embora a legislação de licitações não preveja tal situação, é possível cogitar a hipótese de o direito ser submetido a condição específica quando o ente público contratante inserir disposição que preestabeleça determinada circunstância como requisito para contratar ou não.

Suponha-se, por exemplo, que determinada contratação seja instrumentalizada ao fornecimento de prestações para o enfrentamento de um possível agravamento de uma pandemia, ou então para o ingresso do Estado brasileiro em uma guerra. Essas são situações supervenientes, mas previamente conhecidas, sobre cuja materialização pode haver dúvidas relevantes. A incerteza sobre a ocorrência dessas situações é superada pela gravidade delas, que pode, conforme o caso, ensejar ou contratação emergencial, ou a realização de licitação mesmo quando ainda não seja possível confirmar se a contratação pretendida será necessária. Nesses casos, seria perfeitamente possível que o edital previsse que a contratação estará *condicionada* à ocorrência desses eventos. Há aqui um componente negocial (ao qual o particular adere) em torno de um evento certo, cuja configuração funciona como um gatilho para determinar a contratação ou não. Ao vencedor da licitação, restaria a configuração de um *direito condicionado*, sujeito ao implemento de condição suspensiva ou resolutiva, conforme a situação.

Essa solução é excepcional e não pode implicar burla ao regime geral de revogação da licitação. Ou seja, não é possível que o ente público estipule uma condição prévia em termos genéricos, com o propósito de utilizá-la como salvaguarda geral para não contratar. Isso implicaria burla ao regime legal de revogação.

Em outras palavras, a solução de estipular eventual condição é anômala e, em qualquer caso, não permite que o ente público se exonere arbitrariamente da vinculação aos atos anteriormente praticados. Considerando o regime geral de vinculação pré-contratual administrativa, a condição, para ser válida, deverá ser certa e excepcional, restrita a um evento específico. E a sua implementação será automática. Como regra, a margem discricionária, ao menos no tocante à situação fática relativa à condição, terá sido exercitada no momento de concepção do edital.[356]

3.3.4 A evolução do direito eventual ao direito adquirido a contratar – o exaurimento da discricionariedade residual

A última etapa de aperfeiçoamento do direito é aquela em que o direito a contratar, já anteriormente formado, ganha eficácia jurídica máxima, que guardará correspondência com um dever do ente estatal de contratar.

Esse dever surge quando há exaurimento da discricionariedade administrativa em relação à decisão de contratar ou não. O exaurimento ocorrerá sempre que as condições e pressupostos originalmente estabelecidos para a contratação forem confirmados como válidos e o ente contratante não demonstrar elemento jurídico ou fático suficiente para não proceder com a contratação. Haverá então a configuração de direito adquirido, tal como previsto no art. 6º, §2º, da LINDB.

Essa situação ficará confirmada quando a administração pública convocar de forma regular o sujeito legitimado para contratar – trata-se do direito adquirido referido no *caput* do art. 90 da Lei 14.133/21 –, ou quando houver recusa ilícita à celebração do contrato, o que se dará sempre que a extinção do processo de contratação desbordar dos limites fixados para o exercício regular das competências de anulação e revogação.

Não é necessária a manifestação administrativa para que seja possível reconhecer o exaurimento da discricionariedade. A ilicitude pode decorrer do silêncio administrativo, na medida em que a extinção do processo de contratação não pode ocorrer de forma imotivada, fora dos quadrantes legais.

Haverá ilicitude também em caso de comportamento comissivo consistente em contratar terceiro em preterição do particular efetivamente legitimado a contratar. Especialmente neste último caso, o comportamento estatal afasta qualquer dúvida acerca do cabimento e da conveniência de contratar. Confirma que o ente público precisa da

---

[356] Raciocínio similar é encontrado em trabalho de João Pacheco de Amorim em vista do direito português, com a indicação de que a condição poderia constituir "cláusula acessória" no edital, apta a promover, de forma excepcional, a "precarização" do direito a contratar (AMORIM, João Pacheco de. *As decisões de adjudicação e não adjudicação no Código dos Contratos Públicos*. Coimbra: Almedina, 2021. p. 109).

contratação e efetivamente pretende contratar. Como o ente público permanece vinculado ao resultado da licitação, disso se segue que ou ele deverá observar o dever de contratar o sujeito efetivamente legitimado a tanto, ou responderá pelo dever de indenizar.

3.3.5 A diferença apenas aparente do art. 60 da Lei 13.303/16 em face do regime geral

Uma questão que pode surgir é se as considerações feitas acima encontram limite ou exceção na previsão do art. 60 da Lei 13.303/16. Esta norma prevê que "a homologação do resultado implica a constituição de direito relativo à celebração do contrato em favor do licitante vencedor". Encontra-se na doutrina a afirmação de distinção em face do regime geral, extraindo-se do art. 60 um *direito adquirido* a contratar.[357]

Entende-se que essa disposição não resulta em diferença substancial em relação ao regime geral aqui descrito.

Em primeiro lugar, direito haverá se as condições para a contratação estiverem presentes, o que deverá ser meramente confirmado pelo ente contratante no momento da homologação. Se a empresa estatal se recusar ilegitimamente a homologar o certame, isso não impedirá que o particular reclame o reconhecimento do direito, tal como derivado dos atos praticados até então, pois o regime da Lei 13.303/16 também suporta a configuração desse direito antes do reconhecimento administrativo.

Em segundo lugar, o art. 62 da Lei 13.303/16 estabelece competência de revogação da licitação em termos amplos, sem limitação relativa ao interregno verificado entre a decisão de homologação e a contratação. Embora não se possa invocar aqui o argumento de "quem pode o mais, pode o menos" do mesmo modo em que deduzido a propósito das leis gerais, por não haver na Lei 13.303/16 previsão para a extinção do contrato por razões de interesse próprio do ente contratante, fundamento similar poderá ser alcançado considerando a via da denúncia do contrato via resilição, seguindo o regime da lei civil (art. 473 do Código Civil), aplicável por força do art. 68 da Lei 13.303/16.

Por essas razões, permanece cabível a decisão de não contratar por revogação do processo de contratação mesmo e excepcionalmente após a homologação, desde que fundamentada em razão legítima, suficiente e superveniente (art. 62 da Lei 13.303/16), sem prejuízo das

---

[357] NIEBUHR, Joel de Menezes. *Licitação Pública e Contrato Administrativo*. 3. ed. Belo Horizonte: Fórum, 2013. p. 245.

consequências de caráter indenizatório que poderão recair sobre a empresa estatal.

3.3.6 A diferença entre o direito a contratar e o direito a executar o contrato: o exemplo do sistema de registro de preços

É devida uma última observação a respeito da eficácia do direito a contratar. A celebração do contrato não necessariamente ensejará o direito a executar as prestações previstas. É o que ocorre na contratação de registro de preços. Neste caso, a vitória na licitação resultará na celebração de ata de registro de preços. Diz-se celebrar porque a própria lei estabelece o caráter obrigacional e bilateral desse ato. Ele é descrito como "documento vinculativo e obrigacional, com característica de compromisso para futura contratação, no qual são registrados o objeto, os preços, os fornecedores, os órgãos participantes e as condições a serem praticadas, conforme as disposições contidas no edital da licitação, no aviso ou instrumento de contratação direta e nas propostas apresentadas" (art. 6º, inc. XLVI).

Trata-se de uma espécie peculiar de contrato preliminar. A peculiaridade reside no fato de que a ata não obriga a celebração de futuros contratos para executar as prestações previstas. Apenas fixa condições e balizas para as futuras contratações. Conforme o art. 83 da Lei 14.133/21, a existência da ata "não obrigará a Administração a contratar" e não impedirá "a realização de licitação específica para a aquisição pretendida, desde que devidamente motivada".

Ou seja: tem-se aí situação excepcional. Porém, longe de infirmar as conclusões acima expostas, essa exceção reafirma a configuração do regime geral descrito acima. É apenas no caso de registro de preços que a legislação desobriga a Administração de efetivamente contratar as prestações licitadas, restringindo-se a estabelecer o dever de celebrar a ata. De outra parte, não há plena liberdade para o ente detentor da ata para promover nova licitação: somente situações devidamente justificadas ensejarão a possibilidade de recorrer a novo certame em alternativa a ata de registro de preços vigente.[358] Portanto, também aí

---

[358] "A decisão de produzir uma licitação específica, não obstante a existência de um registro de preços, deve ser devidamente justificada. Afinal, houve o desenvolvimento de uma atividade administrativa pertinente à licitação, tal como houve a aplicação de esforços e recursos de particulares para participar da licitação. A implantação do registro de preços foi justificada pela obtenção de vantagens. Portanto, não há cabimento em a Administração

há certo grau de vinculação obrigacional exigível, ainda que em grau reduzido.

3.4 Arremate e sequência

O presente capítulo buscou demonstrar a insuficiência da verificação estática do direito a contratar. O próprio processo de formação do direito é objeto de tutela jurídica, a partir da estipulação de deveres objetivos a serem seguidos pelo ente estatal e do reconhecimento de interesses ou posições jurídicas formativas detidas pelos sujeitos privados, integrados por faculdades processuais e proteção jurídica material. Esses pressupostos permitem passar à segunda parte deste trabalho, para determinar o regime de responsabilidade civil aplicável em caso de frustração das posições jurídicas emergentes nos processos de contratação administrativa.

---

ignorar o registro de preços sem motivos adequados e satisfatórios" (JUSTEN FILHO, Marçal. *Comentários à Lei de Licitações e Contratações Administrativas*: Lei 14.133/2021. São Paulo: Thomson Reuters Brasil, 2021. p. 1175).

PARTE II

A RESPONSABILIDADE PRÉ-CONTRATUAL DO ESTADO: REGIME JURÍDICO, HIPÓTESES E QUANTIFICAÇÃO DE DANOS

CAPÍTULO 4

IMPUTAÇÃO E REGIME DE RESPONSABILIDADE CIVIL DO ESTADO NO ÂMBITO PRÉ-CONTRATUAL

4.1 As tendências gerais que informam a responsabilidade civil do Estado: objetivação da imputação e ampliação da proteção subjetiva

Em linha com a tendência de subjetivização do direito administrativo referida no capítulo anterior, verificou-se um processo de multiplicação das hipóteses de responsabilidade civil e de surgimento de novos critérios de imputação, tanto no âmbito das relações privadas, quanto no tocante à atividade estatal.[359] Segue em curso uma tendência de política normativa atual, embora de origem não propriamente recente, relacionada ao "favorecimento da vítima", resultante da "interpretação do direito e da introdução de novas regras de direito que amplie a responsabilidade do Estado".[360]

---

[359] A rigor, o fenômeno de ampliação da responsabilidade civil do Estado tem sido uma razoável constante desde a afirmação dessa responsabilidade. Referindo à solidariedade social como base da responsabilidade, Léon Duguit já indicava que tal remédio na França "occupe déjà une place considérable et l'on peut dire que son domaine va s'élargissant chaque jour" (DUGUIT, Léon. *Traité de Droit Constitutionnel*. Paris: Ancienne Librairie Fontemoing, 1923. t. 32.). No mesmo sentido: "[...] la société française contemporaine – sans que beaucoup de juristes s'en soient encore rendu compte en droit privé – a opéré un redressement par la multiplication des cas de responsabilité, c'est-à-dire des cas où il y a infraction à un devoir, et elle a ainsi augmenté la somme des devoirs" (ROUBIER, Paul. *Droits Subjectifs et Situations Juridiques*. Paris: Dalloz, 1963. p. 47).

[360] ALMEIDA, Fernando Dias Menezes de. Controle da Administração Pública e Responsabilidade do Estado. *In:* DI PIETRO, Maria Sylvia Zanella (coord.). *Tratado de direito administrativo*. São Paulo: Revista dos Tribunais, 2014. v. 7. p. 407.

Essa tendência se apoia em duplo fenômeno: de objetivação da responsabilidade civil do Estado, por um lado, e de expansão das hipóteses – posições jurídicas – ensejadoras de tutela indenizatória frente ao Estado.

O primeiro ângulo a ser considerado diz respeito aos critérios de imputação de responsabilidade, tendo em vista, em especial, o processo de objetivação que caracterizou a evolução da responsabilidade civil estatal.

A mesma tendência objetivista verificada desde os fins do século XIX e princípios do século XX, que passou a negar centralidade à figura do direito subjetivo, caracterizou-se também por uma alteração no eixo da responsabilidade civil. A alteração diz respeito à perda da centralidade da noção de culpa como critério de imputação de responsabilidade. Outros fundamentos de imputação de responsabilidade emergem na esteira da constatação de que as ideias de igualdade e de risco da vida em sociedade, que ensejaram novas concepções sobre as noções de liberdade individual e de direito subjetivo (quando não a negação deste último), informaram também um movimento de redistribuição de riscos e danos no âmbito da sociedade.

Mesmo a compreensão da culpa passa a ser requalificada, na medida em que lhe são conferidos traços cada vez mais objetivos. A culpa deixou de ser associada a aspectos anímicos ou morais do sujeito a quem a conduta investigada se relacione. Passou por progressiva objetivação em direção a uma noção de culpa normativa, entendida como frustração de um modelo geral de comportamento ou dever de diligência.[361] Essas concepções focam mais no resultado lesivo e na existência de nexo com alguma atuação ou omissão do que em requisito subjetivo a ser investigado em torno da conduta lesiva.[362]

Desenvolvimento similar se verificou no direito administrativo, com a evolução da chamada teoria civilista da culpa à teoria da culpa anônima do serviço, configurada, segundo a formulação clássica, quando "o serviço público não funcionou (omissão), funcionou atrasado ou funcionou mal".[363] Alude-se a uma culpa objetivada, compreendida enquanto violação do "dever objetivo de adotar as providências necessárias e adequadas a evitar danos às pessoas e ao patrimônio".[364]

---

[361] Sobre o tema, TEPEDINO, Gustavo; TERRA, Aline; CRUZ, Gisela. *Fundamentos do Direito Civil*: Responsabilidade Civil. 3. ed. Rio de Janeiro: Grupo GEN, 2022. v. 4. p. 122.
[362] CANOTILHO, José Joaquim Gomes. *A responsabilidade do Estado por actos lícitos*. 2. ed. rev. e ampl. Belo Horizonte: Fórum, 2019. p. 54-56.
[363] DI PIETRO, Maria Sylvia Zanella. *Direito Administrativo*. 34. ed. Rio de Janeiro: Forense, 2021. p. 809-810.
[364] JUSTEN FILHO, Marçal. *Curso de Direito Administrativo*. 14. ed. Rio de Janeiro: Forense, 2023. p. 835.

A objetivação dos sistemas de responsabilidade, ao lado das concepções organicistas, contribui para impulsionar o reconhecimento de uma responsabilidade originária e diretamente imputável ao Estado, superando as dificuldades em torno da responsabilização baseada na conduta e condições próprias aos agentes estatais.[365] Segundo Amaro Cavalcanti, as concepções objetivistas permitem extrair da "lesão do direito objetivo" a "razão determinante de dita responsabilidade, sem indagar previamente da condição concorrente de ilegalidade ou de culpa por parte do respectivo agente".[366]

Trazendo esse movimento à atualidade, podem-se elencar algumas linhas principais sustentadas no direito brasileiro a propósito da responsabilidade civil do Estado: (i) teorias que reconhecem um regime de responsabilidade geral e homogêneo para a atuação administrativa, destacando-se a corrente majoritária de responsabilidade objetiva;[367] (ii) teorias que reconhecem o regime de responsabilidade objetiva como regra, mas distinguem espaço residual em que incidiria um regime de responsabilidade subjetiva, particularmente nos casos de omissão administrativa[368]; (iii) concepções que negam a existência de regime geral e homogêneo de responsabilidade pela atuação administrativa, com base na observação de que a responsabilidade relativa a cada função pode envolver gradação ou variabilidade dos critérios de imputação, mais ou menos objetivos, conforme as características da normativa aplicável.[369]

---

[365] CANOTILHO, José Joaquim Gomes. *A responsabilidade do Estado por actos lícitos*. 2. ed. rev. e ampl. Belo Horizonte: Fórum, 2019. p. 59.

[366] CAVALCANTI, Amaro. *Responsabilidade civil do Estado*. Rio de Janeiro: Borsoi, 1957. v. 1. p. 349.

[367] Sobre o regime geral objetivo: MEIRELLES, Hely Lopes. *Direito Administrativo Brasileiro*. 34. ed. atual. por Eurico de Andrade Azevedo, Délcio Balestero Aleixo, José Emmanuel Burle Filho. São Paulo: Malheiros, 2008. p. 661 e ss.; SILVA, Almiro Couto e. A responsabilidade extracontratual do Estado no direito brasileiro. *Revista da Procuradoria-Geral do Estado do Rio Grande do Sul*, Porto Alegre, v. 27, n. 57, p. 149-170, dez. 2003. p. 153; MEDAUAR, Odete. *Direito Administrativo Moderno*. 19. ed. São Paulo: Revista dos Tribunais, 2015. p. 433; MOREIRA, Egon Bockmann. *Processo Administrativo*: princípios constitucionais e a Lei nº 9.784/1999 (com especial atenção à LINDB). 6. ed. Belo Horizonte: Fórum, 2022. p. 141-142.

[368] MELLO, Celso Antônio Bandeira de. *Curso de Direito Administrativo*. 35. ed. São Paulo: Malheiros, 2021. p. 957; DI PIETRO, Maria Sylvia Zanella. *Direito Administrativo*. 34. ed. Rio de Janeiro: Forense, 2021. p. 817; SUNDFELD, Carlos Ari. *Fundamentos de Direito Público*. 5. ed. São Paulo: Malheiros, 2014. p. 182-183; CÂMARA, Jacintho Arruda. A relevância da culpa na responsabilidade extracontratual do Estado. *In*: GUERRA, Alexandre Dartanhan de Mello; PIRES, Luis Manuel Fonseca; BENACCHIO, Marcelo (coord.). *Responsabilidade Civil do Estado*: desafios contemporâneos. São Paulo: Quartier Latin, 2010. p. 83 e ss. Essa parece ser a orientação prevalente também no Supremo Tribunal Federal e no Superior Tribunal de Justiça. Por todos: recurso extraordinário 382.054, 2ª Turma, relator Ministro Carlos Velloso, j. 03.082004, e agravo em recurso especial 1.717.869/MG, 2ª Turma, relator Ministro Herman Benjamin, j. 20.10.2020.

[369] Nesse sentido, Menezes de Almeida explica que a responsabilidade civil sempre terá como pressupostos elementos "caráter objetivo – formado pela *ação causadora* e a *efeito danoso*" –

Mesmo que a partir de pressupostos distintos, essas diversas abordagens parecem estar razoavelmente de acordo em atribuir ao poder público, em maior ou menor grau, o ônus de demonstrar a correção da sua atuação quando dela resultarem danos, em distanciamento de concepções anteriores de responsabilidade civil.[370]

O segundo ângulo de análise corresponde à investigação do que se possa compreender como dano na acepção jurídica. Essa tarefa passa pelo entendimento do que (qual objeto) pode ser lesado. Enquanto a tendência de objetivação acima retratada tem a ver com a conduta lesiva e com a forma de imputação a ser estabelecida para determinar a responsabilidade daquele que lesa, as considerações relativas ao dano encontram-se conectadas a outro problema, atinente à identificação do conteúdo tutelado pelo ordenamento, que, uma vez prejudicado, seja apto a instaurar relação de responsabilidade.

Em um primeiro momento, de afirmação ainda incipiente da responsabilidade civil estatal, prevalecia o entendimento de que haveria lugar à responsabilidade apenas nos casos de lesão de direitos subjetivos assim qualificados e assegurados pela lei.

Essa orientação é professada por Amaro Cavalcanti em meados do século XX. A sua lição, pela clareza e contundência, é reproduzida a seguir:

> O objeto da lesão deve ser um direito individual, na verdadeira significação dêsse vocábulo; um simples interêsse, ou, mesmo, o chamado direito em espectativa, embora realmente prejudicado por atos da administração pública, não pode constituir o objeto em questão. Nem sempre será fácil afirmar que um ato do poder público ou do funcionário seja uma violação indiscutível do direito individual; mas o critério no caso não deve ser outro senão o da existência de um direito objetivo adquirido, e, como tal, reconhecido na lei vigente. Quer dizer, como direito adquirido só pode ser entendido aquêle cujo sujeito possa fazê-lo valer ou reparar por um remédio legal, também existente.[371]

---

o que denomina como "substrato mínimo" da responsabilidade –, concluindo que daí se seguirá um processo de aplicação da responsabilidade que "poderá exigir a demonstração de certos elementos portadores de subjetividade em distintos graus", conforme o regime jurídico aplicável (ALMEIDA, Fernando Dias Menezes de. Controle da Administração Pública e Responsabilidade do Estado. In: DI PIETRO, Maria Sylvia Zanella (coord.). *Tratado de direito administrativo*. São Paulo: Revista dos Tribunais, 2014. v. 8. p. 265). No mesmo sentido: JUSTEN FILHO, Marçal. *Curso de Direito Administrativo*. 14. ed. Rio de Janeiro: Forense, 2023. p. 833 e ss.

[370] Sobre esse aspecto em específico, conferir, entre outros, FREITAS, Juarez. Responsabilidade civil do Estado e o princípio da proporcionalidade: vedação do excesso e de inoperância. In: FREITAS, Juarez (org.). *Responsabilidade Civil do Estado*. São Paulo: Malheiros, 2006. p. 177.

[371] CAVALCANTI, Amaro. *Responsabilidade civil do Estado*. Rio de Janeiro: Borsoi, 1957. v. 1. p. 343.

Em sentido similar, Guimarães Menegale aludia à responsabilidade por danos produzidos em função do exercício de atividades administrativas restrita à frustração de "direitos objetivos dos administrados", ressalvando que tal responsabilidade desaparece quanto aos atos caracterizados por lei como discricionários, a não ser quando esteja em causa lesão a direitos subjetivos.[372]

Esse quadro revela que a compreensão da responsabilidade civil do Estado, mesmo admitida com feição cada vez mais objetiva, permaneceu limitada a uma concepção de ilicitude atrelada ao pressuposto de violação de um direito subjetivo.[373] Fora desse âmbito, e especialmente quando estivessem em causa competências marcadamente discricionárias, prevalecia a noção de que os particulares disporiam de mero interesse ao restabelecimento da legalidade da atuação administrativa, quando esta se revelasse ilícita; ou que se encontrariam em posição de sujeição à atuação administrativa, quando a atuação fosse lícita. Em qualquer caso, a interferência estatal sobre as esferas privadas ocorreria sem que se pudesse extrair repercussão em termos de responsabilidade civil.

Ainda a esse propósito, nota-se que Amaro Cavalcanti compreendia a necessidade de soluções de responsabilidade civil condizentes com a ampliação da atuação estatal, ao observar que a teoria da responsabilidade objetiva, "que cada dia mais prepondera, é a única capaz de oferecer razão ou argumento, sôbre o qual se possa apoiar a ação extraordinariamente crescente do Estado moderno, sem por isso, serem sacrificados os direitos dos indivíduos particulares".[374]

Mas um aspecto não alcançado pela proposição de Cavalcanti diz respeito à constatação de que a ampliação da atuação estatal não se fez acompanhada da ampliação da tutela das hipóteses e formas, não necessariamente legisladas, em que sujeitos privados podem ser afetados pela atividade estatal. Isto é: aquele jurista reconhecia um imperativo social de ampliação da responsabilidade civil do Estado, vendo na imputação objetiva de responsabilidade uma solução para enfrentar a realidade em evolução. Ao mesmo tempo, seguia baseado

---

[372] MENEGALE, J. Guimarães. *Direito Administrativo e Ciência da Administração*. 2. ed. Rio de Janeiro: Borsoi, 1950. v. 2. p. 349-350. Com referência atual ao entendimento de responsabilização do Estado restrita à lesão de direito individual, ver CAHALI, Yussef Said. *Responsabilidade civil do Estado*. 4. ed. São Paulo: Revista dos Tribunais, 2012. p. 67.
[373] CANOTILHO, José Joaquim Gomes. *A responsabilidade do Estado por actos lícitos*. 2. ed. rev. e ampl. Belo Horizonte: Fórum, 2019. p. 62.
[374] CAVALCANTI, Amaro. *Responsabilidade civil do Estado*. Rio de Janeiro: Borsoi, 1957. v. 1. p. 349.

em um pressuposto – o de que a responsabilidade civil constituía remédio para reparar a lesão de direitos assegurados em lei – que se revelou insuficiente para fazer frente à mesma realidade então examinada.

Há, afinal, duas questões distintas: a ampliação dos fatores de imputação de responsabilidade não constitui resposta suficiente diante das crescentes hipóteses de danos nos relacionamentos público-privados, se a consagração legislativa de direitos não acompanha o crescimento da atuação administrativa nas diversas esferas econômicas e sociais. Esta última constatação está relacionada à realidade que Canotilho descreve como um "crescente envolvimento do círculo jurídico do particular" com as atividades estatais, do que resulta a "inversão da autonomia para a sujeição" dos sujeitos privados perante a atuação estatal. As leis de caráter geral, instrumentos por excelência de garantia dos direitos subjetivos e de limitação das funções estatais, ensejam o surgimento, ainda conforme as palavras de Canotilho, de instrumentos de "conformação concreta e individual, susceptíveis de ingerências lesivas nas situações subjectivas".[375]

A orientação acima descrita evoluiu nas últimas décadas. A revalorização e a multiplicação das posições jurídicas individuais, baseadas no supracitado fenômeno de constitucionalização e de afirmação da centralidade dos direitos fundamentais, ampliaram o âmbito de proteção das órbitas privadas perante o Estado, indo além da concepção clássica de direitos subjetivos. Em conjunto com a objetivação da responsabilidade civil estatal, esse movimento propicia o surgimento daquilo que se vem a denominar como *concepção objetiva de ilicitude* como condição suficiente para a formação da relação de responsabilidade civil, ao lado da configuração de dano e de nexo causal.[376]

Tal concepção é baseada na violação das normas jurídicas e na existência de nexo causal com um determinado dano como condições necessárias e suficientes para instaurar o dever de responsabilidade. Por esse prisma, a responsabilização não surge apenas na hipótese de violação de um direito subjetivo prévio, assim consagrado na legislação, mas também não se alarga em termos absolutos, pois pressupõe a existência de norma de escopo protetivo da posição subjetiva para que tenha lugar. Como sintetizado por DROMI, trata-se de responsabilidade

---

[375] CANOTILHO, José Joaquim Gomes. *A responsabilidade do Estado por actos lícitos*. 2. ed. rev. e ampl. Belo Horizonte: Fórum, 2019. p. 91-92.
[376] CANOTILHO, José Joaquim Gomes. *A responsabilidade do Estado por actos lícitos*. 2. ed. rev. e ampl. Belo Horizonte: Fórum, 2019. p. 62.

baseada na *"subjetividad de la objetividad"*.³⁷⁷ Ou, como referido por Menezes de Almeida, trata-se de responsabilidade em um contexto de hipersubjetivização do direito.³⁷⁸

Um ponto a frisar é que a posição tutelável não será necessariamente reconduzível à noção clássica de direito subjetivo. Admite-se a responsabilidade civil do Estado diante de violação de direitos subjetivos e, de forma mais ampla, por violação de normas de proteção endereçadas a tutelar a situação dos cidadãos perante a administração pública.

Um breve panorama comparativo é útil para ilustrar a amplitude e generalidade da tendência que ora se descreve. É pertinente apresentar breve notícia acerca da experiência de países como França e Itália, que, sem prejuízo de suas respectivas peculiaridades, revelam marchas similares em relação ao tema.

No direito francês, encontra-se menção recorrente à fórmula "situação juridicamente protegida" para fins de responsabilidade civil do Estado. Segundo a explicação de Vedel e Devolvè, essa expressão é fruto da evolução da jurisprudência do Conselho de Estado, ocorrida em consonância com o processo de expansão da eficácia protetiva antes reservada aos direitos subjetivos clássicos, descrita no capítulo 3. Com orientação originalmente centrada em identificar a responsabilidade civil de forma restrita aos casos de lesão de direitos subjetivos, o Conselho de Estado passou a admitir não apenas a legitimação processual baseada em "simples interesse legítimo", mas também a sua proteção material, inclusive para fins de responsabilização do Estado.³⁷⁹

---

³⁷⁷ DROMI, José Roberto. *Derecho subjetivo y responsabilidad pública*. Bogotá: Editorial Temis Librería, 1980, p. 51.

³⁷⁸ MENEZES DE ALMEIDA, Fernando Dias. *Formação da Teoria do Direito Administrativo no Brasil*, cit., p. 412.

³⁷⁹ "Le prejudice doit consister dans l'atteinte à une situation juridiquement protégée. Le préjudice peut correspondre à la lésion d'un droit, à celle d'un intérêt légitime, à celle d'un intérêt non qualifié. Auquel de ces trois caractères, de plus en plus larges, s'arrête le juge administratif ? Comme on l'a déjà dit, longtemps le Conseil d'Etat a exigé la lésion d'un droit. Mais, dans l'arrêt Berenger du 8 juillet 1951 (S., 1951.3.96) et les arrêts subséquents (25 janvier 1952, Simon, D., 1952.649, note Mora nge; 16 mai 1952, E. D. F., Rec., p. 263), il a abandonné cette exigence et s'est contenté d'un simple intérêt légitime en accordant réparation à des ayants droit n'ayant pas une créance alimentaire envers la victime. Longtemps le Conseil d'Etat s'est attaché en revanche à la notion d'intérêt non qualifié' pour refuser tout droit à réparation à la 'concubine' demandant l'indemnisation du dommage causé par la perte de son compagnon (C. E. 11 mai 1928, Dlle Rucheton, S. 1928.3.97, note Hauriou; 21 octobre 1955, Dame Braud, Rec., 495; 8 novembre 1960, Savelli, RDP, 1961.1068, note Waline), se séparant ainsi de la jurisprudence de la Cour de Cassation. Cette jurisprudence a été renversée par l'arrêt du Conseil d'Etat du 3 mars 1978 (Dame Muesser, veuve Lecompte, JCP, 1978.2.18986, concl. Dondoux; AJ, 1978.232 et Chr.

Embora a proteção da confiança não apareça com maior protagonismo no direito francês,[380] cabe destaque à proteção identificada na jurisprudência francesa ao "interesse subjetivo de confiança" como base jurídica para ensejar a responsabilização civil estatal. Sylvia Calmes situa no arresto *Compagnie des mines de Siguiri*, de 1929, aquele que seria um primeiro reconhecimento de responsabilidade civil do Estado por violação de "*intérêt subjectif de confiance*", em razão da modificação do rumo da conduta estatal e de seu impacto sobre atividade privada. Segundo Calmes, seria possível visualizar a partir dessa ocasião o prenúncio da inflexão do direito administrativo francês em direção a uma perspectiva por ela qualificada como mais *equitativa* a propósito das repercussões da ação estatal sobre a esfera jurídica dos sujeitos privados.[381]

Mais recentemente, e com referência expressa à internalização da proteção da confiança no direito francês relacionada ao direito comunitário, o Conselho de Estado veio a admitir a responsabilidade estatal por atividade legislativa – no caso, lei contrária às regras comunitárias –, baseada no fundamento de violação à confiança legítima.[382]

O direito italiano avançou em direção similar. Da primeira metade do século XX surge a construção, que se vê desenvolvida com profundidade por Renato Alessi, por exemplo, no sentido de que a

---

210) qui a admis le droit à réparation de la concubine en cas de liaison suffisamment stable et continue" (VEDEL, Georges; DEVOLVÉ, Pierre. *Droit Administratif*. 11. ed. Paris: Presses Universitaires de France, 1990. t. 1. p. 615). Fazendo alusão à necessidade de o dano guardar relação com uma "*situation juridiquement protégée*" (sem se referir a um direito subjetivo em sentido estrito, porém sem esclarecer o alcance da expressão empregada): WALINE, Jean. *Droit Administratif*. 23. ed. Paris: Dalloz, 2010. p. 467.

[380] Sobre o tema, e indicando que a proteção da confiança legítima tem sido um dado mais relacionado à observância do direito comunitário, refere-se à exposição de BAPTISTA, Patrícia Ferreira. *Segurança Jurídica e Proteção da Confiança Legítima no Direito Administrativo*: Análise Sistemática e Critérios de Aplicação no Direito Administrativo Brasileiro. [Carolina do Sul]: Kindle Direct Publishing, 2015. p. 74-75.

[381] O que, no entanto, veio a ocorrer apenas mais recentemente: "C'était peut-être là, bien avant la décision 'Freymuth', et parl'amorce d'un infléchissement de notre droit administratif classique dans le sens d'une prise en compte plus équitable des retombées des bouleversements juridiques sur la situation des particuliers" (CALMES, Sylvia. *Du principe de protection de la confiance légitime en droits allemand, communautaire et français*. Paris: Dalloz, 2001. p. 617).

[382] São exemplos as decisões do Conselho de Estado de n. 210944, de 09.05.2001 ("arrêt Freymuth"), e de n. 354365, 23.07.2014. Neste último caso, o reconhecimento da hipótese de responsabilidade foi feito apenas em abstrato, em entendimento não aplicável à situação concreta então examinada, o que não retira a sua utilidade para ilustrar o entendimento do Conselho de Estado. Rejeitou-se a responsabilidade porque o pedido do postulante se baseava não diretamente no questionamento da lei em si, mas na alegação de "caráter imprevisível da interpretação que veio a ser dada pela jurisprudência da Corte de Cassação". Disponível em: https://www.legifrance.gouv.fr/ceta/id/CETATEXT000029288213/. Acesso em: 10 nov. 2022.

responsabilidade civil do Estado pressuporia violação da esfera jurídica do sujeito lesado traduzida na violação não de meros interesses, mas de "verdadeiro e próprio direito subjetivo".[383] Essa concepção é explicada com expressa exclusão da proteção indenizatória de "um direito ou de uma faculdade jurídica expectativa", na medida em que tais posições jurídicas seriam sujeitas à sua conversão em mero interesse, isto é: o *enfraquecimento do direito*, conforme a locução tipicamente empregada no direito italiano.[384]

Já na década de 70 surgem críticas a esse entendimento, com defesa explícita da tutela ressarcitória de expectativas relacionadas ao adequado exercício da atividade estatal, conforme os deveres de boa-fé – e isso, segundo Bardusco, justamente a propósito da responsabilidade pré-contratual do Estado, com afastamento da orientação de que os sujeitos privados se encontrariam em posição de mera sujeição frente ao ente público.[385]

Em um primeiro momento, o ressarcimento pela violação dessas expectativas, reconduzidas à fórmula "interesse legítimo", teve reconhecimento restrito ao âmbito doutrinário. Relata-se que foi apenas no final da década de 1990, a reboque do direito comunitário, que a jurisprudência italiana se modificou em relação ao tema. É frequente e aparentemente pacífica a alusão à sentença 500/1999, de 22 de julho de 2019, da Corte de Cassação como marco fundamental de virada do entendimento.[386]

A orientação fixada na sentença 500/1999 passa pela superação da distinção entre interesses legítimos e direitos subjetivos, para o fim de aproximar o tratamento material de ambas as figuras em termos de

---

[383] ALESSI, Renato. *La responsabilità della pubblica amministrazione*. Milano: Giuffrè, 1939. v. 1. p. 21.

[384] ALESSI, Renato. *La responsabilità della pubblica amministrazione*. Milano: Giuffrè, 1939. v. 1. p. 22.

[385] "Nonostante tutte le considerazione che si possano fare sulla natura dell'attività che precede la conclusione del contratto – attività che verrebbe svolta dall'amministrazione in posizione autoritativa, come espressione di una potestà – resta il fatto che la posizione del privato, quando viene interessato ad un progetto contrattuale, non è di mera soggezione. La parte che il privato è chiamato a svolgere in vista della conclusione di un contratto con l'amministrazione pubblica è una parte (anche) attiva e di collaborazione. Non si può quindi applicare a questo caso il principio di irrisarcibilità dei danni provenienti dall'uso (legittimo) che un soggetto pubblico faccia dia una potestà" (BARDUSCO, Aldo. *La struttura dei contratti delle pubbliche amministrazioni*: atti amministrative e negozio di diritto privato. Milano: Giuffrè, 1974. p. 201).

[386] Por todos, confira-se PONZIO, Silvia. State Liability in Public Procurement. The case of Italy. *In:* FAIRGRIEVE, Duncan; LICHÈRE, François. *Public Procurement Law*: Damage as an Effective Remedy. Oxford: Hart Publishing, 2011. p. 91.

responsabilidade civil do Estado.³⁸⁷ A partir desse momento, assentou-se a orientação de que a tutela indenizatória é extensível a interesses legítimos, cujo conteúdo era antes tido como exclusivamente instrumental ou procedimental, relacionado estritamente com a pretensão de atuação administrativa segundo critérios de *correttezza*.³⁸⁸ Por identidade de razões, tal proteção vem a abranger a tutela material de meras *expectativas*, enquanto *posições jurídicas de espera*.³⁸⁹

Voltando os olhos à experiência brasileira, observa-se também nela tendencial superação da orientação restritiva de responsabilidade às situações de lesão de direitos subjetivos em sentido estrito, assim entendidos como aqueles previstos em lei e plenamente adquiridos.

Observe-se que o mesmo problema foi enfrentado no âmbito do direito privado. Daí se extraem manifestações no sentido de se ver configurada a "falência do modelo regulamentar inspirado na pretensão de completude das codificações oitocentistas, diante da multiplicação desconcertante de novas situações e expectativas que caracteriza as sociedades atuais",³⁹⁰ cuja frustração é apta a caracterizar danos indenizáveis. Alude-se à construção em curso de uma teoria apta a englobar "na noção de dano todas as ofensas a interesses juridicamente tutelados".³⁹¹

---

³⁸⁷ No corpo da decisão, a Corte nota a sua "giurisprudenza definita dalla dottrina 'monolitica' o addirittura 'pietrificata'", e o dissenso "manifestato dalla quasi unanime dottrina, che ha [...] denunciato come iniqua la sostanziale immunità della P.A. per l'esercizio illegittimo della funzione pubblica" quando diante de posições jurídicas não reconduzíveis à noção de direito subjetivo (Disponível em: https://www.federalismi.it/ApplOpenFilePDF.cfm?artid=4905&dpath=document&dfile= 01062006012207.pdf&content=Corte%2Bdi%2BCassazione%2C%2B%2BSentenza%2Bn%2E%2B500%2F1999%2C%-2BIn%2Bmateria%2Bdi%2Bburbanistica%2B%2D%2Bpolitiche%2Bdi%2Bsettore%2B-%2D%2Bdocumentazione%2B%2D%2B. Acesso em: 4 dez. 2022).

³⁸⁸ PREDEN, Roberto. La liquidazione del danno per lesioni di interessi legittimi. *In*: LA RESPONSABILITÀ della pubblica amministrazione per lesioni di interessi legittimi: atti del LIV Convegno di Studi. Varenna Villa Monastero, 18-20 settembre 2008. Milano: Giuffrè, 2009. p. 305.

³⁸⁹ "Tradizionalmente, la tipica situazione risarcibile è il diritto soggettivo assoluto (proprietà, diritti reali, diritti della persona), in quanto solo i diritti assolutti si fanno valere *erga omnes* e chiunque è in grado di violarli. [...] La tutela si è allargata anche per quanto riguarda l'aspettativa di diritto e di fatto (Cass. Civ., III, 16 ottobre 2001, n. 12597, in Man. Giur. It., 2001). L'aspettativa è la posizione giuridica di attesa di un soggetto cui l'ordinamento attribuisce giuridica rilevanza, favorendo la conservazione e l'attitudine a trasformarsi in un diritto soggettivo (Santoro Passarelli, *Dottrine generali*, 1 Milano, 1964). La definizione indica un fenomeno di maturazione di un diritto per effetto del concorso di elementi successivi: un interesse preliminare di un soggetto, dunque" (LUMETTI, Maria Vittoria. *Violazione dell'interesse legittimo e danno risarcibile*. Milano: Giuffrè, 2008. p. 21-22).

³⁹⁰ SCHREIBER, Anderson. *Novos paradigmas da responsabilidade civil*: da erosão dos filtros da reparação à diluição dos danos. 5. ed. São Paulo: Atlas, 2013. p. 124.

³⁹¹ SANSEVERINO, Paulo de Tarso Veira. *Princípios da reparação integral*: indenização no Código Civil. São Paulo: Saraiva, 2011. p. 336.

É dentro dessa perspectiva, aliás, que a teoria da responsabilidade pré-contratual no direito privado emergiu. A teoria da *culpa in contrahendo* já veio a ser qualificada como "subversiva", por resultar na "proposição da existência de responsabilidade anterior à formação do contrato, embasada na culpa e não vinculada à infração de nenhum bem jurídico".[392] De fato, tal como originalmente formulada por Jhering, tem-se que a teoria desenvolveu-se à margem da consagração prévia de qualquer direito no plano legislativo.

O mesmo processo evolutivo se faz presente no direito público, com traços similares. Diante da dificuldade ou mesmo da inviabilidade de especificação *a priori* das posições tuteladas, passa a ser recorrente localizar na doutrina referências aos conceitos de *prejuízo* ou *dano* atreladas a expressões genéricas, mais ou menos próximas entre si, que ou não se referem ao conceito de *direito* como elemento indispensável à construção da noção de dano, ou se reportam a ele com alusão conjunta a outros conceitos.

Para mencionar apenas alguns exemplos, observa-se definição de "dano juridicamente injusto [como aquele] que prejudica direito ou interesse legítimo (individual ou transindividual)".[393] Apontam-se "dificuldades na fixação de um conceito unitário de dano", reconduzindo-o à caracterização de "toda a ofensa de bens ou interesses alheios protegidos pela ordem jurídica, e ainda como a lesão a um interesse juridicamente protegido ou tutelado".[394] Refere-se, ainda, à responsabilidade estatal frente a "todas as situações jurídicas instauradas em decorrência do exercício de competências administrativas", aí incluídos "interesses legítimos" e as "expectativas e os direitos derivados de atividades estatais".[395]

É pertinente, nessa linha, fazer observação sobre as menções contemporâneas à noção de direito como condição para configuração do dano indenizável. Pode-se concluir que ao menos parte da doutrina

---

[392] STEINER, Renata Carlos. *Reparação de danos*: interesse positivo e interesse negativo. São Paulo: Quartier Latin, 2018. p. 37.

[393] FREITAS, Juarez. O controle dos atos administrativos e os princípios fundamentais. 4. ed. São Paulo: Malheiros, 2009. p. 134.

[394] BENACCHIO, Marcelo. Pressupostos da responsabilidade civil extracontratual do Estado contidos no art. 37, parágrafo 6º, da Constituição Federal. *In:* GUERRA, Alexandre Dartanhan de Mello; PIRES, Luis Manuel Fonseca; BENACCHIO, Marcelo (coord.). *Responsabilidade Civil do Estado*: desafios contemporâneos. São Paulo: Quartier Latin, 2010. p. 103-104.

[395] JUSTEN FILHO, Marçal. *Curso de Direito Administrativo*. 12. ed. São Paulo: Revista dos Tribunais, 2016. p. 1205 e 1245.

que permanece a se valer do conceito de direito subjetivo como pressuposto da responsabilidade civil estatal o faz como extensão de uma tradição conceitual secular, sem com isso necessariamente sustentar que a responsabilidade estatal se encontre limitada à lesão de direito subjetivos tipificados em lei, tal como até outrora se entendia.[396]

Os Tribunais, por sua vez, manifestam entendimentos variados, ora reconhecendo o cabimento de responsabilidade apenas em caso de violação de direitos subjetivos clássicos, ora refletindo, para tal fim, a compreensão de alargamento do campo de proteção a outras situações.[397]

Em suma, é possível identificar evidências consistentes de ampliação tendencial do espaço de tutela a ensejar a responsabilização civil estatal. Mas a constatação desse panorama, como alerta Ricardo Marcondes Martins, não resolve a questão consistente em determinar quando se está diante de um dano antijurídico.[398] Cabe avançar nessa direção, com o propósito de identificar os critérios a serem considerados para determinação do dano nas interações pré-contratuais entre Estado e demais interessados.

4.2 Critérios de determinação da responsabilidade civil do Estado e a proteção da confiança legítima

Um sistema de responsabilidade voltado a remediar danos produzidos sobre direitos subjetivos individualizáveis e definidos

---

[396] Tome-se como exemplo o entendimento professado por Celso Antônio Bandeira de Mello. Em seu *Curso*, refere que o dano deve corresponder à "lesão *a um direito* da vítima" (MELLO, Celso Antônio Bandeira de. *Curso de Direito Administrativo*. 35. ed. São Paulo: Malheiros, 2021. p. 963). Ao mesmo tempo, o autor admite em termos mais amplos a responsabilidade decorrente de "agravo a algo que a ordem jurídica reconhece como garantido em favor de um sujeito" e defende a responsabilidade civil pré-contratual do Estado frente a situações em que não se está configurado um direito – ou, ao menos, não um direito adquirido. A concepção do autor sobre algumas dessas situações pré-contratuais ensejadoras de responsabilidade será retomada nos capítulos seguintes.

[397] A análise da jurisprudência sobre esse tema será aprofundada na sequência, a propósito especificamente da responsabilidade estatal em âmbito pré-contratual. Apenas para ilustrar, no âmbito do Superior Tribunal de Justiça, refira-se a decisões antagônicas a respeito da responsabilidade civil do Estado perante expectativas de sujeitos privados, negando-a (recurso especial 1.347.136/DF, 1ª Seção, relatora Ministra Eliana Calmon, j. 11.12.2013) ou a confirmando (recurso ordinário em mandado de segurança 6.183/MG, 4ª Turma, Rel. Ministro Ruy Rosado De Aguiar, j. 14.11.1995).

[398] "Como saber se um prejuízo é *antijurídico* ou não? A teoria tradicional não apresenta critério doutrinários seguros: tudo depende do caso concreto" (MARTINS, Ricardo Marcondes. Responsabilidade civil do Estado, nexo causal e imputação objetiva. *In:* GUERRA, Alexandre Dartanhan de Mello; PIRES, Luis Manuel Fonseca; BENACCHIO, Marcelo (coord.). *Responsabilidade Civil do Estado*: desafios contemporâneos. São Paulo: Quartier Latin, 2010. p. 373).

a priori no ordenamento permitiria operação em tese mais simples de identificação do dano. Envolveria basicamente um método de subsunção para discernir as hipóteses em que prejuízos podem traduzir-se em danos aptos a instaurar relações de responsabilidade no âmbito social.

Mas essa simplicidade é apenas aparente. Ao tempo em que defendia a concepção de responsabilidade civil voltada a assegurar as "garantias da segurança individual e da propriedade", enquanto traduzidas em direitos assim definidos em lei, Amaro Cavalcanti observava que "nem sempre será fácil afirmar que um ato do poder público ou do funcionário seja uma violação indiscutível do direito individual".[399]

Ganham terreno propostas metodológicas que, afastando-se de delimitações aprioristicas do que seja juridicamente tutelável, buscam identificar de forma tópica, concreta, os *interesses com relevância indenizatória*.[400] Essas propostas são em maior ou menor medida inspiradas pela eficácia expansiva dos direitos fundamentais e sua utilização como critério de interpretação e integração de lacunas na legislação.[401] Baseado nesse pressuposto, Juarez Freitas sustenta a necessidade de verificar, mediante a determinação dos "valores legítimos a sopesar", se a atuação estatal em eventual detrimento de algum desses valores constituiria ou não sacrifício aceitável.[402]

É compreensível que as fórmulas doutrinárias desenvolvidas em torno do conceito do dano se tornem mais genéricas e, por vezes, aproximativas – o que também impacta o modo de definir a responsabilidade estatal. Parece-nos que a questão já não está mais ou apenas em buscar predeterminar as posições jurídicas que, lesadas, ensejam reparação civil. O ponto relevante reside em conceber metodologia de apuração das posições jurídicas com potencial de comportarem tutela equivalente ou próxima à dos direitos subjetivos clássicos.

Diversas formulações foram desenvolvidas para cumprir tal intento.

---

[399] CAVALCANTI, Amaro. *Responsabilidade civil do Estado*. Rio de Janeiro: Borsoi, 1957. v. 1. p. 343 e 400.

[400] No dizer de CANOTILHO, a responsabilidade civil estatal demanda a adoção de "pensamento concreto, prático, funcional, teleológico que, longe de aprioristicamente deduzir do círculo cerrado de conceitos as posições jurídicas dos cidadãos merecedoras de protecção ressarcitória, nos possibilite uma 'punctualizada' fixação de interesses com relevância indemnizatória" (*A responsabilidade do Estado por actos lícitos*, cit., p. 173).

[401] SILVA, Vasco Pereira da. *Em Busca do Acto Administrativo Perdido*. Coimbra: Almedina, 2003. p. 235.

[402] FREITAS, Juarez. O controle dos atos administrativos e os princípios fundamentais, cit., p. 133.

Uma primeira proposta de metodologia a ser referida é aquela que busca a configuração de dano na ausência de dever jurídico do sujeito lesado de suportá-lo. Essa concepção pode ser encontrada em obra de Jesus Leguina Villa publicada em 1970, com exposição de análise comparativa da responsabilidade civil do Estado nos direitos italiano, francês e espanhol.[403] Partindo em particular da ampla previsão de responsabilidade civil do art. 2043 do Código Civil italiano,[404] aquele jurista concebeu metodologia de identificação do dano baseada em investigação de dois estágios.

Em primeiro lugar, partindo da perspectiva do sujeito lesado, caberia aferir a existência ou não de dever jurídico que imponha ao lesado o encargo de suportar os efeitos negativos produzidos pela conduta estatal.[405] Inexistindo tal dever, caberia, em segundo lugar e já do ponto de vista estatal, a investigação acerca da existência de algum critério normativo a justificar a imputação dos efeitos lesivos à órbita estatal que os produziu.[406]

A caracterização do dano a partir de sua identificação como ausência de dever de suportá-lo, associado à imputabilidade de responsabilidade à órbita estatal, tem relação direta com a lógica de observância do princípio da igualdade, enquanto definidor do equilíbrio entre os polos – público e privado – para suportar os efeitos derivados da conduta estatal.[407]

---

[403] VILLA, Jesús Leguina. La Responsabilidad civil de la Administración Pública. Madrid: Tecnos, 1970.

[404] "Qualunque fatto doloso o colposo, che cagiona ad altri un danno ingiusto, obbliga colui che ha commesso il fatto a risarcire il danno". A disposição é similar à do art. 927 do Código Civil brasileiro no que diz respeito à abertura da cláusula de responsabilidade, embora esteja assentada em fatores subjetivos (dolo e culpa) de imputação de responsabilidade não presentes na norma brasileira.

[405] Com referência ao mesmo raciocínio, atinente à ausência de dever de suportar o dano, para identificar o dano indenizável: "São três os requisitos necessários para que se configure a responsabilidade por violação ao princípio da eficiência: (a) descumprimento de um dever jurídico concreto de agir (omissão) ou cumprimento precário (ação) por parte do Estado ou de quem lhe faça as vezes; (b) ocorrência de dano a um cidadão que não tenha o dever de suportar os seus efeitos; (c) nexo de causalidade entre o comportamento estatal e o prejuízo sofrido" (HACHEM, Daniel Wunder. Responsabilidade civil do Estado por omissão: uma proposta de releitura da teoria da *faute du service*. In: MARQUES NETO, Floriano de Azevedo; ALMEIDA, Fernando Dias Menezes de; NOHARA, Irene Patrícia; MARRARA, Thiago (org.). *Direito e Administração Pública*: estudos em homenagem a Maria Sylvia Zanella Di Pietro. São Paulo: Atlas, 2013. p. 1148).

[406] VILLA, Jesús Leguina. *La Responsabilidad civil de la Administración Pública*. Madrid: Tecnos, 1970, p. 136-137.

[407] MEDAUAR, Odete. *Direito Administrativo Moderno*. 19. ed. São Paulo: Revista dos Tribunais, 2015. p. 432.

Esse raciocínio foi empregado pelo Supremo Tribunal Federal na ação direta de inconstitucionalidade 4429, para explicar os fundamentos da responsabilidade civil estatal emergente da quebra de relações de confiança. Reconheceu-se a responsabilidade civil do Estado por violação de confiança legítima e da isonomia decorrente de modificação de regime jurídico em âmbito previdenciário, conforme os fundamentos reproduzidos a seguir:

> Não têm os participantes o dever jurídico de arcar com os prejuízos da ausência da principal fonte de custeio da Carteira, mesmo que a Administração Pública, no tocante à decisão de extingui-la, tenha atuado dentro dos limites da licitude. A lesão indenizável resulta dos efeitos da posição administrativa e das características híbridas do então regime previdenciário, e não propriamente da atuação regular ou irregular da Administração. É antiga a jurisprudência do Supremo sobre a possibilidade de configuração da responsabilidade do Estado, ainda que o ato praticado seja lícito. Tal entendimento vem sedimentado no princípio basilar da igualdade, segundo o qual descabe imputar a particulares individualizáveis os encargos sociais decorrentes da atuação administrativa implementada em prol de toda a coletividade. Em caráter exemplificativo, cito o acórdão atinente ao Recurso Extraordinário nº 113.587, relator Ministro Carlos Velloso, publicado em 3 de abril de 1992.[408]

Como se vê, os mesmos elementos levantados por Villa aparecem na decisão do Supremo. Reconheceu-se a responsabilidade estatal com base na conclusão de que os sujeitos lesados não tinham "o dever jurídico de arcar com os prejuízos". Admitiu-se, então, que a proteção da confiança legítima justificava imputar ao ente estatal a responsabilidade de reparar a lesão, ainda que a conduta estatal para modificar o regime previdenciário tenha sido lícita. Tal solução se justificaria, afinal, também em razão da observância do princípio da igualdade perante os encargos sociais.

Outra proposta decorre da teoria da proteção da norma, originada no direito alemão. Simplificando a complexidade dessa teoria, a sua aplicação se baseia na verificação de dois pressupostos para admitir a tutela reparatória do sujeito privado frente ao Estado. O primeiro é que exista "regra de Direito que imponha uma obrigação à Administração"; o segundo requisito é que essa regra se destine, exclusivamente ou não,

---

[408] Supremo Tribunal Federal, ação direta de inconstitucionalidade 4429, Tribunal Pleno, relator Ministro Marco Aurélio, j. 14.12.2011.

"a proteger os interesses de determinados cidadãos".⁴⁰⁹ Acrescente-se, de acordo com essa concepção, que a norma não precisa conferir um direito subjetivo específico – pode "fazê-lo, de forma indirecta, através do estabelecimento de um dever" ⁴¹⁰ ao Estado. Logo, mesmo que a norma diga respeito à atuação objetiva da administração, o sujeito que com ela se relaciona pode, conforme o caso, ser favorecido pela normativa, ainda que de forma reflexa, porém para fins de tutela processual e material.⁴¹¹

As concepções acima relatadas se aproximam, mas sem se confundir. Do ponto de vista estatal, ambas buscam identificar no ordenamento fundamentos de imputação de responsabilidade. A diferença surge quanto ao tratamento da situação do lesado. A primeira posição alude à verificação acerca da ausência de um dever de suportar o dano. Já a teoria da proteção busca identificar, antes de tudo, uma tutela positiva ao sujeito lesado como fonte normativa de tutela.

A partir de uma terceira abordagem, a solução dos problemas tem como ponto de partida definir o âmbito ou núcleo de proteção dos direitos fundamentais, como pressuposto para compreender as restrições juridicamente viáveis a tais direitos. A definição do âmbito de proteção pressupõe a elaboração de interpretação sistemática, a levar em consideração outros direitos e disposições e as possíveis restrições ao direito em análise.⁴¹² Há também nessa proposta metodológica o emprego de um duplo filtro: de um lado, a "identificação dos bens jurídicos protegidos e a amplitude dessa proteção (âmbito de proteção da norma)"; de outro lado, "a verificação das possíveis restrições contempladas, expressamente, na Constituição (expressa restrição constitucional) e identificação das reservas legais de índole restritiva".⁴¹³

É possível constatar que todas as propostas acima descritas envolvem em maior ou menor medida uma lógica casuística. No que diz respeito ao objeto deste estudo, tal lógica é particularmente ajustada e coerente com a forma de operação do princípio da confiança legítima,

---

⁴⁰⁹ LEITÃO, Alexandra. A Protecção Judicial dos Terceiros nos Contratos da Administração Pública. Coimbra: Almedina, 2002. p. 74-75.
⁴¹⁰ SILVA, Vasco Pereira da. *Em Busca do Acto Administrativo Perdido*. Coimbra: Almedina, 2003. p. 219-220.
⁴¹¹ SILVA, Vasco Pereira da. *Em Busca do Acto Administrativo Perdido*. Coimbra: Almedina, 2003. p. 226.
⁴¹² MENDES, Gilmar Ferreira; BRANCO, Paulo Gustavo Gonet. *Curso de Direito Constitucional*. 8. ed. São Paulo: Saraiva, 2013. p. 87.
⁴¹³ MENDES, Gilmar Ferreira; BRANCO, Paulo Gustavo Gonet. *Curso de Direito Constitucional*. 8. ed. São Paulo: Saraiva, 2013. p. 87.

enquanto mecanismo que incide em paralelo e de forma complementar à legalidade e aos direitos assegurados na via legislativa.

Essas construções têm lugar quando não existirem ferramentas para determinar a relação de responsabilidade diretamente a partir de regras legais específicas. Ou seja: a alusão a essas construções não é feita para desconsiderar a prevalência geral das decisões legislativas. As soluções de ponderação, em esquemas de solução de colisões e composições de interesses, serão necessárias conforme a densidade normativa existente em torno da situação a ser resolvida.[414]

De outra parte, o fato de essas técnicas não serem viabilizadas com base em soluções precisas e com resultados previamente estabelecidos no ordenamento não representa um defeito. Mesmo a partir da técnica de subsunção à lei a doutrina já diagnosticava a dificuldade de identificar situações lesivas aptas a ensejar responsabilidade civil. Chegou-se a indicar que a negação dessa dificuldade constituiria um "otimismo metodológico".[415] Parece, então, questionável a viabilidade do propósito de alcançar certeza e precisão *a priori* na definição dos danos indenizáveis em contexto no qual as posições jurídicas aparecem multiplicadas e fluídas, informadas por um programa normativo dinâmico, orientado diretamente pela disciplina constitucional.

Aplicadas essas considerações para os processos de contratação administrativa, podem-se identificar três fatores de maior relevância para determinar a margem de ação das partes, a esfera de bens ou interesses tuteláveis e o âmbito de responsabilidade civil: (i) riscos suportados por ambas as partes, em seus respectivos quadrantes, correspondentes tanto à álea inerente a qualquer ambiente pré-contratual, relativa à possibilidade de alcançar contratação bem-sucedida, quanto a fatores supervenientes que podem afetar as premissas, interesses e finalidades originalmente considerados; (ii) deveres estatais e privados relativos ao

---

[414] "Daí que, nos domínios onde as previsões legais sejam vagas e 'difusas', a questão da existência do direito subjectivo 'seja com frequência respondida através do recurso às normas constitucionais', que possuem uma função 'completante e clarificadora ("ergaezend um verdeutlichend') do sentido das leis ordinárias (Schmitt Glaeser)" (SILVA, Vasco Pereira da. *Em Busca do Acto Administrativo Perdido*. Coimbra: Almedina, 2003. p. 242).

[415] "Mesmo nos casos de 'simples subsunção', nos quais muitos imaginam haver uma simples operação lógico-formal, o grau de liberdade do intérprete/aplicador do direito não é necessariamente pequeno. Embora a subsunção seja, de fato, um método em que a conclusão deve decorrer logicamente das premissas, a própria fundamentação dessas premissas e a interpretação dos termos nelas contidos não são um processo lógico. Nesse âmbito, o grau de racionalidade possível não é diferente daquele presente no sopesamento ou na fundamentação de qualquer proposição jurídica" (SILVA, Virgílio Afonso da. *Direitos Fundamentais*: conteúdo essencial, restrições e eficácia. 2. ed. São Paulo: Malheiros, 2010. p. 149).

desenvolvimento adequado do processo de contratação; e (iii) normas protetivas dos interesses e objetivos próprios ao ente estatal e também dos interesses privados.

Esses três conjuntos de elementos devem ser vistos de forma integrada para identificar se há dever do sujeito lesado de arcar com os prejuízos, ou se há direito de reparação e em que medida esse direito existe. Os fatores jurídicos extraídos do ordenamento – direitos e deveres – não podem ser vistos de forma abstrata. Devem ser considerados em vista dos riscos característicos e das condições em que a relação jurídica pré-contratual se desenvolve.

Esses critérios serão retomados e aprofundados na sequência.

4.3 A responsabilidade pré-contratual do Estado na experiência brasileira: uma primeira aproximação

O tema da responsabilidade pré-contratual do Estado é marcado por contínua evolução no direito brasileiro. É pertinente propor uma leitura da evolução histórica, o que se faz dividindo-a, desde o princípio do século XX, em três momentos principais. O primeiro momento é marcado pela predominância do entendimento de irresponsabilidade civil do Estado na atividade pré-contratual. O segundo se caracteriza pela atenuação da irresponsabilidade e surgimento de construções que passam a delimitar possíveis hipóteses de responsabilidade. O terceiro é marcado pela constitucionalização do tratamento do tema, o que não afasta divergências entre negação e afirmação da responsabilidade no âmbito aqui trabalhado.

De modo geral, esses momentos são mais facilmente distinguíveis a partir da análise do tratamento legislativo e doutrinário. O posicionamento dos Tribunais, por sua vez, revela uma panóplia de orientações, que suscita dificuldade maior para estabelecer padrões mais precisos e, por isso, será abordado em tópico subsequente.

4.3.1 A orientação durante a vigência do Regulamento de Contabilidade Pública da União: negação da responsabilidade civil do Estado no âmbito pré-contratual

Toma-se como ponto de partida para a presente análise o Regulamento Geral de Contabilidade Pública da União, aprovado pelo Decreto 15.783 de 1922.

O Regulamento consagra de forma expressa um modelo geral de irresponsabilidade do Estado no âmbito de seus processos de contratação. A frustração da possibilidade de celebrar o contrato, seja qual fosse a razão, era expressamente afastada como causa geradora de responsabilidade.

Em meio a um regime que atribuía ao Tribunal de Contas a competência de promover o controle prévio das contratações (art. 775, f),[416] o Regulamento previu verdadeira cláusula geral de não indenizar para o caso de o contrato não ser aprovado, seja pela autoridade superior, seja pelo Tribunal de Contas ao término da licitação. Nos termos do art. 784, a conclusão do processo de contratação seria desenvolvida "sem que da não execução [do contrato] caiba direito a reclamação de qualquer especie ou responsabilidade para o Thesouro".[417]

É necessário contextualizar essa solução normativa. Por um lado, ela encontrava aparente suporte na Constituição de 1891, que, no tocante à responsabilidade civil pelo exercício de atividades administrativas, previa ainda unicamente a responsabilidade pessoal dos agentes públicos, silenciando sobre a responsabilidade própria do Estado (art. 82).[418] Por outro lado, ela também se baseava nas concepções restritivas de responsabilidade civil do Estado, particularmente diante de atos

---

[416] "Art. 775. A estipulação dos contractos administrativos comprehende clausulas essenciaes e clausulas accessorias. §1º São cláusulas essenciaes e como taes não podem ser omitidas em contracto algum, sob pena de nullidade: [...] f – a clausula onde expressamente se declare que o contracto não entrará em vigor sem que tenha sido registrado pelo Tribunal de Contas, não se responsabilizando o Governo por indemnização alguma si aquelle instituto denegar o registro".

[417] "Art. 784. Os actos de adjudicação definitiva e os contractos celebrados com a administração publica entendem-se sempre sujeitos, no tocante ao Estado e no seu único interesse, á condição suspensiva de sua approvação, ainda mesmo que tal condição não tenha sido expressamente estipulada no edital de concurrencia e no contracto firmado, e não são exigíveis sinão depois de approvados pelo ministro competente ou pelo funccionario delegado e de terem sido registrados pelo Tribunal de Contas, sem que da não execução caiba direito a reclamação de qualquer especie ou responsabilidade para o Thesouro".

[418] Como anotado pela doutrina, com transcrição do referido art. 82, "sob a vigência das Constituições de 1824 e 1891, vigorou no Brasil a irresponsabilidade do Estado, acompanhada da responsabilidade pessoal de seus agentes 'pelos abusos e omissões em que incorrerem no exercício de seus cargos, assim como pela indulgência ou negligência em não responsabilizarem efetivamente os seus subalternos' – este o texto de 1891 (art. 82, semelhante ao do art. 179, XXIX, da Constituição de 1824)" (ALMEIDA, Fernando Dias Menezes de. Controle da Administração Pública e Responsabilidade do Estado. In: DI PIETRO, Maria Sylvia Zanella (coord.). Tratado de direito administrativo. São Paulo: Revista dos Tribunais, 2014. v. 7. p. 303). No entanto, a omissão da imputação de responsabilidade diretamente ao Estado não afastou as divergências doutrinárias, que variavam em torno da teoria da irresponsabilidade e correntes que admitiam a responsabilidade estatal, seja restrita a atos de gestão, seja de modo geral (ALMEIDA, Fernando Dias Menezes de. Controle da Administração Pública e Responsabilidade do Estado. In: DI PIETRO, Maria Sylvia Zanella (coord.). Tratado de direito administrativo. São Paulo: Revista dos Tribunais, 2014. v. 7. p. 314-315).

lícitos em geral, especialmente aqueles discricionários, e em situações nas quais não houvesse a clara configuração de um direito adquirido nos termos da lei.

É bem verdade que o Código Civil de 1916 já previa a responsabilidade civil das pessoas jurídicas de direito público, mas a admitia tão-somente em relação à prática de atos ilícitos, com os quais os atos de invalidação (abstraído o ilícito originário que tenha ensejado a invalidação) e de revogação não se confundem.[419]

O recurso à literatura desse período também ajuda a compreender a disciplina então vigente. Guimarães Menegale alude à prática recorrente na primeira metade do século XX (e ainda atual, diga-se) de editais reservarem à administração a possibilidade de "suspender ou anular a concorrência, sem possibilidade de indenização para os candidatos".[420] O autor comenta que a previsão nem sequer seria necessária para atingir tal resultado, eis que seria estritamente compatível com a lógica das concorrências Públicas.

Cabe observar que o entendimento manifestado por Guimarães Menegale não se embasa (ao menos não expressamente) em uma tese de irresponsabilidade do Estado propriamente dita. Aquele publicista reconhecia a responsabilidade civil do Estado, autônoma em relação à de seus agentes, mas não identificava os pressupostos necessários para a responsabilização do Estado no âmbito pré-contratual. De um lado, por negar a responsabilidade civil no caso da prática de atos discricionários.[421] De outro, e justamente em razão de admitir a existência de discricionariedade no processo de contratação, por descartar a configuração de qualquer direito que pudesse ser formado no curso do processo de contratação. Faltaria, portanto, bem ou interesse jurídico tutelável sujeito a ressarcimento, o que tornaria as cogitações em torno da responsabilização prejudicadas.[422]

---

[419] "Art. 15. As pessoas jurídicas de direito publico são civilmente responsáveis por atos dos seus representantes que nessa qualidade causem danos a terceiros, procedendo de modo contrario ao direito ou faltando a dever prescrito por lei, salvo o direito regressivo contra os causadores do dano". Sobre o alcance da responsabilidade prevista nessa norma, ver SILVA, Almiro Couto e. A responsabilidade extracontratual do Estado no direito brasileiro. *Revista da Procuradoria-Geral do Estado do Rio Grande do Sul*, Porto Alegre, v. 27, n. 57, p. 149-170, dez. 2003. p. 151.

[420] MENEGALE, J. Guimarães. *Direito Administrativo e Ciência da Administração*. 2. ed. Rio de Janeiro: Borsoi, 1950. v. 2. p. 349-350.

[421] "Dos atos que o funcionário público pratica em razão do cargo, pode resultar lesão de direitos objetivos dos administrados. [...] A responsabilidade da administração pública desaparece quanto aos atos declarados em lei discricionários, salvo, ainda, lesão a direitos subjetivos" (MENEGALE, J. Guimarães. *Direito Administrativo e Ciência da Administração*. 2. ed. Rio de Janeiro: Borsoi, 1950. v. 2. p. 349-350).

[422] "Ainda que não o ressalvassem, a regra se imporia, por sua juridicidade. De fato, preceitua o Código Civil: art. 1080 - A proposta de contrato obriga o proponente se o contrário

Essa compreensão vai ao encontro da tese de que a responsabilidade civil do Estado pressupõe necessariamente que o objeto da lesão seja um "direito individual", traduzido como "direito objetivo adquirido, e, como tal, reconhecido na lei vigente",[423] do que resultaria afastar outros elementos ou situações do alcance da tutela ressarcitória. Todavia, não se tratava de orientação pacífica. É representativa a posição manifestada por Eduardo Espínola em parecer publicado em 1925, admitindo a responsabilidade civil do Estado diante da negativa de contratar concorrente vencedor. Com inspiração no direito privado, Espínola justificou o entendimento nos seguintes termos:

> É de todo incontrovertido o direito da concorrente preferida de reclamar indemnização por perdas e damnos, se o Governo, em vez de mandar lavrar o contracto, fugir ao adimplemento das obrigações assumidas.
> Como verificamos na passagem acima transcripta das Pandectas Francesas com a approvação de sua proposta tem a concorrente um direito adquirido, direito que não poderia mais ser modificado pela Administração sem a devida indemnização.
> Regulando-se as relações entre o Governo e a empresa ou o particular que com elle contracta pelas normas de direito civil, é claro que se trata de culpa contractual, do inadimplemento de obrigações convencionaes, applicando-se á especie os dispositivos dos arts. 1.056, 1.057, 1.059 e seguintes do Codigo Civil.[424]

É bem verdade que, a exemplo de laudo arbitral da lavra de Ruy Barbosa examinado no capítulo 1, Espínola apresenta abordagem mais aproximada ao estágio de responsabilidade contratual ("culpa

---

não resultar dos termos dela, da natureza do negócio, ou das circunstâncias do caso. A manutenção da proposta importa à seriedade e segurança dos negócios; daí a regra, estipulada no direito civil: a emissão da vontade produz, em princípio, seus efeitos, desde o momento mesmo em que é emitida (205). A obrigação, pois, afirma-se desde a fase precontratual. Sem embargo, impõe-se distinguir entre proposta e convite ou pedido de propostas. [...] É a hipótese da concorrência, cujo edital 'não contém todos os elementos do contrato', mas tão sòmente 'formula as bases da convenção a fazer'. A administração, pois, pela concorrência, não se obriga e, anulando-a não dá aos concorrentes direito a ressarcimento de perdas e danos" (MENEGALE, J. Guimarães. *Direito Administrativo e Ciência da Administração*. 2. ed. Rio de Janeiro: Borsoi, 1950. v. 2. p. 188-189). Trata-se da mesma posição anteriormente defendida na edição de 1939 da mesma obra.

[423] CAVALCANTI, Amaro. *Responsabilidade civil do Estado*. Rio de Janeiro: Borsoi, 1957. v. 1. p. 343. Adotando entendimento de responsabilização do Estado restrita à lesão de direito individual, ver CAHALI, Yussef Said. *Responsabilidade civil do Estado*. 4. ed. São Paulo: Revista dos Tribunais, 2012. p. 67.

[424] ESPÍNOLA, Eduardo. Concorrencia Publica. *In*: ESPÍNOLA, Eduardo. *Questões Jurídicas e Pareceres*. São Paulo: Cia. Graphico-Editora Monteiro Lobato, 1925. p. 287-288.

contractual").⁴²⁵ A citação aqui se justifica porque a hipótese então cogitada por aquele jurista seria hoje de natureza extracontratual no que diz respeito às contratações administrativas. Isso na medida em que, apesar do aperfeiçoamento da junção entre proposta do privado e aceitação do ente público, este veio a se recusar a "mandar lavrar o contracto". Trata-se de providência a ser considerada no regime aplicável ainda ao campo pré-contratual, relacionada ao dever de contratar (art. 95, *caput* e §2º, da Lei 14.133/21).

Em síntese, apesar de revelar a persistência de concepção civilista para explicar a responsabilidade estatal, esse primeiro momento histórico é norteado pela prevalência, evidenciada em sede legislativa, da concepção de que o *iter* pré-contratual segue marcado até o seu final por certo espaço de discricionariedade. Essa característica seria suficiente para afastar a vinculação do Estado à tutela da posição individual dos particulares ao longo do processo de contratação, com o consequente impedimento à tutela indenizatória.

4.3.2 A edição dos Decretos-lei 200/67 e 2.300/86: entre a negação e a afirmação incipiente da responsabilidade estatal

Avançando-se no tempo, adota-se a edição do Decreto-lei 200/67 no âmbito federal como ponto de partida para descrever um segundo momento de desenvolvimento do tema. Esse diploma foi marcado por um vácuo normativo em relação ao tema da responsabilidade civil do Estado. Ainda que a então recém-editada Constituição de 1967 previsse, em linha com a Constituição de 1946, a responsabilidade civil do Estado em termos gerais (art. 105),⁴²⁶ o Decreto-lei 200/67 limitou-se a enunciar a competência de anular a licitação (art. 138), sem disciplinar possíveis efeitos advindos de tal decisão.

O art. 125 do Decreto-lei 200/67 previa a edição de regulamentação da disciplina das licitações. A regulamentação surgiu com o Decreto 73.140/73, cujo art. 6º, inc. I, conferiu à administração o *"direito* de [...] revogar ou anular qualquer licitação" (destaque nosso), afastando qualquer "direito a reclamação" e "pedido de indenização".⁴²⁷

---

⁴²⁵ ESPÍNOLA, Eduardo. Concorrencia Publica. *In:* ESPÍNOLA, Eduardo. *Questões Jurídicas e Pareceres.* São Paulo: Cia. Graphico-Editora Monteiro Lobato, 1925. p. 287-288.

⁴²⁶ "Art. 105. As pessoas jurídicas de direito público respondem pelos danos que es seus funcionários, nessa qualidade, causem a terceiros".

⁴²⁷ "Art. 6º Na licitação serão sempre observadas as seguintes normas, independentemente de menção expressa no ato convocatório: I - estará sempre ressalvado à Administração, antes

Voltando o olhar para a doutrina, essa disciplina não impediu o surgimento de novos rumos, notadamente a partir da década de 1970.

Em publicação de 1971, examinando situação de "anulação abusiva e arbitrária" de licitação, Carlos Medeiros Silva sustentou o cabimento ao prejudicado de providências para buscar anular o ato questionado e postular indenização de perdas e danos.[428]

Na edição publicada em 1973 de seu "Licitação e Contrato Administrativo", Hely Lopes Meirelles alude ao entendimento de que o ato ilegal, a ser invalidado com efeitos *ex tunc*, não era apto a gerar quaisquer "direitos e obrigações entre as partes". Acrescenta que a "anulação com *justa causa* não sujeitaria a Administração a qualquer indenização".[429] No entanto, abre duas exceções em relação ao tema.

A primeira diz respeito a terceiros de boa-fé. Em relação a estes, no dizer do autor, "serão preservados os efeitos do ato anulado e indenizados de eventuais prejuízos decorrentes da anulação".[430] A segunda exceção diz respeito à hipótese em que se verifica a nulidade da própria decisão de invalidação. Neste caso, Meirelles defendia que "o prejudicado terá direito ou a receber o objeto da adjudicação, ou a ser indenizado dos prejuízos ocasionados pela ilegal anulação da licitação ou de seu julgamento".[431]

A última hipótese revela distinção entre as invalidades administrativas como fontes ensejadoras ou não de responsabilidade civil. A invalidade originária não ensejaria indenização porque não haveria direito prévio a ser protegido. Já quando alude à hipótese de anulação incorreta, fraudulenta ou não, Meirelles busca fundamento para a responsabilização civil do Estado na configuração do ato de invalidação como *ilícito* em si, inapto a afastar os atos legítimos anteriormente praticados e os efeitos deles derivados.

Além disso, o referido publicista já sustentava que "da revogação pode resultar a obrigação de indenizar o adjudicatário que ficar

---

da assinatura do contrato, o direito de, por despacho motivado da autoridade competente, de que se dará ciências aos licitantes, revogar ou anular qualquer licitação, sem que caiba direito a reclamação ou pedido de indenização por parte dos participantes".

[428] SILVA, Carlos Medeiros. Concorrência pública - Anulação - Ato discricionário e ato arbitrário. *Revista de Direito Administrativo*, [s. l.], v. 104, abr./jun. 1971. p. 371.

[429] MEIRELLES, Hely Lopes. *Licitação e Contrato Administrativo*. São Paulo: Revista dos Tribunais, 1973. p. 164.

[430] MEIRELLES, Hely Lopes. *Licitação e Contrato Administrativo*. São Paulo: Revista dos Tribunais, 1973. p. 164.

[431] MEIRELLES, Hely Lopes. *Licitação e Contrato Administrativo*. São Paulo: Revista dos Tribunais, 1973. p. 164.

prejudicado", na medida em que a revogação opera efeitos *ex nunc*.[432] E estendia à hipótese de revogação irregular as mesmas consequências cogitadas para a invalidação ilícita. Essa posição revela diferença marcante em relação à orientação sustentada por Guimarães Menegale e Cavalcanti no tocante ao reconhecimento de possível responsabilidade pela revogação, na medida em que implica admitir a responsabilização em decorrência da prática regular de ato com margens discricionárias.

Entendimento similar foi sustentado por Celso Antônio Bandeira de Mello em monografia publicada em 1980. Nessa obra, o autor defendeu inexistir responsabilidade civil em caso de invalidação da licitação[433] – entendimento este, esclareça-se, que viria a ser por ele revisto posteriormente e até os dias atuais, como indicado na sequência. Já a revogação da licitação, dizia o autor na mesma oportunidade, ensejaria o ressarcimento dos prejuízos ao vencedor do certame.[434]

Ademais, Bandeira de Mello sustentou o direito a exigir a celebração do contrato se a recusa em contratar derivar de desvio de poder, em entendimento que se harmoniza com a orientação defendida por Meirelles. Especificamente sobre a hipótese em que a administração contrata terceiro em preterição do legítimo vencedor do certame, Bandeira de Mello alude ao direito à "indenização cabal".

Tem-se aí outro ponto relevante dentro da linha de evolução da doutrina. Como indicado na mesma obra, a celebração de contrato com outrem esgota a discricionariedade sobre a decisão de contratar ou não. Acentua-se que a "anterior discrição administrativa" seria o "único impediente a que se exigisse o contrato",[435] de modo que, exaurida ou afastada a margem de discricionariedade, restaria configurada a estrita vinculação da administração àquilo que, embora o citado administrativista não qualifique assim diretamente, configuraria um direito do particular de contratar.

Dois aspectos se destacam nessa construção.

---

[432] MEIRELLES, Hely Lopes. *Licitação e Contrato Administrativo*. São Paulo: Revista dos Tribunais, 1973. p. 166.

[433] MELLO, Celso Antônio Bandeira de. *Licitação*. São Paulo: Revista dos Tribunais, 1980. p. 86.

[434] MELLO, Celso Antônio Bandeira de. *Licitação*. São Paulo: Revista dos Tribunais, 1980. p. 87.

[435] "Neste caso, ao injustamente preterido cabe indenização cabal, compreensiva do que despendeu e do que deixou de lucrar por força da ilegitimidade praticada. Isto porque a celebração do contrato expressa um juízo discricionário sobre a conveniência de efetuá-lo. A anterior discrição administrativa – único impediente a que se exigisse o contrato – ter-se-á esgotado ingressando-se no plano da vinculação. [...] De outro lado, se a recusa em contratar resulta de desvio de poder, o adjudicatário pode, judicialmente, compelir a Administração a travar a avença" (MELLO, Celso Antônio Bandeira de. *Licitação*. São Paulo: Revista dos Tribunais, 1980. p. 88).

O primeiro é a afirmação da possibilidade de surgimento de direitos a partir do processo licitatório. Ainda que focado em hipótese específica (contratação com preterição), o entendimento professado representa a superação de impasse correntemente afirmado ao reconhecimento de direitos em âmbito pré-contratual oponíveis à administração.

O segundo aspecto é a explícita defesa de ressarcimento de danos consistentes na frustração de expectativa de direito. A solução é admitida por Bandeira de Mello na hipótese de revogação da licitação, mas reservada ao vencedor da licitação, que, segundo aquele autor, seria o único a deter expectativa tutelável. No momento anterior à individualização do vencedor, os licitantes disporiam somente de "situações jurídicas inconclusas", que não seriam identificáveis sequer como expectativas de direito e, portanto, não restariam cobertas por proteção ressarcitória.[436] Como exposto acima, não se concorda com tal caracterização das posições jurídicas estabelecidas, mas o entendimento é um marco relevante no tratamento do tema.

Na mesma época, Manoel de Oliveira Franco Sobrinho sustentou a possibilidade de responsabilização civil do Estado no âmbito de seus processos de contratação em termos amplos e genéricos, inclusive diante de "expectativa de direito" havida pelo adjudicatário em relação à contratação.[437]

Não obstante, os desenvolvimentos doutrinários em direção ao reconhecimento do dever de responsabilidade não foram recepcionados pela legislação superveniente.

A partir do Decreto-lei 2.300/86, abriu-se novo capítulo de tratamento do tema. Em sua redação original, a disciplina do Decreto-lei 2.300/86 estabeleceu norma atribuidora das competências de anulação e revogação de licitação acompanhada de previsão geral de não indenizar (art. 39).[438]

Essa disciplina foi modificada um ano depois, pelo Decreto-lei 2.348/87. O *caput* do art. 39 foi alterado para dispor sobre as competências de invalidação e de revogação, com a retirada da previsão geral de não indenizar. Essa alteração foi acompanhada da incorporação

---

[436] MELLO, Celso Antônio Bandeira de. *Licitação*. São Paulo: Revista dos Tribunais, 1980. p. 87.
[437] "Supõe a adjudicação, se não um direito posto, pelo menos uma expectativa de direito, não podendo dela a Administração fugir sem riscos de responsabilização" (FRANCO SOBRINHO, Manoel de Oliveira. *Contratos Administrativos*. São Paulo: Saraiva, 1981. p. 304-305).
[438] "Art 39. A Administração poderá revogar a licitação por interesse público, devendo anulá-la por ilegalidade, sempre em despacho fundamentado, sem a obrigação de indenizar".

de um §1º ao referido dispositivo, que afastou o dever de indenizar exclusivamente na hipótese de anulação, deixando a revogação sem solução normativa explícita.[439]

A nova redação conferida ao art. 39 do Decreto-lei 2.300/86 parece constituir definição mais próxima da orientação consagrada na Súmula 473 do STF.[440] Corresponde ao entendimento de que atos administrativos inválidos não seriam aptos a gerar eficácia criadora de direitos, ao passo que a revogação deve observar posições jurídicas havidas antes do exercício da competência revocatória.

Mas essa derivação é vaga e imprecisa no que diz respeito à revogação da licitação. A opção legislativa por não disciplinar consequências concretas em relação à revogação se justifica, talvez, pelo entendimento de que do processo de contratação não emergiria nenhum direito propriamente dito, a não ser quando a administração venha a declará-lo expressamente, mediante a convocação do interessado para celebrar o contrato.

4.3.3 O período posterior à Constituição de 1988 – da Lei 8.666/93 à Lei 14.133/21: o crescente protagonismo das teses de responsabilidade

Após a promulgação da Constituição vigente, a legislação que se seguiu permaneceu orientada pelas premissas anteriormente prevalentes.

A Lei 8.666/93 reproduziu o modelo do Decreto-lei 2.348/87. Veiculou política legislativa voltada a recrudescer o tratamento dirigido à responsabilização administrativa e criminal na fase pré-contratual (arts. 88, inc. II, e 89 e seguintes). No que diz respeito à responsabilidade civil, limitou-se a repetir a disciplina que sucedeu (art. 49, §1º).[441] No

---

[439] "Art. 39. A Administração poderá revogar a licitação por interesse público, devendo anulá-la por ilegalidade, de ofício ou mediante provocação de terceiros. §1º A anulação do procedimento licitatório, por motivo de ilegalidade, não gera obrigação de indenizar, ressalvado o disposto no parágrafo único do artigo 49".

[440] "A administração pode anular seus próprios atos, quando eivados de vícios que os tornam ilegais, porque dêles não se originam direitos; ou revogá-los, por motivo de conveniência ou oportunidade, respeitados os direitos adquiridos, e ressalvada, em todos os casos, a apreciação judicial".

[441] "Art. 49. A autoridade competente para a aprovação do procedimento somente poderá revogar a licitação por razões de interesse público decorrente de fato superveniente devidamente comprovado, pertinente e suficiente para justificar tal conduta, devendo anulá-la por ilegalidade, de ofício ou por provocação de terceiros, mediante parecer escrito e devidamente fundamentado. §1º. A anulação do procedimento licitatório por motivo de

caso da celebração de contratos nulos, o parágrafo único do art. 59 da Lei 8.666/93 definiu o dever estatal de reparar enunciando um único destinatário da norma – o sujeito contratado, pelo que "houver executado" e "por outros prejuízos regularmente comprovados". Esta norma ampliou o alcance da responsabilidade civil do Estado em comparação com a regra do art. 49, parágrafo único, do Decreto-lei 2.300/86.[442] Contudo, não especificou o conteúdo dos "prejuízos" passíveis de ressarcimento, nem enfrentou, de forma expressa, questões como a dos lucros cessantes e da situação de terceiros prejudicados, como o sujeito que seja preterido pela contratação indevida.

O mesmo modelo previsto na Lei 8.666/93 foi incorporado no art. 62 da Lei 13.303/16, com previsão de vedação à indenização em caso de anulação da licitação e ausência de disciplina da hipótese de revogação.[443]

Paralelamente, o fenômeno da constitucionalização do direito vem pautando a evolução doutrinária em relação ao tema.

A partir da Constituição de 1988, abriu-se tendência mais pronunciada de estabelecer vinculação direta e ampla da responsabilidade pré-contratual do Estado à cláusula constitucional do art. 37, §6º, inclusive como derivação direta da noção de Estado de Direito. Essa orientação apareceu defendida por nomes como Adilson Abreu Dallari, Almiro do Couto e Silva e Marçal Justen Filho, entre outros.[444] Veja-se que não

---

ilegalidade não gera obrigação de indenizar, ressalvado o disposto no parágrafo único do art. 59 desta Lei".

[442] "Art. 49. A declaração de nulidade do contrato administrativo opera retroativamente, impedindo os efeitos jurídicos que ele, ordinariamente, deveria produzir, além de desconstituir os já produzidos. Parágrafo único. O vício a que se refere este artigo não exonera a Administração, que haja eventualmente auferido vantagens do fato, da obrigação de indenizar o contratado, a quem não seja imputável a irregularidade, pelo que houver executado até a data em que for declarada a nulidade".

[443] "Art. 62. Além das hipóteses previstas no §3º do art. 57 desta Lei e no inciso II do §2º do art. 75 desta Lei, quem dispuser de competência para homologação do resultado poderá revogar a licitação por razões de interesse público decorrentes de fato superveniente que constitua óbice manifesto e incontornável, ou anulá-la por ilegalidade, de ofício ou por provocação de terceiros, salvo quando for viável a convalidação do ato ou do procedimento viciado. §1º A anulação da licitação por motivo de ilegalidade não gera obrigação de indenizar, observado o disposto no §2º deste artigo".

[444] DALLARI, Adilson Abreu. *Aspectos jurídicos da licitação*. 7. ed. São Paulo: Saraiva, 2007. p. 207-208; SILVA, Almiro Couto e. Responsabilidade pré-negocial e *culpa in contrahendo* no direito administrativo brasileiro. *Revista da Procuradoria-Geral do Estado do Rio Grande do Sul*, Porto Alegre, v. 27, n. 57, p. 171-179, dez. 2003. p. 171; JUSTEN FILHO, Marçal. *Comentários à Lei de Licitações e Contratos Administrativos*: Lei 8.666/1993. 18. ed. São Paulo: Thomson Reuters Brasil, 2019. p. 1149. Admitindo a indenização apenas em caso de revogação, por ausência de restrição legal (e incidência direta da regra constitucional): MUKAI, Toshio. *Novo Estatuto Jurídico das Licitações e Contratos Públicos*: comentários à Lei 8.666/93 – com

se trata de mudança do regime constitucional, pois o art. 37, §6º, segue a disciplina constitucional anteriormente estabelecida.⁴⁴⁵ Trata-se de modificação da abordagem da cláusula geral de responsabilidade civil.

A nova abordagem se peculiariza pelo exame da constitucionalidade da restrição legal à responsabilização do Estado em razão da invalidação do processo de contratação.

De acordo com esse entendimento, o art. 49, §1º, da Lei 8.666/93 seria contrário à cláusula constitucional de responsabilidade civil estatal. As reflexões formuladas acerca dos limites aplicáveis ao legislador para disciplinar a responsabilidade civil do Estado alcançaram a conclusão de que "a garantia constitucional não poderia ser suprimida, restringida ou condicionada por via ordinária".⁴⁴⁶ Couto e Silva, Dallari e Guimarães seguem nesse mesmo sentido.⁴⁴⁷

Abordagem alternativa consiste em compreender que o §1º do art. 49 deveria ser lido em conexão com o parágrafo único do art. 59 (ao qual fazia referência), de modo que o fundamento legal para a responsabilidade pré-contratual poderia ser encontrado no reconhecimento, por esta última regra, do direito à indenização de "prejuízos regularmente comprovados".⁴⁴⁸

Em qualquer caso, o enfoque desloca-se da orientação que sustentava a irresponsabilidade pela decisão regular de invalidação para enfatizar os efeitos decorrentes da irregularidade anterior, apta

---

as alterações promovidas pela Lei 8.883/94. São Paulo: Revista dos Tribunais, 1994. p. 68, e GARCIA, Flávio Amaral. *Licitações e contratos administrativos*: casos e polêmicas. 4. ed. São Paulo: Malheiros, 2016. p. 279.

⁴⁴⁵ Para ficar no exemplo da Constituição Federal de 1967, que já seguia sistemática similar prevista nas Constituições anteriores: "Art 105 - As pessoas jurídicas de direito público respondem pelos danos que es seus funcionários, nessa qualidade, causem a terceiros".

⁴⁴⁶ JUSTEN FILHO, Marçal. *Comentários à Lei de Licitações e Contratos Administrativos*: Lei 8.666/1993. 18. ed. São Paulo: Thomson Reuters Brasil, 2019. p. 1149.

⁴⁴⁷ "Sob essa luz, parece desde logo que as regras contidas no art. 49, parágrafos 1º e 2º, da Lei nº 8.666/93 – que excluem a obrigação de indenizar na hipótese de invalidação do procedimento licitatório e do contrato, ressalvado, entretanto, o disposto no parágrafo único do art. 59 da mesma Lei – são incompatíveis com o preceito constitucional. Este, efetivamente, não estabelece nenhuma limitação à responsabilidade do Estado, nem autoriza que a legislação ordinária a estabeleça" (SILVA, Almiro Couto e. Responsabilidade pré-negocial e *culpa in contrahendo* no direito administrativo brasileiro. *Revista da Procuradoria-Geral do Estado do Rio Grande do Sul*, Porto Alegre, v. 27, n. 57, p. 171-179, dez. 2003. p. 176). Na mesma linha, DALLARI, Adilson Abreu. *Aspectos jurídicos da licitação*. 7. ed. São Paulo: Saraiva, 2007. p. 207 e GUIMARÃES, Edgar. *Responsabilidade da Administração Pública pelo desfazimento da licitação*. Belo Horizonte: Fórum, 2013. p. 119.

⁴⁴⁸ É a proposta de José Guilherme Giacomuzzi, que diverge da tese de inconstitucionalidade do §1º do art. 49 (GIACOMUZZI, José Guilherme. *A moralidade administrativa e a boa-fé na Administração Pública*: o conteúdo dogmático da moralidade administrativa. 2. ed. São Paulo: Malheiros Editores, 2013. p. 282).

a produzir danos na esfera de quem confiou até que a irregularidade tenha sido ou venha a ser corrigida.

A aplicação do art. 37, §6º, surge atrelada também aos princípios da segurança jurídica, da boa-fé e da proteção da confiança legítima no âmbito das licitações. Dois dos administrativistas cujos entendimentos foram expostos acima – Hely Lopes Meirelles e Celso Antônio Bandeira de Mello – passaram a considerar de forma mais ampla a possibilidade de indenização em caso de ilegalidade provocada pelo ente público, com explícita e geral alusão à proteção da confiança legítima diante dos atos estatais, inclusive aqueles inválidos.[449]

A confiança legítima vem a ser utilizada como parâmetro normativo geral para superar o entendimento restritivo em relação à identificação das posições jurídicas subjetivas tuteláveis. A aplicação dessa noção abre espaço para que, além de direitos adquiridos na acepção mais estrita do termo, as expectativas nutridas em torno da atuação estatal lícita e coerente sejam objeto de proteção perante a atuação estatal, lícita e ilícita. Ao tratar do tema, Couto e Silva justifica esse entendimento lastreado na fé pública dos atos estatais e no princípio geral da boa-fé, como elementos justificadores da responsabilidade assentada na proteção da confiança dos interessados em contratar com a administração.[450]

---

[449] MEIRELLES, Hely Lopes. *Licitação e Contrato Administrativo*: de acordo com a Lei 8.666, de 21.06.1993, com todas as alterações posteriores. 15. ed. atual. por José Emmanuel Burle Filho, Carla Rosado Burle, Luís Fernando Pereira Franchini. São Paulo: Malheiros, 2010. p. 226, e MELLO, Celso Antônio Bandeira de. *Curso de Direito Administrativo*. 35. ed. São Paulo: Malheiros, 2021. p. 507.

[450] SILVA, Almiro Couto e. Responsabilidade pré-negocial e *culpa in contrahendo* no direito administrativo brasileiro. *Revista da Procuradoria-Geral do Estado do Rio Grande do Sul*, Porto Alegre, v. 27, n. 57, p. 171-179, dez. 2003. p. 176. Embora sem enfrentar especificamente a possibilidade de responsabilidade civil do Estado em caso de anulação, Flavio Amaral Garcia observa que também diante dela "a rigidez do princípio da legalidade deve se harmonizar com a estabilidade das relações jurídicas, com a boa-fé de terceiros e outros valores indispensáveis à consecução de um Estado Democrático de Direito. De qualquer modo, no desfazimento dos atos administrativos devem ser respeitados os direitos adquiridos. Trata-se de mais um reconhecimento do primado do princípio da segurança jurídica". Dessa necessária ponderação dos interesses envolvidos, o autor extrai a conclusão de que a "Administração tem a faculdade e não o dever de anular os atos ilegais" (GARCIA, Flávio Amaral. *Licitações e contratos administrativos*: casos e polêmicas. 4. ed. São Paulo: Malheiros, 2016. p. 278). No mesmo sentido, MARTINS-COSTA, Judith. Princípio da confiança legítima e princípio da boa-fé objetiva. Termo de compromisso de cessação (TCC) ajustado com o Cade. Critérios da interpretação contratual: os "sistemas de referência extracontratuais" ("circunstâncias do caso") e sua função no quadro semântico da conduta devida. Princípio da unidade ou coerência hermenêutica e "usos do tráfego". Adimplemento contratual. *Revista dos Tribunais*, São Paulo, v. 852, p. 87-126, 2006.

Nesse sentido seguem ainda outros autores, como Adilson Dallari, José Guilherme Giacomuzzi, Edgar Guimarães, Joel de Menezes Niebuhr e Marcio Pestana, entre outros.[451]

Quanto à revogação, o silêncio da disciplina legislativa em relação à responsabilidade civil foi preenchido por significativa parte da doutrina com o reconhecimento da incidência direta do art. 37, §6º, da Constituição. Admitindo a responsabilidade civil pela revogação da licitação, destacam-se as posições de Hely Lopes Meirelles, Maria Sylvia Zanella Di Pietro, Celso Antônio Bandeira de Mello, Marçal Justen Filho, Almiro do Couto e Silva, Edgar Guimarães, Carlos Ari Sundfeld e Diógenes Gasparini.[452]

Ressalvando-se as manifestações doutrinárias que negam, em particular, a responsabilidade civil do Estado pela anulação do processo de contratação,[453] a orientação acima descrita tende à homogeneização

---

[451] DALLARI, Adilson Abreu. *Aspectos jurídicos da licitação*. 7. ed. São Paulo: Saraiva, 2007. p. 209; GIACOMUZZI, José Guilherme. *A moralidade administrativa e a boa-fé na Administração Pública*: o conteúdo dogmático da moralidade administrativa. 2. ed. São Paulo: Malheiros Editores, 2013. p. 282; GUIMARÃES, Edgar. *Responsabilidade da Administração Pública pelo desfazimento da licitação*. Belo Horizonte: Fórum, 2013. p. 117 e ss.; NIEBUHR, Joel de Menezes. *Licitação Pública e Contrato Administrativo*. 3. ed. Belo Horizonte: Fórum, 2013. p. 576; PESTANA, Marcio. *Licitações públicas no Brasil*: exame integrado das Leis 8.666/1993 e 10.520/2002. São Paulo: Atlas, 2013. 2013, p. 800-801.

[452] MEIRELLES, Hely Lopes. *Licitação e Contrato Administrativo*: de acordo com a Lei 8.666, de 21.06.1993, com todas as alterações posteriores. 15. ed. atual. por José Emmanuel Burle Filho, Carla Rosado Burle, Luís Fernando Pereira Franchini. São Paulo: Malheiros, 2010. p. 228; DI PIETRO, Maria Sylvia Zanella. *Direito Administrativo*. 34. ed. Rio de Janeiro: Forense, 2021. p. 445; MELLO, Celso Antônio Bandeira de. *Licitação*. São Paulo: Revista dos Tribunais, 1980. p. 87; JUSTEN FILHO, Marçal. *Comentários à Lei de Licitações e Contratos Administrativos*: Lei 8.666/1993. 18. ed. São Paulo: Thomson Reuters Brasil, 2019. p. 928; SILVA, Almiro Couto e. Responsabilidade pré-negocial e *culpa in contrahendo* no direito administrativo brasileiro. *Revista da Procuradoria-Geral do Estado do Rio Grande do Sul*, Porto Alegre, v. 27, n. 57, p. 171-179, dez. 2003. p. 178; GUIMARÃES, Edgar. *Responsabilidade da Administração Pública pelo desfazimento da licitação*. Belo Horizonte: Fórum, 2013. p. 164; SUNDFELD, Carlos Ari. *Licitação e contrato administrativo*: de acordo com as Leis 8.666/93 e 8.883/94. São Paulo: Malheiros, 1994. p. 176; GASPARINI, Diógenes. *Direito Administrativo*. 11. ed. São Paulo: Saraiva, 2006. p. 624.

[453] MEDAUAR, Odete. *Direito Administrativo Moderno*. 19. ed. São Paulo: Revista dos Tribunais, 2015. 2015, p. 246; DI PIETRO, Maria Sylvia Zanella. *Direito Administrativo*. 34. ed. Rio de Janeiro: Forense, 2021. p. 445; MUKAI, Toshio. *Novo Estatuto Jurídico das Licitações e Contratos Públicos*: comentários à Lei 8.666/93 – com as alterações promovidas pela Lei 8.883/94. São Paulo: Revista dos Tribunais, 1994. p. 68; GASPARINI, Diógenes. *Direito Administrativo*. 11. ed. São Paulo: Saraiva, 2006. Nesse sentido: "Costuma-se indagar se os proponentes têm direito a indenização, no caso em que o Estado suspenda ou anule a concorrência, antes de concluir-se o contrato definitivo. A resposta é uma só. Até a assinatura do contrato, a Administração não se acha obrigada para com os concorrentes. Poderá não aceitar nenhuma das propostas, poderá anular ou suspender a concorrência, sem que de seu ato decorra qualquer espécie de responsabilidade civil" (CRETELLA JÚNIOR, José. *Curso de Direito Administrativo*. 16. ed. Forense: Rio de Janeiro, 1999. p. 393).

do entendimento acerca da responsabilidade civil do Estado em relação às hipóteses de desfazimento da licitação, tendo no art. 37, §6º, da Constituição o denominador comum.

No tocante à anulação, supera-se definição legislativa tida como contrária à Constituição; no tocante à revogação, supre-se, por meio do recurso direito ao regime constitucional, a lacuna que o legislador optou por não preencher. Comentando tal tendência, Edgar Guimarães conclui que ambas as hipóteses de desfazimento do processo de contratação pela administração – pela via da anulação ou da revogação – ensejam o dever de reparar, observada "apenas a ressalva no que diz respeito às hipóteses em que a causa da extinção do certame seja imputável ao licitante, aliada à sua comprovada má-fé".[454]

Coube à Lei 14.133/21 inaugurar um novo capítulo sobre a matéria, apresentando duas inovações marcantes no panorama normativo.

A primeira novidade consiste nas previsões atributivas das competências de anulação e revogação de licitação desacompanhadas de qualquer restrição à responsabilização civil do ente público (art. 71, inc. II e III).[455]

A segunda novidade corresponde à incorporação de cláusula geral de ressarcimento de "perdas e danos" para funcionar como "solução da irregularidade" em alternativa à anulação do processo de contratação ou do contrato subsequente, com previsão de "apuração de responsabilidade" (art. 147, parágrafo único).[456] A consagração dessa

---

[454] GUIMARÃES, Edgar. *Responsabilidade da Administração Pública pelo desfazimento da licitação*. Belo Horizonte: Fórum, 2013. p. 156. Também nessa linha, e a propósito da Lei 14.133: OLIVEIRA, Rafael Carvalho Rezende. *Curso de Direito Administrativo*. 9. ed. Rio de Janeiro: Forense: Método, 2021. p. 454-455. Em sentido diverso, Marcio Pestana defende a responsabilidade civil do Estado em caso do desfazimento ilícito da licitação, que ocorreria nos casos de invalidade e de revogação do certame fora da hipótese admitida em lei, mas a afasta no caso de revogação válida, aludindo à necessidade de prevalência do interesse geral ensejador da revogação como fator que excluiria a proteção da posição jurídica alheia (PESTANA, Marcio. *Licitações públicas no Brasil*: exame integrado das Leis 8.666/1993 e 10.520/2002. São Paulo: Atlas, 2013. p. 802, 835 e 836).

[455] "Art. 71. Encerradas as fases de julgamento e habilitação, e exauridos os recursos administrativos, o processo licitatório será encaminhado à autoridade superior, que poderá: [...] II - revogar a licitação por motivo de conveniência e oportunidade; III - proceder à anulação da licitação, de ofício ou mediante provocação de terceiros, sempre que presente ilegalidade insanável; [...] §1º Ao pronunciar a nulidade, a autoridade indicará expressamente os atos com vícios insanáveis, tornando sem efeito todos os subsequentes que deles dependam, e dará ensejo à apuração de responsabilidade de quem lhes tenha dado causa. §2º O motivo determinante para a revogação do processo licitatório deverá ser resultante de fato superveniente devidamente comprovado. §3º Nos casos de anulação e revogação, deverá ser assegurada a prévia manifestação dos interessados".

[456] "Art. 147. Constatada irregularidade no procedimento licitatório ou na execução contratual, caso não seja possível o saneamento, a decisão sobre a suspensão da execução ou

cláusula se dá sem identificação da natureza da responsabilidade dela decorrente e sem delimitação das consequências daí originadas, nem identificação dos sujeitos destinatários da norma, o que demanda a interpretação do seu alcance objetivo e subjetivo.

Os termos gerais dessa norma confirmam a consagração legislativa de responsabilidade pré-contratual do Estado – no caso, em razão de invalidade da licitação. Como será especificado na sequência deste capítulo, o art. 37, §6º, da Constituição, os arts. 21, parágrafo único, e 27 da LINDB, assim como os termos abertos do *caput* do art. 147 e a hipótese disciplinada no parágrafo único do art. 147 da Lei 14.133/21, permitem visualizar um sistema normativo que fundamenta a responsabilidade civil pré-contratual do Estado em termos amplos – e que não se restringe à hipótese do parágrafo do art. 147.

4.3.4 Notícia sobre as orientações e tendências jurisprudenciais

É tarefa mais complexa traçar uma linha de desenvolvimento em âmbito jurisprudencial, embora, a partir de uma análise não exaustiva, seja possível diagnosticar premissas e soluções manifestadas com maior destaque e frequência, que em alguma medida acompanham as tendências registradas nos tópicos anteriores.

Em termos históricos, ainda antes da Constituição Federal de 1988 havia o registro de decisões que admitiam a responsabilidade civil do Estado por danos provocados no âmbito pré-contratual.

Assim, e por exemplo, é possível identificar no início da década de 70 decisão de responsabilização civil pela anulação irregular de licitação, que teria violado a "legítima expectativa" de a empresa vencedora "ser contemplada com o objeto da concorrência".[457] Na década de 80,

---

sobre a declaração de nulidade do contrato somente será adotada na hipótese em que se revelar medida de interesse público, com avaliação, entre outros, dos seguintes aspectos: [...] Parágrafo único. Caso a paralisação ou anulação não se revele medida de interesse público, o poder público deverá optar pela continuidade do contrato e pela solução da irregularidade por meio de indenização por perdas e danos, sem prejuízo da apuração de responsabilidade e da aplicação de penalidades cabíveis".

[457] "Anulada a concorrência sem base legal, cabe ao vencedor indenização de perdas e danos. [...] Assim, resta indagar da devolução em dôbro da caução. O critério alvitrado pela autora é de absoluta razoabilidade. Ninguém honestamente porá em dúvida que ela tinha legítima expectativa de ser contemplada com o objeto da concorrência e, tratando-se de empresa idônea, cumpridora de seus deveres, naturalmente diligenciou aquelas medidas, a que se referiu no depoimento pessoal o seu representante. E o tempo perdido em consulta a fornecedores, em preparo de planos e papéis, há de ser, evidentemente, pago. Antes disso,

verificam-se decisões com determinação de dever de indenizar em caso de revogação, inclusive por reconhecimento de lesão a *direito* do licitante vencedor, quando a revogação tenha ocorrido "sem demonstração de interesse público subjacente".[458] No recurso extraordinário 94.630, apreciado pelo Supremo Tribunal Federal em 1981, apesar do não conhecimento do recurso, houve votos que indicaram em *obiter dictum* o cabimento de indenização por danos emergentes no caso de contratação com preterição do sujeito legitimado a contratar.[459]

Na atualidade, os fundamentos da responsabilidade civil do Estado pela decisão de não contratar aparecem ora confirmados, ora afastados.

No tocante à hipótese de anulação de licitação, podem-se mencionar dois entendimentos alternados, ainda que baseados na mesma premissa.

De um lado, a partir de afirmações categóricas de que "não há direito algum para o ganhador da licitação",[460] a orientação prevalente parece ser a que aplica a solução estabelecida no art. 49, §1º, da Lei 8.666/93, admitindo-a como excludente de responsabilidade compatível

---

a proposta demandou largo estudo, com a apresentação de orçamento, coleta de preços, feitura de memorial, datilografia. O orçamento compõe-se de 40 páginas datilografadas, com as especificações necessárias. Só isso é bastante para avaliar os gastos que teve a autora. E já não se fale nas despesas com as providências destinadas a provar o seu direito em juízo. E muito razoável, portanto, a estimativa dos danos em NCr$ 6.000,00, relativos ao que ela efetivamente perdeu (v. inicial, fls.). Por conseguinte, fica a ré condenada a devolver à autora a caução (NCr$ 6.000,00) e a quantia de NCr$ 130,50, referida no edital (cláusulas II e III), além de pagar os danos verificados (NCr$ 6.000,00). E a ré pagará ainda os juros legais, reembolsando a autora das custas despendidas" (Tribunal de Alçada de São Paulo, Apelação cível 131.446, relator Ministro Pinheiro Franco - acórdão publicado na *Revista de Direito Administrativo*, v. 104, abr./jun. 1971, p. 235-241).

[458] "ADMINISTRATIVO E CIVIL - LICITAÇÃO - OBRAS E SERVIÇOS DE ENGENHARIA - ATO ADMINISTRATIVO - REVOGAÇÃO - PERDAS E DANOS - 1) Efetuada a licitação, deve a administração diligenciar para praticar os atos consequentes, para que não se modifiquem, pelo decurso do tempo, as condições que ensejaram a oferta. 2) Como todo ato administrativo, a licitação e suscetível de anulação e de revogação, embora a lei federal (Decreto-Lei n. 200/67, art. 138) somente tenha feito referência à primeira. (CF. Sumula 473, do STF). 3) Se a revogação causar perdas e danos, emerge a obrigação de indenizar. 4) Embargos rejeitados (Tribunal Federal de Recursos, EAC 0033259, Acordão RIP 03144305, relator Ministro Washington Bolivar, j. 17.06.1981. Também admitindo a apuração de perdas e danos em razão de revogação reconhecida como legítima, no âmbito do Tribunal Federal de Recursos: AGSS 0006863, Acordão RIP 09603247, relator Ministro Nilson Naves j. 01.07.1987 e AMS 0117232, Acórdão RIP 09233334, relator Ministro Lauro Leitão, j. 17.11.1987.

[459] Recurso extraordinário 94.630, 2ª Turma, relator Ministro Moreira Alves, j. 23.06.1981.

[460] "Na anulação não há direito algum para o ganhador da licitação; na revogação, diferentemente, pode ser a Administração condenada a ressarcir o primeiro colocado pelas despesas realizadas" (Superior Tribunal de Justiça, mandado de segurança 12.047/DF, 1ª Seção, relatora Ministra Eliana Calmon, j. 28.03.2007).

com a Constituição. De outro lado, há decisões que, embora também enunciando que "inexiste direito adquirido a ser oposto à Administração Pública", descolam o problema da responsabilidade civil do pressuposto de existência de uma posição jurídica estabelecida e já plenamente formada, para encontrar no art. 37, §6º, da Constituição fundamento suficiente para concluir que "subsiste, entretanto, a responsabilização por perdas e danos".[461]

Em relação à revogação, há número mais amplo de julgados admitindo o dever estatal de indenizar o vencedor do certame.[462] No âmbito do Superior Tribunal de Justiça, admitiu-se que "na revogação, diferentemente [da hipótese de anulação], pode ser a Administração condenada a ressarcir o primeiro colocado pelas despesas realizadas".[463]

De forma peculiar, o Tribunal de Justiça de São Paulo aprofundou o exame sobre os efeitos produzidos pelos atos praticados por empresa estatal durante e após o certame, para, com base no princípio da boa-fé, admitir a tutela de expectativas de direito como fundamento de responsabilidade diante da revogação.[464] Há, em contrapartida, casos

---

[461] "Licitação. Responsabilidade Civil na anulação. Inexiste direito adquirido a ser oposto à Administração Pública quando ocorrer nulidade que impõe, como dever, o desfazimento de todos os atos. Subsiste, entretanto, a responsabilização por perdas e danos. Art 49, §1º, da lei 8.666/93. Prejuízos, todavia, cuja valoração deve ser aferida em execução de sentença, na forma do art. 606 do CPC, inaceitáveis os valores requeridos, derivados de "acordos" firmados entre a autora e suas contratadas" (Tribunal de Justiça de São Paulo, apelação cível 9056642-11.1998.8.26.0000, 8ª Câmara de Direito Público, relator Desembargador José Santana, j. 31.05.2001).

[462] "Na anulação não há direito algum para o ganhador da licitação; na revogação, diferentemente, pode ser a Administração condenada a ressarcir o primeiro colocado pelas despesas realizadas" (Superior Tribunal de Justiça, 12.047/DF, 1ª Seção, relatora Ministra Eliana Calmon, j. 28.03.2007). No mesmo sentido: Tribunal Regional Federal da 1ª Região, apelação cível 2006.34.00.031803-3, 5ª Turma, relator Desembargador João Batista Moreira, j. 22.07.2015; no âmbito do Tribunal de Justiça de São Paulo: apelação cível 0162424-82.2006.8.26.0000, 10ª Câmara de Direito Público, relator Desembargador Antonio Villen, j. 09.02.2009; apelação cível 0016209-52.2012.8.26.0510, 6ª Câmara de Direito Público, relator Desembargador Oswaldo Luiz Palu, j. 12.12.2016), apelação cível 0004906-57.2011.8.26.0322, 2ª Câmara Extraordinária de Direito Público, relator Desembargador Rodrigues de Aguiar, j. 24.09.2015.

[463] Mandado de segurança 12.047/DF, 1ª Seção, relatora Ministra Eliana Calmon, j. 28.03.2007.

[464] "Em suma, o ato administrativo, antes de ser revogado, produz todos os seus efeitos jurídicos, porém, por força do art. 49 da Lei de Licitação, à Administração Pública pode revogá-lo, o que acarreta a obrigação de indenizar o licitante vencedor que, comprovadamente, sofreu prejuízos. Nesse hiato entre a adjudicação no processo licitatório e o ato convocatório, mais precisamente no campo pré-contratual, incumbia às partes o dever de boa-fé objetiva, transparência e razoabilidade. Nem se poderia alegar que os preceitos da responsabilidade pré-contratual não se aplicam à Administração Pública, direta ou indireta: como já se posicionou o STJ, cabe às partes o dever geral de não causar dano a outrem (*neminem laedere*), atribuindo-se a esse preceito jurídico a responsabilidade aquilina ou extracontratual. [...] Em princípio, são requisitos da responsabilidade pré-contratual:

de rejeição de indenização mesmo em caso de revogação legítima, sob o fundamento de que "não assiste ao licitante qualquer direito".[465]

Esse breve apanhado de orientações encontradas nas decisões dos Tribunais conduz a cinco constatações principais:

(i) Há uma visão conflitante, e muitas vezes restritiva, em torno da concepção de direito subjetivo à contratação e acerca da possibilidade de tutela de qualquer outra manifestação jurídica que não se configure como direito certo e adquirido a contratar. É frequente encontrar fórmulas enunciando que, em não havendo direito, restariam meras expectativas, e estas seriam invariavelmente não indenizáveis. Em outras palavras, utiliza-se um elemento prévio que funciona como filtro ou mecanismo de contenção, limitador do campo de responsabilidade estatal.

(ii) A orientação acerca da ausência de direitos propriamente ditos parece ter subjacente a admissão de prevalência de uma reserva decisória da administração ao término da licitação e, em derivação dessa premissa, a negação de produção de quaisquer efeitos por atos estatais irregulares, o que se traduz na limitação ao aperfeiçoamento de posições jurídicas tuteláveis. Daí a rejeição à configuração de direito à contratação inclusive a sujeitos que tenham sido declarados vencedores e reconhecidos como adjudicatários.[466]

---

negociações preliminares, obrigatoriedade da contratação, certeza na celebração do contrato. Ruptura injustificada: violação da boa-fé objetiva e dano. [...] Pelo estado das negociações contratuais, também ficou configurada a certeza na celebração do contrato, especialmente porque se aplica à Administração Pública e, portanto, às sociedades de economia mista o princípio da moralidade administrativa, insculpido no caput do art. 37 da CF, que impõe como regra de conduta a honestidade, a ética e a licitude" (Tribunal de Justiça de São Paulo, apelação cível 0139502-81.2005.8.26.0000, 27ª Câmara de Direito Privado, relator Desembargador Gilberto Leme, j. 09.08.2011).

[465] "ADMINISTRATIVO. LICITAÇÃO. REVOGAÇÃO. CONVENIÊNCIA E OPORTUNIDADE. DECISÃO FUNDAMENTADA. ARTIGO 49 DA LEI 8.666/93. SÚMULA 473 DO STF. INDENIZAÇÃO. IMPOSSIBILIDADE. [...] Reconhecida a legalidade do ato de revogação da licitação, não assiste ao licitante qualquer direito à indenização ou a lucros cessantes, notadamente porque a revogação ocorreu antes mesmo da celebração do contrato entre as partes" (Tribunal Regional Federal da 4ª Região, apelação cível 5028789-38.2011.4.04.7000, 4ª Turma, relatora Desembargadora Vivian Josete Pantaleão Caminha, j. 28.11.2018).

[466] "A exegese do art. 49, da Lei 8.666/93, denota que a adjudicação do objeto da licitação ao vencedor confere mera expectativa de direito de contratar, sendo certo, ainda, que eventual celebração do negócio jurídico subsume-se ao juízo de conveniência e oportunidade da Administração Pública" (Superior Tribunal de Justiça, recurso em mandado de segurança 22.447/RS, 1ª Turma, relator Ministro Luiz Fux, j. 18.12.2008).

(iii) No caso da revogação de licitação, parece prevalecer, não sem divergências, o entendimento de que haverá dever estatal de indenizar, o que sinaliza que o Judiciário supre a omissão legislativa com a aplicação direta do art. 37, §6º, da Constituição para estabelecer a relação de responsabilidade civil.

(iv) No caso da anulação, há maior deferência à disciplina legal, reconhecida como exoneratória do dever de indenizar (que, como se observou acima, não foi incorporada à Lei 14.133/21); diante da fundamentação de algumas das decisões relativas ao tema, baseada na ausência de produção de efeitos por atos nulos, verifica-se aqui eco da Súmula 473 do Supremo Tribunal Federal.

(v) A grande maioria das decisões que reconhece haver responsabilidade civil do Estado ora delimita a indenização aos custos incorridos para participação no processo licitatório e a eventuais outras despesas que guardem vínculo causal com a atuação estatal lesiva,[467] ora deixa de especificar o dano a ser indenizado, remetendo a sua definição à fase de liquidação. Existem ainda, embora em menor número, decisões que reconhecem o direito à indenização orientado pelo conteúdo do contrato, abrangendo os lucros cessantes.[468]

4.3.5 Breve nota comparativa sobre o tratamento do tema: os hiatos legislativos e a construção pela via jurisprudencial como características constantes

Como se vê da exposição feita acima, o único tipo de solução normativa efetivamente preciso e abrangente sobre a responsabilidade

---

[467] "A mudança de orientação, que resultou na revogação da licitação, foi ato de planejamento que, se não feriu direito subjetivo, pelo menos frustrou uma expectativa legítima da empresa. [...] Transportadas essas lições para o caso presente, conclui-se que a autora tem direito ao reembolso das despesas realizadas com a participação da Concorrência n. 009/2004, assim como a indenização por eventuais prejuízos efetivos que tenha tido em razão da antecipação de providências (ex.: investimentos) que tenha sido levada a realizar em função da classificação (em 1º lugar) na licitação em referência" (Tribunal Regional Federal da 1ª Região, apelação cível 2006.34.00.031803-3, 5ª Turma, relator Desembargador João Batista Moreira, j. 22.07.2015). Na mesma linha: Tribunal de Justiça de São Paulo, apelação cível 0053394-73.2010.8.26.0000, 8ª Câmara de Direito Público, relatora Desembargadora Silvia Meirelles, j. 05.05.2010.

[468] Superior Tribunal de Justiça, embargos de declaração no recurso especial 1.153.354/AL, 1ª Turma, relator Ministro Ari Pargendler, j. 04.09.2014.

pré-contratual do Estado legislada no direito brasileiro correspondeu às cláusulas gerais de não indenizar. A partir do Decreto-lei 2.348/87, o legislador federal passou a restringir o alcance dessas cláusulas de exoneração de responsabilidade, até estabelecer, com a edição da Lei 14.133/21, um modelo que oferece solução ampla e expressa de responsabilidade civil, ainda que não pormenorizada (art. 147, parágrafo único).

A lacuna a respeito da responsabilidade civil do Estado poderia ser identificada como defeito legislativo e, como tal, sujeita a críticas. Também pode, em avaliação que entendemos mais adequada, ser considerada não como casualidade, mas qualificada ela própria como decisão de política legislativa, relacionada às peculiaridades do tema, mas nem por isso imune a críticas.

Evidência que aponta para esta última conclusão deriva da constatação de que a disciplina genérica ou omissa constitui característica recorrente em outros ordenamentos a propósito da responsabilidade civil pré-contratual do Estado.[469] No direito continental europeu, vários países não dispunham de disciplina legislativa em torno do tema. Passaram a discipliná-lo não por razões orgânicas, mas por força de um elemento externo conformador: as diretivas europeias, que deixaram explícita a função da responsabilidade pré-contratual de operar como mecanismo para desestimular práticas protecionistas nos processos de contratação.[470]

Em estudo de 2016 no qual examinou as diretivas da União Europeia e a sua implementação em diversos Estados membros, Hanna Schebesta observou que, apesar de resultar do direito comunitário um inequívoco dever aos Estados de prover soluções ressarcitórias, não

---

[469] Apontando a insuficiência do direito positivo brasileiro a respeito da responsabilidade pré-contratual do Estado, Almiro do Couto e Silva observou que, "em muitos países, a resposta dos problemas que se inserem nessa área tem sido dada pela doutrina e pela jurisprudência, à margem de quaisquer textos legislativos. É o que sucede, por exemplo, no direito alemão e, também, no direito privado brasileiro" (SILVA, Almiro Couto e. Responsabilidade pré-negocial e *culpa in contrahendo* no direito administrativo brasileiro. *Revista da Procuradoria-Geral do Estado do Rio Grande do Sul*, Porto Alegre, v. 27, n. 57, p. 171-179, dez. 2003. p. 171).

[470] Devendo-se notar que a ausência de disciplina legislativa não se confunde com ausência de tratamento anterior do tema: "In some states the possibility of damages for breach of legal rules on procurement was recognised before adoption of the Directive – for example, in Belgium, Luxembourg, the Netherlands, France, Spain and Portugal" ARROWSMITH, Sue. Enforcing the Public Procurement Rules: Legal Remedies in the Court of Justice and the National Courts. *In:* ARROWSMITH, Sue. *Remedies for enforcing the public procurement rules*. Public Procurement in the European Community. Winteringham: Earlsgate Press, 1993. v. IV. p. 76).

havia no âmbito comunitário e, de modo geral, nem mesmo na maior parte dos países então examinados, disciplina legal que fixe de forma mais precisa os parâmetros para quantificação de danos. No dizer da autora, tem-se, como resultado, matéria tipicamente definida por *judge-made law*.[471]

Algumas razões poderiam ser consideradas para justificar essa política normativa.

Uma primeira razão a ser cogitada, de ordem histórica, diz respeito às dúvidas acerca do cabimento de responsabilidade civil do Estado em seus processos de contratação. Mesmo depois de superadas as teses de irresponsabilidade civil do Estado, remanesceram dificuldades em torno da responsabilização diante de questionamentos em torno da configuração das posições jurídicas em favor dos particulares. Essas dificuldades, descritas acima a propósito do direito brasileiro, também foram apontadas em países como Itália e Portugal.[472]

---

[471] "The quantification of damages in the legal systems can be better understood by looking at whether a legal system openly addresses and creates a formal doctrine of damage quantification methods. Indeterminacy relates to the method itself, the choice of method, or an open delegation to the judge's individual (not to say personal) assessment. In most legal systems, the quantification of damages is a neglected topic. Quantification thus becomes a technical if not arbitrary exercise, rather than one that is diligently dealt with by legal doctrinal discussions. Paradoxically, this vacuum of common understanding and guidance puts the judge in a position whereby, in the absence of legal determination, s/he has to exercise discretion" (SCHEBESTA, Hanna. *Damages in EU Public Procurement Law*. Heidelberg: Springer, 2016. p. 157 e 198). Ainda Segundo Schebesta: "As the cases discussed in the country studies demonstrate, in none of the jurisdictions is it entirely predictable whether and in how far an aggrieved bidder can claim damages. Legal uncertainty persists" (SCHEBESTA, Hanna. *Damages in EU Public Procurement Law*. Heidelberg: Springer, 2016. p. 229). Desde a Diretiva 89/665/CEE, de 30.12.1989, passaram a ser editadas regras para assegurar a abertura dos contratos de direito público aos princípios de ampla concorrência, de modo a assegurar isonomia no acesso ao mercado comum europeu. A referida Diretiva consagrou disposição impondo aos Estados-membros o dever de prover soluções para tutelar os concorrentes em face das decisões do ente público adjudicante (art. 1º, n. 1), no que se incluiu a via indenizatória para os sujeitos que venham a ser lesados no âmbito desses processos (art. 2º, n. 1, "c"). A esse respeito: GONÇALVES, Pedro Costa. Gestão de contratos públicos em tempo de crise. *In:* GONÇALVES, Pedro (org.). *Estudos de Contratação Pública*. Coimbra: Coimbra Editora, 2010. v. III. p. 41, e ARROWSMITH, Sue. Enforcing the Public Procurement Rules: Legal Remedies in the Court of Justice and the National Courts. *In:* ARROWSMITH, Sue. *Remedies for enforcing the public procurement rules*. Public Procurement in the European Community. Winteringham: Earlsgate Press, 1993. v. IV. p. 69-70.

[472] Em Portugal, Ana Prata relata que prevalecia tendência à rejeição da responsabilidade pré-contratual dos entes públicos, "tendo, durante algum tempo, alguns autores – em particular portugueses, sendo paradigmático desta posição Marcello Caetano – defendido que o direito administrativo não estaria submetido ao princípio da boa fé, por um lado, e que a actuação discricionária da Administração na prossecução do interesse público não permitiria que os tribunais judiciais sindicassem os seus actos, por outro [...]" (PRATA, Ana. *Responsabilidade pré-contratual*: uma perspectiva comparada dos direitos

Como os desenvolvimentos doutrinários e jurisprudenciais revelaram ao longo do tempo, apenas mais recentemente a omissão legislativa veio a ser superada com a extração da responsabilidade civil pré-contratual do Estado como derivação direta da Constituição. Ainda a título de comparação, noticia-se que também em Portugal construções relacionadas à responsabilidade pré-contratual do Estado vieram a ser desenvolvidas à luz da Constituição, antecipando a disciplina legal que viria a ser editada para recepcionar as exigências do direito comunitário.[473]

Uma segunda razão pode estar relacionada à dificuldade inerente ao tratamento do tema, relacionada aos parâmetros e limites de determinação de dano. Mesmo no direito privado, onde a responsabilidade pré-contratual tem sido intensamente estudada desde o século XIX, constata-se a ausência de soluções unitárias e homogêneas para os diversos problemas que se colocam. A própria legislação civil é lacônica a respeito do tema.[474] Ainda assim, colhe-se do direito comparado notícia de que as soluções indenizatórias para as situações não legisladas de responsabilidade estatal pré-contratual têm sido buscadas em construções de direito privado.[475]

---

brasileiro e português. Coimbra: Almedina, 2018. p. 47). Sobre o direito italiano, conferir MASTRAGOSTINO, Franco. Enforcing the Public Procurement Rules in Italy. In: ARROWSMITH, Sue. *Remedies for enforcing the public procurement rules*. Public Procurement in the European Community. Winteringham: Earlsgate Press, 1993. v. IV. p. 151.

[473] O art. 22 da Constituição portuguesa prevê que "O Estado e as demais entidades públicas são civilmente responsáveis, em forma solidária com os titulares dos seus órgãos, funcionários ou agentes, por ações ou omissões praticadas no exercício das suas funções e por causa desse exercício, de que resulte violação dos direitos, liberdades e garantias ou prejuízo para outrem". Com base nessa regra, passou-se a defender a impossibilidade de se fixar, *a priori*, "exclusão do âmbito da indenização de uma dada categoria de danos, o que redundaria numa restrição arbitrária do direito à reparação integral dos danos" (FERREIRA, Rui Cardona. *Indemnização do interesse contratual positivo e perda de chance (em especial, na contratação pública)*. Coimbra: Coimbra Editora, 2011. p. 27). Na mesma linha: TEIXEIRA, Antonio Miguel Catela. Enforcing the Public Procurement Rules in Portugal. In: ARROWSMITH, Sue. *Remedies for enforcing the public procurement rules*. Public Procurement in the European Community. Winteringham: Earlsgate Press, 1993. v. IV. p. 408).

[474] Aludindo à falta de "parâmetros indenizatórios" na legislação, Fabio Queiroz Pereira observa que, "no direito civil brasileiro, há uma completa omissão, reduzindo-se [a legislação] a afirmar que a indenização mede-se na extensão do dano" (PEREIRA, Fabio Queiroz. *O ressarcimento do dano pré-contratual*: interesse negativo e interesse positivo. São Paulo: Almedina, 2017. p. 232).

[475] "The primary source of law is in most instances national case law on damages and sometimes not even from the field of public procurement. Even in countries where the issue is regulated in further detail there seem to be considerable lack of clarity and uncertainty as to the conditions for claiming damages for a violation of the EU public procurement rules" (TREUMER, Steen. Basis and Conditions for a Damages Claim for Breach of the

Uma terceira razão que poderia ser especulada como subjacente à omissão legislativa se relacionaria com a preocupação de salvaguardar o erário e, em alguma medida, de evitar a paralisação da atividade administrativa em face dos riscos de responsabilização. Esses aspectos podem ter inspirado postura legislativa de contenção, que à primeira vista projetaria conferir menor destaque ao tema, mas isso não sem um custo: a maior insegurança jurídica resultante dessa opção.

O ângulo do interesse fiscal pode ser identificado em manifestações esparsas em doutrina e jurisprudência.[476] Esse foi, de outra parte, um aspecto determinante para definir o alcance da disciplina sobre o tema no direito comunitário europeu. As incertezas sobre o custo que teria de ser suportado pelos Estados-membros constituíram fator decisivo para que as diretivas não especificassem soluções indenizatórias específicas e uniformes. Relegou-se aos direitos nacionais, sob condições e limites, a determinação concreta dos danos indenizáveis e do alcance da indenização.[477]

No entanto, no caso do direito brasileiro, a questão fiscal não se revela, ao menos não isoladamente, suficiente para explicar a realidade legislativa atual. Isso porque é sabido que a omissão legislativa nunca se revelou hábil a conter as demandas surgidas contra o Estado. Ademais, se antes essa preocupação de ordem fiscal poderia ser vinculada aos regramentos anteriores, que afastavam a responsabilidade civil do Estado, a mesma relação já não pode ser estabelecida a partir da disciplina da Lei 14.133/21, que deixou de prever cláusulas de exclusão de responsabilidade civil.

Por fim, a omissão legislativa não se justifica por uma hipotética menor importância do tema, visto que as discussões em torno dele se encontram em constante evidência, visto que frequentemente travadas nos tribunais. Pode-se, então, supor que a evolução do tratamento do tema *à margem da lei* não passou despercebida dos trabalhos legislativos que vieram a dar origem aos diplomas legais mais recentes sobre licitações e contratações administrativas. Nem por isso a temática foi neles pormenorizada, embora o estado atual da legislação, considerada

---

EU Public Procurement Rules. *In.* FAIRGRIEVE, Duncan; LICHÈRE, François. *Public Procurement Law:* Damage as an Effective Remedy. Oxford: Hart Publishing, 2011. p. 165).

[476] Sobre o tema, conferir voto divergente do Min. Nunes Maia no recurso especial 1.153 ESTORNINHO, Maria João. *Curso de Direito dos Contratos Públicos.* Coimbra: Almedina, 2013. p. 461 e ss.

[477] FAIRGRIEVE, Duncan; LICHÈRE, François. Introduction. *In:* FAIRGRIEVE, Duncan; LICHÈRE, François. *Public Procurement Law:* Damage as an Effective Remedy. Oxford: Hart Publishing, 2011. p. 1-2.

em especial a Lei 14.133/21, ofereça ângulo de abertura não apenas à incidência direta da cláusula constitucional de responsabilidade civil do Estado, mas também à aplicação integrada de normas como as da LINDB, como será observado a seguir.

Em meio a essas possíveis razões e independentemente delas, é possível concluir que a ausência de tratamento legal, antes de constituir um obstáculo, compõe o terreno característico para o desenvolvimento das construções teóricas e práticas em torno da responsabilidade pré-contratual. As consequências dessa política legislativa consistem em remeter à doutrina a tarefa de construir modelos teóricos adequados e conferir protagonismo ao Poder Judiciário, a quem cabe a função de resolver a casuística, inclusive no tocante à extensão do dano indenizável.

4.3.6 Ainda a política legislativa: considerações *de lege ferenda* sobre possíveis modulações das soluções de responsabilidade civil

Ainda a propósito da análise dos contornos da disciplina legal do tema, cabe observação em torno da hipotética possibilidade de a política legislativa vir a fixar soluções legais específicas de indenização variantes do princípio da reparação integral.

A questão da autonomia legislativa é por demais complexa para ser resolvida nos limites mais restritos deste trabalho. Não obstante, propõe-se, e assim se faz de *lege ferenda*, o entendimento de que não se identificam óbices no ordenamento para a possibilidade de a responsabilidade civil ter os seus contornos definidos no plano legislativo, conforme as características da função administrativa de que se trate, de modo a predeterminar a extensão do dano indenizável segundo critérios específicos.

Essa conclusão se baseia na premissa de que o art. 37, §6º, da Constituição não estabelece um modelo axiomático, definitivo e invariável de responsabilidade civil[478] – o que não equivale a dizer que essa cláusula não seja autoaplicável. Explica-se.

---

[478] Como observado por Menezes de Almeida a propósito do art. 37, §6º, ainda que com foco no regime de responsabilidade (mas em observação que, nos parece, é também aplicável ao problema da extensão da responsabilidade civil estatal): "nem existe predeterminação constitucional quanto ao que se pudesse supor um específico regime de responsabilidade objetiva. O que abre portas para a complementação normativa mais flexível da matéria na legislação infraconstitucional" (ALMEIDA, Fernando Dias Menezes de. Controle da Administração Pública e Responsabilidade do Estado. *In:* DI PIETRO, Maria Sylvia Zanella (coord.). *Tratado de direito administrativo*. São Paulo: Revista dos Tribunais, 2014. v. 7. p. 333).

Um primeiro resultado imediatamente extraível da disposição constitucional é a vedação à irresponsabilidade estatal. Disso resulta, por exemplo, a conclusão de que a invalidação da licitação deveria ensejar a responsabilidade civil do Estado ainda que a Lei 14.133/21 tivesse previsto regras de exoneração de responsabilidade, tais como as previstas em diplomas anteriores. Acompanha-se a doutrina que apontou a exoneração de responsabilidade como contrária ao regime constitucional.

O segundo resultado é que, na ausência de disciplina legislativa, o fundamento da responsabilidade civil do Estado será alcançado diretamente a partir da cláusula constitucional e pelo princípio da reparação integral (art. 944 do Código Civil), impondo a indenização integral da posição jurídica que tenha sido frustrada.

Mas disso não decorre a interdição a soluções legislativas intermediárias, que tenham por objeto compatibilizar os interesses privados lesados com os encargos suportados pela coletividade, considerando que também estes últimos estão relacionados à realização de valores constitucionais fundamentais.[479] Tem-se aqui ângulo ainda pouco explorado da responsabilidade civil do Estado, que diz respeito às possibilidades e limites de sua regulação no plano legislativo, observando o equilíbrio dos interesses envolvidos.[480]

Como meio termo entre a reparação integral (a regra geral do direito brasileiro) e a negação *in totum* de responsabilidade (hipótese aqui considerada como desprovida de fundamento), reputa-se em tese ser possível a legislação delimitar soluções de indenização que, sem desnaturar ou esvaziar a substância econômica equivalente à lesão, promovam parametrização dos danos indenizáveis, de forma a compor o regime e a extensão da responsabilidade estatal considerando os encargos suportados pela coletividade. Soluções dessa espécie – e uma delas parece ser possível identificar no art. 148, *caput* e §1º, da Lei

---

[479] ALMEIDA, Fernando Dias Menezes de. Controle da Administração Pública e Responsabilidade do Estado. *In:* DI PIETRO, Maria Sylvia Zanella (coord.). *Tratado de direito administrativo*. São Paulo: Revista dos Tribunais, 2014. v. 7. p. 408).

[480] Registrando debate existente no direito italiano, Elio Casetta descreve o seguinte: "Si tratta infatti di conciliare la necessità di tutelare i cittadini di fronte agli illeciti dannosi perpetrati dai pubblici poteri, secondi i principi dello Stato di diritto, con quella di salvaguardare le pubbliche finanze da risarcimenti insostenibili, causati da interventi capaci di recare preguidizio a collettività talvolta assai vaste. [...] Ci si trova di fronte ad un'ulteriore difficoltà: quella di evitare preoccupazioni paralizzanti dovute a rischi eccessivi senza peraltro creare a loro vantaggio privilegi non giustificabili" (CASETTA, Elio. *Manuale di Diritto Amministrativo*. 15. ed. Milano: Giuffrè, 2013. p. 708).

14.133/21, como exposto no item 6.1.2 – seriam particularmente úteis para casos em que a indenização possa somar montantes relevantes, como quando há frustração de direito adquirido a contratar.

Logo, permite-se abrir divergência perante a doutrina que aparentemente entende que o art. 37, §6º, da Constituição constitui determinação impositiva de um dever irrestrito de indenizar, não passível de mediação legislativa.[481] Não se compreende seja interditada ao legislador a introdução de fórmulas que apresentem parâmetros específicos para a quantificação dos danos indenizáveis.

Isso não significa admitir que a autonomia legislativa frente ao art. 37, §6º, da Constituição abranja campo ilimitado de escolhas. O pressuposto de constitucionalidade de soluções legislativas sobre responsabilidade civil é que elas preservem o papel desse remédio, que corresponde à restauração da legalidade (ou juridicidade, como se queira), o que abrange a função primordial de considerar e observar um certo nível de equilíbrio entre os interesses lesados e a reparação. Disso se extrai que as soluções indenizatórias devem guardar conexão, em termos proporcionais, com o conteúdo do dano verificado, de modo que este não venha a ser substancialmente esvaziado. Como noticiado por Schebesta, essa conexão tende a ser observada com relativa flexibilidade em outros sistemas jurídicos nos quais, diversamente do que ocorre no direito brasileiro, há discrição judicial para arbitramento do dano.[482]

Cogitações em torno de soluções variáveis de responsabilidade podem ser identificadas no âmbito do direito comunitário europeu. A normativa comunitária se restringe a estabelecer a espinha dorsal do regime de responsabilidade pré-contratual dos Estados, relegando aos direitos nacionais a tarefa de estabelecer a disciplina específica de danos. O limite a tanto corresponde à impossibilidade de os direitos nacionais afastarem em abstrato, de modo absoluto e irrestrito, alguma hipótese de ressarcimento ou categoria de dano, isto é: não cabe descartar a indenização *a priori* nem de danos emergentes, nem

---

[481] SILVA, Almiro Couto e. Responsabilidade pré-negocial e *culpa in contrahendo* no direito administrativo brasileiro. *Revista da Procuradoria-Geral do Estado do Rio Grande do Sul*, Porto Alegre, v. 27, n. 57, p. 171-179, dez. 2003. p. 175.

[482] "Overall one can remark that the estimation of damages often lacks a more sound quantification method, and can incorporate rationales of reduction which come very close to comprising a material criterion. This material connection in terms of result often delivers 'proportional' liability due to the damage reductions undertaken" (SCHEBESTA, Hanna. *Damages in EU Public Procurement Law*. Heidelberg: Springer, 2016. p. 199).

dos lucros cessantes.[483] O que, não obstante, em tese não impediria a estipulação de soluções intermediárias.[484]

Em suma, a discussão sobre o tema é pertinente para possíveis aperfeiçoamentos futuros na legislação. De todo modo, insista-se em que essas cogitações e eventuais restrições à indenização são matéria de política legislativa, não de ponderação em nível judicial. O ordenamento estabelece como regra geral o princípio da reparação integral, cuja relativização é comportada somente nas hipóteses e conforme os limites previstos em lei. Não existe norma que atribua ao Poder Judiciário a opção de flexibilizar a lógica da reparação integral fora das hipóteses legisladas.

Tampouco há autorização à definição da responsabilidade civil em concreto baseada em considerações sobre a situação fiscal do Estado. Problemas fiscais não constituem fundamento presente no ordenamento para afastar a responsabilidade civil do Estado. Significa dizer que as contas públicas não podem determinar a fixação de soluções de oportunidade para o fim de relativizar a responsabilidade civil à margem das regras gerais postas no ordenamento.[485]

Portanto, prevalece a regra de solução das situações concretas a partir da identificação mais precisa e plena possível da reparação equivalente ao dano apurado. Há estrita vinculação do Poder Judiciário a esse regime, inclusive no tocante ao alcance excepcional das regras pontuais que comportem modulações no montante a indenizar. A operacionalização desse conjunto normativo passa a ser tratada na sequência.

---

[483] Entendimento consagrado no âmbito do direito comunitário europeu a partir do precedente *Brasserie du Pêcheur*, que será trabalhado adiante. Essa decisão encontra-se disponível em: https://eur-lex.europa.eu/legal-content/EN/TXT/?uri=CELEX%3A61993CJ0046. Acesso em: 23 out. 2022.

[484] Considerações sobre essa possibilidade no contexto europeu, com definição de padrões indenizatórios até mesmo *à forfait*, podem ser encontradas em EIRÓ, Vera. *A Obrigação de Indemnizar das Entidades Adjudicantes*. Coimbra: Almedina, 2013. p. 534-544.

[485] "No Brasil, o artigo 37, §6º, da CF/88 põe abaixo qualquer tentativa neste sentido e empece, se não fulmina, argumentos como o da separação dos poderes ou do problema fiscal" (GIACOMUZZI, José Guilherme. Nunca confie num burocrata: a doutrina do "estoppel" no sistema da "common law" e o princípio constitucional da moralidade administrativa (art. 37, da CF/88). In: ÁVILA, Humberto (org.). *Fundamentos do Estado de Direito*: estudos em homenagem ao professor Almiro do Couto e Silva. São Paulo: Malheiros, 2005. p. 412). Também sobre o tema: MELLO, Celso Antônio Bandeira de. *Curso de Direito Administrativo*. 35. ed. São Paulo: Malheiros, 2021. p. 508.

4.4 O regime de responsabilidade pré-contratual

O esquema geral que dá origem à responsabilidade civil assenta em três pressupostos: fato antijurídico, nexo causal e dano em sentido jurídico. Para determinar como esses pressupostos se articulam, é necessário, preliminarmente, identificar o regime de responsabilidade a eles aplicável.

4.4.1 Os requisitos para configuração de responsabilidade e os critérios de imputação

O regime de responsabilidade é determinado pelos *fatores de atribuição* de responsabilidade, também denominados como *critérios de imputação, nexos de imputação* ou *fatores de atribuição*.[486] São esses critérios, estabelecidos pelo ordenamento, que atribuem o dever de responsabilidade a um determinado sujeito. Isto é: são os elementos de conexão "entre a responsabilidade e um interesse juridicamente tutelado";[487] entre o fato danoso e um sujeito a quem o Direito atribui a responsabilidade pelas consequências verificadas em esfera jurídica alheia.[488]

Os critérios de imputação clássicos são a *culpa* e o *risco*, que dão origem às teorias de responsabilidade *subjetiva* e *objetiva*, respectivamente.

Como descrito no início deste capítulo, a teoria subjetiva passou por marcante evolução ao longo do tempo, rumo a concepções objetivadas de culpa. A teoria objetiva, por sua vez, surge originalmente fundada na noção de risco criado. Com o passar do tempo, o risco em si se apresenta apenas como *uma* das formas de atribuição de responsabilidade em condição objetivada. Verificam-se outros critérios de imputação, que podem determinar regimes mais ou menos objetivos.[489] Trata-se de critérios de imputação fundados em

---

[486] MARTINS-COSTA, Judith. *Comentários ao Novo Código Civil*. 2. ed. Rio de Janeiro: Grupo Gen, 2008. v. V. t. II. p. 373; FARIAS, Cristiano Chaves de; BRAGA NETTO, Felipe Peixoto; ROSENVALD, Nelson. *Novo tratado de responsabilidade civil*. São Paulo: Atlas, 2015. p. 493.

[487] MARTINS-COSTA, Judith. A linguagem da responsabilidade civil. *In:* BIANCHI, José Flávio; PINHEIRO, Rodrigo Gomes de Mendonça; ALVIM, Teresa Arruda (coord.). *Jurisdição e Direito Privado*: estudos em homenagem aos 20 anos da Ministra Nancy Andrighi no STJ. São Paulo: Thomson Reuters Brasil, 2020. p. 395.

[488] NORONHA, Fernando. *Direito das Obrigações*. Fundamentos do Direito das Obrigações. Introdução à Responsabilidade Civil. São Paulo: Saraiva, 2003. v. 1. p. 472.

[489] MARTINS-COSTA, Judith. *Comentários ao Novo Código Civil*. 2. ed. Rio de Janeiro: Grupo Gen, 2008. v. V. t. II. p. 373. Sobre o critério da segurança, em particular: "O nexo de imputação na teoria objetiva nem sempre será o liame causal entre o risco criado por uma atividade e um dano, mas eventualmente, a relação de causalidade entre um

razões definidas no ordenamento que, em termos gerais, ensejam "a necessidade de assegurar reparação pelos danos que, por força da solidariedade social, não devem ser suportados pela vítima".[490] A aplicação dessas considerações à responsabilidade civil do Estado, por sua vez, encontra-se fundamentalmente relacionada ao princípio da isonomia.

4.4.2 A responsabilidade civil do Estado pela antijuridicidade e por atos lícitos

Os requisitos para aplicação de cada critério de imputação são distintos.

Em termos gerais, há uma base comum, que é a antijuridicidade. Pode-se afirmar que "antijurídicos são todos os fatos que afetam negativamente essas situações, destruindo-as ou reduzindo direitos e interesses nelas contados [...] em circunstâncias não consentidas pelo ordenamento".[491] A antijuridicidade é configurada a partir de fato jurídico irregular ou válido, porém produtor de efeitos reprovados pelo ordenamento. Ela corresponde ao elemento objetivo da ilicitude, que se caracteriza como "contradição do comportamento com o sistema".[492] A antijuridicidade pode então dizer respeito à própria natureza ou configuração da conduta, violadora em si do direito de outrem (*injuria*), ou ao resultado antijurídico por ela emanado, que seja qualificável como lesivo e indevido em vista do regime jurídico aplicável (*injustum*).[493]

A ilicitude, por sua vez, é integrada pela antijuridicidade e ainda por um segundo componente, este qualificador da conduta do sujeito. É aqui que reside a determinação de culpabilidade. Logo, antijuridicidade,

---

dano e a necessidade de se conceder segurança à vítima. Daí a proliferação de critérios de atribuição de obrigação de reparar danos que almejam este objetivo: a preposição, a equidade, a titularidade de direitos reais, a securitização... Afinal de contas, trata-se de evitar o dano injusto, entendendo-se que um dano civil pode ser injusto tanto por haver sido injustamente causado como pelo fato de ser injusto que o suporte quem o sofreu" (FARIAS, Cristiano Chaves de; BRAGA NETTO, Felipe Peixoto; ROSENVALD, Nelson. *Novo tratado de responsabilidade civil*. São Paulo: Atlas, 2015. p. 559-560).

[490] TEPEDINO, Gustavo; TERRA, Aline; CRUZ, Gisela. *Fundamentos do Direito Civil*: Responsabilidade Civil. 3. ed. Rio de Janeiro: Grupo GEN, 2022. v. 4. p. 131.

[491] NORONHA, Fernando. *Direito das Obrigações*. Fundamentos do Direito das Obrigações. Introdução à Responsabilidade Civil. São Paulo: Saraiva, 2003. v. 1. p. 348.

[492] FARIAS, Cristiano Chaves de; BRAGA NETTO, Felipe Peixoto; ROSENVALD, Nelson. *Novo tratado de responsabilidade civil*. São Paulo: Atlas, 2015. p. 133.

[493] NORONHA, Fernando. *Direito das Obrigações*. Fundamentos do Direito das Obrigações. Introdução à Responsabilidade Civil. São Paulo: Saraiva, 2003. v. 1. p. 349-350.

culpa e ilicitude não se confundem, pois esta é integrada por aquelas duas primeiras.[494] A culpa é indissociável da noção de um dever a ser infringido,[495] mas ela própria somente "opera, no suporte fáctico, como *plus*",[496] como fator de imputação de responsabilidade a alguém em conjunto com a antijuridicidade, quando o ordenamento assim estabelecer.

Quando o ordenamento não estipular a avaliação acerca da conduta do sujeito como requisito para a responsabilidade, a culpa restará afastada como critério de imputação. Bastará a incompatibilidade com o ordenamento (antijuridicidade), seja pela irregularidade da conduta em si, seja pela irregularidade dos resultados dela emanados, para que se verifique a responsabilidade. Nestes casos, o regime de responsabilidade será objetivo.

Em outras palavras, o regime de responsabilidade objetiva não implica o afastamento do requisito de antijuridicidade. Não obstante, a antijuridicidade dos atos estatais em si não é suficiente para abarcar todas as hipóteses de responsabilização. A massiva atuação do Estado, inclusive a lícita, pode sujeitar aqueles que com ele se relacionam a resultados qualificados pelo ordenamento como indevidos, na medida em que resultam em encargos desequilibrados sobre sujeitos específicos para possibilitar a realização de interesses da coletividade. Em resposta às situações de interferência decorrentes da atuação estatal regular em outras esferas jurídicas, desenvolveram-se as teorias da responsabilidade por atos lícitos do Estado e do sacrifício de direitos.[497]

---

[494] MARTINS-COSTA, Judith. A linguagem da responsabilidade civil. *In:* BIANCHI, José Flávio; PINHEIRO, Rodrigo Gomes de Mendonça; ALVIM, Teresa Arruda (coord.). *Jurisdição e Direito Privado*: estudos em homenagem aos 20 anos da Ministra Nancy Andrighi no STJ. São Paulo: Thomson Reuters Brasil, 2020. p. 396-402.

[495] DIAS, José de Aguiar. *Da responsabilidade civil*. 12. ed., atual. e aum. por Rui Berford Dias. Rio de Janeiro: Lumen Juris, 2012. p. 120.

[496] MARTINS-COSTA, Judith. *Comentários ao Novo Código Civil*. 2. ed. Rio de Janeiro: Grupo Gen, 2008. v. V. t. II. p. 187-188.

[497] Como indicado pela doutrina, o sacrifício de direitos envolve situações em que o exercício da competência administrativa produz, por inerência e como objetivo, a supressão ou restrição a um dado interesse e a compensação é "verdadeiro requisito de legalidade" da atuação (SOUSA, Marcelo Rebelo de; MATOS, André Salgado de. *Responsabilidade civil administrativa*: Direito Administrativo Geral. Alfragide: Publicações Dom Quixote, 2008. t. III. p. 59). Como explica Menezes de Almeida, o próprio exercício da competência envolve uma *obrigação de indenizar*, que está atrelada ao próprio exercício da conduta lícita, o que se diferencia do dever (subsequente) de indenizar próprio ao regime de responsabilidade civil (ALMEIDA, Fernando Dias Menezes de. Controle da Administração Pública e Responsabilidade do Estado. *In:* DI PIETRO, Maria Sylvia Zanella (coord.). *Tratado de direito administrativo*. São Paulo: Revista dos Tribunais, 2014. v. 7. p. 241). Entendendo-se que as situações aqui tratadas não envolvem o exercício de competências tendo por finalidade

No que diz respeito à concepção de responsabilidade por atos lícitos, haverá responsabilidade quando a conduta estatal, conquanto regular, produzir efeitos colaterais, gerando *"indiretamente,* como simples consequência – não como sua finalidade própria –, a lesão a um direito alheio".[498] A rigor, pode-se visualizar também nessa hipótese – ou ao menos em parte das situações albergadas por essa concepção – a antijuridicidade do resultado, a justificar a responsabilidade por tal razão.[499] Pode, ainda, ocorrer de à atuação estatal se relacionarem riscos específicos, cuja materialização, embora não provocada diretamente pelo ente público, determinará o dever de reparar outrem que reste afetado pelo evento. Assim se dará na medida em que o ordenamento impute a responsabilidade por tais efeitos à esfera estatal.

Tal como a hipótese de sacrifício de direitos, também a responsabilidade civil do Estado tem como ponto em comum o propósito de "garantir uma equânime repartição dos ônus provenientes"[500] da atuação estatal. Refere-se então que a responsabilidade civil por atos estatais lícitos acarretaria dever de reparar (apenas) o "dano anormal e específico"[501] provocado em outrem. De modo similar, a hipótese de sacrifício de direitos pressupõe identificar o "caráter genérico, ou individualizado, da oneração imposta".[502]

Considera-se que a sistemática da responsabilidade civil não abrange como pressuposto necessário a cogitação acerca da especialidade e da anormalidade do dano, nem mesmo quando esteja em causa

---

afetar interesses privados, a hipótese de sacrifício de direitos é aqui referida apenas a título de ilustração de contexto mais amplo.

[498] MELLO, Celso Antônio Bandeira de. *Curso de Direito Administrativo.* 35. ed. São Paulo: Malheiros, 2021. p. 943.

[499] "Se o resultado é considerado pelo direito um 'dano', implícita aí já está a caracterização de um ilícito a ensejar a sanção de indenização. E essa análise prescinde da cogitação da existência de culpa [...] Enfim, pressuposto da incidência da sanção de indenizar é a existência de dano – ou seja, um resultado necessariamente ilícito, conforme será visto mais adiante – independentemente da caracterização de ilícito na conduta anterior" (ALMEIDA, Fernando Dias Menezes de. Controle da Administração Pública e Responsabilidade do Estado. *In:* DI PIETRO, Maria Sylvia Zanella (coord.). *Tratado de direito administrativo.* São Paulo: Revista dos Tribunais, 2014. v. 7. p. 255-256).

[500] MELLO, Celso Antônio Bandeira de. *Curso de Direito Administrativo.* 35. ed. São Paulo: Malheiros, 2021. p. 952.

[501] DI PIETRO, Maria Sylvia Zanella. *Direito Administrativo.* 34. ed. Rio de Janeiro: Forense, 2021. p. 813 e ZANCANER, Weida. Responsabilidade do Estado, serviço público e os direitos dos usuários. *In:* FREITAS, Juarez (org.). *Responsabilidade Civil do Estado.* São Paulo: Malheiros, 2006. p. 340.

[502] ALMEIDA, Fernando Dias Menezes de. Controle da Administração Pública e Responsabilidade do Estado. *In:* DI PIETRO, Maria Sylvia Zanella (coord.). *Tratado de direito administrativo.* São Paulo: Revista dos Tribunais, 2014. v. 7. p. 242.

a atuação dita lícita. Conforme apontamento em âmbito doutrinário a propósito dessa questão, são requisitos da responsabilidade "apenas os elementos de cada caso individual: conduta, resultado e nexo de causalidade".[503] Nessa condição, a responsabilidade civil se baseia no princípio da reparação integral. Isso significa rejeitar a concepção que adota como pressuposto da responsabilidade a configuração de dano anormal qualificado pela expressividade da dimensão do prejuízo, que afasta, como consequência, a responsabilidade perante prejuízos de menor monta.[504]

Não obstante, é possível que o ordenamento adote modulações, seja por soluções legislativas específicas, seja como resultado do balanço dos riscos e deveres de suportar riscos nos relacionamentos público-privados. É esse balanço de riscos e deveres que, parece-nos, suscita a referência à anormalidade e especialidade do dano. Não obstante, a aplicação dessas noções não é uma exigência uniforme e *a priori*, mas um dado a ser identificado à luz das características da relação de responsabilidade que venha a ser estabelecida. Note-se, aliás, que o art. 27 da LINDB faz referência às noções de *anormalidade* e *injustiça*, mas como pressupostos *alternativos* de responsabilidade, diferenciando-se, portanto, do modelo teórico em questão.[505] A interpretação dessa norma e a análise de sua aplicação serão feitas no item 4.4.4.

4.4.3 A responsabilidade pela atuação administrativa antijurídica – as hipóteses de invalidação do processo de contratação

Por muito tempo, as discussões sobre a responsabilidade civil pela conduta estatal inválida nos processos de contratação foram marginais,

---

[503] ALMEIDA, Fernando Dias Menezes de. Controle da Administração Pública e Responsabilidade do Estado. *In:* DI PIETRO, Maria Sylvia Zanella (coord.). *Tratado de direito administrativo.* São Paulo: Revista dos Tribunais, 2014. v. 7. p. 396. No dizer do administrativista, anormalidade e especialidade "são noções metajurídicas, que cabem em uma ponderação de política legislativa, ao se definirem os padrões de legalidade da ação estatal. Uma vez positivada a regra de direito, 'dano' (*tout court*) é o que dela deriva como resultado ilícito".

[504] Sobre as concepções de anormalidade (i) baseada apenas na aferição da existência ou não de expectativa normal frente a determinada situação e (ii) baseada em considerações sobre a extensão da gravidade do dano, e com preferência àquela primeira concepção, conferir MARTINS, Ricardo Marcondes. *Efeitos dos vícios do ato administrativo.* São Paulo: Malheiros, 2008. p. 561.

[505] "Art. 27. A decisão do processo, nas esferas administrativa, controladora ou judicial, poderá impor compensação por benefícios indevidos ou prejuízos anormais ou injustos resultantes do processo ou da conduta dos envolvidos".

pautadas pela negação da responsabilidade recepcionada em âmbito legislativo. Como acima indicado, cogitava-se de antijuridicidade nas hipóteses em que as competências de anulação ou revogação fossem desempenhadas de forma defeituosa e ainda assim sem daí derivar necessariamente a responsabilidade civil estatal. Ou seja: de modo geral, considerava-se que apenas as decisões de extinção do processo em si antijurídicas seriam aptas a ensejar a responsabilidade civil do Estado.

Por força de transformações mais amplas no direito administrativo, os efeitos produzidos pela atuação estatal sobre a esfera jurídica de cidadãos vieram a se tornar protagonistas no campo de análise da atividade administrativa, inclusive no âmbito da teoria das invalidades. A importação da lógica da boa-fé ao direito administrativo é um dos elementos que racionaliza o processo decisório estatal tendo em vista os efeitos produzidos em outras esferas jurídicas, como se infere dos artigos 2º, parágrafo único, inc. IV e VI, da Lei 9.784/99 e 20 da LINDB.

No que diz respeito à proteção das esferas jurídicas daqueles que se relacionam com o Estado para contratar, coloca-se a questão de definir quem deve suportar a quebra da confiança legitimamente posta em caso de interrupção desse *iter*. Isto desde que a interrupção não tenha sido gerada pela má-fé ou pela impossibilidade de o particular cumprir os requisitos exigidos para a contratação, o que será suficiente para evidenciar a ausência de confiança legítima tutelável.

Devem-se distinguir a esse propósito dois gêneros de condutas estatais pré-contratuais sujeitas a responsabilização.

De um lado, há os casos de invalidade anterior, em que o exercício da competência de extinguir o processo de contratação constitui reação estatal lícita. A antijuridicidade reside na atuação anterior irregular, que suscitou o engajamento de interessados em contratar. A eventual desconsideração dos efeitos lesivos produzidos caracterizará a violação de deveres gerais relacionados à preservação das esferas jurídicas dos sujeitos afetados. Esses deveres são aqueles emergentes do princípio da boa-fé objetiva e a sua violação, com a frustração da confiança legitimamente formada, é fundamento que determina a responsabilidade civil do Estado.

De outro lado, há as situações em que a administração encerra o processo de contratação fora das hipóteses especificamente admitidas pela legislação ou frustra o seu resultado de forma irregular, assim impedindo a consecução do contrato.

É o que se verifica tanto quando há extinção do processo com manejo equivocado das competências de anulação e revogação, como quando a administração contrata terceiro preterindo o legítimo vencedor de processo regular de contratação; ou, ainda, quando o ente público simplesmente se omite em relação ao término do processo de contratação, fazendo com que este se perpetue como manifestação inacabada da atuação estatal. A omissão, enquanto descumprimento do dever jurídico de agir, também é ensejadora de responsabilização civil.[506]

A responsabilidade fundada na invalidade do processo de contratação, ou da decisão que o extingue, diz respeito a falha objetiva provocada pelo próprio ente público. É, aliás, a hipótese originária da teoria da *culpa in contrahendo*, tal como inicialmente cogitada por Jhering. Na formulação original, essa responsabilidade seria atribuível a quem, tendo entrado em tratativas, sabia ou deveria saber sobre a impossibilidade de vir a contratar. Desse modo, "a parte a quem se imputava a invalidade do contrato deveria indenizar a outra, pelos danos por esta sofridos".[507]

A par do princípio da proteção da confiança e do conjunto principiológico que lhe dá suporte, pode-se identificar fundamento legal explícito para a responsabilidade no parágrafo único do art. 21 da LINDB. A norma prescreve que a decisão de invalidação deve "indicar as condições para que a regularização ocorra de modo proporcional e equânime e sem prejuízo aos interesses gerais, não se podendo impor aos sujeitos atingidos ônus ou perdas que, em função das peculiaridades do caso, sejam anormais ou excessivos". Comentando essa norma, a doutrina anota que, "numa invalidação, não será possível descarregar todo o custo do erro – pois a invalidação é sempre fruto de erro: alguém não percebeu a ilegalidade – no particular".[508]

Mas há fundamento ainda mais específico, localizado no já referido art. 147, parágrafo único, da Lei 14.133/21, que estabeleceu cláusula geral de ressarcimento de "perdas e danos" para "solução da irregularidade" havida no processo licitatório, sem identificação ou limitação dos sujeitos destinatários da norma.[509]

---

[506] MELLO, Celso Antônio Bandeira de. *Curso de Direito Administrativo*. 35. ed. São Paulo: Malheiros, 2021. p. 957.
[507] SILVA, Almiro Couto e. Responsabilidade pré-negocial e *culpa in contrahendo* no direito administrativo brasileiro. *Revista da Procuradoria-Geral do Estado do Rio Grande do Sul*, Porto Alegre, v. 27, n. 57, p. 171-179, dez. 2003. p. 172.
[508] MENDONÇA, José Vicente Santos de. Comentários ao art. 21, par. único, do Decreto-lei n. 4.657/52, introduzido pela Lei n. 13.655/18. *In:* CUNHA FILHO, Alexandre Jorge Carneiro; ISSA, Rafael Hamze; SCHWIND, Rafael Wallbach. *Lei de Introdução às Normas do Direito Brasileiro – anotada*. São Paulo: Quartier Latin, 2019. v. 2. p. 163.
[509] "Art. 147. Constatada irregularidade no procedimento licitatório ou na execução contratual, caso não seja possível o saneamento, a decisão sobre a suspensão da execução ou

Se por um lado os termos do *caput* do art. 147 são genéricos – e poderiam, nessa condição, ser integrados pelo regime constitucional para determinar a solução de responsabilidade civil –, por outro lado o parágrafo único alude às providências e consequências a serem assumidas pelo ente público em razão da irregularidade.

Para a hipótese em que se venha a admitir a continuidade de contratação irregular, o parágrafo único emprega o verbo *dever*, no tempo imperativo, fazendo-o incidir sobre duas condutas: "o poder público deverá optar pela *continuidade do contrato* e pela *solução da irregularidade por meio de indenização por perdas e danos*" (destaques nossos).

Ou seja: a norma estabelece duas consequências cumulativas: (i) solução *in natura* para o contratado irregular e (ii) solução indenizatória para o sujeito lesado pelo impedimento a contratar. Se o contrato é levado adiante, o sujeito lesado não pode ser confundido com aquele contratado irregularmente, que seguirá beneficiado pela irregularidade em vias de estabilização. Logo, a indenização será devida àquele que deveria ter sido contratado e deixou de sê-lo em razão da contratação inválida.

A interpretação extraída dessa norma se coaduna com a orientação geral que se tem firmado acerca da responsabilidade estatal por atuação inválida. Não há distinção entre a responsabilidade por atos inválidos no processo de contratação e a responsabilidade pela invalidade de atos administrativos em geral, cujo reconhecimento tem-se consolidado, notadamente no âmbito do Supremo Tribunal Federal.[510] Dado o paralelismo das situações, e a incidência dos mesmos fundamentos jurídicos aplicáveis aos processos de contratação, cabe menção ao tema de repercussão geral n. 512, que consagra a "responsabilidade civil do Estado por danos materiais causados a candidatos inscritos em concurso público em face do cancelamento da prova do certame por suspeita de fraude".[511]

---

sobre a declaração de nulidade do contrato somente será adotada na hipótese em que se revelar medida de interesse público, com avaliação, entre outros, dos seguintes aspectos: [...] Parágrafo único. Caso a paralisação ou anulação não se revele medida de interesse público, o poder público deverá optar pela continuidade do contrato e pela solução da irregularidade por meio de indenização por perdas e danos, sem prejuízo da apuração de responsabilidade e da aplicação de penalidades cabíveis".

[510] MARTINS, Ricardo Marcondes. *Efeitos dos vícios do ato administrativo*. São Paulo: Malheiros, 2008. p. 555.

[511] O tema surgiu de discussão em torno de irregularidade verificada em concurso público conduzido por entidade privada contratada pela União Federal para organização do dito concurso. A irregularidade justificou a invalidação do concurso pela União. A União sustentou ao Supremo que o contrato com a entidade previa a responsabilidade exclusiva

Admitindo-se que a administração pública deve responder civilmente pela atuação ilegal, tem-se na constatação da atuação inválida elemento suficiente para qualificar a conduta como evento apto a ensejar responsabilidade, na medida em que produza danos e não haja, ou não seja possível, a reparação *in natura*. Ou seja: a responsabilidade é configurada independentemente de culpa. A ilegalidade pode decorrer da falta de diligência, ou de desvio de finalidade do agente estatal, mas a distinção entre uma ou outra hipótese não precisa ser examinada para identificar o surgimento do dever de responsabilidade, que se origina tão-só da antijuridicidade, tal como objetivamente configurada.

Tem-se, pois, um regime de responsabilidade objetiva, diante da configuração de ato antijurídico – seja este ato a própria decisão indevida de extinção do processo de contratação, seja o ato anterior, que comprometeu a regularidade do certame e ensejou a prática de atos privados até a sua legítima invalidação. A imputação da responsabilidade ao Estado é objetiva, ao passo que a imputação ao agente estatal permanece subjetiva, seguindo a literalidade do art. 37, §6º, da Constituição.

Há consequência prática relevante desse entendimento, consistente em afastar as regras que utilizam níveis de gravidade da culpa como parâmetro de determinação do dano (art. 944, parágrafo único, do Código Civil). Aplica-se, de forma incondicionada, a regra geral de reparação integral (*caput* do art. 944 do Código Civil). Esse entendimento é reforçado pelos termos gerais do parágrafo único do art. 147, que alude, sem restrições, à "indenização por perdas e danos". O condicionamento referido na lei geral (responsabilidade por danos "anormais ou excessivos", conforme o parágrafo único do art. 21 da LINDB) cede espaço aos termos da lei especial.

Ainda que a partir de pressupostos e cenário normativo distintos, é também nessa direção a evolução encontrada no direito comunitário europeu.

As cogitações no âmbito dos direitos nacionais de uma responsabilidade pré-contratual do Estado fundada em elementos de culpa – "*faute quase-délictuelle*"[512] – ou situada na fronteira entre a responsabilidade

---

desta por toda e qualquer irregularidade que viesse a ocorrer. Diretamente com base no art. 37, §6º, da Constituição, o Supremo declarou a impossibilidade de exoneração da responsabilidade própria da União, reconhecendo-a como sujeita a regime objetivo, ainda que a fixando, de acordo com as peculiaridades do caso, de forma subsidiária à responsabilidade da entidade encarregada de processar o concurso (recurso extraordinário 662405, Tribunal Pleno, relator Ministro Luiz Fux, j. 29.06.2020.

[512] TERNEYRE, Philippe. La responsabilité contractuelle des personnes publiques en Droit administratif. Paris: Economica, 1989. p. 33.

"pour faute" e a responsabilidade *"sans faute"*[513] vieram a ser superadas por tendência à objetivação da responsabilidade no direito comunitário, sem que isso se tenha traduzido em responsabilidade dissociada da configuração de conduta estatal antijurídica.

Inicialmente, a questão foi tratada de forma pontual pela Directiva 89/665/CEE, com uma única disposição que se limitou a afirmar o dever estatal de indenizar, a se configurar "em caso de violação do direito comunitário em matéria de contratos de direito público ou das normas nacionais que transpõem esse direito".[514]

A ausência de cogitações acerca da atuação culposa do ente administrativo foi reafirmada na Diretiva 92/13/CEE. Conquanto setorial e com aplicação não extensível à integralidade dos contratos administrativos,[515] a Diretiva concorreu para a consolidação da orientação jurisprudencial no âmbito comunitário no sentido de que o sujeito lesado deveria demonstrar apenas dois elementos para ver reconhecido o direito a ser indenizado: "violação do direito comunitário em matéria de celebração dos contratos ou das normas nacionais de transposição desse direito" e a existência de "possibilidade real de lhe ser atribuído o contrato que foi prejudicada por essa violação".[516]

---

[513] "L'admission de l'application de la responsabilité du fait de la rupture d'un engagement tient aussi à ce que la responsabilité du fait d'atteintes légales portées aux droits acquis précaires repose, en réalité, sur la limite entre la responsabilité pour faute et la responsabilité sans faute. La manquement de l'administration d'assurer la stabilité de la situation acquise continue – stabilité existante en de-çà de sa ligne de précarité –, constitue en réalité une faute, un manquement conscient à une obligation. Or, en même temps, son action est légale au vu d'un intérêt autre que celui correspondant à la situation; ceci étant on ne peut pas admettre qu'il existe une faute, car il faudrait admettre qu'un acte légal soit fautif. Ainsi, pour ne pas refuser l'indemnisation de l'administré, lorsque celle-là est justifiée, le juge ne peut que recourir à la responsabilité sans faute" (YANNAKOPOULOS, Constantin. *La notion de droits acquis en droit administratif français*. Paris: LGDJ, 1997. p. 535-536).

[514] Trata-se da Diretiva "que coordena as disposições legislativas, regulamentares e administrativas relativas à aplicação dos processos de recurso em matéria de adjudicação dos contratos de direito público de obras de fornecimentos". Veja-se o artigo 2º, n. 1: "Os Estados-membros velarão por que as medidas tomadas para os efeitos dos recursos referidos no artigo 1º prevejam os poderes que permitam: [...] c) Conceder indemnizações às pessoas lesadas por uma violação". Disponível em: https://eur-lex.europa.eu/legal-content/PT/TXT/?uri=celex:31989L0665. Acesso em: 10 nov. 2022.

[515] A Directiva 92/13/CEE é "relativa à coordenação das disposições legislativas, regulamentares e administrativas respeitantes à aplicação das regras comunitárias em matéria de procedimentos de celebração de contratos de direito público pelas entidades que operam nos sectores da água, da energia, dos transportes e das telecomunicações". Disponível em: https://eur-lex.europa.eu/legal-content/PT/TXT/?uri=CELEX%3A31992L0013. Acesso em: 10 nov. 2022.

[516] "Artigo 2º, n. 7. Quando uma pessoa introduza um pedido de indemnização por perdas e danos relativo aos custos incorridos com a preparação de uma proposta ou a participação num procedimento de celebração de um contrato, apenas terá de provar que houve

Aponta-se como precedente sistematizador o caso *Brasserie du Pêcheur*, de 1996, no qual o Tribunal de Justiça da União Europeia fixou três pressupostos alinhados com a disciplina da Diretiva 92/13/CEE que exprimiriam o regime e os pressupostos de responsabilidade pré-contratual do Estado por violação do direito comunitário.[517] O §51 desse acórdão identifica como pressupostos da responsabilidade: (i) a existência de regra de direito violada que tenha por propósito conferir direitos aos particulares; (ii) violação devidamente caracterizada; e (iii) nexo causal direto entre a violação de obrigação estatal e o prejuízo em causa.[518]

Ainda em *Brasserie*, a Corte europeia afastou a culpa como pressuposto de responsabilidade. Embora tenha ressalvado que "alguns elementos objectivos e subjectivos que, no quadro de um sistema jurídico nacional, podem ser associados ao conceito de culpa, são assim relevantes para se determinar se uma violação do direito comunitário é ou não caracterizada", o Tribunal concluiu que não poderiam ser exigidos requisitos extraídos do conceito de culpa que sejam alheios à definição da "violação suficientemente caracterizada do direito comunitário". Aspectos relacionados à conduta dos agentes estatais podem ser levados em consideração para contribuir com a elucidação sobre se houve violação do direito comunitário, sem que, no entanto, essa operação se confunda com a necessidade de aferição de tais aspectos subjetivos.

Esse entendimento resultou na decisão do mesmo Tribunal de Justiça que declarou o descumprimento, pelo Estado português, das obrigações previstas na Diretiva 89/665/CEE acima referidas.[519] O fundamento adotado foi o de que a disciplina legal então vigente

---

violação do direito comunitário em matéria de celebração dos contratos ou das normas nacionais de transposição desse direito e que teria tido uma possibilidade real de lhe ser atribuído o contrato que foi prejudicada por essa violação". Sobre a exigência "unicamente, da verificação da ilicitude (objetiva) da conduta lesiva adotada pela Administração e da demonstração de uma 'possibilidade real de lhe ser atribuído o contrato', que tenha sido prejudicada por efeito daquela conduta (cf. artigo 2º, n. 7): ver FERREIRA, Rui Cardona. *A responsabilidade civil pré-contratual das entidades adjudicantes*. Coimbra: Almedina, 2018. p. 83. Conferir, ainda, EIRÓ, Vera; MEALHA, Esperança. Damages under Public Procurement. The Portuguese case. *In*: FAIRGRIEVE, Duncan; LICHÈRE, François. *Public Procurement Law*: Damage as an Effective Remedy. Oxford: Hart Publishing, 2011. p. 48.

[517] FERREIRA, Rui Cardona. Indemnização do interesse contratual positivo e perda de chance (em especial, na contratação pública). Coimbra: Coimbra Editora, 2011. p. 19.

[518] Decisão disponível em: https://eur-lex.europa.eu/legal-content/EN/TXT/?uri=CELEX%3A61993CJ0046. Acesso em: 23 out. 2022.

[519] Acórdão C-275/03: *Commission v. Portugal*, j. 14.10.2004. Disponível em: https://curia.europa.eu/juris/documents.jsf?num=C-275/03. Acesso em: 10 dez. 2022.

em Portugal sobre o tema, então localizada no Decreto-Lei 48.051/67, aludia a ato ilícito (culposo) como pressuposto geral do dever estatal de indenizar. Qualificou-se tal sistemática como incompatível com a disciplina comunitária, para determinar o afastamento da noção de culpa como pressuposto para a responsabilidade.

Acatando a decisão em nível comunitário, o legislador português veio a editar a Lei 67/2007, que instaurou novo regime geral de responsabilidade civil extracontratual do Estado em Portugal. O diploma contemplou norma específica e pioneira a respeito da responsabilidade pré-contratual das entidades públicas, afastando, com expressa remissão ao direito comunitário, a culpa como pressuposto da responsabilização.[520] A nova normativa levou a doutrina portuguesa a concluir que "bastará o comportamento *ilegal* da entidade adjudicante (e que consubstancie uma *decisão*) para preencher aquela que é a primeira condição da obrigação de indemnizar das entidades adjudicantes".[521]

Em suma, no direito brasileiro e nas experiências acima comentadas, a ilegalidade da atuação estatal é suficiente para ensejar a imputação de responsabilidade em termos objetivos. Aplica-se a observação de que o ato ilegal "acarreta, 'de si só e originariamente, o vínculo da obrigação'"[522] de responsabilidade civil.

4.4.4 A responsabilidade na hipótese da revogação regular

Problemática diversa se coloca em relação à extinção do processo de contratação por revogação regularmente exercida.

Nesse caso, a atuação é lícita por definição. O encerramento do processo de contratação decorre do exercício adequado de competência definida em lei para tal fim. No entanto, a atuação legítima pressupõe a consideração dos atos anteriormente produzidos e dos efeitos deles decorrentes – notadamente, os prejuízos arcados por aqueles que pretendiam contratar e não mais poderão obter tal resultado, por razões alheias às suas vontades e esferas. Esses elementos suscitam

---

[520] "Artigo 7º. Responsabilidade exclusiva do Estado e demais pessoas colectivas de direito público. [...] 2. É concedida indemnização às pessoas lesadas por violação de norma ocorrida no âmbito de procedimento de formação dos contratos referidos no artigo 100º do Código de Processo nos Tribunais Administrativos, de acordo com os requisitos da responsabilidade civil extracontratual definidos pelo direito comunitário".

[521] EIRÓ, Vera. A Obrigação de Indemnizar das Entidades Adjudicantes. Coimbra: Almedina, 2013, p. 485.

[522] DIAS, José de Aguiar. *Da responsabilidade civil*. 12. ed., atual. e aum. por Rui Berford Dias. Rio de Janeiro: Lumen Juris, 2012. p. 125.

a investigação sobre o cabimento e fundamentos de imputação de responsabilidade civil ao Estado nessas situações.

Como acima reportado, a hipótese da revogação de licitação foi a primeira que deixou de ser coberta por cláusula exoneratória de responsabilidade, o que se deu desde o Decreto-lei 2.348/87, com a modificação do *caput* do art. 39 do Decreto-lei 2.300/86. Foi em especial a partir da hipótese de revogação que vieram a ser desenvolvidas as teses pioneiras em torno da responsabilidade do Estado pela extinção de licitação.

A doutrina que reconhece o dever de responsabilidade pela revogação formula, como regra, um argumento de conexão entre o princípio da responsabilidade civil do Estado e a boa-fé. Essa linha de fundamentação repercute em decisões judiciais.[523] Há quem faça referência à responsabilidade por fato lícito, limitada ao dever de "reparar danos especiais e anormais", com alusão, ainda, à lógica do sacrifício de um interesse individual em prol dos interesses perseguidos pelo Estado e ao princípio da isonomia.[524]

Cabe fixar o alcance relativamente limitado da confiança legítima. Esse elemento tem a ver com a crença na regularidade do processo de contratação e de sua condução pela administração. Em termos finalísticos, a confiança legítima alcança a expectativa de que a proposta apresentada será adequadamente considerada e que a atuação estatal não lesará os particulares por circunstâncias alheias a estes.

Mas a confiança legítima não inclui expectativa de que invariavelmente haverá contratação. A ocorrência de eventos supervenientes aptos a frustrar expectativas é um dado universal aos processos de contratação, sejam eles públicos ou privados. É, ademais, hipótese tradicionalmente consagrada no direito das contratações administrativas.

---

[523] SILVA, Almiro Couto e. A responsabilidade extracontratual do Estado no direito brasileiro. *Revista da Procuradoria-Geral do Estado do Rio Grande do Sul*, Porto Alegre, v. 27, n. 57, p. 149-170, dez. 2003. p. 178; GUIMARÃES, Edgar. *Responsabilidade da Administração Pública pelo desfazimento da licitação*. Belo Horizonte: Fórum, 2013. p. 133; com alusão geral nesse sentido às hipóteses de anulação e revogação, NIEBUHR, Joel de Menezes. *Licitação Pública e Contrato Administrativo*. 3. ed. Belo Horizonte: Fórum, 2013. p. 576. No Poder Judiciário: Tribunal Regional Federal da 1ª Região, apelação cível 2006.34.00.031803-3, 5ª Turma, relator Desembargador João Batista Moreira, j. 22.07.2015. No direito comparado: "La legittimità dell'atto di revoca o di non aggiudicazione non elimina il profilo relativo alla valutazione del comportamento della stessa Amministrazione con riguardo al rispetto del dovere di buona fede e correttezza nell'ambito del procedimento formativo della volontà negoziale" (RUSCICA, Serafino. *La responsabilità civile della stazione appaltante*. Milano: Giuffrè, 2011. (Coleção Officina del Diritto). p. 10).

[524] DALLARI, Adilson Abreu. *Aspectos jurídicos da licitação*. 7. ed. São Paulo: Saraiva, 2007. p. 207-208.

Valendo-se das palavras de Alessi, pode-se dizer que, embora de configuração excepcional, sob certo ângulo a revogação se revela como uma "normal possibilidade", ou "fenômeno fisiológico", do processo de contratação.[525]

Logo, não há expectativa tutelada pelo ordenamento em torno de uma estabilidade rígida do processo de contratação, a ponto de que sejam afastadas cogitações a propósito de superveniências que venham a impedir a celebração do contrato. Nem se pode, por extensão, dizer que ocorrerá violação da boa-fé pelo simples fato de haver revogação. Embora a revogação, enquanto ato unilateral, independa de qualquer anuência, é possível visualizar a configuração de consentimento daqueles que ingressam no processo de contratação administrativa, ainda que tácito, acerca da sujeição à possibilidade de revogação *lícita* do processo. Isso é tanto mais evidente quando, como ocorre na generalidade dos casos, o edital repete a disciplina legal de revogação e o particular adere a tal disposição.

Feitas essas considerações, deixa-se aqui a questão da confiança provisoriamente de lado para avançar sobre outro ângulo da questão, relacionado à distribuição de riscos no processo de contratação tal como inferida pelo ordenamento.

Como em qualquer situação da vida, a relação jurídica pré-contratual envolve a assunção de certos riscos pelos envolvidos. Como apontado por Aguiar Dias, a verificação do dever de indenizar pressupõe resposta à seguinte indagação: por que determinado sujeito deve "arcar com o risco, ou, ainda, por que deve suportar o risco que criou?".[526]

A doutrina observa que a teoria do risco constitui "instrumento essencial para a Teoria Geral da Relação Jurídica". Dela é possível deduzir a "regra geral segundo a qual as circunstâncias que se repercutem na esfera jurídica de uma parte devem ser por esta suportadas".[527] Tem-se então a premissa de que, em princípio, e porque cada sujeito "atua em certa esfera em seu próprio benefício e no âmbito da qual exerce

---

[525] ALESSI, Renato. *A revogação dos atos administrativos*. Tradução: Antonio Araldo Ferraz Dal Pozzo, Augusto Neves Dal Pozzo, Ricardo Marcondes Martins. São Paulo: Contracorrente, 2022. p. 198.

[526] DIAS, José de Aguiar. *Da responsabilidade civil*. 12. ed., atual. e aum. por Rui Berford Dias. Rio de Janeiro: Lumen Juris, 2012. p. 76.

[527] CORREIA, José Manuel Sérvulo; TORGAL, Lino; SÁNCHEZ, Pedro Fernández. Alteração de circunstâncias e modificação de propostas em procedimentos de contratação pública. *In*: GONÇALVES, Pedro. *Temas de Contratação Pública* (org.). Coimbra: Coimbra Editora, 2010. v. III. p. 166.

controle", "todos os efeitos deflagrados [...] devem ser suportados pelo agente a cuja esfera de atuação eles são inerentes, respondendo por eventuais danos causados a terceiros".[528]

Instaurado o processo de contratação, os interessados que a ele acedem mobilizam esforços e recursos naturalmente voltados à satisfação de interesses privados. Sem embargo, por mais que os esforços privados sejam empreendidos em interesse próprio, eles também são mobilizados em razão do projeto de contratar estabelecido na órbita estatal e para com ele contribuir. É do interesse do Estado não apenas contratar com alguém, mas antes disso atrair "um conjunto de ofertas ao menor custo e tão variadas quanto possível",[529] propiciando, via competição, a redução do preço a ser obtido e a melhor qualidade, conforme as especificações estabelecidas.

Dentro desse contexto, são inconvenientes normais o licitante não lograr cumprir os requisitos no edital ou não vencer a disputa. Riscos relacionados à aptidão do proponente e à vantajosidade de sua proposta são inerentes ao exercício da atividade econômica desempenhada pelo licitante e à condição em que ele se encontra no processo de contratação. Não se localiza no ordenamento fundamento para transferi-los ao Estado.

Não é, por outro lado, inconveniente normal a extinção excepcional do processo de contratação, seja por razões supervenientes provocadas pelo Estado, seja por razões outras, igualmente supervenientes, cuja consideração favorece tão-somente a coletividade, representada pelo ente público contratante. Ao revogar o processo de contratação, o que se tem é a defesa, por parte do ente público do contratante, dos

---

[528] TEPEDINO, Gustavo; TERRA, Aline; CRUZ, Gisela. *Fundamentos do Direito Civil*: Responsabilidade Civil. 3. ed. Rio de Janeiro: Grupo GEN, 2022. v. 4. p. 109.

[529] "Deve, na verdade, partir-se da presunção de que as regras relativas aos critérios de adjudicação (de vencimento) do concurso, e à manutenção deste, têm também como escopo a protecção do interesse dos concorrentes em obter o lucro que resultaria do vencimento (o interesse contratual positivo), apesar de apenas um deles poder vir a vencer o concurso. Aliás, como salientou Medicus, nesse sentido depõe, normalmente, o próprio interesse do organizador do concurso (por exemplo, a Administração Pública). Este pretende com o concurso obter um conjunto de ofertas ao menor custo e tão variadas quanto possível, para poder selecionar. Mas para isso tem de oferecer um incentivo à participação no concurso, o qual em regra reside justamente na possibilidade de vencimento e, portanto, de obtenção do correspondente lucro. Tal incentivo seria destruído se a expectativa de (pelo menos sendo o autor da melhor oferta) obter o contrato não fosse protegida por uma indemnização que inclua também o lucro em causa, correspondente ao interesse contratual positivo" (PINTO, Paulo Mota. Responsabilidade por violação de regras de concurso para celebração de um contrato (em especial o cálculo da indemnização). *In*: GONÇALVES, Pedro (org.). *Estudos de Contratação Pública*. Coimbra: Coimbra Editora, 2010. v. II. p. 290-291).

interesses que cabe a ele tutelar, com a inutilização dos esforços individuais realizados para a contratação.

O tema se relaciona com a teoria da imprevisão. E passa pela definição de quem assume o risco pelos fatores supervenientes. É possível encontrar referências a esses elementos especialmente no direito comparado. Em exposição orientada pelo direito português, mas com conclusões aplicáveis ao direito brasileiro, Lino Torgal observa que a revogação, conquanto se caracterize como ato administrativo lícito, "não deixa de ser, objetivamente, um 'facto imputável à Administração'".[530] Se os fatos supervenientes que afastam a conveniência administrativa são dados alheios aos interesses privados em contratar, não são, por evidente, alheios ao ente público por eles afetado.

Pode-se até dizer que ambos os polos se encontram sujeitos ao risco de circunstâncias supervenientes não permitirem a contratação. A esse respeito, cabe referência à diferenciação que se fará no item 5.5.3.3 a propósito das hipóteses de caso fortuito e de força maior, com a distinção entre as situações em que o evento ensejador da revogação guarda conexão direta apenas com o interesse estatal (*fortuito interno*) e aqueles em que o fato superveniente se relaciona de forma imediata e concomitante com os interesses de ambos os polos.

Trata-se aqui, por ora, apenas dos casos em que o fator diretamente ligado ao evento superveniente, e que constitui a causa ensejadora da revogação, é a frustração do interesse estatal. Ao definir o evento superveniente como apto a justificar a revogação, é o Estado que atua como causador da impossibilidade de prosseguir com a contratação e inutiliza os esforços de terceiros que se encontravam até então pautados por essa finalidade. Para fazer prevalecer os interesses e objetivos tutelados pelo ente público, impede-se a realização do interesse privado em relação à realização do contrato.

Esses elementos permitem antever os fundamentos jurídicos atributivos dos riscos de insucesso da contratação ao Estado. Se os riscos relacionados ao cumprimento dos requisitos para contratar, inclusive de oferecer melhor proposta, são do particular, o risco relacionado a eventos supervenientes que afetem a decisão administrativa de contratar é próprio e exclusivo da coletividade. A contrapartida da flexibilidade conferida pelo ordenamento à administração pública, para

---

[530] TORGAL, Lino. A imprevisão na fase de formação dos contratos públicos. In: ALMEIDA, Fernando Dias Menezes de; MARQUES NETO, Floriano de Azevedo; MIGUEL, Luiz Felipe Hadlich; SCHIRATO, Vitor Rhein (coord.). *Direito público em evolução*: estudos em homenagem à professora Odete Medauar. Belo Horizonte: Fórum, 2013. p. 449.

se desobrigar do propósito inicial de contratar, corresponde à proteção dos interesses daqueles que se mobilizaram a tanto, com a consequente impossibilidade de atribuir a eles o dever de suportar flutuações de interesses que não são seus, mas da coletividade.

A sistematização apresentada Bandeira de Mello é útil para ilustrar o que se expõe. O referido administrativista distingue os riscos assumidos pelos licitantes, enquanto relacionados à demonstração de sua capacidade para contratar e à competitividade de sua proposta, ao tempo em que identifica os riscos assumidos pelo Estado como aqueles relacionados à viabilidade objetiva da contratação:

> Os que afluem ao certame correm – e aceitam – inevitavelmente o risco de que suas propostas venham a ser reputadas insatisfatórias. Correm e aceitam, sobremais, o risco de apresentando propostas satisfatórias por definição (quando inclusas entre valores máximo e mínimo pré-estipulados no edital), não serem vencedores, pois só um vencerá. Até aí estarão em situações jurídicas inconclusas, por não haverem logrado coincidir suas propostas com o objetivo que permeia todos os atos do procedimento licitatório: a eleição de proposta satisfatória e superior às demais: a adjudicação. Até aí, portanto, desassiste-lhes pretender indenização se revogada a licitação, pois em nenhum se particularizou o atendimento daquilo que a Administração se propôs a buscar no interior do procedimento licitatório.
>
> Todavia, a partir do momento em que uma oferta seja a melhor delas, e simultaneamente definida como satisfatória, é fora de dúvida que o proponente cumpriu o que a Administração solicitara ao convocar o certame. Se fatores supervenientes ou se novo juízo administrativo desaconselham o contrato, o proponente nada tem a ver com isto. Sua parte estará perfeitamente cumprida. A Administração deve arcar com as consequências de nova decisão que, conquanto justificável, frustra a expectativa do proponente que preencheu o que lhe fora solicitado pelo Poder Público.
>
> Quem aflui ao certame e atende ao pretendido tem o direito de esperar de quem o convocou publicamente um comportamento não só sério mas também firme: o mesmo que dele é exigido. De direito pode e deve supor que a licitação não foi instaurada por capricho ou impensadamente. Além disto, se fatores supervenientes desaconselham o contrato, trata-se de questão estranha ao licitante vencedor cuja proposta além de satisfatória foi a melhor. Então, não deve ficar onerado pelas despesas ou prejuízos que lhe resultem da nova decisão administrativa.[531]

---

[531] MELLO, Celso Antônio Bandeira de. *Licitação*. São Paulo: Revista dos Tribunais, 1980. p. 87.

Concorda-se com a explicação proposta por Bandeira de Mello, acrescentando uma observação: configura-se em certa medida um compartilhamento dos riscos por fatores supervenientes que se revelem aptos a justificar a revogação do processo de contratação. Mas as esferas jurídicas são afetadas de modo diverso por tais eventos. Em face destes, a legislação protege o ente público para que este possa desobrigar-se em relação ao encaminhamento da futura contratação. Mas também em face deles é possível reconhecer a tutela daqueles que não deram causa ao processo de contratação e que eram e permaneciam alheios às flutuações que pudessem ocorrer em torno dos interesses e finalidades perseguidos pelo ente estatal, cujos impactos no processo de contratação devem, portanto, ser por este último suportados.[532]

Há espaço para discussão em torno do fundamento para atribuir ao Estado o ônus de repor os gastos incorridos no processo de contratação. A questão reside em definir se haveria uma responsabilidade por atos lícitos, ou se, diversamente, surgiria obrigação correspondente à hipótese de *sacrifício de direitos*.

A tutela da confiança tem despertado dúvidas gerais, em razão das dificuldades do próprio enquadramento jurídico da confiança e do conteúdo que se entenda como frustrado. A propósito das relações privadas, Carneiro da Frada chega a enunciar que um "entrecruzamento da responsabilidade pelo sacrifício com as diversas modalidades da responsabilidade civil distintas da aquiliana revela-se eloquentemente", quando se trata das consequências patrimoniais da quebra de confiança. O jurista português observa ainda, em análise voltada à perspectiva das

---

[532] Nessa linha: "[...] por outras palavras, dizemo-lo ainda com João Amaral e Almeida e Pedro Fernández Sánchez, 'esta abertura legal para uma excecional decisão de não adjudicação não pode implicar que os prejuízos resultantes da interrupção do procedimento – ou até o simples risco pela não verificação dos pressupostos que presidiram à decisão de contratar – sejam transferidos para a esfera jurídica dos concorrentes, a quem a decisão de contratar, bem como a sua revogação, era totalmente alheia" (TORGAL, Lino. A imprevisão na fase de formação dos contratos públicos. *In:* ALMEIDA, Fernando Dias Menezes de; MARQUES NETO, Floriano de Azevedo; MIGUEL, Luiz Felipe Hadlich; SCHIRATO, Vitor Rhein (coord.). *Direito público em evolução*: estudos em homenagem à professora Odete Medauar. Belo Horizonte: Fórum, 2013. p. 442). Em sentido próximo: "*culpa in contrahendo* may lie only where the party alleging to have suffered an injury from acts of the defendant is able to show the existence of some relationship of privity with the defendant, in that contract negotiations actually had been entered into or at least that contacts have been made. Liability then rests on the basis that the injury occurred as a result of risks which the defendant was best able to control and that the injured party had good reason to rely on the defendant actually controlling the risk" (NIEDZELA, Andrea; ENGSHUBER, Reinhard. Enforcing the Public Procurement rules in Germany. *In:* ARROWSMITH, Sue. *Remedies for enforcing the public procurement rules*. Public Procurement in the European Community. Winteringham: Earlsgate Press, 1993. v. IV. p. 373-374).

relações privadas, que se verificaria o surgimento de "responsabilidade pelo sacrifício (em si, lícito, da confiança), de natureza meramente compensatória, realizada de uma *iustitia correctiva*".[533]

O enquadramento jurídico da temática como situação de sacrifício de direitos encontra alguma acolhida no direito privado brasileiro[534] e é consagrada no direito administrativo italiano a propósito da decisão de revogação de licitação.[535]

Em sentido diverso, após observar que a revogação, "de regra, não dá margem a indenização", Bandeira de Mello conclui que se encontra configurada hipótese de "responsabilidade do Estado por ato lícito".[536]

Há fundamento legal que, em conjunto com o art. 37, §6º, da Constituição e o princípio da isonomia, esclarece e confirma a responsabilidade civil do Estado na hipótese aqui tratada. A definição de a quem compete suportar os ônus decorrentes da ineficácia do processo de contratação se encontra submetida ao art. 27 da LINDB, assim redigido: "a decisão do processo, nas esferas administrativa, controladora ou judicial, poderá impor compensação por benefícios indevidos ou prejuízos anormais ou injustos resultantes do processo ou da conduta dos envolvidos".

Adere-se ao entendimento manifestado pela doutrina de que o art. 27 é norma instituidora de hipótese de responsabilidade civil objetiva, mesmo que por atos estatais lícitos.[537] Como tal, incide em situações

---

[533] FRADA, Manuel A Carneiro da. *Direito Civil – Responsabilidade Civil*: o método do caso. Coimbra: Almedina, 2011. p. 86.

[534] Admitindo a viabilidade de revogação de proposta, afirma-se, de modo similar, que a hipótese de revogação lícita "não estaria diretamente ligada à *culpa in contrahendo* ou a responsabilidade pré-contratual. Trata-se na verdade de situação em que há a imputação de uma indenização por prejuízos derivados de um ato lícito, qual seja a revogação da proposta" (PEREIRA, Fabio Queiroz. *O ressarcimento do dano pré-contratual*: interesse negativo e interesse positivo. São Paulo: Almedina, 2017. p. 278).

[535] RUSCICA, Serafino. *La responsabilità civile della stazione appaltante*. Milano: Giuffrè, 2011. (Coleção Officina del Diritto). p. 11.

[536] MELLO, Celso Antônio Bandeira de. *Curso de Direito Administrativo*. 35. ed. São Paulo: Malheiros, 2021. p. 952 e 956. No mesmo sentido, Patrícia Ferreira Baptista sustenta que a violação da confiança enseja responsabilidade civil do Estado, inclusive por atos lícitos e a propósito de ato revocatório (BAPTISTA, Patrícia Ferreira. *Segurança Jurídica e Proteção da Confiança Legítima no Direito Administrativo*: Análise Sistemática e Critérios de Aplicação no Direito Administrativo Brasileiro. [Carolina do Sul]: Kindle Direct Publishing, 2015. p. 160 e 225).

[537] Com alusão ao art. 927, parágrafo único, do Código Civil e à licitude dos atos dos quais se originaria o dever de responsabilidade: SUNDFELD, Carlos Ari. *Direito Administrativo*: o novo olhar da LINDB. Belo Horizonte: Fórum, 2022. p. 157-169. Com alusão a "ato lícito danoso" para se referir ao alcance de incidência da referida norma: MARQUES NETO,

como a que se está a tratar. Destina-se a regular compensações de custos e externalidades processuais produzidos pela atuação estatal.[538]

Esses custos e externalidades podem ser identificados como efeitos negativos sobre a esfera jurídica de terceiros que se revelem diversos daqueles pretendidos ou admitidos pelo ordenamento. Tais efeitos, sejam eles diretos ou indiretos, podem surgir da "existência, demora ou custos"[539] do processo. A resposta dada pelo art. 27 visa a preservar ou restabelecer o "equilíbrio da relação que tenha sido afetada pelo fato do processo",[540] de modo que os riscos próprios à atividade estatal não sejam transferidos aos particulares pela via do processo.[541]

A incidência do art. 27 da LINDB se dá em conexão com a premissa de que a repartição dos encargos resultantes da atuação estatal deve observância ao princípio da isonomia. De um lado, há relação direta entre o risco da superveniência impeditiva da contratação administrativa com os interesses defendidos pelo ente estatal, em detrimento dos interesses privados. De outro lado, tem-se a ausência de dever atribuído pelo ordenamento aos sujeitos privados para suportar risco próprio da coletividade.

A partir dessas considerações, é possível retomar o tratamento da confiança de forma mais precisa. A tutela à boa-fé e à confiança compreende não a pretensão de rejeitar a contingência conhecida e definida em lei de não haver a contratação, mas de questionar a omissão estatal em relação à compensação pelo investimento de confiança legitimamente feito e que restou inviabilizado. Há confiança em que os recursos aplicados para disputa no certame não serão frustrados se sobrevier fator de inconveniência próprio à órbita estatal, inerente ao risco assumido por esta última, sem a devida reparação. O princípio da isonomia opera como fundamento para o regime protetivo do

---

Floriano; FREITAS, Rafael Véras de. *In*: MACHADO, Antônio Cláudio da Costa (org.). Comentários aos arts. 20 a 30 da LINDB. *Código Civil interpretado*: artigo por artigo, parágrafo por parágrafo. Coordenação: Silmara Juny Chinellato. Barueri: Manole, 2021. p. 82-83.

[538] SUNDFELD, Carlos Ari. *Direito Administrativo*: o novo olhar da LINDB. Belo Horizonte: Fórum, 2022. p. 157.

[539] SUNDFELD, Carlos Ari; MARQUES NETO, Floriano Peixoto de Azevedo. Uma Nova Lei para Aumentar a Qualidade Jurídica das Decisões Públicas e de seu Controle. *In*: SUNDFELD, Carlos Ari. (Org.). *Contratações Públicas e seu Controle*. São Paulo: Malheiros, 2013. p. 280.

[540] SUNDFELD, Carlos Ari; MARQUES NETO, Floriano Peixoto de Azevedo. Uma Nova Lei para Aumentar a Qualidade Jurídica das Decisões Públicas e de seu Controle. *In*: SUNDFELD, Carlos Ari. (Org.). *Contratações Públicas e seu Controle*. São Paulo: Malheiros, 2013. p. 280.

[541] SUNDFELD, Carlos Ari. *Direito Administrativo*: o novo olhar da LINDB. Belo Horizonte: Fórum, 2022. p. 160-161.

patrimônio investido pelo particular em associação ao princípio da proteção da confiança.

Ou seja: não há espaço para a tutela positiva da confiança, correspondente à pretensão à contratação, mas incide a sua tutela negativa, consistente em não haver frustração do patrimônio investido pelo confiante em razão das flutuações do interesse estatal.[542] Essa sistemática é compatível com a lógica geral da eficácia da revogação, enquanto decisão produtora de efeitos *ex nunc*: impede-se a contratação (e qualquer pretensão indenizatória ou ressarcitória correspondente), sem afastamento das consequências dos atos e fatos produzidos pelo ente estatal anteriormente à decisão de revogar.[543]

De outra parte, o art. 27 da LINDB estabelece predicados do dano indenizável, que deve qualificar-se como prejuízo *anormal* ou *injusto*. Esses conceitos, estabelecidos como requisitos alternativos, não têm o seu conteúdo esclarecido na lei. É possível situar os seus significados a partir das noções tradicionalmente trabalhadas pela doutrina administrativista de *anormalidade* (enquanto dano que que foge dos padrões do cotidiano, do dia a dia da vida) e de *especialidade* do prejuízo suportado, esta última para caracterizar situação de discriminação imotivada à luz do princípio da igualdade, na medida em que se trate de dano que incide de forma peculiar sobre um ou mais sujeitos diante da sociedade como um todo. Ou seja, compreende-se o prejuízo referido no art. 27 como dano anormal *ou* injusto/especial.

Essas qualidades integram os danos considerados na hipótese ora trabalhada.

O próprio ambiente peculiar da relação jurídica que se encontra instaurada evidencia a anormalidade da situação produtora do resultado antijurídico e do próprio dano. A revogação é um fato possível e o risco de sua ocorrência é previamente conhecido, mas isso não afasta a sua excepcionalidade e a de seus efeitos.

---

[542] Acerca da distinção entre tutela positiva e negativa da confiança, remete-se a STEINER, Renata Carlos. *Reparação de danos*: interesse positivo e interesse negativo. São Paulo: Quartier Latin, 2018. p. 154.

[543] O raciocínio já foi empregado pelo Superior Tribunal de Justiça sob o enquadramento geral da concepção de responsabilidade pré-contratual no direito privado, nos seguintes termos: "a responsabilidade pré-contratual não decorre do fato de a tratativa ter sido rompida e o contrato não ter sido concluído, mas do fato de uma das partes ter gerado à outra, além da expectativa legítima de que o contrato seria concluído, efetivo prejuízo material" (recurso especial 1.051.065/AM, 3ª Turma, relator Ministro Ricardo Villas Bôas Cueva, j. 21.02.2013).

Em situações normais, o problema dos custos necessários para a participação nos processos de contratação é resolvido de duas formas. Em caso de derrota, os custos são suportados por quem os despendeu, como condição intrínseca aos riscos da atividade econômica empresarial. No caso de vitória, os custos são compensados pela celebração do contrato, que, ao menos em linha de princípio, propiciará a reposição dos custos pré-contratuais e contratuais, além da remuneração propriamente dita (lucro). A mudança da condução da atuação administrativa mediante revogação difere de ambas as situações, pois, em razão dela, os custos não são nem compensados pelo mérito de alcançar a contratação, nem arcados por risco que seja próprio ao licitante. Portanto, a inutilização de recursos privados especificamente mobilizados para participar de projeto estatal não constitui evento ordinário e não se confunde com mero dissabor cotidiano.

Adicionalmente, os prejuízos podem ser caracterizados como injustos, ou especiais, na medida em que resultam da *priori*zação dos interesses afetos à órbita estatal em detrimento dos interessados, com ônus decorrentes da atuação estatal concentrados nestes, em condições diversas daquelas verificadas para a coletividade em geral.

4.4.5 As consequências dos atos praticados em processos atípicos

Os processos de contratação atípicos – compreendidos como aqueles que não têm o seu desenvolvimento disciplinado pela lei – podem envolver peculiaridades em relação à caracterização dos pressupostos da responsabilidade civil do Estado. As peculiaridades residirão nas características da relação em causa – nomeadamente, o grau de autonomia do ente estatal frente ao processo de contratação e os potenciais deveres e correlatos direitos de celebrar o contrato.

De modo geral, os processos de contratação direta encontram-se subordinados à mesma lógica que permeia o desenvolvimento das licitações propriamente ditas. O art. 71, §4º, da Lei 14.133/21 prevê a aplicação das regras relacionadas à adjudicação, homologação, anulação e revogação da licitação também, "no que couber, à contratação direta". Isso significa que a lei admite que o ente público possa exercer as competências anulatória e revocatória nesses processos.

A responsabilidade civil do Estado em processos atípicos se assentará nas mesmas regras e considerações expostas nos tópicos anteriores. A confiança juridicamente tutelada também dependerá dos pressupostos acima enunciados.[544] Poderá, no entanto, haver variações, em especial no tocante aos riscos assumidos pelas partes, aptas a reduzir a vinculação estatal à contraparte e a determinar o alcance de eventual responsabilização.

Dois fatores novos assumem relevância: (i) da perspectiva do sujeito privado, a relativa redução da álea negocial quando o processo de contratação não envolver competição, o que afastará a necessidade de avaliar eventuais chances de contratação tendo como base de comparação a situação de outros concorrentes (com a ressalva de que processos de contratação direta não necessariamente descartarão modelos de competição, em formatos com configurações variáveis); (ii) da perspectiva de ambos os polos, haverá abertura maior à negociação da contratação – não há necessariamente vinculação *ex ante* a termos contratuais prévia e unilateralmente estabelecidos.

Especialmente este último fator diferencia as hipóteses aqui tratadas da lógica normal da licitação. A ausência de regulação minuciosa das condutas, com abertura a práticas atípicas, poderá elevar de forma significativa a incerteza em torno do dever administrativo de contratar. A viabilidade de contratar pode revelar-se como um dado muito mais distante da decisão inaugural que determina a abertura do processo de contratação. Se as partes não chegarem a uma definição acerca dos termos contratuais, nem sequer se caracterizará vinculação entre a decisão inaugural que determina as iniciativas necessárias para o desenvolvimento das tratativas e deveres supervenientes relativos à celebração do contrato. Faltará o substrato mínimo para que se possa configurar o consentimento das partes a contratar, que é condição para a vinculação a um dever de contratar.

É cabível traçar um paralelo com as relações privadas. Embora as competências anulatória e revocatória sejam por vezes visualizadas como reflexo do poder de império estatal – ou como característica peculiar do regime jurídico-administrativo –, na prática elas revelam pouca diferença em relação ao regime pré-contratual privado. Nas relações privadas, as partes podem retirar-se das tratativas por justa causa. Esta pode fundar-se tanto em razões de legalidade, quanto de

---

[544] "Para que se produza a confiança, é evidentemente necessário que as negociações existam, que esteja em desenvolvimento uma atividade comum das partes, destinada à concretização do negócio. [...] E para que tal confiança seja qualificada como legítima, deve fundar-se em dados concretos, inequívocos, avaliáveis segundo critérios objetivos e racionais" (MARTINS-COSTA, Judith. *A boa-fé no direito privado*: critérios para a sua aplicação. 2. ed. São Paulo: Saraiva, 2018. p. 460).

conveniência. Essas considerações se aplicam em alguma medida aos processos atípicos de contratação administrativa: quanto mais ampla for a flexibilidade e indeterminação, maiores serão também as autonomias privada e administrativa para exercício dessas prerrogativas.

Logo, com as ressalvas devidas, pode-se admitir a incidência da lógica prevalente nas tratativas privadas, norteada pela premissa da "liberdade como regra". Traduzindo-a para a linguagem do direito administrativo, é evidente que a autonomia contratual da administração permanece pautada pela lógica funcional, não por um conceito de arbítrio privado. O que se quer dizer é que, nas licitações, a autonomia contratual em relação ao conteúdo contratual é exaurida com a elaboração do edital, restando autonomia excepcional e residual quanto a contratar ou não. Já nos processos de contratação atípicos, que comportem negociação, a autonomia administrativa de disposição do conteúdo contratual não necessariamente se exaurirá logo no início do processo de contratação.

Ambas as autonomias – de dispor do conteúdo contratual e em relação à ulterior confirmação da conveniência de contratar – poderão conviver ao longo das tratativas, sendo ambas tendencialmente reduzidas na medida em que as partes praticam atos que as aproximam de termos e condições definitivos para contratar. Os contornos dessa dinâmica, que é variável, somente podem ser aferidos caso a caso.

Diante dessa realidade, podem-se distinguir duas hipóteses.

A primeira diz respeito a irregularidades que o ente estatal origine. Neste caso, a responsabilidade estatal permanecerá sujeita às mesmas premissas acima expostas. Atrair o engajamento de sujeito privado para uma contratação que não seja viável, ou atuar de forma irregular nas tratativas, desde que havida boa-fé pela contraparte privada, ensejará a responsabilização do ente público.

A segunda tem a ver com a possibilidade de retirada do ente estatal das tratativas – equivalente funcional da revogação –, que será tanto mais ampla quanto menor a densidade das condições estipuladas para a contratação. Em vista dos maiores espaços de incerteza e na medida em que há maiores espaços para o consentimento entre as partes em relação à composição do contrato, tanto maior será a proximidade da lógica do processo de contratação com o direito privado.

Isso significa que é possível que a ausência de formação de consenso permita que Estado e contraparte se retirem das tratativas sem consequências patrimoniais, desde que o recesso se verifique legítimo e justificado. Conforme as circunstâncias, não se poderá dizer que o ente público assumiu os riscos de viabilidade de um projeto contratual, na medida em que este não se encontre prévia e definitivamente estabelecido. Há um risco compartilhado entre os polos da relação pré-contratual quanto à possibilidade de não se alcançar consenso para contratar. Logo, a revogação da decisão original do Estado em entrar em tratativas não ensejará necessariamente responsabilização.

Na ausência de regras de direito administrativo que ditem soluções específicas, o principal parâmetro normativo norteador da relação será a observância do princípio da boa-fé pelos envolvidos. Esse princípio assumirá protagonismo para regular as condutas e as consequências delas advindas. Portanto, também em razão da boa-fé, a eventual maior autonomia não afastará o dever estatal de fundamentar suas decisões e de se sujeitar ao controle da legitimidade da atuação. Pode ocorrer a prática de atos ilícitos não tipificados, que poderão ser assim qualificados inclusive em função dos efeitos produzidos, de modo que a aplicação do princípio da boa-fé e a definição das consequências daí advindas dependerão fundamentalmente das circunstâncias concretas.[545]

A atuação estatal pode, então, ensejar responsabilidade civil do ente estatal por força das regras gerais de abuso de direito do art. 187 do Código Civil, de desvio de finalidade (art. 2º, e, da Lei 4.717/65) e do princípio da boa-fé, como concretização da moralidade administrativa prevista no *caput* do art. 37 da Constituição, observando ainda os artigos 422 do Código Civil, 2º, parágrafo único, da Lei 9.784/99, 21 e 27 da LINDB.

---

[545] "Há ilicitude quando há contrariedade às normas de dever-ser postas no Ordenamento jurídico, mediante a violação de direito. Essas regras de dever-ser podem ser (i) configuradas *a priori*, sendo a conduta contrária ao Direito descrita com suficiente previsão na norma como ocorre, por exemplo, na regra do art. 940 do Código Civil (ii) ou configuráveis apenas no caso concreto, depois de constituído um particular "contexto situacional", cabendo ao intérprete, em vista dos dados desse "contexto situacional", concretizar os conceitos vagos de "ordem pública", "bons costumes" (art. 122, *a contrario*) e "boa-fé" e "fim econômico ou social do negócio" (art. 187) atuantes no Ordenamento como verdadeiras balizas da licitude. Age ilicitamente quem age contrariamente à lei, mas, igualmente, quem utiliza de modo disfuncional um poder licitamente conferido pela ordem jurídica, como em certos casos de uso disfuncional do poder de resilir contrato duradouros, por recesso abusivo. Nesses casos a conduta ilícita não vem pré-configurada na norma, sendo necessário averiguar, in concreto, e com os olhos nos elementos fáticos, se foram observadas as condições para o hígido exercício do direito – por exemplo, se certas precauções devidas ao dever de agir segundo a boa-fé foram ou não adotadas" (MARTINS-COSTA, Judith. *Comentários ao Novo Código Civil*. 2. ed. Rio de Janeiro: Grupo Gen, 2008. v. V. t. II. p. 188-189).

4.4.6 A rejeição à tese de "desconfiança institucionalizada" como fator excludente de responsabilidade

A propósito das situações acima examinadas, como derivação das condições já expostas, cabe rejeitar a tese de que seria admissível conceber uma "desconfiança institucionalizada", ou uma "cultura de desconfiança" como fator excludente da responsabilidade estatal.[546] Considerações nesse sentido operam a generalização de exemplos específicos de situações patológicas (possibilidades de corrupção, postura administrativa errática ou mal planejada etc.) como fundamento para afastar a responsabilidade civil administrativa. A justificativa seria a de que os sujeitos que se relacionam com o Estado teriam de antecipar condutas estatais irregulares supostamente previsíveis, prevenindo-se frente a essa possibilidade.

Tal concepção pode até se basear em uma constatação *eventualmente* correta no plano fático, mas não no plano jurídico. No plano fático, ressalva-se *eventual* correção porque tal asserção pressuporia estudos empíricos abrangentes e sistêmicos, ainda mais diante da premissa (que, por identidade de razões, também pode ser posta à prova) de que, no geral, a administração pública cumpre o ordenamento e os compromissos que assume.

Já no plano jurídico, a segurança jurídica, a moralidade e a boa-fé, como normas conformadoras de conduta estatal a ser qualificada pela estabilidade, lealdade e ética, bem como a proteção da confiança, afastam tal premissa.

Há de se retomar a diferenciação, conforme Luhmann, entre expectativas cognitivas e expectativas normativas. Apenas aquelas são resolvidas por meio do aprendizado e mudança de comportamento

---

[546] Nesse sentido, em manifestação minoritária para afastar a responsabilidade estatal pela "desconfiança" no descumprimento de obrigações estatais como premissa pretensamente norteadora da relação havida com particulares: "reitero as considerações feitas no Plenário, lembrando que todas essas empresas prestadoras de serviços – principalmente os de construção –, quando operam com empresas dessa natureza, já embutem no preço todos os riscos decorrentes dessas operações, inclusive as delongas; ou seja, não há que se falar em efeito prejuízos, porque, economicamente, todos eles calculam, na sua planilha de ofertas, todas as taxas de risco da operação, tanto é que continuam operando com essas empresas, se não não o fariam. Então, a regra do mercado já atende às preocupações em relação à seriedade dos trabalhos. O fato é que estamos perante um serviço de natureza pública – efetivamente de natureza pública –, e foi claramente demonstrado pela tribuna que essa receita representa condição de operação da empresa" (Supremo Tribunal Federal, Tribunal Pleno, ação cautelar 669, Rel. Min. Carlos Britto, j. 06.10.2005, voto do Ministro Nelson Jobim).

do sujeito lesado (experimentação e adaptação frente ao futuro), enquanto estas últimas são resolvidas pela sanção em sentido lato (consequência jurídica) a incidir sobre quem violou a confiança. O seu descumprimento, no plano fático, não afasta a incondicionalidade da vigência do fundamento de proteção da expectativa normativa frustrada. Na síntese de Luhmann, "as normas são expectativas de comportamento estabilizadas em termos contrafáticos".[547]

Pelas mesmas razões, não se adere ao entendimento de que apenas casos de fraude, má-fé em âmbito administrativo ou ilegalidade grave ensejariam o dever de indenizar. Não é cabível afastar a confiança detida pelos interessados em contratar pelo fato de não ter havido ou não ter sido demonstrada má-fé no âmbito administrativo. A quebra da boa-fé objetiva não se confunde com má-fé, nem a pressupõe. A violação da boa-fé objetiva deriva do descumprimento de deveres que permitem aos sujeitos privados supor a regularidade da conduta estatal e nela confiar. Corresponde a um fenômeno objetivo. Por isso, não há espaço para cogitar gradações de culpabilidade para a verificação da observância de deveres objetivos de boa-fé. A eventual má-fé havida na condução do processo licitatório será um dado relevante exclusivamente para a responsabilização dos agentes públicos envolvidos, não do ente estatal.[548]

Com isso não se nega a lógica que pauta a atuação dos agentes econômicos. A conclusão cabível, absorvendo a racionalidade econômica em questão e observando a ordem jurídica, é que a administração pública, se lesar os interessados por violar a confiança neles induzida, é penalizada não apenas por uma ou outra via, mas duas vezes: (1) por pagar maior preço resultante das salvaguardas estabelecidas pelos interessados, que precificam em suas propostas os riscos de deslealdade ou de ausência de comprometimento estatal; (2) por dever indenizar os sujeitos que venham a ser prejudicados, de acordo com o regime jurídico aplicável. Essa dupla consequência deletéria exige rigor no

---

[547] Luhmann complementa: "Seu sentido [o da norma] implica na incondicionalidade de sua vigência na medida em que a vigência é experimentada, e portanto também institucionalizada, independentemente da satisfação fática ou não da norma. [...] A inserção de possibilidades contrárias não anula o direcionamento original, que continua constituindo a base do comportamento regular. Ninguém se ridiculariza ao sustentar suas expectativas no âmbito normativo, professando-as apesar de decepções (ou ao adaptar-se aos fatos no âmbito das expectativas cognitivas)" (LUHMANN, Niklas. *Sociologia do direito*. Tradução: Gustavo Bayer. Rio de Janeiro: Tempo Brasileiro, 1983. p. 57 e 63-64).

[548] Posição diversa, baseada na exigência de demonstração de má-fé, é sustentada em CASTRO, Luciano Araújo de. *A boa-fé objetiva nos contratos administrativos brasileiros*. 2. ed. Rio de Janeiro: Lumen Juris, 2021. p. 209 e ss.

controle da conduta estatal, não a desconsideração dos efeitos irregulares produzidos pela ação administrativa.

4.4.7 Arremate e sequência

Como síntese do que se expôs, pode-se afirmar que a responsabilidade pré-contratual constitui hipótese de regime de responsabilidade extracontratual dotada de peculiaridades no tocante aos critérios normativos relacionais. Estes critérios são traduzidos pela proteção da confiança legítima ou relacionados com tal tutela e funcionam como fatores de imputação objetiva de responsabilidade ao Estado, com base em deveres específicos derivados do princípio da boa-fé, distintos da regra geral do *neminem laedere*. A responsabilidade pode decorrer de condutas antijurídicas ou de resultados antijurídicos de fatos e/ou condutas lícitas, considerando a ausência de fundamento jurídico para transferir à esfera de outros sujeitos as consequências e encargos resultantes de flutuações nos interesses cuja tutela é atribuída ao ente público.

A caracterização do regime é elemento determinante para a identificação das condutas e fatos potencialmente lesivos e ensejadores do dever de indenizar, mas não constitui parâmetro para fixação ou limitação do dano indenizável. O *quantum* a ser indenizado não deriva do regime de responsabilidade (que determina, antes, a sua imputação e forma de apuração) e não será idêntico nas variadas hipóteses de interrupção do processo de contratação. A caracterização do dano e do nexo causal com os fatos lesivos é objeto da análise apresentada na sequência.

CAPÍTULO 5

O DANO E O NEXO CAUSAL

5.1 O direito à reparação: a caracterização do dano

É sabido que o direito brasileiro não apresenta um conceito normativo de dano. O que, há, como critério norteador, são cláusulas gerais de reparação de danos, por meio das quais o ordenamento alude em termos genéricos à noção de dano atrelada a consequência determinada – o dever de reparar (arts. 186 e 927 do Código Civil; para o Estado, arts. 37, §6º, da CF/88 e 43 do Código Civil).

Em uma primeira aproximação, o conteúdo do dano pode ser visto em correspondência com a função atribuída à responsabilidade civil, consistente em viabilizar "resposta reparadora à ruptura de um equilíbrio ou ordem (como está na origem da palavra latina *spondere*), ruptura essa que venha a causar, injustificadamente, um prejuízo a outrem". Tal resposta deve ser apta a recolocar "a vítima do dano na situação que estaria se o ato danoso não tivesse sido produzido".[549]

Essas considerações sinalizam a necessidade de percorrer a clássica distinção entre uma noção física ou naturalista e a noção jurídica de dano, para possibilitar a identificação dos elementos que devem ser recolocados em relação de harmonia.

Para os fins deste trabalho, entende-se o dano jurídico como prejuízo certo e imediato a interesse juridicamente protegido, que seja imputado pelo ordenamento a outro sujeito que não aquele lesado.

---

[549] MARTINS-COSTA, Judith. *Comentários ao Novo Código Civil*. 2. ed. Rio de Janeiro: Grupo Gen, 2008. v. V. t. II. p. 142-143.

Assim e por um lado, conforme as diversas formulações existentes, o dano, enquanto fato jurídico, pressupõe a violação a um bem, direito ou, de forma mais ampla e conforme a compreensão exposta no decorrer deste trabalho, a um interesse juridicamente protegido, que pode manifestar-se de formas distintas.

Por outro lado, o dano não deixa de ser também ele um dado a ser identificado dentro de uma estrutura relacional. O dano emerge da relação entre dois interesses – aquele lesado e outro relativo à conduta tida como lesiva, podendo este último interesse ser ou não albergado pelo ordenamento.[550] Dito de outro modo, o dano pressupõe a antijuridicidade do resultado sofrido e uma relação de imputação desse resultado, consistente em atribui-lo a outro sujeito de direito. Daí se falar que a responsabilidade civil exerce "função de mediação entre interesses em conflito, como reação a um juízo de desvalor previamente tido como relevante pelo ordenamento".[551]

Verificado o interesse jurídico lesado e a existência de relação de imputação de responsabilidade, há de se avaliar a caracterização prática do prejuízo constatado. Diz-se que o dano deve ser certo (em contraposição a danos hipotéticos, ou de ocorrência duvidosa – art. 402 do Código Civil) e direto (enquanto resultado imediato da conduta lesiva – art. 403 do Código Civil).[552] Esses elementos sinalizam que o dano indenizável é aquele que incide sobre o patrimônio atual do sujeito lesado, seja a partir de perdas já efetivamente incorridas e mensuráveis, seja no tocante a perdas potenciais, relacionadas a interesse atual e existente no patrimônio do lesado, com aptidão de produzir resultados favoráveis que se encontravam em vias de serem realizados.

---

[550] Com raciocínio similar: "Dano somente pode existir quando de alguma norma seja possível extrair, em abstrato, o merecimento de tutela do interesse alegadamente lesado. Isto não basta, porém. Sobretudo pelo fato de o atual cenário normativo ser marcado por princípios e cláusulas gerais reconhecidamente aplicáveis às relações privadas, os interesses mais insólitos, como já se demonstrou com exemplos retirados da prática judicial, podem ser sustentados com base em enunciados normativos genéricos. Cumpre, portanto, recorrer a uma segunda etapa no procedimento de aferição do dano ressarcível, já atenta ao interesse conflitante" (SCHREIBER, Anderson. *Novos paradigmas da responsabilidade civil*: da erosão dos filtros da reparação à diluição dos danos. 5. ed. São Paulo: Atlas, 2013. p. 165).

[551] FARIAS, Cristiano Chaves de; BRAGA NETTO, Felipe Peixoto; ROSENVALD, Nelson. *Novo tratado de responsabilidade civil*. São Paulo: Atlas, 2015. p. 239.

[552] Ressalve-se aqui a compreensão alargada acerca do tema, no sentido de que também danos indiretos são objeto de reparação, desde que o comportamento lesivo, "não tendo provocado ele mesmo o dano, 'desencadeia outra condição que diretamente o suscite'" (NORONHA, Fernando. *Direito das Obrigações*. Fundamentos do Direito das Obrigações. Introdução à Responsabilidade Civil. São Paulo: Saraiva, 2003. v. 1. p. 577).

A noção de dano comporta, portanto, prejuízos a interesses cujo ciclo de desenvolvimento persiste ao longo do tempo. Os danos futuros, como os lucros cessantes, são reparáveis desde que a eles se possa conceder qualificação equivalente à de certeza em vista da situação atual do sujeito lesado. Deve-se compreender a tradução desse pressuposto de certeza em termos de quantificação do dano não como um dado matemático, mas como resultado de um juízo de probabilidade, baseado em presunções do que possa vir a ocorrer, em vista da sujeição à inerente contingência do porvir. Daí o art. 402 do Código Civil determinar que, em relação a lucros cessantes, a indenização abrangerá apenas "o que razoavelmente [se] deixou de lucrar".

O requisito de imediatidade tem a ver com outro pressuposto da responsabilidade: o nexo causal, cuja verificação é determinante para que se possa determinar o que corresponde a dano direto e imediato. A delimitação do dano – notadamente, aquele continuado ou que ainda nem se iniciou – envolve a definição da cadeia causal entre esse resultado e a conduta lesiva. A dependência da identificação e verificação da extensão do dano em relação ao nexo causal assume notas mais complexas quando se trata de danos futuros, para os quais há necessidade de aferir a continuidade da cadeia causal produzida pelo ato lesivo,[553] mas essa cadeia não é limitada pelo fator tempo em si. A maior ou menor distância temporal entre o momento de ocorrência da lesão e aquele em que a conduta lesiva tenha sido praticado não é critério determinante da causalidade. É a "proximidade lógica e a noção normativa de causalidade"[554] entre a conduta lesiva e o dano que permite circunscrever o conteúdo deste último.

5.2 A determinação do dano jurídico nos processos de contratação pública

Retomando a aplicação dos parâmetros referidos no item 4.2, acima, para fins de determinar a responsabilidade pré-contratual do Estado pela extinção do processo de contratação, a apuração do dano

---

[553] Como demonstrado por Aguiar Dias, a constante dúvida que se coloca em relação a danos futuros é "sobre se não interviria outra circunstância capaz de produzir o mesmo efeito do ato danoso, impedindo, tanto como este, aqueles resultados, cuja ausência se pretende atribuir exclusivamente a esse ato" (DIAS, José de Aguiar. *Da responsabilidade civil*. 12. ed., atual. e aum. por Rui Berford Dias. Rio de Janeiro: Lumen Juris, 2012. p. 826).

[554] GUEDES, Gisela Sampaio da Cruz. *Lucros cessantes*: do bom-senso ao postulado normativo da razoabilidade. São Paulo: Revista dos Tribunais, 2011. p. 87-89.

passa pela identificação de dois fatores principais: (i) a posição jurídica detida pelo particular frente ao ente público e (ii) as características da conduta estatal que tenha produzido dano. O reconhecimento dessas variáveis deve ser feito considerando os riscos assumidos por cada um dos polos no ambiente pré-contratual.

O emprego desses elementos permitirá identificar se a solução de responsabilidade terá como medida o interesse lesado que já se traduz na posição jurídica consistente no direito a contratar, ou se, diversamente, ainda corresponde a estágios anteriores, relacionados à adequada condução do processo de contratação e à formação da posição jurídica afinal pretendida. Essa análise é aprofundada a seguir.

5.2.1 A primeira variável: a avaliação da esfera jurídica do lesado e as posições jurídicas *opositivas* e *pretensivas* a serem tuteladas

A identificação do conteúdo da confiança a ser protegida a ponto de comportar a responsabilidade civil do Estado deve ocorrer em concreto. Em conformidade com os pressupostos alinhados ao longo deste trabalho, a confiança tutelada pode ser dividida em dois momentos principais, cada qual com conteúdo próprio.

A confiança dirá respeito, inicialmente, ao interesse em que o processo seja adequadamente conduzido pelo Estado, de sorte que condutas estatais supervenientes não frustrem os investimentos realizados para participar do processo de contratação. Em termos patrimoniais, há nesse momento interesse voltado à conservação do patrimônio atual do sujeito lesado, ou ao impedimento a que tal patrimônio venha a ser desperdiçado em razão de conduta estatal irregular. Nele ainda não se encontra uma perspectiva certa, concreta e já individualizada de contratar.

Emprestando-se conceituação utilizada pela doutrina administrativista italiana, nesse caso haverá *interesse* ou *posição jurídica opositiva* a que a conduta estatal frustre investimentos e engajamento dos interessados em contratar.[555] Ou, utilizando terminologia empregada no direito privado própria à responsabilidade pré-contratual, trata-se

---

[555] Com referência a interesses opositivos e pretensivos, que podem ser opostos ou dependem de (e permitem demandar) manifestação estatal, respectivamente, conferir IRELLI, Vincenzo Cerulli. *Corso di Diritto Amministrativo*. Torino: G. Giappichelli Editore, 2000. p. 390, e PETRELLA, Giuseppe. *Il risarcimento del danno da gara illegittima*. Milano: Giuffrè, 2013. p. 85.

da *tutela negativa da confiança*, que tem como parâmetro a situação do lesado se não houvesse confiado. Em outras palavras, trata-se de interesse voltado à conservação do patrimônio atual do sujeito lesado, o que abrangerá, quando cabível, a restauração da situação em que o sujeito lesado se encontrava antes de ingressar no processo de contratação.

A esse interesse poderá ser agregada em momento subsequente posição jurídica diretamente relacionada com a pretendida contratação – o direito a contratar –, conforme o *iter* previsto para a contratação seja cumprido. Diz-se que esse interesse é concomitante porque o interesse opositivo a condutas estatais erráticas ou abusivas subsistirá até o término do processo. Adicionalmente, estará em causa, para adotar novamente a terminologia italiana que considera a noção de *posição* ou *interesse jurídico opositivo*, uma *posição jurídica pretensiva*. O conteúdo dessa posição é orientado a um resultado externo e consequente do processo de contratação – a contratação propriamente dita.

Neste último caso, pode-se falar na *tutela positiva da confiança*, que corresponde à exigibilidade do equivalente à situação na qual o lesado confiou e legitimamente esperava alcançar. Está-se a tratar de um juízo prognóstico em torno de chances reais (ou de uma possibilidade já certa) de celebração do contrato que tenha sido frustrado pela conduta estatal. Caberá aferir se, em condições normais, o particular é titular de expectativas ainda em formação ou de um direito adquirido à celebração do contrato, a ser protegido como tal.

Ambos os interesses – opositivo e pretensivo – persistem e se mantêm concomitantes ao longo do processo de contratação (evidentemente, após o surgimento posterior do pretensivo). Assim, os sujeitos titulares desses interesses podem reclamar violações que incidam sobre eles indistintamente. No entanto, para eventual relação de responsabilidade civil, tais interesses não se cumulam. Para fins de responsabilidade, o interesse relacionado à adequada condução do processo dá lugar ao direito a contratar, quando este se venha a formar e ser dotado de eficácia para vincular a administração a contratar. Daí que o sujeito que se encontra no direito de contratar com o ente público estará habilitado a pedir a indenização relativa à posição jurídica atrelada à contratação, se os requisitos para tanto estiverem presentes, mas não poderá reclamar simultaneamente o reembolso dos custos havidos no processo de contratação.

Traçando-se paralelo com o direito comparado, a concepção da responsabilidade pré-contratual do Estado enquanto compreensiva de interesses tanto opositivos quanto pretensivos foi consagrada no já mencionado precedente *Brasserie de Pêcheur*. Com base na conexão da segurança jurídica com o dever de regularidade da ação estatal e a tutela da propriedade, o Tribunal de Justiça da União Europeia definiu o alcance da proteção reparatória diante de decisões administrativas pré-contratuais no âmbito europeu, admitindo a indenização orientada à restituição do lesado ao *status quo* ou a sua remissão à situação *ad quem* pretendida e frustrada pela conduta estatal.[556]

Essa distinção será retomada a seguir, especialmente quando se tratar dos conceitos de interesse negativo e positivo (tópicos 5.4.3 e 5.4.4, adiante).

5.2.2 A segunda variável: as características da atuação estatal potencialmente lesiva

A segunda variável diz respeito à verificação das características da atuação estatal apta a produzir lesão e do regime jurídico aplicável à conduta verificada. Como observado por Mota Pinto, importa, para definir os efeitos patrimoniais da conduta lesiva, "apurar qual é o 'evento que obriga à reparação', a partir da exacta identificação da violação de deveres pré-contratuais de que se queixa o demandante".[557]

O exame das características da atuação estatal não implica negar a lógica geral de determinação do dano baseada na verificação da lesão enquanto dado situado na esfera jurídica do lesado. A questão é que, em situações como as dos processos de contratação, a aquisição das posições jurídicas pressupõe atuação administrativa. Isto é, a esfera jurídica do lesado quanto ao direito de contratar é invariavelmente conformada pelos atos do ente estatal. Como o ordenamento habilita o ente público a não contratar em hipóteses específicas, é imprescindível examinar os contornos concretos da conduta estatal. Em cada situação, lícita ou ilícita, será possível extrair consequências indenizatórias distintas.

Portanto, a aferição da posição jurídica frustrada desde a perspectiva do sujeito lesado é não mais do que uma primeira aproximação

---

[556] Do corpo dessa decisão se extrai a seguinte passagem: "4. A protecção jurídica efectiva exigida pelo direito comunitário encontra-se excessivamente limitada se a obrigação de indemnizar abranger apenas os danos causados a determinados bens individuais protegidos por uma disposição legal, por exemplo, os causados à propriedade. O mesmo se passa se um regime nacional de responsabilidade excluir, de um modo geral, a tomada em consideração dos lucros cessantes, mesmo que estes tenham sido devidamente determinados". Disponível em: https://eur-lex.europa.eu/legal-content/EN/TXT/?uri=CELEX%3A61993CJ0046. Acesso em: 23 out. 2022.

[557] PINTO, Paulo Mota. Responsabilidade por violação de regras de concurso para celebração de um contrato (em especial o cálculo da indemnização). *In:* GONÇALVES, Pedro (org.). *Estudos de Contratação Pública*. Coimbra: Coimbra Editora, 2010. v. II. p. 287.

– uma etapa – para apuração do dano jurídico reparável. O conteúdo e as condições em que a conduta estatal é exercitada serão dados imprescindíveis para determinar a extensão do dano indenizável. Retorna-se à questão que tem permeado o trabalho: trata-se especialmente de distinguir as situações em que o ordenamento atribui ao ente público a competência de impedir a contratação ou não. O remédio de responsabilidade deve ser coerente com a realidade jurídica em que a lesão se insira e a ela limitado. A análise desses fatores será retomada, em termos teóricos e práticos, no capítulo 6.

5.2.3 Síntese das condições para determinação do dano

Em vista do exposto, a operação proposta para determinação do dano indenizável é baseada na perquirição de quatro elementos: (i) se a confiança a ser tutelada é legítima; (ii) se a posição jurídica afetada é em tese orientada exclusivamente pela preservação do patrimônio atual ou se, mais do que isso, já se encontra relacionada à contratação; (iii) se a frustração dessa posição jurídica se traduz em dano certo e imediato; e (iv) quais são as condições de produção e a qualidade da atuação estatal que interfere no desenvolvimento do processo de contratação ou de formação e conclusão do direito a contratar. O exame integrado desses elementos é necessário para determinar qual é o impacto admitido pelo ordenamento da atuação estatal sobre a esfera jurídica dos sujeitos afetados e, por extensão, o conteúdo da eventual reparação devida.

5.3 As categorias de danos aplicadas aos processos de contratação pública

O presente trabalho tem como foco o exame de danos patrimoniais emergentes da decisão de não contratar. Os danos patrimoniais podem ser reconduzidos à expressão *perdas e danos*, que, por sua vez, é decomposta em relação ao sujeito lesado por dois fatores: o que "ele efetivamente perdeu" e o que "razoavelmente deixou de lucrar" (art. 402 do Código Civil). O corte é adotado não porque se considere haver impedimento à caracterização de danos extrapatrimoniais nos processos de contratação pública. A escolha se justifica porque a ocorrência de danos extrapatrimoniais como resultado da decisão de recusa a contratar, caso ocorra, será excepcional.

De modo geral, o dano moral poderá emergir de situações outras que não a decisão de recusa a contratar. A eventual ocorrência desses danos estará atrelada a imputações indevidas de conduta irregular que venham a ser feitas pelo ente estatal contra um dado sujeito. Esse tipo de conduta pode eventualmente lesar a imagem e a reputação do sujeito atingido, mas não decorre da decisão de não contratar. Nesses casos, a própria decisão de não contratar será, ao lado de eventual dano moral, uma das consequências da imputação de conduta irregular, não a causa de eventuais danos extrapatrimoniais.

É devido notar a existência de julgados que reconheceram o direito à reparação por danos morais em razão da decisão de não contratar.[558] No entanto, ao menos nos casos localizados com essa conclusão, parece-nos que o fundo da discussão não se relacionava a um abalo moral, mas à dificuldade de precisar o conteúdo econômico dos danos – verdadeiramente patrimoniais – envolvidos, que foram então traduzidos em danos morais.

Assim, passa-se a examinar os danos patrimoniais que podem ser verificados.

5.3.1 Os danos emergentes

Os danos emergentes, também referidos como danos positivos,[559] são aqueles relacionados à perda patrimonial suportada pelo lesado. Em geral, são considerados como danos já consumados, mas podem ser também futuros, na medida em que a perda patrimonial se protraia no tempo.[560]

---

[558] Negando a configuração de dano moral diante da alegação de "desgaste sofrido pelos meses empregados nas referidas tratativas frustradas" frente a sociedade de economia mista: (Tribunal de Justiça de São Paulo, apelação cível 9067308-85.2009.8.26.0000, 12ª Câmara de Direito Público, relator Desembargador Wanderley José Federighi, j. 10.03.2010). Em caso peculiar, conferiu-se nominalmente danos morais a licitante diante da ausência de comprovação de danos materiais, mas sem a identificação de nenhum suporte fático específico apto a caracterizar abalo moral: Tribunal de Justiça de São Paulo, apelação cível 0004906-57.2011.8.26.0322, 2ª Câmara Extraordinária de Direito Público, relator Desembargador Rodrigues de Aguiar, j. 24.09.2015.

[559] DIAS, José de Aguiar. *Da responsabilidade civil*. 12. ed., atual. e aum. por Rui Berford Dias. Rio de Janeiro: Lumen Juris, 2012. p. 825.

[560] Descrevendo os danos emergentes futuros: "Os prejuízos futuros englobam aqueles ainda não materializados à época da sentença, mas que já surgem como objetivamente previsíveis de acordo com as circunstâncias do caso e as experiências da vida, podendo ocorrer danos emergentes futuros (v.g., continuação do tratamento médico com gastos com medicamentos e fisioterapia), como também lucros cessantes (v.g., incapacidade laborativa definitiva da vítima direta – total ou parcial) [...]" (SANSEVERINO, Paulo de Tarso Veira. *Princípios da reparação integral*: indenização no Código Civil. São Paulo: Saraiva, 2011. p. 187).

No que diz respeito aos processos de contratação pública, a doutrina em geral tem admitido a indenização dos danos emergentes, em hipóteses que serão examinadas no capítulo 6. Por ora, cabe delimitar o conteúdo desses danos para aplicá-lo no capítulo subsequente.

O conteúdo mais evidente de danos emergentes verificados no âmbito dos processos de contratação pública compreende as despesas incorridas para participar da disputa e por força do evento lesivo. As despesas desaproveitadas são aquelas realizadas ou assumidas para participação no certame e atendimento dos requisitos e atos exigidos pelo ente estatal. Nas palavras de Couto e Silva, são prejuízos que "consistem, principalmente, nas despesas feitas pela parte que teve suas expectativas frustradas com o rompimento das negociações ou com a invalidade do contrato".[561]

As despesas podem ser passadas ou futuras: um exemplo de dano emergente futuro consiste na obrigação de pagamento de honorários ainda a vencer em favor de consultoria que tenha prestado serviços para análise de viabilidade da contratação e de apoio à elaboração da proposta.

Também se enquadram na noção de danos emergentes os gastos incorridos após o evento lesivo e em razão dele. Será esse o caso das despesas para adoção de medidas voltadas a impedir a continuidade dos danos, ou a sua mitigação, para fins de reversão da decisão administrativa irregular ou mesmo para definitiva reparação. Há vínculo causal entre a conduta lesiva e os gastos posteriores suportados pelo lesado para superar a situação lesiva a que foi submetido, o que justifica a caracterização desses prejuízos como danos emergentes.

Há, de outra parte, requisitos específicos para a determinação desses prejuízos.

Em primeiro lugar, além da caracterização da confiança legítima do sujeito lesado, que pressupõe a sua boa-fé, deve haver vínculo das despesas com a lesão de confiança. Isso implica que as despesas estritamente relacionadas e inutilizadas em razão de riscos próprios do licitante no processo de contratação não serão indenizáveis. Assim, e como antes referido, quando restar demonstrado que o licitante não reunia condições para disputar a licitação, não se haverá de falar em dano.

Poder-se-ia contrapor que o particular só incorreu nos gastos porque houve a instauração de um processo de contratação apto a

---

[561] SANSEVERINO, Paulo de Tarso Veira. *Princípios da reparação integral*: indenização no Código Civil. São Paulo: Saraiva, 2011. p. 187.

instaurar relação legítima de confiança e que, estando boa-fé, deteria condições de ser indenizado. Essas premissas – a produção da confiança e a presumível boa-fé do licitante – não são determinantes para a solução da questão, pois o problema é de ordem diversa: diz respeito à ausência de nexo causal e de dano na acepção jurídica.

Se o particular ingressou em processo de contratação no âmbito do qual não poderia lograr êxito, assim o fez por risco exclusivo seu. Demonstrado que o particular não teria condições de ser contratado, as despesas por ele incorridas seriam invariavelmente inutilizadas. Portanto, à medida que o licitante não dispunha dos requisitos necessários para disputar o certame, ele próprio se inseriu em situação da qual não poderia retirar nenhum proveito. Não haverá relação causal entre a conduta estatal que venha a interromper o processo de contratação, o que afasta a caracterização de lesão de alguma posição jurídica sua.

Em outras palavras, a atuação estatal, mesmo aquela ilícita, não pode servir para transferir os riscos privados ao ente público. Independentemente da boa-fé dos concorrentes, se eles não reunirem as condições necessárias para contratar, não poderão extrair do processo de contratação resultado útil que, em circunstâncias normais, jamais obteriam. Solução diversa equivaleria a enriquecimento sem causa.[562]

Em segundo lugar, as despesas, além de efetivamente abrigadas sob situação de confiança juridicamente tutelável, devem ter-se tornado inúteis em razão do evento lesivo. Se essas despesas implicam dispêndio com determinado ativo apto a se incorporar ao patrimônio do lesado (suponha-se, p. ex., a aquisição de equipamentos para a execução do contrato), não haverá aí dano, caso o bem adquirido permaneça útil e apto a ser aplicado à atividade econômica do lesado ou alienado a terceiros. Pode até haver algum dano marginal ou residual nesses casos (como depreciação dos bens eventualmente adquiridos), mas a apuração do dano a ser reparado deverá observar o incremento (ou, visto por outro ângulo, a perda efetiva) que tenha ocorrido ao patrimônio do lesado.[563]

---

[562] Sobre a distinção entre despesas "realizadas dentro dos limites do risco natural do ato de negociar e contratar" e aquelas que "podem ser vinculadas à confiança da parte, a qual detinha a expectativa legítima de que o contrato desejado seria validamente concluído" e o cabimento da indenização apenas destas últimas, conferir STEINER, Renata Carlos. *Reparação de danos*: interesse positivo e interesse negativo. São Paulo: Quartier Latin, 2018. p. 237-238.

[563] "LICITAÇÃO - RESPONSABILIDADE CIVIL - REPARAÇÃO DE DANOS PELA DEMORA NO ATO DE ADJUDICAÇÃO E HOMOLOGAÇÃO - REVOGAÇÃO. [...] Alegação de prejuízo por imobilização de capital não comprovada, mesmo porque, é presumível que a empresa tenha mantido o valor em conta poupança ou outra aplicação financeira até que

Em terceiro lugar, supõe-se a relação razoável entre os danos e a situação que os origina, o que pressupõe a utilidade e a adequação das despesas reclamadas no âmbito da situação em que se deu o evento lesivo. Trata-se da mesma racionalidade de razoabilidade referida no art. 402 do Código Civil. Como regra, prevalecerão os danos demonstrados pelo sujeito lesado, mas isso não impede a verificação da conexão dos prejuízos reclamados com as despesas aferíveis como razoáveis dentro do contexto específico do processo de contratação.

5.3.2 Os lucros cessantes

Os lucros cessantes correspondem aos ganhos frustrados em razão do evento lesivo – daí serem também denominados como danos negativos. Os ganhos podem ser correntes ou futuros, mas invariavelmente se embasam em posição jurídica existente no momento de configuração do evento lesivo, compreensiva da "titularidade de uma situação jurídica que, mantendo-se, lhe daria direito a esse ganho".[564]

5.3.2.1 A compatibilidade entre a fase pré-contratual e a indenização dos lucros cessantes

Antes de tudo, cabe adentrar na controvérsia sobre a possibilidade de indenização de lucros cessantes a partir da responsabilidade pré-contratual.

O cabimento da indenização de lucros cessantes no âmbito da responsabilidade civil pré-contratual é tema sujeito a intensos debates. Mesmo no direito privado existem posições controvertidas, entre negação e admissão da possibilidade de indenização de lucros cessantes.[565]

---

se fizesse necessária a sua utilização – Recursos oficial e voluntário parcialmente providos para o fim de reduzir o montante fixado" (Tribunal de Justiça de São Paulo, apelação cível 0053394-73.2010.8.26.0000; 8ª Câmara de Direito Público, relatora Desembargadora Silvia Meirelles, j. 05.05.2010).

[564] MARTINS-COSTA, Judith. *Comentários ao Novo Código Civil*. 2. ed. Rio de Janeiro: Grupo Gen, 2008. v. V. t. II. p. 478-479.

[565] A esse respeito, e sem prejuízo de reconhecer a controvérsia, Renata Steiner propõe a identificação de uma "segunda fase" de desenvolvimento da teoria da *culpa in contrahendo*, já não limitada à "dicotomia validade vs. não formação válida do contrato", mas avançando a partir do princípio da boa-fé, que fundamentou o "alargamento da relação jurídica obrigacional para abranger também a fase formativa", permitindo visualizar nesta última "a existência de deveres obrigacionais que não se confundem com aqueles deveres de prestação..." e a progressiva desvinculação da *culpa in contrahendo* de um resultado reparatório necessariamente vinculado e circunscrito ao interesse negativo – por essas razões, a autora

Também em relação aos contratos administrativos há acesa discussão sobre o tema.

Em termos gerais, o questionamento de lucros cessantes indenizáveis embasa-se em três linhas de argumentos: (i) incerteza em torno da obtenção do contrato, em razão de pressuposta margem discricionária do ente público para contratar, (ii) inexistência de contrato que dê suporte à configuração de lucros a serem frustrados e (iii) alusão a premissas de ordem econômica, atinentes aos custos que a indenização acarretaria, e à figura do enriquecimento sem causa, por ausência de "emprego de capital e trabalho"[566] para execução do contrato.

Entende-se que nenhum desses argumentos é óbice ao cabimento da indenização dos lucros cessantes em caso de impedimento irregular à contratação que já era devida.

Em primeiro lugar, a margem discricionária, que é residual e destinada a desaparecer, constitui impedimento apenas temporário à configuração de um direito a contratar plenamente eficaz e exigível. A dúvida é superada a partir do momento em que a conduta estatal, mesmo a omissiva, apresente-se como confirmatória da viabilidade da contratação, ou quando é praticado ato que legitimamente extingue o processo. Apesar da existência dessas alternativas, em nenhuma hipótese remanescerá espaço discricionário que afaste a possibilidade de identificação do cabimento da contratação e dos efeitos da conduta administrativa.

Em segundo lugar, não se compreende a ausência de contrato como obstáculo à indenização dos lucros cessantes, enquanto derivação inerente à sistemática pré-contratual. Assim se passa porque tal orientação não se compatibiliza com o regime determinante das posições jurídicas estabelecidas. Admitir a ausência de contrato como fundamento para afastamento dos lucros cessantes significaria negar o conteúdo da posição jurídica detida pelo particular. Equivaleria a permitir que a administração pública se exonerasse da responsabilidade, ou a reduzisse *sponte propria*, com uma simples e até mesmo ilegal negação à contratação frente a um direito já aperfeiçoado a tanto.

---

visualiza a possibilidade de a responsabilidade pré-contratual ser orientada também pelo conteúdo do contrato frustrado (STEINER, Renata Carlos. *Reparação de danos*: interesse positivo e interesse negativo. São Paulo: Quartier Latin, 2018. p. 102-103).

[566] "A concessão de indenização por lucros cessantes em hipótese na qual a empresa preterida não chega a assinar o contrato implica locupletamento ilícito, pois não há, por parte dela, emprego de capital e trabalho no objeto licitado. A proibição do enriquecimento sem causa, princípio informador do ordenamento jurídico, impede a reparação a esse título" (Tribunal Regional Federal da 4ª Região, apelação cível 5003272-60.2013.4.04.7000, 3ª Turma, relatora Desembargadora Vânia Hack de Almeida, j. 12.06.2019).

Ou seja: serviria para admitir que o ente lesante pode valer-se de expediente ilícito, até em desvio de finalidade, para frustrar o resultado da licitação e determinar por conta própria a redução do *quantum* indenizatório.

Em terceiro lugar, os argumentos de ordem econômica podem estar relacionados a considerações de política legislativa, mas não ao direito positivo. Na medida em que o legislador não estipulou parâmetros e limites para a indenização, o regime a incidir é o da reparação integral. Some-se a isso a ausência de impedimento a essa solução indenizatória no ordenamento – que, na realidade, é por ele expressamente comportada (art. 402 do Código Civil). Não havendo definição legislativa diversa do princípio geral da reparação integral (art. 944 do Código Civil), e considerando que a observância de tal princípio está atrelada ao conteúdo do bem ou interesse jurídico lesado, não se configura fundamento para restringir o alcance da responsabilidade civil *a priori* e em abstrato, o que seria fundamentalmente incompatível com a lógica – casuística por inerência – de identificação da reparação integral devida.

Em quarto lugar, qualificar tal indenização como hipótese de enriquecimento sem causa significa negar a própria noção positivada de lucros cessantes e o esvaziamento da posição jurídica que lhe serve como fundamento. Os lucros cessantes se configuram precisamente no caso de haver impedimento indevido à execução do contrato. Se prevalecesse o argumento, qualquer caso de lucros cessantes configuraria enriquecimento sem causa, na medida em que tais lucros sejam percebidos sem "emprego de capital e trabalho" (para utilizar expressão já referida acima, extraída de decisão do Tribunal Regional Federal da 4ª Região), o que resultaria em antinomia insuperável. O fundamento jurídico dos lucros cessantes não é a aferição de execução do contrato, bem ao contrário: os lucros cessantes surgem justamente porque a atividade foi indevidamente frustrada ou impedida por terceiro e o ordenamento imputa a este último as consequências de tal impedimento.

Note-se ter sido essa a conclusão que veio a prevalecer no direito comunitário europeu. Diante das mesmas questões, o Tribunal de Justiça da União Europeia não veio a fixar solução específica de lucros cessantes (de resto, não prevista nas diretivas correspondentes), mas estabeleceu impedimento a que os ordenamentos nacionais vetem *a priori* a indenização desse tipo de dano nos processos de contratação pública.[567]

---

[567] Refere-se novamente ao precedente *Brasserie du Pêcheur*, no ponto em que alude à impossibilidade de uma vedação *a priori* de indenização de lucros cessantes pelos direitos

Desse modo, a lógica geral permanece sendo a de identificar quais foram as posições jurídicas efetivamente frustradas. Elas constituirão o parâmetro para determinação da indenização integral em face da (i) legitimidade da conduta estatal que tenha suprimido a possibilidade de contratar. Como notado pela doutrina, para a determinação da indenizabilidade dos lucros cessantes, "constitui pedra de toque a presença ou não de um *dever de celebrar* o contrato e a exigência de congruência entre a lesão sofrida e a indemnização respectiva".[568] Na medida em que o direito a contratar emerge justamente no ambiente pré-contratual – e é confirmado de forma definitiva e vinculante pelos atos aí praticados –, não há restrição *a priori* à indenização conforme o equivalente pecuniário do contrato frustrado.

O cabimento e as circunstâncias de indenização dos lucros cessantes a propósito da responsabilidade pré-contratual do Estado são pontos retomados no âmbito do tratamento da noção de *interesse positivo*, no item 5.4.4, a seguir.

5.3.2.2 A definição do conteúdo dos lucros cessantes

No âmbito pré-contratual, os lucros cessantes podem ser relacionados com o contrato administrativo cuja celebração tenha sido indevidamente obstada pelo ente estatal (aqui denominados como lucros cessantes internos ao processo de contratação). Podem, ainda, ser a ele alheios (lucros cessantes externos).

Os lucros serão internos, isto é, relacionados ao próprio contrato em disputa, quando o ente estatal tiver frustrado direito adquirido à celebração da avença. Estando presentes os pressupostos para reconhecimento do direito a ser contratado, a perda dos lucros cessantes relativos a tal contratação se dará por efeito direto e imediato da recusa da contraparte a contratar (art. 403 do Código Civil).

---

nacionais subordinados ao direito comunitário. Sobre a viabilidade dos lucros cessantes nos direitos português e italiano e com referências à admissibilidade da mesma solução no direito alemão: FERREIRA, Rui Cardona. *Indemnização do interesse contratual positivo e perda de chance (em especial, na contratação pública).* Coimbra: Coimbra Editora, 2011. p. 99; ainda a esse respeito, PINTO, Paulo Mota. Responsabilidade por violação de regras de concurso para celebração de um contrato (em especial o cálculo da indenização). *In:* GONÇALVES, Pedro (org.). *Estudos de Contratação Pública.* Coimbra: Coimbra Editora, 2010. v. II. p. 290-291, e LUMETTI, Maria Vittoria. *Violazione dell'interesse legittimo e danno risarcibile.* Milano: Giuffrè, 2008. p. 375.

[568] FERREIRA, Rui Cardona. *Indemnização do interesse contratual positivo e perda de chance (em especial, na contratação pública).* Coimbra: Coimbra Editora, 2011. p. 70.

Serão, por outro lado, externos ou alternativos os lucros cessantes que disserem respeito a oportunidades alternativas perdidas. Trata-se, em outras palavras, dos custos de oportunidade de participar do processo de contratação.

Não se tem notícia na doutrina brasileira de abordagem acerca dos lucros cessantes alternativos em relação aos processos de contratação pública, a não ser por passagem de estudo de Almiro do Couto e Silva, que trabalhou a hipótese.[569] A situação assim se caracteriza quando um agente opta por determinado projeto contratual em detrimento de outras oportunidades e se vê ilegitimamente impedido de alcançar a contratação escolhida, perdendo a oportunidade negocial de que abriu mão.

A peculiaridade da situação reside em que ela se relaciona com uma decisão própria do agente lesado – escolha de determinada contratação em detrimento de alternativas existentes. Essa decisão é inerente à esfera de riscos e contingências do exercício da atividade econômica e a sua inadequação não pode ser reclamada perante terceiros. No entanto, a questão muda de figura se a escolha entre uma ou outra oportunidade é afetada por outro sujeito. É o que ocorre se a oportunidade escolhida (um determinado contrato administrativo, por exemplo) vem a ser irregularmente frustrada ou impedida. Nesse caso, a conduta estatal ilícita frustrará a racionalidade dessa escolha, na medida em que figure como elemento determinante de renúncia a oportunidade alternativa que era efetivamente viável. É a frustração dessa decisão que justifica a consideração dos lucros cessantes externos ou alternativos.

Os lucros por oportunidades perdidas pressuporão pelo menos três requisitos.

Em primeiro lugar, o negócio alternativo tem de ser contemporâneo ao período em que o particular se encontre em situação de confiança perante a administração. Oportunidades anteriores ou posteriores a esse contexto não se colocam como opções concorrentes de negócio perante a contratação administrativa obstada.[570]

---

[569] SILVA, Almiro Couto e. Responsabilidade pré-negocial e *culpa in contrahendo* no direito administrativo brasileiro. *Revista da Procuradoria-Geral do Estado do Rio Grande do Sul*, Porto Alegre, v. 27, n. 57, p. 171-179, dez. 2003. p. 176.

[570] Nesse sentido, "[...] são indenizáveis danos havidos entre a formação da confiança e a sua frustração, elementos que compõem de forma necessária o evento lesivo. O negócio alternativo que o lesado deixou de concluir deve ser, assim, contemporâneo ao surgimento da confiança legítima, não podendo ser nem anterior à sua formação, nem posterior à sua frustração" (STEINER, Renata Carlos. *Reparação de danos*: interesse positivo e interesse negativo. São Paulo: Quartier Latin, 2018. p. 253).

Em segundo lugar, o contrato administrativo frustrado deve mostrar-se impeditivo da pretensão que existia de obter o negócio alternativo, isto é: deve ser prejudicial e condição excludente da oportunidade afirmada como perdida. Trata-se aqui de um número reduzido, para não dizer excepcional, de situações. É possível cogitar essa situação em casos de contratações concorrentes entre si que envolvam ampla inversão de investimentos e significativo comprometimento das condições econômico-financeiras do sujeito interessado em contratar. A aplicação intensiva de recursos poderia permitir ao lesado a demonstração de necessidade inafastável de escolha entre uma ou outra oportunidade de negócio, na medida em que, sendo contemporâneas entre si, demandariam comprometimento econômico e financeiro concomitante impraticável, caso houvesse êxito em ambas as oportunidades. Caberia ao sujeito lesado demonstrar que o ingresso nas tratativas relacionadas a um dos contratos prejudicaria em termos absolutos a disputa pelo outro.

Em terceiro lugar, há a dificuldade adicional atinente à demonstração da probabilidade de obtenção da contratação do negócio alternativo. As chances de êxito – mais ou menos amplas – podem resultar ou na configuração de lucros cessantes, compreendidos como danos certos, ou em outra categoria de dano – a perda de uma chance, a ser abordada a seguir. A diferença entre uma e outra hipótese é determinada pelo grau de probabilidade de êxito na contratação alternativa.

Os requisitos acima indicados evidenciam significativa dificuldade de comprovação de dano na prática. A dificuldade, é bem verdade, reside principalmente na demonstração de nexo causal, mas cabe a referência a ela aqui – dentro da abordagem sobre o dano –, em razão da estreita relação entre a compreensão do conteúdo e extensão desse dano e o problema do nexo causal.

Sejam os lucros cessantes internos ou externos ao contrato administrativo frustrado, coloca-se a tarefa de fixar a extensão do seu conteúdo. O exercício é por vezes complexo, porque atrelado à estimativa acerca de eventos futuros e não realizáveis.

Baseando-se no pressuposto da conexão do lucro com a situação econômica frustrada, o ordenamento alude a um parâmetro geral a ser considerado para controlar e determinar o conteúdo dos lucros cessantes, que é a sua razoabilidade, conforme a redação do art. 402 do Código Civil.

No âmbito dos processos de contratação administrativa, a razoabilidade pressupõe, em primeiro lugar, a efetiva viabilidade da proposta em face dos requisitos legais, assim como a presença dos requisitos subjetivos do proponente para disputar a contratação. O pressuposto para a caracterização do direito à indenização por lucros cessantes é a possibilidade de contratar, que invariavelmente diz respeito à adequação da proposta e ao atendimento dos demais requisitos legitimamente exigidos para contratar. A viabilidade da proposta ficará afastada se ela for inexequível ou caracterizada por sobrepreço, o que determinará a desclassificação (arts. 11, inc. III, c/c 59, inc. III e §3º, da Lei 14.133/21) e impedimento à formação do direito a contratar.[571]

Uma vez confirmada a adequação da proposta, há de se identificar a viabilidade do pleito de lucros cessantes. Este deve ser aferido com base no lucro razoável em vista das práticas de mercado e circunstâncias relacionadas ao tipo de contratação em questão. Não se trata de reduzir o problema a soluções tabeladas e delimitadas pelo ente público ou órgãos controladores, o que seria incompatível com a autonomia inerente à fixação do preço, que é assegurada pelo ordenamento. Sendo a proposta justificável frente a parâmetros objetivos de mercado, a indenização restará atrelada ao conteúdo econômico dela. Outros referenciais constituirão mero indicativo, não vinculante, para aferição da razoabilidade dos lucros.

No entanto, essa quantificação não é automática. Como o conteúdo dos lucros cessantes se encontra baseado em uma expectativa atual condicionada a eventos futuros, a sua aferição sempre envolverá um juízo de probabilidade, sujeito a níveis variáveis de incerteza. O arbitramento dos lucros cessantes pressupõe a consideração das condições e contingências que caracterizariam a execução hipotética do contrato.

A apuração dos lucros envolve reconhecer a existência de funcionamentos distintos para os variados contratos. Considere-se, por exemplo, a distinção entre contratos de execução imediata ou de curto prazo e aqueles de trato continuado, especialmente quando estes últimos revelarem maior complexidade e prazos mais alargados, com sujeição mais intensa à imprevisão. Não é uma diferenciação de qualidade, mas de gradação. Pense-se na comparação entre contrato de compra de bens para entrega imediata e um contrato de concessão de serviço público, que se encontra à mercê de variáveis cuja identificação é mais complexa – flutuações econômicas, evoluções tecnológicas,

---

[571] Conceituado no art. 6º, inc. LVI, da Lei 14.133/21 como "preço orçado para licitação ou contratado em valor expressivamente superior aos preços referenciais de mercado, seja de apenas 1 (um) item, se a licitação ou a contratação for por preços unitários de serviço, seja do valor global do objeto, se a licitação ou a contratação for por tarefa, empreitada por preço global ou empreitada integral, semi-integrada ou integrada".

mudanças de demanda e de comportamento dos usuários ao longo de décadas, entre outros aspectos.

Em termos práticos, quanto maior a complexidade envolvida, tanto menor será a possibilidade de determinar, *a priori* e de forma automática, que o ente público restará obrigado a indenizar todos os lucros cessantes tal como originalmente previstos. Maior será a dependência de conhecimentos especializados para estimar o lucro em vista da álea contratual e das demais variáveis envolvidas.

Em vista dessas observações, a aferição dos lucros cessantes em um contrato simples e pontual deriva, em princípio, da margem fixada na proposta e pode ser confirmada segundo regras de experiência comum (art. 375 do Código de Processo Civil). Em contratos mais complexos, o parâmetro basilar continuará sendo a previsão de lucros extraível da proposta, mas essa análise tende a depender de exame técnico, especializado, para a formulação de prognóstico confirmatório das perspectivas de execução do contrato.

Em todo caso, as incertezas dizem respeito à instrução do pedido de lucros cessantes, não ao seu cabimento. O problema da incerteza não se confunde com o da possibilidade de cobrar lucros cessantes. As incertezas existentes sobre a realidade contratual até o seu término poderão eventualmente justificar a redução, mas não a eliminação dos lucros cessantes em face da previsão original, o que deve ocorrer com base em fundamentos probatórios objetivos aptos a justificar eventual redução.[572]

A apuração, em qualquer caso, deverá trazer a valor presente esses montantes, considerados os elementos envolvidos no processo de quantificação.

5.3.3 A perda de chance

Em meio às tradicionais abordagens que examinam as perdas e danos com base nas figuras dos danos emergentes e dos lucros cessantes, ganhou evidência especialmente nos últimos anos uma terceira figura, correspondente à perda de uma chance.

---

[572] Sobre o tema: "Dizer que não há dano significa afirmar que o contrato não tinha causa econômica, a permitir a sua extinção sem nenhuma conseqüência patrimonial. Todavia, é o próprio contrato que dispõe sobre o direito à comissão, e a perda dessa possibilidade consiste no dano, cujo valor pode não estar determinado, mas de existência certa e decorrente do só desfazimento do pacto" (Superior Tribunal de Justiça, voto do Min. Ruy Rosado de Aguiar no recurso especial 107.426/RS, 4ª Turma, relator Ministro Barros Monteiro, j. 20.2.2000).

Uma vez que o tratamento da perda de uma chance é muito menos disseminado do que o relacionado às hipóteses ditas tradicionais de danos acima descritas, justifica-se descrição mais detalhada, para caracterização e fixação da vocação e das premissas de aplicação dessa figura no âmbito dos processos de contratação pública.

5.3.3.1 Origem e caracterização geral da teoria da perda de chance

Conforme relatado pela doutrina, a noção de perda de chance é fruto de construção jurisprudencial francesa que tem origem no acórdão da *Cour de Cassation* de 17 de julho de 1889.[573] A perda de chance foi concebida como solução para determinar a responsabilidade derivada de falta cometida pelo advogado que resultou em impedimento à continuidade de um dado processo judicial. A indenização foi conferida em razão da perda da possibilidade de êxito no referido processo.

A teoria passou a ser aplicada pelo Conselho de Estado francês nos princípios do século XX. A decisão pioneira teria sido proferida pelo Conselho de Estado em 1928, para o fim de reconhecer dever da administração de indenizar funcionário público pela perda de chance à progressão na carreira. Encontra-se também lembrança de decisão tomada pelo Conselho de Estado em 1957, que atribuiu indenização por perda de chance a empresa em razão de sanção de impedimento de contratar com a administração pública posteriormente reconhecida como indevida. Com o passar do tempo, disseminou-se o emprego da lógica de perda de chance pelo Conselho de Estado para determinar indenização por erros médicos em estabelecimentos públicos.[574]

Experiência similar é reportada a propósito do direito italiano, onde se aponta que a recepção da teoria da perda de chance no âmbito administrativo ganhou impulso a partir de casos de "responsabilidade das empresas empregadoras (públicas ou privadas) emergente dos concursos destinados à admissão ou promoção de trabalhadores".[575]

O desenvolvimento da teoria da perda de uma chance se deu a despeito da ausência de consagração legislativa específica, para o fim

---

[573] FERREIRA, Rui Cardona. Indemnização do interesse contratual positivo e perda de chance (em especial, na contratação pública). Coimbra: Coimbra Editora, 2011. p. 113.

[574] FERREIRA, Rui Cardona. Indemnização do interesse contratual positivo e perda de chance (em especial, na contratação pública). Coimbra: Coimbra Editora, 2011. p. 113 e ss.

[575] FERREIRA, Rui Cardona. Indemnização do interesse contratual positivo e perda de chance (em especial, na contratação pública). Coimbra: Coimbra Editora, 2011. p. 194.

de determinar soluções indenizatórias em duas hipóteses: frustração da possibilidade ou de obtenção de uma situação favorável, ou de impedimento à ocorrência de situação desfavorável.[576] Com o desenvolvimento da teoria da perda de uma chance ao longo do século XX, a sua aplicação foi estendida a diversos âmbitos, para enfrentamento de situações envolvendo erros advocatícios, médicos, progressão profissional e, mais especificamente para o que importa ao presente trabalho, impedimento à participação em processos competitivos.

Em termos gerais, a lógica da aplicação da figura é pautada pela possibilidade de indenizar a frustração da expectativa em torno de certo resultado. A perda de chance reflete a "extensão da tutela conferida ao bem jurídico resultado final pretendido, à tutela da possibilidade de este se verificar".[577]

Não obstante, a configuração e o modo de operação da perda de uma chance permitem enquadramentos jurídicos distintos.

Um primeiro enquadramento consiste em identificar a *chance* como *bem* ou *interesse jurídico* dotado de relativa autonomia, ainda que tendo conteúdo orientado pelo fato futuro não consumado. Por esse entendimento, o objeto lesado seria a própria chance ou oportunidade perdida – e não a vantagem futura pretendida, porque esta ainda não se encontra incorporada ao patrimônio jurídico do lesado. É meramente a chance de obtenção de um resultado futuro que vem a ser frustrada pelo evento lesivo.

Uma segunda abordagem qualifica a perda de chance como *mecanismo de identificação da causalidade* entre o evento que frustrou a chance e a ocorrência do dano. De acordo com essa concepção, a perda de chance seria um dado inserido exclusivamente no plano de definição do nexo causal. A perda de chance consistiria então em "modelação do critério de causalidade com base na ideia de criação ou elevação ilícita de um risco de materialização do dano".[578] Por essa perspectiva, seria o abalo na cadeia causal que justificaria a indenização. A quantificação do dano permanece atrelada ao resultado final e a sua caracterização decorreria da incerteza instaurada por um dado evento lesivo sobre a cadeia causal.

---

[576] NORONHA, Fernando. *Direito das Obrigações*. Fundamentos do Direito das Obrigações. Introdução à Responsabilidade Civil. São Paulo: Saraiva, 2003. v. 1. p. 669-671.

[577] ROCHA, Nuno Santos. *A perda de chance como uma nova espécie de dano*. Coimbra: Almedina, 2015. p. 94.

[578] FERREIRA, Rui Cardona. A responsabilidade civil pré-contratual das entidades adjudicantes. Coimbra: Almedina, 2018. p. 131.

Como se verá adiante, ambos os entendimentos aparecem aplicados no direito comparado para tratamento da perda de chance nos processos de contratação administrativa.

Cabe frisar a delimitação do alcance da perda de chance. Impõe-se distinguir a situação que envolve um *dano futuro certo* atrelado à vantagem pretendida da situação em que o dano corresponde apenas à *elevada probabilidade de obtenção de vantagem futura*.[579] Aplicando essa observação para o direito a contratar com a administração, a primeira hipótese, de configuração de dano certo e futuro, diz respeito à constatação de existência de direito adquirido a contratar e possibilita a indenização por lucros cessantes. A segunda hipótese compreende situações em que não há tal certeza, mas mera (porém elevada) probabilidade de alcançar a contratação. É apenas este segundo grupo de casos que compõe o campo de aplicação da perda de chance.

Portanto, a perda de uma chance não compreende a frustração de direito subjetivo certo, determinado e devidamente formado. Trata, antes, das consequências advindas da interrupção do processo de formação desse direito, o que evidencia que a própria teoria da perda de chance se insere na tendência expansiva da noção de direito subjetivo, ilustrando o caráter dúctil das posições jurídicas que passam a ser alcançadas pela tutela via responsabilidade civil. A constatação foi feita pela Corte de Cassação italiana na já referida sentença 500/1999, que tratou amplamente da responsabilidade civil do Estado por quebra da confiança e frustração de expectativas. A Corte aludiu à perda de chance como um dos exemplos da expansão da responsabilidade civil do Estado e da proteção ressarcitória com alcance mais amplo do que a concepção clássica de direitos subjetivos, até então prevalente naquele país em âmbito jurisprudencial.[580]

---

[579] NORONHA, Fernando. *Direito das Obrigações*. Fundamentos do Direito das Obrigações. Introdução à Responsabilidade Civil. São Paulo: Saraiva, 2003. v. 1. p. 672.

[580] Colhe-se dessa decisão a seguinte passagem: "È quindi seguito il riconoscimento della risarcibilità di varie posizioni giuridiche, che del diritto soggettivo non avevano la consistenza, ma che la giurisprudenza di volta in volta elevava alla dignità di diritto soggettivo: è il caso del c.d. diritto all'integrità del patrimonio o alla libera determinazione negoziale, che ha avuto frequenti applicazioni (sent. n. 2765/82; n. 4755/86; n. 1147/92; n. 3903/95), ed in relazione al quale è stata affermata, tra l'altro, la risarcibilità del danno da perdita di chance, intesa come probabilità effettiva e congrua di conseguire un risultato utile, da accertare secondo il calcolo delle probabilità o per presunzioni (sent. n. 6506/85; n.6657/91; n.781/92; n.4725/93)" (Disponível em: https://www.federalismi. it/ApplOpenFilePDF.cfm?artid=4905&dpath=document&dfile=01062006012207.pdf &content=Corte%2Bdi%2BCassazione%2C%2B%2BSentenza%2Bn%2E%2B500%2F1999% 2C%2BIn%2Bmateria%2Bdi%2Burbanistica%2B%2D%2Bpolitiche%2Bdi%2Bsettore%2B% 2D%2Bdocumentazione%2B%2D%2B. Acesso em: 4 dez. 2022).

Em alguma medida, essa mesma constatação pode ser extraída do direito brasileiro, conforme o reconhecimento, pelo Superior Tribunal de Justiça, de que a indenização da perda de chance constitui a reação do ordenamento a "uma lesão às justas expectativas frustradas do indivíduo".[581]

5.3.3.2 Os requisitos gerais para a responsabilização civil por perda de chance

A teoria da perda de uma chance envolve dificuldades peculiares para determinação da responsabilidade civil.

Um primeiro ponto a considerar reside em que a teoria é operacionalizada a partir de bases relativamente incertas. As dúvidas decorrem da própria lógica da figura, assentada na circunstância de que, ao se falar em chance, não se está no plano de certezas matemáticas, ou de situações inequivocamente verificadas ou comprováveis, mas de juízos de probabilidade em torno de situação hipotética que poderia ter ocorrido, mas não se consumou, nem se consumará, em razão do evento lesivo. Como indicado em decisão do Superior Tribunal de Justiça, a "adoção da teoria da perda da chance exige que o Poder Judiciário bem saiba diferenciar o improvável do quase certo, bem como a probabilidade de perda da chance de lucro, para atribuir a tais fatos as conseqüências adequadas".[582]

A perda de chance pressupõe a formulação de juízos quanto (i) à possibilidade de alcançar o resultado frustrado e (ii) à aptidão da conduta tida como lesiva para frustrar a cadeia de causalidade que se colocava em direção à consumação da chance. É a partir do primeiro requisito que a doutrina reconhece a configuração do requisito de *dano certo*. A certeza do dano não corresponde à certeza da vantagem futura pretendida, mas sim à firme constatação de que havia significativa possibilidade de atingimento da vantagem pretendida e de que esse resultado foi impossibilitado por fato atribuível a terceiro. Daí se tratar de um *dano direto e imediato*, porque resultante do fato que, segundo se possa estimar, tenha interrompido indevidamente a cadeia causal.

---

[581] Recurso especial 1.190.180/RS, relator Ministro Luis Felipe Salomão, 4ª Turma, julgado em 16/11/2010, DJe de 22/11/2010.
[582] Superior Tribunal de Justiça, recurso especial 965.758/RS, 3ª Turma, relatora Ministra Nancy Andrighi, j. 19.8.2008.

A tutela da perda de chance decorre do regime jurídico próprio ao processo de formação do resultado que se esperava. Na medida em que esse processo formativo informa a esfera jurídica do lesado, a sua interrupção indevida permite identificar a perda da chance como lesão presente e atual.[583]

Uma vez determinada a hipótese de *dano autônomo*, atrelada a incertezas quanto ao impacto na cadeia causal e também quanto à aferição do grau de seriedade da chance, resta enfrentar a questão de estabelecer o equivalente pecuniário autônomo para a chance.

Há a peculiaridade de que, em princípio, não existe valor de uso ou de troca para a chance perdida. Por isso, a determinação do ressarcimento é pautada pelo valor da vantagem perdida, embora seja com esta inconfundível. Essa condição poderia colocar em discussão a própria concepção de autonomia da *chance* enquanto bem ou interesse jurídico específico lesado. Afinal, a determinação ou arbitramento do conteúdo pecuniário da chance consiste na quantificação não da chance em si, mas na definição de uma fração do resultado último pretendido, cuja produção foi interrompida pela atuação lesiva.[584] De qualquer forma, é essa a forma de operacionalização que veio a se disseminar para aplicação da teoria da perda de uma chance.

O processo de quantificação do dano pode ser desdobrado em duas etapas.

A primeira diz respeito à já referida aferição da probabilidade de a chance transformar-se no resultado final pretendido.[585] Quanto a essa

---

[583] SAVI, Sérgio. *Responsabilidade civil por perda de uma chance*. 3. ed. São Paulo: Atlas, 2012. p. 122; ROCHA, Nuno Santos. *A perda de chance como uma nova espécie de dano*. Coimbra: Almedina, 2015. p. 72-73. Acerca da distinção em face da noção de lucros cessantes: "Nos lucros cessantes há certeza da vantagem perdida, enquanto na perda de uma chance há certeza da probabilidade perdida de se auferir uma vantagem. Trata-se, portanto, de dois institutos jurídicos distintos" (Superior Tribunal de Justiça, recurso especial 1.750.233/SP, 3ª Turma, relatora Ministra Nancy Andrighi, j. 5.2.2019). Por outro lado, o STJ já sinalizou a adoção do entendimento de que a perda de uma chance configuraria um *tertium genus*, embora sem extrair daí consequências práticas efetivamente distintivas: "A teoria da perda de uma chance (*perte d'une chance*) visa à responsabilização do agente causador não de um dano emergente, tampouco de lucros cessantes, mas de algo intermediário entre um e outro, precisamente a perda da possibilidade de se buscar posição mais vantajosa que muito provavelmente se alcançaria, não fosse o ato ilícito praticado" (recurso especial 1.190.180/RS, 4ª Turma, relator Ministro Luis Felipe Salomão, j. 16.11.2010).

[584] Sobre o valor econômico da perda de chance, a doutrina indica que ele é, "via de regra, decalcado dos lucros cessantes (ou do prejuízo que poderia ter sido evitado), consistindo "simplesmente [em] uma fração ou antecipação" do dano que se adote como referência (FERREIRA, Rui Cardona. *Indemnização do interesse contratual positivo e perda de chance (em especial, na contratação pública)*. Coimbra: Coimbra Editora, 2011. p. 74-75. Com alusão à liquidação do dano por arbitramento no direito brasileiro: SAVI, Sérgio. *Responsabilidade civil por perda de uma chance*. 3. ed. São Paulo: Atlas, 2012. p. 123.

[585] "Perante isso, a teoria da perda de chance surge, intuitivamente, como a solução salomónica capaz de ultrapassar a lógica binária do tudo ou nada. Entre a recusa da indemnização e

etapa, há corrente no sentido de que já estaria configurado o dever de reparar pela mera constatação de uma chance minimamente potencial. Desse modo, bastaria a identificação de "um grau não desprezível de probabilidade"[586] – mesmo inferior a 50% – para justificar a indenização. Essa orientação é tida como minoritária, diante da tendência de se reconhecer que, para ser indenizável, a chance deve caracterizar-se por uma probabilidade não somente não desprezível, mas também elevada – ao menos equivalente a 50% – de obter o resultado aspirado.[587] Esta última orientação vem sendo adotada pelo Superior Tribunal de Justiça, ainda que não a propósito de casos de contratação administrativa, com a conclusão de que a baixa probabilidade constitui fator excludente de indenização, por ausência de demonstração de dano.[588]

A segunda etapa de quantificação de dano corresponde ao mesmo exercício feito para quantificar qualquer outro dano futuro, atinente à caracterização e extensão do resultado frustrado.

Traduzindo essas considerações em termos práticos, tem-se que, diante da configuração de perda da chance de obter situação vantajosa, o critério usual de quantificação envolve a apuração do valor econômico do resultado frustrado e a aplicação sobre ele do percentual de probabilidade de êxito que venha a ser reconhecido. Ou seja: o valor patrimonial da chance perdida é determinado pela aplicação de um coeficiente de probabilidade sobre o valor pecuniário que se almejava obter.

De forma exemplificativa, esse modelo é operacionalizado do seguinte modo: se o valor da proposta era de 10.000 e a situação de vantagem esperada (lucros cessantes) corresponde em termos pecuniários a um valor determinável de 1000, e se o grau de probabilidade de

---

a indemnização integral do dano, a ressarcibilidade da chance, sob as vestes de um dano emergente e autónomo, oferece ao lesado alguma compensação, mas também não onera excessivamente o lesante" (FERREIRA, Rui Cardona. *Indemnização do interesse contratual positivo e perda de chance (em especial, na contratação pública)*. Coimbra: Coimbra Editora, 2011. p. 134-135).

[586] ROCHA, Nuno Santos. *A perda de chance como uma nova espécie de dano*. Coimbra: Almedina, 2015. p. 60.

[587] SAVI, Sérgio. Responsabilidade civil por perda de uma chance. 3. ed. São Paulo: Atlas, 2012. p. 115; FERREIRA, Rui Cardona. Indemnização do interesse contratual positivo e perda de chance (em especial, na contratação pública). Coimbra: Coimbra Editora, 2011. p. 101 e 115.

[588] "[...] a perda de uma chance – desde que essa seja razoável, séria e real, e não somente fluida ou hipotética – é considerada uma lesão às justas expectativas frustradas do indivíduo, que, ao perseguir uma posição jurídica mais vantajosa, teve o curso normal dos acontecimentos interrompido por ato ilícito de terceiro" (recurso especial 1.190.180/RS, 4ª Turma, relator Ministro Luis Felipe Salomão, j. 16.11.2010).

alcançar essa situação for estimado em 70%, a indenização pela chance perdida seria então, e em princípio, de 700.[589]

Logo, a probabilidade constitui ao mesmo tempo pressuposto e medida para fixação do *quantum* a ser reparado. O emprego dessa metodologia implica que, se a chance deve ser relevante em vista do resultado frustrado, tal relevância será espelhada no conteúdo da indenização. Essas premissas afastam soluções indenizatórias fixadas em percentuais irrisórios do valor econômico perdido, como se verifica em decisões que serão examinadas em detalhe no capítulo 6.

Em todo caso, como decorrência da ausência de tratamento legislativo, deve-se observar que não há parâmetros prefixados para a qualificação do grau de probabilidade. A solução terá de ser identificada no caso concreto. A apuração deverá ser amparada nas evidências, inclusive a partir da aplicação de conhecimentos econômicos ou estatísticos e da comparação da situação dos diversos concorrentes, que permitam a abordagem mais precisa da situação.

5.3.3.3 Nota sobre a perda de chance e contratações públicas no direito comparado

A lógica da perda de chance tem sido aplicada em outros países para determinar a responsabilidade civil do Estado em seus processos de contratação.

No direito francês, berço da teoria, a doutrina alude à perda de uma chance como construção facilitadora da demonstração de dano (ou de nexo causal)[590] e também como dano autônomo.[591]

Fazendo referência a decisões do Conselho de Estado, Laurent Richer sistematiza a aplicação da perda de uma chance em torno de duas

---

[589] Sobre esse modelo, conferir SAVI, Sérgio. *Responsabilidade civil por perda de uma chance*. 3. ed. São Paulo: Atlas, 2012. p. 68.

[590] "Both the rules to trigger the liability of the public authority and the way damages are calculated are very favourable in French law to unsuccessful bidders suing public authorities for a breach of the awarding procedure rules. Indeed, proving a fault is quite easy, since any illegality is considered a fault and proving harm is facilitated by the application of the '*perte de chance*' (loss of chance) theory, enabling a claimant to be compensated for a hypothetical loss" (GABAYET, Nicolas. Damages for Breach of Public Procurement Law. A French Perspective. *In:* FAIRGRIEVE, Duncan; LICHÈRE, François. *Public Procurement Law*: Damage as an Effective Remedy. Oxford: Hart Publishing, 2011. p. 16-17).

[591] VALADOU, Patrice. Enforcing the Public Procurement rules in France. *In:* ARROWSMITH, Sue. *Remedies for enforcing the public procurement rules*. Public Procurement in the European Community. Winteringham: Earlsgate Press, 1993. v. IV. p. 351.

hipóteses principais: casos nos quais não há probabilidade acentuada de obter o contrato (*"l'entreprise n'aurait pas été dépourvue de toute chance d'obtenir le marché"*), hipótese em que afirma que a indenização deverá ser pautada pelos danos emergentes, e casos nos quais há elevada probabilidade (*"les chances sont sérieuses"*), situação em que o lesado terá direito a uma parcela dos lucros cessantes. Isto, diga-se, sem prejuízo de se vir a reconhecer uma terceira hipótese, correspondente ao direito à integralidade dos lucros cessantes, em caso de caracterização de extrema probabilidade de êxito.[592]

Como se vê, essa solução difere parcialmente da construção da teoria da perda de chance descrita no tópico anterior: na sistemática exposta por Richer, a perda de chance é vista não como hipótese de dano autônomo, mas como critério de determinação da categoria e quantificação de danos a indenizar, modulando o resultado indenizatório em danos emergentes, parcela de lucros cessantes e integralidade desses lucros.

Também se tem notícia do emprego da figura no direito de contratações públicas de Portugal, onde se aponta relativa fungibilidade entre as concepções de perda de chance como dano autônomo e enquanto "expressão de um entendimento mais flexível a respeito do nexo de causalidade".[593]

No direito italiano, reporta-se a prevalência da compreensão da perda de chance como dano autônomo, verificada em decorrência da violação de deveres de diligência e correção e na avaliação da situação dos licitantes.[594] A determinação do dano se baseia em tarefa nomeada como "reconstituição virtual da disputa"[595] pela contratação. Esse

---

[592] RICHER, Laurent. *Droit des Contrats Administratifs*. 6. ed. Paris: LGDJ, 2008. p. 212.
[593] FERREIRA, Rui Cardona. A responsabilidade civil pré-contratual das entidades adjudicantes. Coimbra: Almedina, 2018. p. 65.
[594] FERREIRA, Rui Cardona. Indemnização do interesse contratual positivo e perda de chance (em especial, na contratação pública). Coimbra: Coimbra Editora, 2011. p. 156.
[595] "Proprio nell'ottica di dar seguito alle domande risarcitorie proposte dal mancato aggiudicatario, la giurisprudenza ha coniato il concetto di 'rinnovazione virtuale della gara': 'In materia di appalti pubblici, il giudizio prognostico sulla spettanza del bene della vita cui il ricorrente aspira implica una rinnovazione virtuale della procedura di gara finalizzata a verificare se, in mancanza dell'aggiudicazione ritenuta illegittima, il ricorrente sarebbe risultato aggiudicatario; peraltro, un simile accertamento e la relativa condanna alla conclusione del contratto incontrano il duplice limite, da un lato, dell'insindacabilità delle valutazioni di merito e discrezionali compiute dalla PA e, dall'altro lato, della possibilità e non eccessiva onerosità per l'interesse pubblico della nuova aggiudicazione da disporre in caso di esito positivo della prognosi. Possiamo quindi distinguere tra rinnovazione virtuale, operata dal giudice per decidere sulla domanda risarcitoria, e rinnovazione reale della procedura di gara, effettuata dalla stazione appaltante in sede

método envolve a análise global da situação dos concorrentes e do maior ou menor potencial de cada qual para vencer o certame. Tendo em vista que a probabilidade de vitória de um concorrente deve ser aferida em termos relativos, formula-se juízo comparativo entre as condições de cada concorrente em relação à perspectiva de contratar. Investiga-se como a probabilidade se distribui entre os diversos candidatos a contratar e se é possível distinguir nesse contexto alguma chance peculiar e mais acentuada que justifique o ressarcimento.[596] Será a probabilidade que determinará o valor da indenização.[597] Segundo algumas decisões, o *quantum* a indenizar poderá ser baseado em percentual calculado (dividido) conforme o número de licitantes.[598]

5.3.3.4 A chance de obter o contrato administrativo frustrado ou negócios alternativos

Como o desenvolvimento do tema no direito comparado permite antever, os processos de contratação constituem terreno propício para a investigação da perda de chance, relacionada ao impedimento ilegítimo à consecução da contratação em estágio anterior à configuração de direito certo e definitivo a contratar. Na medida em que a formação desse direito depende da atuação estatal – e pode ser por ela interrompida –, a perda de chance operacionaliza reação à atuação ilícita do ente contratante que venha a agravar "a aleatoriedade ou o

---

di esecuzione della pronuncia giudiziale e che di per sé esclude la risarcibilità del danno lamentato: 'Va respinta la domanda risarcitoria per equivalente, ove venga disposta na rinnovazione delle operazioni di gara" (PETRELLA, Giuseppe. *Il risarcimento del danno da gara illegittima*. Milano: Giuffrè, 2013. p. 95-96).

[596] FERREIRA, Rui Cardona. Indemnização do interesse contratual positivo e perda de chance (em especial, na contratação pública). Coimbra: Coimbra Editora, 2011. p. 154-155.

[597] LUMETTI, Maria Vittoria. *Violazione dell'interesse legittimo e danno risarcibile*. Milano: Giuffrè, 2008. p. 121.

[598] "La figura della chance svolge in queste ipotesi il fondamentale ruolo di sollevare il ricorrente da pesanti oneri probatori, posto che altrimenti il privato si troverebbe a dover dimostrare che alla legittima conduzione del concorso o della gara sarebbe seguita la sua vittoria; ove il singolo non possa dimostrare la certezza della non vittoria e laddove la p.a. non riesca a dimostrare la certezza della non vittoria (vedi caso di soggetto privo dei requisiti di legittimazione), il danno sarà ripartito in termini di chances, scontando percentualmente l'utile conseguibile in caso di esito positivo rispetto a una percentuale determinata in base al numero degli aspiranti" (MARCO, Cesare de. Tutela risarcitoria degli interessi legittimi pretensivi e danno da ritardo. La "chance" come autonomo bene della vita. Distinzione tra tutela della "chance" e tutela del danno da lesione degli interessi legittimi pretensivi. Brevi considerazioni. In: LA RESPONSABILITÀ della pubblica amministrazione per lesioni di interessi legittimi: atti del LIV Convegno di Studi. Varenna Villa Monastero, 18-20 settembre 2008. Milano: Giuffrè, 2009. p. 506-507)."

grau de risco de não adjudicação" de forma juridicamente reprovável, "ao ponto de convolar a incerteza quanto à obtenção dessa vantagem na certeza da sua não obtenção".[599]

Frente a essa situação, haverá dano autônomo, de caráter emergente, ainda que com quantificação baseada nos lucros cessantes relativos à oportunidade não verificada. Esse dano resulta da frustração não propriamente ou apenas do interesse relacionado à adequada condução do processo de contratação, mas das expectativas relacionadas ao desenvolvimento do processo formativo do direito de contratar, o que pressupõe a configuração de grau mínimo de clareza acerca da existência de peculiar posição do interessado quanto à possibilidade de contratação.

Em síntese, os elementos indispensáveis para a caracterização de chance real e séria envolvem: (i) a demonstração da existência das condições subjetivas (requisitos de habilitação em geral) e de condições objetivas (proposta regular e competitiva perante as demais) exigidas para a contratação; (ii) identificação de situação peculiar do sujeito pretendente à reparação em face de outros concorrentes, que permita identificar chances sérias e reais de obtenção da contratação; (iii) a efetiva viabilidade objetiva da contratação e (iv) a existência de conduta estatal antijurídica que tenha impedido o aperfeiçoamento do direito a contratar.

A efetiva viabilidade da contratação (requisito iii) envolve aferição sobre a regularidade do certame e da viabilidade do seu resultado para a administração pública. Trata-se de elementos que, tal como os demais requisitos, podem ser apurados e reconstituídos em âmbito judicial, com base nos atos praticados pelo ente público.[600] Assim, e

---

[599] FERREIRA, Rui Cardona. A responsabilidade civil pré-contratual das entidades adjudicantes. Coimbra: Almedina, 2013. p. 78-79.

[600] Em sentido complementar: "Por fim, mas constituindo ainda um dado essencial, temos a constatação de que a natureza discricionária – ou técnico-discricionária – dos poderes exercidos pela Administração, na apreciação e graduação das propostas dos concorrentes, não se apresenta como obstáculo intransponível ao ressarcimento do interesse contratual positivo. Tal circunstância impedirá, na generalidade dos casos, que seja reconhecido o direito à indemnização pelo lucro cessante, considerando na sua totalidade, mas já não impede a indemnização do dano de perda de chance, tendo por base um juízo quanto ao grau de probabilidade de obtenção de adjudicação pelo concorrente preterido, não fora o ilícito cometido. A perda de chance surge mesmo como um elemento privilegiado de mediação que permite superar a lógica binária do tudo ou nada, estando em causa a violação de interesses legítimos pretensivos, marcados estruturalmente pela incerteza relacionada, precisamente, com a presença de poderes discricionários ou tradicionalmente equiparados" (FERREIRA, Rui Cardona. *Indemnização do interesse contratual positivo e perda de chance (em especial, na contratação pública)*. Coimbra: Coimbra Editora, 2011. p. 195).

por exemplo, como tem sido notado, o silêncio administrativo não será fator impeditivo para investigação da eventual chance tutelável. Em princípio, a viabilidade poderá ser presumida como resultado da experiência comum, considerando a vocação do processo de contratação e a presunção de legitimidade e viabilidade da atuação estatal.[601] Será, no entanto, afastada em situações em que o processo de contratação tenha sido regularmente anulado ou revogado.

Do mesmo modo, a perda de uma chance pode ser aplicada para situações em que se verifique a frustração de oportunidade provável relacionada a negócios alternativos. Essa situação, igualmente já cogitada por Couto e Silva a propósito de licitações e contratações administrativas,[602] corresponde àquela acima descrita a propósito de lucros cessantes verificados a propósito de oportunidades alternativas perdidas. Ela ocorrerá quando se demonstrar a existência de outros contratos, públicos ou privados, que possam ter sido perdidos em razão da opção de se disputar a contratação administrativa que veio a ser frustrada.

Tal como se indicou acima ao trabalhar a hipótese relacionada com a figura de lucros cessantes, esse tipo de situação tende a ser excepcional na prática, porque desembocará num juízo probabilístico ou de plausibilidade complexo acerca da possibilidade de obter a contratação alternativa, sujeito a diversas variáveis. Ainda assim, a configuração da perda de chance tende a ser mais facilitada em comparação com a hipótese de lucros cessantes, dada a diferença do nível de rigor acerca

---

[601] "A concessão de uma indemnização por perda de chances de vencimento, a admitir-se, além de, como referimos, transformar o autor do concurso em *garante da mera probabilidade de vencimento*, parece, por outro lado, só se justificar se for ressarcível o interesse contratual positivo – isto é, se o autor do concurso estava já vinculado, sobre ele impendendo um dever de conclusão do concurso e de celebração do contrato com o vencedor" (PINTO, Paulo Mota. Responsabilidade por violação de regras de concurso para celebração de um contrato (em especial o cálculo da indemnização). *In:* GONÇALVES, Pedro (org.). *Estudos de Contratação Pública*. Coimbra: Coimbra Editora, 2010. v. II. p. 294-295).

[602] "Tratando-se, entretanto, de vício formal no procedimento licitatório, que poderia ser perfeitamente evitado, de modo a permitir que o contrato se realizasse sem qualquer defeito, ainda que não se dê a indenização pelo interesse positivo, pois a contratação ainda dependeria, de o licitante vencer o certame, parece que seria, pelo menos, de indenizar a perda da oportunidade ou da chance, como admitida sobretudo pelo direito francês, mas também pela nossa doutrina, apesar da dificuldade na fixação do quantum, a ser ressarcido, que nessas hipóteses se apresenta. É de sinalar-se, porém, que, segundo nosso entendimento, a perda de oportunidade ou de chance não se vincula, tão-somente, a outras licitações de que o interessado poderia ter participado, mas, com maior razão, àquela mesma que foi invalidada" (SILVA, Almiro Couto e. Responsabilidade pré-negocial e *culpa in contrahendo* no direito administrativo brasileiro. *Revista da Procuradoria-Geral do Estado do Rio Grande do Sul*, Porto Alegre, v. 27, n. 57, p. 171-179, dez. 2003. p. 176).

da certeza sobre a situação frustrada (alta probabilidade vs. certeza de contratação alternativa) exigido em cada caso.

5.4 A metodologia para determinação das categorias de danos indenizáveis em cada caso

Se as noções de danos emergentes, lucros cessantes e perda de uma chance são critérios para mensuração da medida das perdas e danos, cabe estabelecer a metodologia para determinar a aplicação prática dessas categorias. Cabe identificar o sistema de critérios a ser empregado para estipular, diante das diversas situações de lesão, quando a indenização envolverá uma ou outra categoria de dano. É o que se passa a fazer a seguir.

5.4.1 As premissas gerais: o princípio da reparação integral e a teoria da diferença

O princípio da reparação integral constitui conceito nuclear para o sistema de responsabilidade civil no direito brasileiro. É consagrado no enunciado de que "a indenização mede-se pela extensão do dano" (art. 944 do Código Civil). A determinação legal impõe identificar toda a amplitude do dano verificado e traduzir o resultado dessa investigação no ressarcimento equivalente.

Na ausência de orientação ou critérios legais para predeterminar o conteúdo da indenização devida no âmbito dos processos de contratação administrativa, o conteúdo do dano indenizável deverá corresponder ao resultado da comparação entre a situação real e a situação hipotética. Trata-se da aplicação da teoria da diferença, que, de modo geral, é pacificamente admitida no direito brasileiro, ao menos no que toca aos danos patrimoniais.[603]

No que diz respeito a danos pré-contratuais, a questão será determinar se é o caso de restabelecer o sujeito lesado ao *status quo*. Neste caso, haverá tutela negativa da confiança, orientada pela preservação do patrimônio anterior à lesão. Diversamente, pode ser o caso de remetê-lo ao *status ad quem*, que corresponde à tutela positiva da confiança, abrangente da perda da situação futura indevidamente frustrada.

---

[603] STEINER, Renata Carlos. *Reparação de danos*: interesse positivo e interesse negativo. São Paulo: Quartier Latin, 2018. p. 43. Em geral, as controvérsias sobre a aplicação da teoria da diferença se colocam em relação à quantificação dos danos extrapatrimoniais, que, não sendo objeto deste trabalho, fogem do foco da presente abordagem.

A determinação do conteúdo indenizatório nessas duas modalidades está no cerne das evoluções em torno da teoria da *culpa in contrahendo*, que deu origem a dois conceitos distintos para orientar a fixação do conteúdo da indenização: as noções de interesse *positivo* e *negativo*.

5.4.2 A teoria da *culpa in contrahendo*, as noções de interesse positivo e negativo e o seu emprego no direito administrativo

De início, a alusão às noções de interesse positivo e negativo exige esclarecer o conteúdo do *interesse* de que se está a tratar. O conceito é diferente do de *interesse jurídico* abordado anteriormente: já não se está a falar em *interesse* para ilustrar determinada posição ou bem jurídico objeto de tutela. Alude-se a interesse tal como desenvolvido a partir da teoria da *culpa in contrahendo*, no âmbito da qual a palavra interesse, associada aos predicados negativo e positivo, é empregada como "fórmula de cálculo"[604] do dano.

O emprego do conceito de interesse nesse sentido é mesmo historicamente anterior à sua utilização para embasar a noção de direito subjetivo.[605] Antes de propor o célebre o conceito de direito subjetivo atrelado à noção de interesse (direito enquanto interesse juridicamente protegido), Jhering buscou inspiração na matriz do direito romano para empregar o conceito de interesse como forma de definir o dano indenizável, seguindo o sentido da expressão *id quod interest*. Assentada nessa base inicial, e tomando como ponto de partida e de definição o contrato pretendido, a teoria da *culpa in contrahendo* foi concebida a partir de um duplo conceito: o de *interesse negativo*, enquanto fórmula-síntese da hipótese de indenização relacionada ao retorno das partes ao *status quo* (situação hipotética em que as partes se encontrariam em caso de *ausência do contrato* e do evento lesivo), e o de *interesse positivo*, que vem a corresponder à indenização orientada pelo *status ad quem*, traduzida como situação hipotética que teria existido caso o contrato tivesse sido aperfeiçoado.

---

[604] PINTO, Paulo Mota. *Interesse contratual negativo e interesse contratual positivo*. Coimbra: Coimbra Editora, 2008. v. I. p. 502.

[605] STEINER, Renata Carlos. *Reparação de danos*: interesse positivo e interesse negativo. São Paulo: Quartier Latin, 2018. p. 42.

Em outras palavras, a noção de interesse é utilizada nessa perspectiva em conformidade com a sua etimologia – *inter-est* ("o que está entre"), para possibilitar a identificação da diferença, a ser resolvida pela responsabilidade civil, entre a situação de fato verificada (situação de lesão jurídica) e a situação hipotética (prevista ou assegurada pelo ordenamento) em que o sujeito lesado deveria estar, não fosse a conduta lesiva de terceiro. Os adjetivos *negativo* e *positivo* são acrescidos à noção de interesse para determinar o direcionamento da indenização.[606]

Logo, as noções de *interesse negativo* e *interesse positivo* não se confundem com as posições jurídicas originalmente tuteladas. Antes, são determinadas por elas. São manejadas tomando como ponto de comparação o contrato e a situação em que as partes se encontravam em relação a ele, para permitir identificar as categorias de danos (emergentes, lucros cessantes, perda de chance) que comporão o conteúdo do dano jurídico em cada situação hipotética a ser reconstituída.

Embora esses conceitos tenham sido cunhados no direito privado, eles operam como mecanismos de racionalização das mesmas regras gerais de responsabilidade civil aplicáveis ao Estado.

Especificamente para a responsabilidade do Estado nos processos de contratação, a aplicação desses conceitos pode ser encontrada ao menos desde a obra de Renato Alessi. Em trabalho publicado em 1941, aquele jurista admitia a *responsabilidade pré-contratual do Estado*, assim por ele denominada, orientada pelo conceito de *interesse negativo*, ainda que tratando especificamente da situação do sujeito que tivesse firmado contrato administrativo inválido.[607] Na atualidade, particularmente em outros países, encontram-se referências disseminadas a essas noções

---

[606] STEINER, Renata Carlos. *Reparação de danos*: interesse positivo e interesse negativo. São Paulo: Quartier Latin, 2018. p. 42.

[607] "Anzitutto si può porre la questione, di cui non trovo traccia nella dottrina, se anche nei confronti dell'amministrazione possa raffigurarsi talora una *culpa in contrahendo*. [...] Si parla, pois di *culpa in contrahendo*, anche nel caso che, indipendentemente da un successivo annullamento del rapporto, ed anzi in caso di mancata stipulazione del contratto, una delle parti abbia durante le trattative trasgredito a quei doveri di correttezza in ordine alla stessa, imposti dalla necessità di un'ordinata convivenza sociale. Questo particolare tipo de colpa, perciò, si presenta come colpa aquiliana, in quanto che, sebbene connessa alla formazione del contratto, costituisce peraltro violazione del generale principio del *neminem laedere*. La responsabilità, perciò, che essa genera nel contraente non è quella normale derivante dell'inadempimento dell'obbligazione, ma è limitata al c.d. interesse negativo (*negatives vertrauens interesse*): interesse che l'altra parte avrebbe avuto a non stipulare un'obbligazione rivelatasi poi inefficace, ovvero a non contrattare con un individuo scorretto: si concreterà quindi nei danni rappresentati essenzialmente dalla spese, della perduta occasione di stipulare un altro valido contratto, e così via" (ALESSI, Renato. *La responsabilità della pubblica amministrazione*. Milano: Giuffrè, 1941. v. 2. p. 42).

para operacionalizar a apuração da responsabilidade pré-contratual do Estado.⁶⁰⁸

O emprego desses conceitos também aparece no direito administrativo brasileiro. Em artigo publicado em 1999, Almiro do Couto e Silva utilizou-os para tratar da responsabilidade civil do Estado, ao que se tem notícia de forma pioneira na doutrina nacional e em época na qual ainda pouco se falava sobre essas noções mesmo na doutrina civilista brasileira.⁶⁰⁹ Em monografia mais recente, Edgar Guimarães empregou os conceitos para delimitar o dever estatal de indenizar em licitações.⁶¹⁰

Feitas as observações preliminares para conceituação e contextualização, avança-se sobre o exame do conteúdo de um e outro interesse.

5.4.3 A noção de interesse negativo

O interesse negativo será o parâmetro de indenização quando houver lesão a interesse jurídico privado sem que esteja caracterizado direito a contratar. Isso ocorrerá quando a conduta ilícita do Estado for produzida antes de configurado direito à contratação, ou quando houver a extinção lícita do processo de contratação pelo ente público que também impeça, de forma legítima, a formação do direito a contratar. Nesta última hipótese, conforme as palavras de Rui Cardona Ferreira, a revogação promove "a remoção lícita, de um dever de adjudicação e de celebração do contrato que justifica a limitação da indemnização aos encargos em que os concorrentes não excluídos tenham comprovado [...]".⁶¹¹

O interesse negativo é também denominado como "dano de confiança", porque consiste na responsabilidade baseada na quebra da confiança gerada nos sujeitos interessados em participar do processo de contratação, desde a abertura deste e na medida em que, estando de boa-fé, tais interessados venham a nele ingressar dispondo das

---

⁶⁰⁸ Análise abrangente pode ser encontrada ao longo da obra de SCHEBESTA, Hanna. *Damages in EU Public Procurement Law*. Heidelberg: Springer, 2016.

⁶⁰⁹ SILVA, Almiro Couto e. Responsabilidade pré-negocial e *culpa in contrahendo* no direito administrativo brasileiro. *Revista da Procuradoria-Geral do Estado do Rio Grande do Sul*, Porto Alegre, v. 27, n. 57, p. 171-179, dez. 2003. p. 163-171.

⁶¹⁰ GUIMARÃES, Edgar. Responsabilidade da Administração Pública pelo desfazimento da licitação. Belo Horizonte: Fórum, 2013. p. 163 e ss.

⁶¹¹ FERREIRA, Rui Cardona. Indemnização do interesse contratual positivo e perda de chance (em especial, na contratação pública). Coimbra: Coimbra Editora, 2011. p. 26.

condições necessárias para disputar o certame.[612] Está em causa a indenização resultante da inutilização dos recursos privados investidos para participação no processo de contratação.[613]

Quando estiver configurado o direito à indenização pelo interesse negativo, a indenização deverá, como já referido, corresponder ao conteúdo da situação hipotética de restauração do *status quo*. Todavia, não há conteúdo único ou uniforme para o regresso ao *status quo*. A composição do interesse negativo dependerá das circunstâncias próprias a cada situação a ser reconstituída.

O prejuízo mais típico e evidente do interesse negativo corresponderá aos danos emergentes, cujo conteúdo foi descrito no item 5.3.1, acima. Mas os danos emergentes não constituem o conteúdo exclusivo do interesse negativo. A restauração do *status quo* do lesado deve considerar de forma abrangente a condição jurídica existente na situação a ser restabelecida.

É aqui que entram em consideração as eventuais oportunidades alternativas que tenham sido perdidas em função do engajamento no processo de contratação do qual tenha surgido o evento lesivo. Nessas situações excepcionais, o interesse negativo poderá abrigar a indenização de lucros cessantes ou de perda de chance, ao lado dos danos emergentes, mas apenas tendo em vista a eventual oportunidade perdida, assim efetivamente demonstrada.

Isto é: precisamente porque o pressuposto do interesse negativo é que não se tenha formado direito adquirido a contratar, o que impossibilita conduzir as partes à situação *ad quem*, o conteúdo da contratação que era até então pretendida não poderá ser objeto da reparação, nem servirá como referência para a sua determinação. Logo, os eventuais lucros cessantes ou a indenização por perda de chance comportados no interesse negativo nunca dirão respeito à contratação que restou impedida, mas exclusivamente a eventual oportunidade alternativa existente no momento em que o sujeito lesado engajou sua confiança na disputa da contratação afinal malsucedida.[614]

---

[612] FERREIRA, Rui Cardona. Indemnização do interesse contratual positivo e perda de chance (em especial, na contratação pública). Coimbra: Coimbra Editora, 2011. p.26.

[613] SILVA, Almiro Couto e. Responsabilidade pré-negocial e *culpa in contrahendo* no direito administrativo brasileiro. *Revista da Procuradoria-Geral do Estado do Rio Grande do Sul*, Porto Alegre, v. 27, n. 57, p. 171-179, dez. 2003. p. 172.

[614] Especialmente em caso de haver a demonstração de oportunidades perdidas cuja frustração guarde vínculo causal com a conduta estatal a ponto de serem enquadráveis no conceito de dano, a indenização do interesse negativo, com o retorno ao *status quo*, poderá resultar em montante inclusive superior à hipótese em que fosse conferido ao sujeito lesado a indenização pelos lucros cessantes que adviriam do contrato administrativo que

Feitas essas considerações, é devido observar circunstâncias especiais que podem vir a se configurar. Especificamente, os custos ordinários para participação na licitação podem em certas situações envolver a execução de atividades que se aproximam da prestação pretendida pelo ente estatal.

É o que ocorre no concurso: nesta modalidade de licitação, há a elaboração do trabalho técnico, científico ou artístico antes da definição do vencedor, como condição para que ela seja avaliada e eventualmente escolhida (art. 6º, inc. XXXIX, da Lei 14.133/21). Ou seja: as despesas no processo de contratação abrangem a execução da própria prestação.

Nesse caso, o trabalho executado pode, conforme as características, vir a ser aproveitado pelo seu autor em outras oportunidades. Em tal situação, é hipoteticamente possível que, não obstante a conduta antijurídica do ente estatal, a quantificação do dano venha a ser reduzida em face do valor total despendido, se o trabalho elaborado mantiver utilidade transcendente ao concurso e tangível para o lesado.

No entanto, se o trabalho for específico e singular para as necessidades administrativas a ponto de não poder ser aproveitado para outros fins, a conduta estatal antijurídica poderá resultar em dever de indenizar algo próximo à própria prestação, não obstante se esteja a tratar de situação de regresso ao estágio anterior às tratativas, diversa da situação equivalente à execução do contrato.

Apesar de uma eventual equivalência patrimonial, a situação jurídica é diversa. A indenização não se dá a título de lucros cessantes relativos à contratação frustrada, mas pelo interesse negativo. E essa distinção é relevante, pois será o caso de diferenciar, se e tanto quanto seja possível, os custos incorridos do prêmio estipulado pelo ente público (art. 30, inc. III, da Lei 14.133/21). Deverá haver a reparação apenas dos custos efetivamente incorridos para disputa do concurso, ainda que a própria prestação tenha sido desenvolvida e apresentada para

---

deixou de ser celebrado. Há controvérsia sobre a possibilidade de o interesse negativo superar o montante que decorreria dos lucros cessantes do contrato, que gira em torno da discussão sobre a possibilidade de se responsabilizar alguém em âmbito pré-contratual ultrapassando os limites do próprio resultado esperado a partir da contratação. Rejeita-se aqui esse argumento, que apresenta uma lógica relativa e, segundo nos parece, não tem respaldo jurídico. Sem aprofundar o mérito dessa controvérsia, o que ultrapassaria os limites deste trabalho, limitamo-nos a registrar aqui adesão à corrente que, em conformidade com o princípio da reparação integral (art. 944 do Código Civil), admite que o valor apurado a título de interesse negativo possa superar o resultado que adviria do contrato frustrado, na medida dos danos que venham a ser efetivamente comprovados. Qualquer limitação dependeria de consagração legal expressa que excepcionasse a regra geral, o que não existe em nosso ordenamento. Amplo tratamento do tema pode ser encontrado em STEINER, Renata Carlos. *Reparação de danos*: interesse positivo e interesse negativo. São Paulo: Quartier Latin, 2018. p. 42. p. 254-255.

viabilizar a disputa pela contratação.[615] Essas considerações são feitas desde que a prestação não venha a ser incorporada pelo ente público – nesta hipótese, seria devido o prêmio previamente estipulado, como condição para impedir o enriquecimento sem causa do ente estatal.

Para sintetizar o que se expôs: interesse negativo não se confunde com danos emergentes e estes últimos não necessariamente abrangem a totalidade da situação *a quo* a ser restaurada. O conteúdo da situação *a quo* deve ser apurado considerando a situação da esfera jurídica do sujeito tal como caracterizada na situação anterior ao engajamento no processo de contratação, tendo em vista os danos que guardem relação causal com a participação no processo de contratação frustrado.

A análise das situações concretas de dever de indenizar envolvendo o interesse negativo será feita no capítulo 6.

5.4.4 A noção de interesse positivo

O interesse positivo tem lugar quando se verifique direito a contratar ilegitimamente obstado por conduta estatal, ou seja: quando a celebração do contrato era plenamente exigível e não foi concretizada. Daí se referir, como expressão sinônima, a *dano de cumprimento*. A doutrina define o interesse positivo como "situação hipotética patrimonial na qual o lesado estaria se o contrato houvesse sido integral e adequadamente cumprido. É esse o sentido do adjetivo positivo. [...] É realizado pela adição de um elemento que deveria ter ocorrido, e não ocorreu".[616]

Historicamente, a responsabilidade pré-contratual foi desenvolvida como solução reparatória atrelada ao interesse negativo. Firmou-se inclusive o dogma de que a indenização em âmbito pré-contratual corresponderia invariavelmente ao interesse negativo. Essa compreensão se baseia na premissa de prevalência da autonomia privada no direito privado. No direito público, ela também foi aventada por Alessi, conforme passagem acima reproduzida, e poderia ser relacionada com as incertezas em torno da formação de direitos subjetivos pretensivos à contratação e à reserva discricionária atribuída à administração pública para ultimar a contratação.

---

[615] Sobre a diferença entre "'bid preparation', 'costs of participation' and 'negative interest'", ver SCHEBESTA, Hanna. *Damages in EU Public Procurement Law*. Heidelberg: Springer, 2016. p. 187-188.
[616] STEINER, Renata Carlos. *Reparação de danos*: interesse positivo e interesse negativo. São Paulo: Quartier Latin, 2018. p. 42. p. 74.

Se no direito privado o impasse atinente à autonomia privada tem sido superado, as premissas e incertezas limitativas do alcance da indenização no ambiente pré-contratual administrativo também não são impeditivas à indenização do interesse positivo. A solução será cabível quando sobrevier obstáculo antijurídico à formação do contrato imputável ao ente estatal em momento no qual o processo de contratação se encontre avançado a ponto de ter originado direito já adquirido a contratar. A negação antijurídica do dever de ultimar o contrato originará o direito do lesado a ser remetido à situação *ad quem*, que compreende fundamentalmente a reparação pelo impedimento da oportunidade de executar o contrato, isto é: "o que o lesado teria lucrado com essa celebração [...]".[617]

De forma coerente com o que se expôs no tópico dos lucros cessantes e complementando as referências lá indicadas, cabe ilustrar a admissão da indenização do interesse positivo no direito comparado.

Além do entendimento em âmbito comunitário fixado no já referido caso *Brasserie du Pêcheur*, Steen Treumer reportou a admissão de indenização do interesse positivo, abrangendo os lucros cessantes pela frustração de contratação administrativa, em países como França, Alemanha e Reino Unido, entre outros.[618]

No direito português, Rui Cardona Ferreira sustenta que "a indemnização parece dever orientar-se pelo interesse positivo na hipótese de ilícita/culposa não adjudicação de um contrato em concurso público, desde que, naturalmente, se achem verificados os respectivos pressupostos e, em especial, o nexo de causalidade entre o ilícito e os lucros cessantes".[619] Manifestação similar se encontra a propósito do direito italiano.[620]

---

[617] PINTO, Paulo Mota. Responsabilidade por violação de regras de concurso para celebração de um contrato (em especial o cálculo da indemnização). *In*: GONÇALVES, Pedro (org.). *Estudos de Contratação Pública*. Coimbra: Coimbra Editora, 2010. v. II. p. 290.

[618] "There are at least several cases from France, Denmark and Norway including cases where damages for loss of profit have been granted and some cases from Germany, Austria, the United Kingdom, the Netherlands, Sweden, Lithuania and Iceland" (TREUMER, Steen. Basis and Conditions for a Damages Claim for Breach of the EU Public Procurement Rules. *In*: FAIRGRIEVE, Duncan; LICHÈRE, François. *Public Procurement Law*: Damage as an Effective Remedy. Oxford: Hart Publishing, 2011. p. 149-150). Para uma perspectiva comparada das experiências em França, Holanda, Alemanha e Inglaterra, conferir também SCHEBESTA, Hanna. *Damages in EU Public Procurement Law*. Heidelberg: Springer, 2016.

[619] FERREIRA, Rui Cardona. Indemnização do interesse contratual positivo e perda de chance (em especial, na contratação pública). Coimbra: Coimbra Editora, 2011. p. 85.

[620] "La misura del danno, come lucro cessante, può arrivare a coincidere con l'utile derivante dalla mancata aggiudicazione del contratto, a condizione che sia fornita la dimostrazione che sarebbe stata conseguita una sicura aggiudicazione ove l'illegittimità non si fosse

Já no direito brasileiro, verificam-se manifestações em âmbito doutrinário[621] e jurisprudencial[622] admitindo que a responsabilidade pré-contratual do Estado comporta a indenização dos lucros cessantes relacionados ao contrato administrativo não celebrado. Como mencionado acima, o conceito de interesse positivo para determinação do conteúdo do dano pré-contratual foi aplicado por Almiro do Couto e Silva[623] e por Edgar Guimarães[624] de forma específica e expressa.

Ainda acerca do conteúdo do interesse positivo, a composição do *status ad quem* corresponderá aos lucros cessantes, mas não se limitará necessariamente a tanto. Pode haver a ocorrência de danos emergentes, tais como aqueles de caráter consequencial, relativos à reação necessária frente a conduta estatal lesiva. Também esses danos comporão o interesse positivo.

Em qualquer caso, o direito a contratar é o único e suficiente suporte fático apto a configurar o interesse positivo. Bastam, como requisitos, a caracterização da antijuridicidade da conduta estatal e a existência do direito a contratar do sujeito lesado. Se esse direito não estiver presente, não haverá indenização pelo interesse positivo.

Por isso, permite-se discordar da doutrina que propõe o grau de reprovabilidade da conduta estatal, traduzido em formas mais graves de descumprimento dos deveres de diligência, como fundamento para ampliar a indenização em direção ao interesse positivo. Esse entendimento encontra-se exposto por Couto e Silva[625] e é adotado por Edgar

---

verificata" (LUMETTI, Maria Vittoria. *Violazione dell'interesse legittimo e danno risarcibile*. Milano: Giuffrè, 2008. p. 375).

[621] JUSTEN FILHO, Marçal. *Comentários à Lei de Licitações e Contratações Administrativas*: Lei 14.133/2021. São Paulo: Thomson Reuters Brasil, 2021. p. 929-930.

[622] "A indenização deve corresponder ao que o licitante bem sucedido deixou de ganhar por força da revogação injustificada da licitação. Embargos de declaração rejeitados" (Superior Tribunal de Justiça, embargos de declaração no recurso especial 1.153.354/AL, 1ª Turma, relator Ministro Ari Pargendler, j. 4/9/2014). No mesmo sentido: Tribunal de Justiça de São Paulo, apelação cível 9126884-48.2005.8.26.0000 3ª Câmara de Direito Público, relator Desembargador Laerte Sampaio j. 10.06.2008.

[623] "Se a nulidade do procedimento licitatório, que contamina o contrato ou do próprio contrato, for de outra natureza, de tal sorte que a Administração Pública, se fosse mais cautelosa, poderia tê-la evitado, pensamos que a indenização, suposta a boa fé do contratado, deverá atender ao interesse positivo ou ao interesse no cumprimento do contrato" (SILVA, Almiro Couto e. Responsabilidade pré-negocial e *culpa in contrahendo* no direito administrativo brasileiro. *Revista da Procuradoria-Geral do Estado do Rio Grande do Sul*, Porto Alegre, v. 27, n. 57, p. 171-179, dez. 2003. p. 178).

[624] GUIMARÃES, Edgar. Responsabilidade da Administração Pública pelo desfazimento da licitação. Belo Horizonte: Fórum, 2013. p. 168.

[625] "Se a nulidade do procedimento licitatório, que contamina o contrato ou do próprio contrato, for de outra natureza, de tal sorte que a Administração Pública, se fosse mais caute-

Guimarães.[626] Para Guimarães, a culpa funcionaria como "forma de dosimetria da reparação pleiteada", a incidir quando "comprovado que o Poder Público poderia ter evitado o desfazimento do processo licitatório por maior cautela no desempenho das funções legais atribuídas, mas não o fez". Em seu entendimento, esse suporte fático serviria como justificativa para "a indenização também para o interesse positivo, estendendo-a aos lucros cessantes".[627]

Essa orientação não é adotada por se considerar, em primeiro lugar, a premissa fundante exposta acima: é o conteúdo da posição jurídica do sujeito lesado que determina o cabimento e a extensão da reparação. Se ainda não havia direito à contratação, não é possível obter reparação equivalente a tanto, por mais grave que tenha sido a irregularidade administrativa.

Em segundo lugar, rejeita-se a determinação da extensão da indenização fundada no conceito de culpa, pois o fator de imputação de responsabilidade aplicável é objetivo, o que afasta a incidência do parágrafo único do art. 944 do Código Civil.

Em terceiro lugar, ainda que fosse possível admitir a aplicação da noção de culpa, ela não poderia funcionar como fator de agravamento da responsabilidade civil, visto que não existe tal previsão no direito brasileiro.[628] Nos termos do referido parágrafo único do art. 944 do Código Civil, a culpa pode funcionar como fator de dosimetria invariavelmente dirigida à redução da reparação.

Ademais, ainda que as relações privadas comportem discussões em torno da função punitiva da responsabilidade civil, essas cogitações não parecem ter lugar em relação à responsabilidade civil estatal. Não se verifica no direito brasileiro fundamento legislativo (nem constitucional) para que a responsabilização civil do Estado assuma uma excepcional

---

losa, poderia tê-la evitado, pensamos que a indenização, suposta a boa fé do contratado, deverá atender ao interesse positivo ou ao interesse no cumprimento do contrato" (SILVA, Almiro Couto e. Responsabilidade pré-negocial e *culpa in contrahendo* no direito administrativo brasileiro. *Revista da Procuradoria-Geral do Estado do Rio Grande do Sul*, Porto Alegre, v. 27, n. 57, p. 171-179, dez. 2003. p. 178).

[626] GUIMARÃES, Edgar. Responsabilidade da Administração Pública pelo desfazimento da licitação. Belo Horizonte: Fórum, 2013. p. 168.

[627] GUIMARÃES, Edgar. Responsabilidade da Administração Pública pelo desfazimento da licitação. Belo Horizonte: Fórum, 2013. p. 168.

[628] A esse respeito: "Na responsabilidade extranegocial os graus de culpa não têm influência para determinar a imputação, ainda que o quantum indenizatório possa ser reduzido proporcionalmente, na forma do art. 944, parágrafo único" (MARTINS-COSTA, Judith. *Comentários ao Novo Código Civil*. 2. ed. Rio de Janeiro: Grupo Gen, 2008. v. V. t. II. p. 157). No mesmo sentido, SCHREIBER, Anderson. *Novos paradigmas da responsabilidade civil*: da erosão dos filtros da reparação à diluição dos danos. 5. ed. São Paulo: Atlas, 2013. p. 50.

função punitiva, que penalizaria a própria coletividade.[629] Conforme as palavras de Menezes de Almeida, "não cabe conceber os aspectos finalísticos punitivo e dissuasório se voltados ao Estado (e não à pessoa natural do agente estatal)".[630]

Em suma, o grau de reprovabilidade da conduta estatal pode ser relevante para determinação da responsabilidade administrativa e penal específica dos agentes infratores, mas não para quantificação da reparação civil devida pelo ente público.

De outra parte, para a comprovação do direito a contratar, competirá ao sujeito lesado demonstrar que preencheu os requisitos exigidos para a contratação. A demonstração tomará por base os atos administrativos praticados no curso do certame que tenham certificado ou sirvam de base para a certificação do cumprimento desses requisitos. Frente a esses elementos, caberá verificar se a contratação permanece viável. Eventual impedimento legítimo à contratação afastará a indenização do interesse positivo. Em todo caso, será ônus do ente público demonstrá-lo, sempre dentro dos quadrantes legais em que a decisão de não contratar é admitida.

5.4.5 Ainda sobre o conteúdo do interesse positivo: a hipótese de dano curricular

Um dos exemplos que demonstra a pluralidade de conteúdos que o interesse positivo pode comportar é o prejuízo considerado no direito italiano sob a denominação *dano curricular*.

O dano curricular pode ser conceituado como o prejuízo do sujeito impedido de contratar por não ter a oportunidade de incorporar, além dos resultados econômicos que seriam diretamente aferíveis da execução do contrato (lucros cessantes), a atestação a que teria direito em função da prestação adequada dos serviços contratados, que serviria para ampliar o seu acervo técnico. A atestação poderia então ser empregada para demonstração de qualificação técnica na disputa de contratações posteriores.[631] Para haver dano, evidentemente, o acervo

---

[629] Sobre o tema no direito europeu, SCHEBESTA, Hanna. *Damages in EU Public Procurement Law*. Heidelberg: Springer, 2016. p. 167.

[630] ALMEIDA, Fernando Dias Menezes de. Controle da Administração Pública e Responsabilidade do Estado. In: DI PIETRO, Maria Sylvia Zanella (coord.). *Tratado de direito administrativo*. São Paulo: Revista dos Tribunais, 2014. v. 7. p. 403.

[631] "Tale danno consiste nel pregiudizio subito dall'impresa, non aggiudicataria dell'appalto a causa del comportamento illegittimo dell'amministrazione, per non aver potuto arricchire

técnico inviabilizado deve ser inédito ao patrimônio do lesado, em termos qualitativos ou mesmo quantitativos.

A figura do dano curricular bem demonstra que o princípio da reparação integral pode constituir proposição meramente aproximativa, na medida em que a indenização em pecúnia não constituirá equivalente fiel à prestação *in natura*.

A hipótese suscita três questões principais.

A primeira tem a ver com o espaço para dúvidas em torno da configuração do nexo causal entre a conduta estatal que impede a contratação e a obtenção do acervo técnico, na medida em que este resultado depende fundamentalmente de outra causa: o adequado cumprimento do contrato. A segunda diz respeito à tradução desse dano em termos patrimoniais. A terceira tem a ver com o momento de consumação do dano.

A primeira questão envolve as mesmas incertezas que norteiam a definição dos lucros cessantes, isto é: sobre se o contrato seria adequadamente executado e produziria os seus resultados potenciais. Em se tratando de eventos futuros, essa consideração deve basear-se em presunções baseadas nas regras de experiência comum ou em outros parâmetros de ordem probabilística. O próprio fato de a administração ter reconhecido a capacitação subjetiva exigida do licitante na licitação para executar o contrato é evidência da viabilidade de execução adequada do contrato em causa.

A segunda questão se insere na problemática mais ampla de indenizar interesses ou bens juridicamente tutelados destituídos de valor corrente de troca. Ainda que o acervo técnico possa enquadrar-se nessa situação, disso não resulta a impossibilidade de estimar o conteúdo econômico correspondente. São frequentes as operações societárias que envolvem a cessão de acervo técnico como elemento relevante e por vezes determinante do conteúdo econômico dessas operações. Por outro lado, cabe a notícia de que no direito italiano há

---

il proprio *curriculum* professionale con l'indicazione dell'avvenuta esecuzione dell'appalto sgumato, con conseguente diminuzione della sua capacità di competere sul mercato e di acquisire ulteriori e futuri appalti. Si è osservato che per l'impresa l'interesse alla vittoria di un appalto va oltre il solo interesse a eseguire l'opera e a ricevere il relativo compenso, poiché alla mancata esecuzione dell'opera appaltata si ricollegano sia indiretti nocumenti all'immagine dell'impresa e al suo modo di porsi sul mercato, sia indebiti vantaggi per l'impresa concorrente, illegittimamente dichiarata aggiudicataria (Cons. Stato, sez. VI, 9 giugno 2008, n. 2751" (PREDEN, Roberto. La liquidazione del danno per lesioni di interessi legittimi. *In:* LA RESPONSABILITÀ della pubblica amministrazione per lesioni di interessi legittimi: atti del LIV Convegno di Studi. Varenna Villa Monastero, 18-20 settembre 2008. Milano: Giuffrè, 2009. p. 315).

aplicação de soluções de quantificação que, não dispondo de referencial econômico, justificam-se por um juízo de razoabilidade, que orbita a noção de equidade. Dentro dessa lógica, a indenização é arbitrada em percentuais do valor do contrato, o que a doutrina indica não superar 5% desse montante.[632]

Em terceiro lugar, há a questão do momento em que se configura o dano e das circunstâncias exigidas para a sua comprovação. Reporta-se a existência de decisões na Itália que condicionam a indenização à demonstração de processos de contratação nos quais o acervo seria empregado como condição necessária ao ingresso na disputa.[633]

A dificuldade derivada da exigência de demonstrar o emprego do atestado para disputa de outras oportunidades de contratação é que tal requisito tende a resultar em prova impossível, se considerada a perspectiva do momento de surgimento do dano. Assim se passa porque o aproveitamento do acervo técnico é necessariamente um evento futuro, que, diversamente dos lucros cessantes, não pode ser trazido ao presente para se reputar utilizável desde logo. Frise-se a distinção: a estimativa de um conteúdo econômico arbitrado como equivalente ao dano curricular pode ser trazido a valor presente, mas não o seu uso *in natura*, porque apenas após a conclusão do contrato emergiria a possibilidade de utilização do atestado pretendido.

Ou seja, apenas a partir do término do contrato (ou da prestação específica a ser atestada) seria possível reputar verificado o obstáculo à utilização (de um então recém-formado) acervo técnico. E quanto maior for o prazo do contrato que tenha sido frustrado, tanto mais problemática será a demonstração de outras contratações em que o acervo seria utilizado. A dificuldade se coloca inclusive em termos de prescrição da pretensão. No limite, admitir esse requisito como condição

---

[632] "In giurisprudenza si afferma che in sede di risarcimento dei danni per illegittima aggiudicazione di una gara di appalto, va compensato anche il cosiddetto "danno curriculare", ovvero la "deminutio" di peso imprenditoriale della società, per omessa acquisizione dell'appalto che la medesima avrebbe avuto titolo a conseguire; tale "deminutio" può essere apportata ad un inferiore radicamente nel mercato, anche come possibile concausa di crisi economica o imprenditoriale, in termini di difficile determinazione, ma in linea di massima rapportabili a valori percentuali compresi – secondo una stima già ritenuta equa – fra 1% e il 5% dell'importo globale del servizio da aggiudicare" (Consiglio di Stato, sez. VI, 27 aprile 2010, n.2314)" (RUSCICA, Serafino. *La responsabilità civile della stazione appaltante*. Milano: Giuffrè, 2011. (Coleção Officina del Diritto). p. 25).

[633] PREDEN, Roberto. La liquidazione del danno per lesioni di interessi legittimi. In: LA RESPONSABILITÀ della pubblica amministrazione per lesioni di interessi legittimi: atti del LIV Convegno di Studi. Varenna Villa Monastero, 18-20 settembre 2008. Milano: Giuffrè, 2009. p. 315.

para a indenização do dano curricular significaria remetê-lo à categoria de danos hipotéticos, por definição não indenizáveis.

Sem se pretender exaurir a discussão, entende-se não ser necessária a demonstração de oportunidade concreta de utilização do acervo técnico para que seja cabível a indenização pelo dano curricular. O prejuízo especificamente relacionado ao dano curricular é autônomo e suficiente em si. Não se confunde com a perda de oportunidade negocial ulterior, que representa a configuração já de outro dano, com materialidade própria. Para a caracterização do dano curricular, basta a constatação de que esse acervo agregaria ao patrimônio do lesado e teria potencial autônomo para ser empregado na continuidade de sua atividade econômica. Dano curricular e o dano por outras oportunidades perdidas são, portanto, problemas distintos entre si. Isso sem prejuízo de se reconhecer que o dano curricular não deixa de ser um exemplo de perda de oportunidade e, além disso, constitui, para a hipótese aqui examinada, condição para verificação de perda de oportunidade, mas em relação a outros contratos.

Em síntese, a figura do dano curricular apresenta-se em si compatível com as regras gerais de responsabilidade do direito brasileiro, na medida em que se possa caracterizar o dano como certo e imediato e seja possível a conversão do direito, uma vez demonstrado, no equivalente patrimonial.

5.4.6 Ressalva final: impossibilidade de conjugação dos critérios de determinação do conteúdo do dano

Explicados os mecanismos que serão aplicados na análise das situações concretas que podem colocar-se a propósito da responsabilidade pré-contratual do Estado, cabe especificar premissa já tangenciada anteriormente: as noções de interesse positivo e negativo são parâmetros alternativos. Não é possível a cumulação de indenizações fundadas em ambos os conceitos de forma conjunta, porque se trata de fórmulas que resultam em soluções reparatórias em sentidos incompatíveis entre si e, por isso, reciprocamente excludentes.

Ou se reconhece o direito à restituição do *status quo*, ou ao estabelecimento da situação *ad quem*. Ou o lesado tinha direito relativo ao conteúdo do contrato frustrado (lucros cessantes correspondentes) – e, então, deverá ser indenizado por eles e eventuais outros danos integrantes da situação *ad quem*, ou tal direito não existia – e, neste caso, a indenização nunca poderá ir além dos danos anteriormente verificados, ou imediatamente derivados a partir do evento danoso, mas não relacionados ao contrato pretendido.

Essa observação não implica relativizar o princípio da reparação integral, mas considerar que esse princípio se aplica no limite do conteúdo das posições jurídicas lesadas, observando a vedação ao enriquecimento sem causa.

Caso configurado o direito a contratar (e, por extensão, o interesse positivo), os lucros cessantes podem ser cumulados tão-somente com danos emergentes relacionados à reação do lesado para fazer observar os seus direitos relacionados à contratação, mas não com as despesas anteriores incorridas para participar do processo de contratação. Afinal, enquanto aqueles primeiros danos emergentes têm direta relação com o ato estatal lesivo, as despesas incorridas para participar do processo de contratação são presumivelmente absorvidas na proposta apresentada para contratar com o ente público. Não constituem rubrica a ser objeto de remuneração específica na situação hipotética de contratação, razão pela qual não podem ser cumuladas com o lucro que seria devido, o que configuraria *bis in idem*.

Idêntica conclusão se coloca a propósito da perda de uma chance. O reconhecimento de uma chance provável de contratação e passível de ser indenizada em relação ao contrato administrativo frustrado não pode ser objeto de indenização em conjunto com as despesas incorridas para participar do certame.[634]

A ressalva é relevante porque não raro os danos emergentes e lucros cessantes aparecem referidos em conjunto a propósito de soluções indenizatórias em face da decisão estatal de não contratar. Pode-se citar decisão do Superior Tribunal de Justiça que, tendo reconhecido a frustração indevida do direito de um licitante a contratar com o ente público, estabeleceu que o ente estatal deveria "responder pelas perdas e danos [...] abrangentes dos danos emergentes e dos lucros cessantes".[635]

Na doutrina, também se encontra a consideração concomitante das duas categorias de danos. Sobre a situação do sujeito que tenha sido indevidamente preterido pelo ente público em razão da contratação de terceiro, Celso Antônio Bandeira de Mello pontua que, "neste caso, ao injustamente preterido cabe indenização cabal, compreensiva do que despendeu e do que deixou de lucrar por força da ilegitimidade

---

[634] Nesse sentido: FERREIRA, Rui Cardona. *A responsabilidade civil pré-contratual das entidades adjudicantes*. Coimbra: Almedina, 2018. p. 133.
[635] Recurso especial 1.153.354/AL, relator Ministro Ari Pargendler, 1ª Turma, j. 01.04.2014.

praticada".[636] Marçal Justen Filho apresenta observação similar: "os danos emergentes e os lucros cessantes são indenizáveis. Quanto a isso, aplicam-se os princípios já desenvolvidos no direito comum. Exige-se a indenização ampla e completa – o que não significa, evidentemente, provocar enriquecimento ao interessado".[637]

Não se questionam aqui as referências conjugadas aos conceitos de danos emergentes e lucros cessantes, visto que, como indicado acima, as situações *a quo* e *ad quem* podem admitir a cumulação dessas categorias de danos. Observa-se apenas que a contabilização desses danos deve ocorrer conforme a lógica e dentro dos limites dos direcionamentos ora descritos.

5.5 O nexo causal

Passa-se, por fim, ao terceiro requisito para a configuração da relação de responsabilidade civil, que é o nexo causal entre a conduta lesiva e o dano.

5.5.1 Noção e relação com os demais elementos constitutivos da relação de responsabilidade civil

O nexo causal constitui construção jurídica que se apoia na noção lógica e naturalística de encadeamento entre fatos e consequências por eles produzidas, mas com ela não se confunde. Como afirmado pela generalidade da doutrina, o nexo causal é um vínculo jurídico-normativo[638] – uma construção que gira em torno de um *conceito jurídico de causa*.

O conceito jurídico de causa não se confunde com o de critério de imputação tratado acima (imputação, pelo ordenamento, de responsabilidade a alguém por um determinado resultado danoso). A imputação é condição para que se possa determinar a relação causal. Ou seja: a investigação das possíveis causas será condicionada pelos critérios de imputação aplicáveis, de modo que não há que se perquirir sobre causa em sentido jurídico fora do campo de aplicação do critério de imputação. Daí se dizer que a causalidade é dado em si insuficiente,

---

[636] MELLO, Celso Antônio Bandeira de. *Licitação*. São Paulo: Revista dos Tribunais, 1980. p. 88.
[637] JUSTEN FILHO, Marçal. *Comentários à Lei de Licitações e Contratações Administrativas*: Lei 14.133/2021. São Paulo: Thomson Reuters Brasil, 2021. p. 930.
[638] Superior Tribunal de Justiça, recurso especial 858.511/DF, 1ª Turma, relator Ministro Luiz Fux, relator para acórdão Ministro Teori Albino Zavascki, j. 19.08.2008.

mesmo quando se trata de responsabilidade objetiva, pois permanece necessária "a *imputação* da norma instituidora da responsabilidade à atuação estatal".[639] Os critérios de imputação delimitam e orientam, conforme as características de cada qual, o campo de investigação do nexo causal.[640]

O nexo causal, por sua vez, destina-se a definir se e em que medida o evento lesivo constituiu causa determinante para a constituição do dano.[641] Em relação ao dano, a relação de causalidade concorre para estabelecer também o limite de quantificação, como medida da obrigação de indenizar.[642] O papel do nexo causal para a fixação do dano resulta mais evidente a partir das hipóteses de causas concorrentes, ou mesmo em razão da própria limitação da indenização a danos, na medida em que estes devem ser caracterizados como diretos e imediatos, conforme a dicção do art. 403 do Código Civil. O que se venha a entender sobre imediatidade do dano está necessariamente atrelado à concepção de nexo causal.

5.5.2 A aferição da causalidade para o problema central deste trabalho: a interrupção da formação do direito a contratar ou o impedimento à contratação

Em vista da realidade e de suas múltiplas causas naturais, Menezes de Almeida refere que, "no mundo físico, sempre haverá uma cadeia infinitesimal, se é que não fractal, de causas e efeitos",[643] o que exige filtrar aquela ou aquelas causas que sejam relevantes ao Direito. É esse o propósito que norteia as diversas concepções em torno da causalidade. Entre as diversas teorias existentes, podem ser referidas

---

[639] MARTINS, Ricardo Marcondes. *Efeitos dos vícios do ato administrativo*. São Paulo: Malheiros, 2008. p. 567. Considere-se, a título de exemplo, o filtro que a culpa, enquanto fator de imputação, exerce enquanto definidora de regime jurídico específico para delimitar a investigação dos pressupostos da responsabilidade civil. Haverá nexo causal para fins jurídicos apenas se for possível identificar condutas culpáveis aptas a produzir o dano.
[640] SCHREIBER, Anderson. *Novos paradigmas da responsabilidade civil*: da erosão dos filtros da reparação à diluição dos danos. 5. ed. São Paulo: Atlas, 2013. p. 56-57.
[641] MARTINS-COSTA, Judith. *Comentários ao Novo Código Civil*. 2. ed. Rio de Janeiro: Grupo Gen, 2008. v. V. t. II. p. 198-199.
[642] SANSEVERINO, Paulo de Tarso Veira. *Princípios da reparação integral*: indenização no Código Civil. São Paulo: Saraiva, 2011. p. 153.
[643] ALMEIDA, Fernando Dias Menezes de. Controle da Administração Pública e Responsabilidade do Estado. *In*: DI PIETRO, Maria Sylvia Zanella (coord.). *Tratado de direito administrativo*. São Paulo: Revista dos Tribunais, 2014. v. 7. p. 386.

as teorias da equivalência de condições, da causalidade adequada e da interrupção do nexo causal.

Enquanto a teoria da equivalência de condições veio a ser abandonada para o tratamento da responsabilidade civil em razão da amplitude das causas por ela admitidas,[644] as outras duas referidas têm tido papel retórico relevante para os tribunais brasileiros.

A teoria da causalidade adequada é possivelmente a mais disseminada no direito brasileiro. Com a sua adoção, propõe-se solucionar o problema de identificação da causa jurídica quando houver ocorrência de mais de uma possível causa, mediante determinação de "qual delas, em tese, independentemente das demais circunstâncias que também operam em favor de determinado resultado, é potencialmente apta a produzir o efeito danoso".[645] No âmbito do Superior Tribunal de Justiça, verifica-se que a inspiração para invocação da tese de causalidade adequada reside no art. 403 do Código Civil: "o princípio da causalidade adequada [é] também denominado princípio do dano direto e imediato".[646]

Outra teoria referida é a da interrupção do nexo causal. Ela não se apresenta como construção radicalmente diversa em comparação à causalidade adequada. Entende-se a interrupção do nexo causal a partir da ocorrência de uma circunstância que determine resultado diverso daquele que seria esperado ou esperável se considerada a experiência comum dos acontecimentos. Essa circunstância, dita *causa estranha*, interfere na cadeia natural de desenvolvimento da realidade e demanda aferir o grau de sua significância para a produção do resultado lesivo.[647]

Em geral, a experiência dos tribunais não revela a adoção de uma única concepção e é possível identificar a conjugação de argumentos derivados de mais de uma teoria. Constata-se a adoção pela jurisprudência de teorias nominalmente diversas, mas que se revelam próximas nas formas em que são aplicadas. Em diagnóstico das orientações adotadas pelo Supremo Tribunal Federal e pelo Superior Tribunal de Justiça, Braga Netto aponta a conclusão de que as decisões em geral utilizam "indistintamente – em boa parte das vezes – as expressões 'teoria do

---

[644] TEPEDINO, Gustavo; TERRA, Aline; CRUZ, Gisela. *Fundamentos do Direito Civil*: Responsabilidade Civil. 3. ed. Rio de Janeiro: Grupo GEN, 2022. v. 4. p. 86.
[645] TEPEDINO, Gustavo; TERRA, Aline; CRUZ, Gisela. *Fundamentos do Direito Civil*: Responsabilidade Civil. 3. ed. Rio de Janeiro: Grupo GEN, 2022. v. 4. p. 85.
[646] Superior Tribunal de Justiça, recurso especial 325.622, 4ª Turma, relator Ministro Carlos Fernando Mathias, j. 28.10.2008.
[647] MARTINS-COSTA, Judith. *Comentários ao Novo Código Civil*. 2. ed. Rio de Janeiro: Grupo Gen, 2008. v. V. t. II. p. 210 e ss.

dano direto e imediato', 'teoria da causalidade adequada' e 'teoria da interrupção do nexo causal'".[648]

Isso se explicaria, segundo observa Menezes de Almeida, por haver "um problema intrínseco ao recurso de argumentação jurídica em torno desse uso da noção de 'teorias' para a solução do problema", pois a adesão a uma "prévia solução abstrata" não será suficiente para "resolver-se, por antecipação, um problema que é eminentemente empírico".[649] Em sentido próximo, Braga Netto alude às qualidades e defeitos das diversas teorias para concluir que nenhum desse modelos teóricos se estabeleceu como solução definitiva para resolver de modo uniforme os problemas em torno do tema.[650]

Independentemente da teoria que se adote, a identificação das causas determinantes ocorre sempre em torno de um mesmo problema fundamental, consistente na formulação de um juízo de probabilidade em vista da experiência comum e das circunstâncias concretas.[651] Se é certo que o problema é o mesmo, ele pode resolver-se de formas distintas. Isto é: as diversas teorias podem revelar especiais vocações para facilitar a composição desse juízo de probabilidade, conforme as características de cada situação investigada.[652]

Tendo em conta essas premissas, a análise empreendida neste trabalho adota como ponto de partida a teoria da interrupção do nexo ou da cadeia causal. O raciocínio que norteia essa teoria é particularmente ilustrativo das situações examinadas neste trabalho, na medida em que a extinção do processo de contratação pressupõe sempre atuação estatal interruptiva do processo formativo do direito a contratar e que, como tal,

---

[648] BRAGA NETTO, Felipe. *Novo Manual de Responsabilidade Civil*. Salvador: Juspodivm, 2019. p. 287. Com a mesma conclusão "Em termos práticos, os tribunais brasileiros costumam invocar a causalidade adequada, investigando, contudo, em concreto, qual a causa mais adequada ou eficiente – ou seja, necessária – para a produção do dano, distanciando-se, portanto, inteiramente, da construção antes exposta relativamente à causalidade adequada" (TEPEDINO, Gustavo; TERRA, Aline; CRUZ, Gisela. *Fundamentos do Direito Civil*: Responsabilidade Civil. 3. ed. Rio de Janeiro: Grupo GEN, 2022. v. 4. p. 90).

[649] ALMEIDA, Fernando Dias Menezes de. Controle da Administração Pública e Responsabilidade do Estado. *In*: DI PIETRO, Maria Sylvia Zanella (coord.). *Tratado de direito administrativo*. São Paulo: Revista dos Tribunais, 2014. v. 7. p. 386.

[650] BRAGA NETTO, Felipe. *Novo Manual de Responsabilidade Civil*. Salvador: Juspodivm, 2019. p. 287.

[651] MARTINS-COSTA, Judith. Comentários ao Novo Código Civil. 2. ed. Rio de Janeiro: Grupo Gen, 2008. v. V. t. II. p. 204-205. FERREIRA, Rui Cardona. Indemnização do interesse contratual positivo e perda de chance (em especial, na contratação pública). Coimbra: Coimbra Editora, 2011. p. 300.

[652] Defendendo a aplicação de teorias diversas, conforme a maior adequação de cada qual às características das situações a serem resolvidas, FERREIRA, Rui Cardona. *A responsabilidade civil pré-contratual das entidades adjudicantes*. Coimbra: Almedina, 2018. p. 37-40.

inutiliza os esforços realizados para disputar a contratação. Ao interferir na evolução normal e tendencial do processo de contratação, o ente estatal insere aí uma *causa estranha* ao andamento típico do processo de contratação. Por esse prisma, a decisão estatal interfere diretamente sobre a esfera jurídica do lesado em seu desenvolvimento dinâmico. Cabe aferir se essa interferência será – e em que medida será – causa eficiente e relevante para fins de responsabilização civil. A adoção da teoria da interrupção do nexo causal se dá sem prejuízo do recurso à lógica da causalidade adequada, particularmente quando se estiver diante de causas concorrentes ou complementares.

5.5.3 As hipóteses de causas concorrentes ou complementares e de interrupção do nexo causal: fatos da vítima e de terceiros; caso fortuito e força maior

Haverá situações em que, não obstante a extinção do processo de contratação decorrer de ato estatal, não se poderá identificar na conduta do ente público, ou em fato relacionado a risco por ele assumido, causa necessária e eficiente do dano. Poderá haver ainda situações em que à conduta estatal se somarão outras para concorrer com a produção ou ampliação do dano.

No primeiro caso, haverá impedimento ao surgimento da relação de responsabilidade perante o Estado.[653] No segundo caso, coloca-se a questão de identificar os efeitos das causas envolvidas e determinar a extensão dos danos atribuíveis aos responsáveis pelas condutas ou fatos ensejadores de dano.

Trata-se aqui, especificamente, das três hipóteses clássicas compreendidas como fatores de interrupção de nexo causal: fatos da vítima, fatos de terceiros e casos fortuitos ou de força maior. Essas situações podem vir a afastar a relação entre o dano e a atuação estatal, mas a solução a ser dada dependerá também do exame acerca da imputação de responsabilidade estatal em cada caso.

---

[653] ALMEIDA, Fernando Dias Menezes de. Controle da Administração Pública e Responsabilidade do Estado. *In:* DI PIETRO, Maria Sylvia Zanella (coord.). *Tratado de direito administrativo.* São Paulo: Revista dos Tribunais, 2014. v. 7. p. 390.

5.5.3.1 Fato da vítima

No que diz respeito à atuação da vítima que interfira na cadeia causal de produção do dano, podem-se considerar duas hipóteses gerais: aquela em que a vítima seja a geradora do dano, ou concorra para a sua produção, e a situação em que o dano, embora produzido por causa anterior autônoma, eficiente e imputável ao Estado, venha a ser ampliado pela vítima.[654]

Há situações em que a decisão estatal de impedir a contratação não é propriamente a causa desse impedimento, mas apenas a reação a causa anterior e eficiente desse resultado, derivada da atuação ou da situação do candidato a contratar. O tema já foi tangenciado acima em termos amplos, a partir da observação de que a insuficiência dos requisitos para contratar afasta a existência de confiança a ser juridicamente tutelada. A ausência de confiança legítima, que, para ser tutelada, pressupõe investimento de confiança viável, isto é, baseado na existência de condições para contratar, significa a inexistência de interesse jurídico passível de tutela, que impede a caracterização do próprio dano indenizável e, de igual modo, prejudica a configuração de nexo causal. É o que ocorrerá nas hipóteses do art. 59 (desclassificação da proposta) e pelo descumprimento dos requisitos de habilitação previstos nos arts. 62 e seguintes da Lei 14.133/21.

Conclusão no mesmo sentido se aplica em caso de ausência de boa-fé subjetiva. Pense-se no caso de anulação em que o licitante tenha produzido a causa de nulidade ou concorrido para ocasioná-la. Não importará se o licitante toma participação de forma autônoma na causa de nulidade frente ao ente público ou de forma conjunta com agentes estatais (concausa). Qualquer que tenha sido a conduta de agentes públicos para favorecer ilicitamente um determinado licitante, a atuação estatal posterior de sancionar esse favorecimento e anular o certame, se for o caso, constituirá mera reação a causa anterior, suficiente e eficiente participada pelo candidato a contratar, determinante da nulidade e da impossibilidade de contratar.

Situação diversa pode ocorrer quando o lesado poderia ter reagido com maior agilidade ao evento lesivo e não o fez. E, ao reagir tardiamente, impossibilita a reparação *in natura*, propiciando a consolidação da contratação havida com terceiro em razão da execução dessa

---

[654] Trata-se, respectivamente, dos fenômenos de concausação e causalidade concorrente, como apontado por MARTINS-COSTA, Judith. *Comentários ao Novo Código Civil*. 2. ed. Rio de Janeiro: Grupo Gen, 2008. v. V. t. II. p. 504.

avença, conforme a disciplina do art. 147 da Lei 14.133/21 – ou mesmo amplia os danos verificados. Pode-se indagar se se verifica, como consequência prática derivada da conduta tardia do lesado, a produção de ônus adicional à Administração – remunerar contrato com terceiro e indenizar o lesado –, o que poderia ter sido evitado se este último tivesse adotado postura diligente e tempestiva.

Cumpre então determinar se há e qual é o efeito da conduta do sujeito lesado para fins de responsabilidade civil.

A questão pode ser enfrentada, em primeiro lugar, a partir da constatação de que não há obstáculo ao exercício do direito de buscar indenização enquanto não estiver caracterizada prescrição. Uma hipotética mora configurada dentro desse prazo não prejudica o pleito indenizatório.

Em segundo lugar, a questão levanta a consideração acerca da independência entre as pretensões de restauração da situação lesada *in natura*, mediante anulação da decisão administrativa inválida, e de obter indenização pelo equivalente pecuniário. A pretensão indenizatória não é condicionada por aquela. O direito brasileiro prevê a possibilidade de preservação da situação irregular (art. 147 da Lei 14.133/21), assim como, em termos amplos, a possibilidade de conversão do cumprimento da tutela específica em perdas e danos, conforme o art. 499 do Código de Processo Civil.

Não obstante, a ausência de configuração de um limite temporal que não seja o da prescrição e a independência entre as tutelas não prejudicam a verificação dos efeitos da reação tardia do sujeito lesado na cadeia de produção dos danos. A questão se resolve no plano do nexo de causalidade. Cabe identificar a medida dos danos produzidos por cada fato causador.

Em princípio, haverá causas cumulativas (e não concausas): a conduta estatal original é autônoma e suficiente para a produção do dano. Já a inércia do lesado não elimina ou neutraliza a responsabilidade civil do Estado originária da atuação que gerou o resultado ilícito e lesivo, mas se soma a ela. Opera como causa complementar, relacionada à eventual ampliação do dano.

Portanto, cabe buscar aferir se há condições de distinguir a repercussão da causa concorrente da vítima sobre o dano. Toda e qualquer ampliação desse dano decorrente de forma necessária e individualizável de conduta (ainda que omissiva) do lesado poderá atrair a incidência do art. 945 do Código Civil: "se a vítima tiver concorrido culposamente para o evento danoso, a sua indenização será fixada tendo-se em conta a gravidade de sua culpa em confronto com a do autor do dano".

No plano da responsabilidade pré-contratual, a lógica geral do art. 945 vai ao encontro do resultado que se poderia extrair do princípio da boa-fé, que também orienta a conduta dos sujeitos privados. Como pontuado pela doutrina, "[...] não se vê por que razão a boa fé objectiva não se há-de projectar aqui sob a forma de um dever de mitigação do dano".[655] Logo, a solução do art. 945 será aplicável se a demora do sujeito lesado constituir causa necessária e efetiva do dano, com resultados individualizáveis, o que deverá ser aferido em concreto.

Devem, por outro lado, ser afastadas formulações em abstrato no sentido de que eventos como a celebração do contrato já evidenciariam mora do sujeito lesado. Isso até mesmo por não ser raro que o ente público promova a contratação imediatamente após o término da licitação, eventualmente com o propósito de se antecipar a questionamentos à contratação. Não há no direito brasileiro soluções como a mandatória observância de certo intervalo temporal entre o término do certame e a celebração do contrato, para viabilizar a formulação de impugnações antes da consumação de contratação irregular.

Em suma, a extensão dos danos indenizáveis deverá ser definida considerando o dano global consumado, subtraindo-se dele o *quantum* que eventualmente seja possível relacionar em termos diretos e exclusivos com a conduta do sujeito lesado.[656]

---

[655] FERREIRA, Rui Cardona. *Indemnização do interesse contratual positivo e perda de chance (em especial, na contratação pública)*. Coimbra: Coimbra Editora, 2011. p. 87. Não obstante, observe-se o relato mais amplo no âmbito europeu em sentido diverso, apontando que tal hipótese não é, em regra, considerada como justificadora da redução do dano indenizável, ressalvada a situação da Itália: "The general trend seems to be, at a European level, that there is no fixed relationship between the various remedies. As a starting point, the annulment of the unlawful award is generally not a condition precedent to a claim for damages. This is notably the case in Portugal, France, Holland and Germany. Furthermore, the courts generally do not consider that the failure to apply for annulment is per se evidence of contributory negligence and it therefore does not necessarily affect the quantum of damages. However, in Italy, the position is more nuanced. According to Roberto Caranta, although the battle to make the annulment of the award decision a precondition to a successful claim for damages has been lost, a sort of compromise has emerged whereby a claimant who has failed to ask for annulment is likely to receive commensurately reduced compensation" (FAIRGRIEVE, Duncan; LICHÈRE, François. Procedures and Access to Justice in Damages Claims for Public Procurement Breaches. *In:* FAIRGRIEVE, Duncan; LICHÈRE, François. *Public Procurement Law*: Damage as an Effective Remedy. Oxford: Hart Publishing, 2011. p. 189).

[656] Com abordagem geral da questão: MARTINS-COSTA, Judith. *Comentários ao Novo Código Civil*. 2. ed. Rio de Janeiro: Grupo Gen, 2008. v. V. t. II. p. 508, e ALMEIDA, Fernando Dias Menezes de. Controle da Administração Pública e Responsabilidade do Estado. *In:* DI PIETRO, Maria Sylvia Zanella (coord.). *Tratado de direito administrativo*. São Paulo: Revista dos Tribunais, 2014. v. 7. p. 392.

5.5.3.2 Fato de terceiro: outros licitantes, órgãos de controle e agentes financiadores

A análise sobre fatos de terceiro pode ser dividida conforme se trate de conduta oriunda de outros interessados em contratar ou da atuação de órgãos de controle.

Se, como regra, o Estado se responsabiliza por todo e qualquer vício que acometa a regularidade do processo de contratação, há situações em que esse vício pode ser originado de conduta velada dos licitantes para fraudar o resultado da licitação. Suponha-se que, pela natureza e forma dos ilícitos verificados, esses defeitos não pudessem ser identificados pelo ente público na época da licitação, mas tenham sido conhecidos posteriormente como determinantes da invalidade do resultado do certame e da posterior contratação. Nesse caso, coloca-se a questão sobre se há responsabilidade civil do Estado por omissão perante os sujeitos prejudicados ou se a situação caracterizaria exclusivamente causa de terceiro.

A resposta não pode ser encontrada em abstrato. Dependerá das circunstâncias concretas, conforme permitam ou não constatar a possibilidade de o ente público ter identificado ou impedido o ilícito que tenha resultado na invalidação da licitação. Deve haver não apenas o resultado ilícito (dano a um dado licitante), mas conduta estatal que possa ser qualificada como antijurídica, consistente em omissão ou exercício insuficiente de seu dever de diligência. A possibilidade prática (que então se traduz em dever) de o Estado constatar a irregularidade e reagir a ela, bem como a sua omissão diante dessa circunstância, configurará causa juridicamente relevante para que o ente público seja acionado, em conjunto com os terceiros envolvidos, para responsabilização.[657]

Portanto, deve-se afastar a responsabilidade estatal quando estiver configurado "ato ilícito cometido por terceiro de oportunidade imprevisível e natureza inevitável".[658] Isto sem prejuízo de se reconhecer

---

[657] Sobre a aplicação dessa orientação especificamente para a situação aqui tratada, Marçal Justen Filho expõe o seguinte: "Se o dano derivou exclusivamente da conduta do particular, a Administração Pública não será por ele responsabilizável. Não se exclui a responsabilidade civil da Administração, porém, quando seus agentes descumprirem os deveres de diligência e fiscalização do procedimento. Quando o vício for produto da conduta ilícita de um licitante, não reprimida adequadamente, haverá responsabilidade civil para a Administração – mesmo quando se possa cogitar de direito de regresso contra o agente direto da ilicitude (seja ele agente da Administração ou não)" (JUSTEN FILHO, Marçal. *Comentários à Lei de Licitações e Contratações Administrativas: Lei 14.133/2021*. São Paulo: Thomson Reuters Brasil, 2021. p. 930).

[658] "AGRAVO REGIMENTAL EM EMBARGOS DE DIVERGÊNCIA. CONCESSIONÁRIA DE SERVIÇO PÚBLICO. TRANSPORTES. EXPLOSÃO DE BOMBA EM COMPOSIÇÃO

que a omissão do Estado, quando corresponder a atuação insuficiente ou deficiente, pode constituir causa eficiente do dano, ainda que este se tenha originado de conduta de terceiro, como admitido pelo Supremo Tribunal Federal em situação similar.[659]

Outra indagação que se pode colocar diz respeito à orientação que venha a ser fixada por órgão de controle a respeito da regularidade do processo de contratação.

Como derivação do princípio da tripartição das funções estatais, em regra o pronunciamento dos órgãos de controle não interfere na atuação estatal controlada para o fim de substituí-la.

Assim, num caso em que tenha havido nulidade e o órgão de controle venha a reconhecê-la, por evidente nenhuma responsabilidade há de ser imputada em função da atuação de controle. Não há participação do órgão de controle na cadeia causal, apenas a aferição de irregularidade própria do ente público contratante. A questão se resolve pela ausência de relação causal entre o dano (anteriormente produzido pela administração) e a posterior decisão do órgão de controle que tenha constatado a irregularidade.[660]

FERROVIÁRIA. FORTUITO EXTERNO. CARACTERIZAÇÃO. 1.- Inviabilidade do recurso em relação a precedentes oriundos do mesmo órgão prolator do Acórdão embargado. 2.- Na linha dos precedentes desta Corte, o transportador não pode ser responsabilizado pelos danos decorrentes de fatos de terceiros que possam ser caracterizados como fortuito externo, no caso, a colocação de artefato explosivo em composição ferroviária, por se tratar de evento que não está relacionado com os riscos inerentes à atividade explorada. 3.- Agravo Regimental improvido. (Superior Tribunal de Justiça, agravo regimental nos embargos de declaração nos embargos de divergência em recurso especial 1.200.369/SP, 2ª Seção, relator Ministro Sidnei Beneti, j. 11.12.2013).

[659] "Consoante ressaltado, o art. 37, §6º, da Constituição da República adotou, como regra, a teoria do risco administrativo para reger a responsabilidade civil objetiva do Estado e das pessoas de direito privado que prestam serviços públicos. Essa escolha do Constituinte condiciona o dever estatal e dos prestadores de serviços públicos de reparar os danos que seus agentes causem a terceiros no desempenho de suas atividades à configuração dos elementos indispensáveis à responsabilização: conduta, dano e nexo de causalidade entre o dano e a conduta. Na hipótese sub examine, o acórdão recorrido reconheceu a cumulativa ocorrência dos quesitos concernentes (i) à consumação do dano patrimonial do candidato inscrito no certame anulado, (ii) à conduta da Administração Pública que anulou o concurso em razão de indício de fraude, (iii) ao vínculo causal entre o evento danoso e o ato administrativo e (iv) à ausência de qualquer causa excludente de que pudesse eventualmente decorrer a exoneração da responsabilidade civil do Estado" (recurso extraordinário 662.405, Tribunal Pleno, Rel. Min. Luiz Fux, j. 29.06.2020).

[660] No direito português, Rui Cardona Ferreira noticia que as discussões sobre o tema têm convergido para a adoção desse entendimento: "o STA [...] vem afirmando, de forma constante e reiterada, a sujeição das entidades adjudicantes ao instituto geral da *culpa in contrahendo*, nos casos de recusa de visto do Tribunal de Contas. Em tais casos, o evento lesivo não é a própria decisão do Tribunal de Contas, nem um suposto incumprimento do contrato pelo contraente público, mas os atos ou omissões praticados pela entidade adjudicante, no âmbito do procedimento pré-contratual, que conduziram à recusa

E se o órgão de controle produziu determinação que impediu o aperfeiçoamento da contratação e essa decisão foi posteriormente reconhecida como indevida? Nesse caso, a questão poderá ser resolvida pelos parâmetros próprios aplicáveis à responsabilidade civil pelos atos praticados por essas instâncias. Em princípio, a responsabilidade civil do ente contratante ficará afastada, desde que não se tenha verificado inércia ou atuação irregular sua. Suponha-se, como exemplo, a prestação insuficiente ou incorreta de informações que possa ter determinado a decisão controladora. Conforme o caso, este último tipo de situação se aproximará da hipótese de perda de chance produzida por omissão da atuação advocatícia (omissão, no caso, do ente público) que tenha comprometido a possibilidade de obter o resultado favorável buscado.[661]

Parcialmente diversa será a situação quando a licitação estiver estruturada na recepção de recursos de entes financiadores externos ao ente público responsável pelo processo de contratação. Cogita-se aqui, especificamente, da situação em que o financiador venha a se recusar a fornecer os recursos previstos após instaurado o processo de contratação.

Em um primeiro cenário, a recusa pode basear-se em justa causa correspondente à prática de atos irregulares do ente público contratante, seja no âmbito da licitação, seja no âmbito da relação que tenha instaurado com o ente financiador. Nesse caso, haverá responsabilidade civil do ente público contratante perante os licitantes prejudicados, pelos atos irregulares que tenha praticado.

Em um segundo cenário, a recusa pode basear-se em razões exclusivamente relacionadas ao ente financiador, não decorrentes, portanto, de atos próprios do ente público contratante. Neste caso, se o ente público não tiver condições de integrar recursos suficientes para viabilizar a contratação – o que deverá ser verificado em concreto –, haverá razão apta a ensejar a revogação do processo. Nem por isso ficará afastada a sua responsabilidade. A instauração de licitação ancora-se invariavelmente em um pressuposto de responsabilidade fiscal e de viabilidade da contratação. Não constitui nem pode configurar uma simples aposta, atividade meramente condicionada à providência de terceiros. Ademais, os riscos próprios ao relacionamento estabelecido

---

do visto" (FERREIRA, Rui Cardona. *A responsabilidade civil pré-contratual das entidades adjudicantes*. Coimbra: Almedina, 2018. p. 122).

[661] O que não afasta a necessidade de verificar a possibilidade (e o ônus, conforme o caso) de o próprio sujeito lesado, tendo conhecimento do processo de controle e acesso a ele, manifestar-se para defender seus interesses.

com o ente financiador são da alçada do ente público. Portanto, serão aplicáveis as considerações gerais relativas à hipótese de revogação. Será cabível a indenização correspondente a danos produzidos em razão do risco assumido pelo ente público de não dispor dos recursos necessários.

5.5.3.3 A questão do caso fortuito e de força maior

É corrente o entendimento de que, ao lado dos fatos da vítima e de terceiros, também eventos de caso fortuito e força maior determinam a ausência da relação causal entre a atuação estatal e o dano, impedindo a formação da relação de responsabilidade.[662]

O parágrafo único do art. 393 do Código Civil equipara os efeitos práticos das noções de caso fortuito e de força maior e prevê que essas situações envolvem dois elementos: o *fato necessário* e a *inevitabilidade dos efeitos*, o que não significa que esses efeitos se traduzam necessariamente na impossibilidade de prática dos atos impactados. Daí a doutrina enumerar duas características elementares desses eventos: a sua caracterização como fato externo aos sujeitos afetados e a irresistibilidade em relação à ocorrência do evento e de seus efeitos.[663]

Se a resposta geral à indagação acerca de formação de responsabilidade civil do Estado nesses casos seria negativa, por ausência de vínculo causal entre (inexistente) conduta estatal e o dano, deve-se observar que a questão não pode ser compreendida apenas mediante aferição naturalística do nexo causal, mas em vista do nexo de imputação aplicável.

Os pressupostos de configuração de caso fortuito ou de força maior permitem enquadrar essas situações como justificativa para revogação do processo de contratação, como se infere do art. 71, §2º,

---

[662] "Finalmente, é de se ressaltar que mesmo se a relação jurídica existente entre as partes se sujeitasse exclusivamente ao regime público de responsabilidade civil, previsto no art. 37, §6º, da CF/1988, próprio da responsabilidade civil do Estado, como entendeu o acórdão recorrido, a solução deveria ser a mesma, com a exclusão da responsabilidade dos Correios pelo roubo de mercadorias. Isso porque a responsabilidade civil do Estado – assim também a das pessoas jurídicas de direito privado prestadores de serviço público – é excepcionada pela ocorrência de força maior ou caso fortuito, conforme vários precedentes desta Corte e do STF [...]" (Superior Tribunal de Justiça, recurso especial 976.564/SP, 4ª Turma, relator Ministro Luis Felipe Salomão, j. 20.09.2012).

[663] Alude-se ainda a uma característica circunstancial (não necessária), correspondente à imprevisibilidade dos eventos (NORONHA, Fernando. *Direito das Obrigações*. Fundamentos do Direito das Obrigações. Introdução à Responsabilidade Civil. São Paulo: Saraiva, 2003. v. 1. p. 624-625).

da Lei 14.133/21. Nessa condição, há de se verificar se esses eventos se relacionam de forma direta exclusivamente com o interesse estatal ou não.

Quando os eventos de caso fortuito e de força maior afetarem exclusivamente a esfera jurídica estatal de forma direta, com efeitos reflexos sobre os interesses privados, estará configurada hipótese de *fortuito interno*, que explica a razão de o Estado permanecer obrigado perante danos causados a terceiros nessa circunstância.

A noção de *fortuito interno* deriva do critério de imputação de responsabilidade marcado por traços objetivos. Configura-se, pelas razões acima expostas, risco próprio do polo estatal de que o processo de contratação administrativa seja impactado por fator superveniente de inconveniência ao ente estatal. A objetividade implica admitir que eventos supervenientes e imprevistos estejam incorporados à esfera do sujeito responsável pelos riscos correspondentes, ainda que a superveniência não seja por ele causada.[664] Isso se dá conforme as premissas que foram expostas no capítulo 4 a propósito da responsabilidade civil em caso de revogação.

É a imputação desses riscos ao Estado que implica afastar a excludente de responsabilidade (excludente de nexo causal)[665] em certas hipóteses de caso fortuito e de força maior que ensejem a extinção do processo, em razão da impossibilidade de atribuição aos particulares dos encargos derivados de flutuações nos interesses e objetivos perseguidos pelo Estado. Admite-se, como nota Fernando Noronha, a existência de "fatos que preenchem os requisitos da imprevisibilidade

---

[664] "Referida construção, a rigor, decorre da constatação de que os danos causados por tais fatos restariam, no mais das vezes, irressarcidos se não fossem imputados ao agente responsável pela atividade. Isso porque, sendo muitas vezes necessários e inevitáveis – e até imprevisíveis –, qualificar-se-iam como caso fortuito, a romper o nexo de causalidade e exonerar o agente do dever de indenizar. Nesse cenário, e considerando que, na sociedade cada vez mais complexa e industrializada, os danos "devem acontecer", cunhou-se o conceito de caso fortuito interno, assim entendido o evento que se liga à pessoa ou à organização da empresa, ou seja, aos riscos da atividade desenvolvida pelo agente, e incapaz de exonerá-lo. Afinal, cuida-se de fatos que, embora fortuitos, se encontram contidos no âmbito da atividade em cujo desenvolvimento se deu o dano. Passou-se, assim, a entender que os danos decorrentes dos eventos relacionados à pessoa ou à empresa do agente se conectam a ela por nexo de causalidade e deveriam por ela ser evitados, razão pela qual deve por eles responder" (TEPEDINO, Gustavo; TERRA, Aline; CRUZ, Gisela. *Fundamentos do Direito Civil*: Responsabilidade Civil. 3. ed. Rio de Janeiro: Grupo GEN, 2022. v. 4. p. 112).

[665] NORONHA, Fernando. *Direito das Obrigações*. Fundamentos do Direito das Obrigações. Introdução à Responsabilidade Civil. São Paulo: Saraiva, 2003. v. 1. p. 622; MARTINS, Ricardo Marcondes. *Efeitos dos vícios do ato administrativo*. São Paulo: Malheiros, 2008. p. 569.

e da inevitabilidade e que, apesar disso, não excluem o nexo de causalidade".[666]

Essas considerações levam à conclusão de que o fortuito não é um dado alheio ao risco assumido pelo ente estatal quando instaura o processo de contratação. É, em si, uma concretização do risco intrínseco à atividade administrativa em desenvolvimento e à situação – processo de contratação – gerada pela atuação estatal que propiciou o resultado danoso.[667] Por conseguinte, como observado por Sérgio Cavalieri Filho, o fortuito interno "não exclui a responsabilidade do Estado porquanto, embora imprevisível, faz parte da sua atividade, liga-se aos riscos da atuação estatal".[668]

Observe-se que a atribuição ao Estado da responsabilidade pelo caso fortuito (ou pelos ônus dela decorrentes) não é um dado estranho ao ordenamento. No âmbito da Lei 14.133/21, o art. 124, inc. II, determina essa solução.[669] E a doutrina alude à possibilidade de atribuição de responsabilidade civil do Estado frente ao caso fortuito também no âmbito extracontratual.[670]

---

[666] NORONHA, Fernando. *Direito das Obrigações*. Fundamentos do Direito das Obrigações. Introdução à Responsabilidade Civil. São Paulo: Saraiva, 2003. v. 1. p. 626. Na mesma linha: "O juízo acerca da incidência ou não da figura do fortuito interno parece, antes, vinculado à lógica do risco e de sua imputação a certo sujeito que desenvolve uma atividade potencialmente lesiva. Daí ser o fortuito interno noção recorrente em relações regidas pela responsabilidade objetiva, onde a simples imprevisibilidade é considerada suficiente para desconfigurar o ilícito" (SCHREIBER, Anderson. *Novos paradigmas da responsabilidade civil*: da erosão dos filtros da reparação à diluição dos danos. 5. ed. São Paulo: Atlas, 2013. p. 70).

[667] "Não se pode considerar inevitável aquilo que acontece dentro da esfera pela qual a pessoa é responsável e que certamente não aconteceria se não fosse sua atuação. Se o fato causador do dano não é externo, poderia ser sempre evitado, para isso bastando a não realização da atividade em cujo decurso ele surge. Nestes casos, o dano ainda é resultante da atuação da pessoa, mesmo que esteja isenta de qualquer juízo de censura" (NORONHA, Fernando. *Direito das Obrigações*. Fundamentos do Direito das Obrigações. Introdução à Responsabilidade Civil. São Paulo: Saraiva, 2003. v. 1. p. 626).

[668] CAVALIERI FILHO, Sérgio. *Programa de Responsabilidade Civil*. 11. ed. São Paulo: Atlas, 2007. p. 294.

[669] "Art. 124. Os contratos regidos por esta Lei poderão ser alterados, com as devidas justificativas, nos seguintes casos: [...] II - por acordo entre as partes: d) para restabelecer o equilíbrio econômico-financeiro inicial do contrato em caso de força maior, caso fortuito ou fato do príncipe ou em decorrência de fatos imprevisíveis ou previsíveis de consequências incalculáveis, que inviabilizem a execução do contrato tal como pactuado, respeitada, em qualquer caso, a repartição objetiva de risco estabelecida no contrato".

[670] "Normalmente a existência de caso fortuito ou força maior traz por consequência jurídica a própria vítima suportar o resultado. No entanto, pode haver, por opção legislativa, a indicação de algum responsável por indenizar, ante a ocorrência de caso fortuito e força maior. Essa opção é mais comum em matéria de responsabilidade contratual (verifiquem-se, exemplificativamente, os seguintes artigos do CC: 399, 575, 667, §1º, 868), mas também se verifica em responsabilidade extracontratual (por exemplo: Lei federal 6.453/1977,

Já fora das cogitações sobre o fortuito interno, há segunda hipótese, em que o caso fortuito de força maior afeta diretamente ambos os polos da relação pré-contratual. Isso ocorre quando sobrevém a impossibilidade absoluta de contratar. Ou seja: quando há fato externo, inevitável e de efeitos que, além de igualmente inevitáveis, frustram por completo a possibilidade de continuidade da relação jurídica e de seu cumprimento.

Suponha-se, como exemplo, contratação para reforma ou concessão de ponte que vem a ser destruída, por razões alheias e não imputáveis ao ente estatal. Há desaparecimento do objeto físico indispensável para a consecução do contrato. Não haverá espaço para o ente público avaliar a continuidade do processo de contratação ou não, pois a viabilidade de contratar resta fulminada pelo evento superveniente.

Nessas circunstâncias, a afetação do interesse estatal não aparece como fato prévio e desencadeador do prejuízo aos candidatos a contratar. Não existe flutuação apenas dos interesses tutelados pelo Estado, mas frustração direta e imediata de ambos os polos de interesse da relação contratual, que não permite identificar risco exclusivamente relacionado à esfera estatal que justifique a reparação do sujeito privado. Por isso, nesse tipo de situação, os casos fortuito e de força maior atuarão como na generalidade dos casos: como excludentes de causalidade, que afastam a responsabilização estatal.

5.6 Sequência

As premissas teóricas descritas neste capítulo e no anterior serviram para estruturar a teoria e identificar o regime jurídico da responsabilidade pré-contratual do Estado. Embora a aplicação prática dessas premissas já tenha sido antecipada em termos pontuais, ela será desenvolvida com maior abrangência no capítulo final deste trabalho, com a abordagem de situações concretas e de soluções jurisprudenciais de responsabilização.

---

em matéria de acidentes nucleares)" (ALMEIDA, Fernando Dias Menezes de. Controle da Administração Pública e Responsabilidade do Estado. *In:* DI PIETRO, Maria Sylvia Zanella (coord.). *Tratado de direito administrativo*. São Paulo: Revista dos Tribunais, 2014. v. 7. p. 392).

CAPÍTULO 6

AS SITUAÇÕES ESPECÍFICAS DE RESPONSABILIDADE DECORRENTES DA DECISÃO ADMINISTRATIVA DE NÃO CONTRATAR

Com base nos elementos apresentados ao longo deste trabalho, a exposição que segue considerará quatro tipos principais de situações em torno da extinção dos processos de contratação: (i) hipóteses de invalidação; (ii) hipóteses de revogação; (iii) situações atípicas e casuística especial, incluindo processos de contratação direta, que, pelas suas peculiaridades, justificam tratamento apartado; e (iv) decisões judiciais relativas à aplicação da teoria da perda de chance.

6.1 A responsabilidade civil pela invalidação de licitação

No capítulo 4 foram indicados os fundamentos da responsabilidade civil do Estado pela atuação pré-contratual irregular. O dano nessas hipóteses se caracteriza como tal a partir da decisão de invalidação, mas é decorrência da atividade estatal anterior antijurídica, assim reconhecida como fator de invalidação. Ademais, a própria decisão de invalidação pode, ela própria, ser irregular.

A invalidação ou frustração antijurídica da licitação não resultará em solução única a propósito do alcance da responsabilidade, pois as situações a serem resolvidas podem envolver características diversas. Há três aspectos principais a serem examinados.

O primeiro é a *causa de invalidade*, que justifica a extinção do processo de contratação. Essa causa se desdobra em duas espécies: pode ela ser originária, relacionada à própria estruturação da licitação e do contrato correspondente, ou pode corresponder a vício superveniente, relativo à forma de desenvolvimento do processo de contratação.

O segundo aspecto compreende considerar os *sujeitos juridicamente lesados*, de modo a determinar a abrangência da responsabilidade estatal perante todos os concorrentes ou apenas em face daquele em situação próxima de contratar.

O terceiro aspecto diz respeito, afinal, à *validade da decisão administrativa que determina a anulação*. A eventual irregularidade da decisão da anulação será causa autônoma do dever de indenizar.

Esses pontos são tratados a seguir.

6.1.1 A invalidade originária na estruturação da licitação

Os vícios originários de concepção da licitação (aí incluída a concepção do contrato) impedem, como regra, a consecução de qualquer contratação. Configura-se a própria impossibilidade jurídica de contratação.

Uma vez confirmada a impossibilidade absoluta de se alcançar a contratação, aplica-se a premissa de que a tutela decorrente da responsabilidade civil se exaure na fase pré-contratual e não pode ultrapassá-la, o que justifica o ressarcimento apenas do interesse negativo, em lógica similar àquela prevista no art. 148, *caput* e §1º, da Lei 14.133/21 para anulação de contrato administrativo.[671] Note-se que o §1º alude ao "retorno à situação fática anterior". Logo, a reparação será orientada pela recomposição da situação *a quo* havida antes do engajamento do interessado para participar do processo de contratação. Portanto, a indenização será restrita aos danos emergentes verificados nessa fase e a propósito dela, assim como comportará, em vista da abrangência da previsão legal, eventuais lucros cessantes ou chances perdidas que possam ser comprovados com base em oportunidades alternativas frustradas.

O dano indenizável compreenderá os prejuízos havidos até o momento em que a invalidade seja reconhecida. Haverá confiança legítima apta a nortear a realização de despesas e investimentos indenizáveis apenas durante a janela temporal entre a notícia da instauração

---

[671] "Art. 148. A declaração de nulidade do contrato administrativo requererá análise prévia do interesse público envolvido, na forma do art. 147 desta Lei, e operará retroativamente, impedindo os efeitos jurídicos que o contrato deveria produzir ordinariamente e desconstituindo os já produzidos. §1º Caso não seja possível o retorno à situação fática anterior, a nulidade será resolvida pela indenização por perdas e danos, sem prejuízo da apuração de responsabilidade e aplicação das penalidades cabíveis".

do processo de contratação e o momento de conhecimento da irregularidade. Isso não exclui, no entanto, despesas posteriores havidas em razão da necessidade de reagir à invalidade e reclamar os danos frente ao ente público.

6.1.2 A invalidade superveniente, verificada no processamento da licitação

Diferentemente da hipótese cogitada acima, a configuração de invalidade no curso e em razão do processamento da licitação não se equipara a uma impossibilidade jurídica de contratar, mas a impedimento superveniente à ocorrência desse resultado. O impedimento derivado de vício processual pode figurar como causa interruptiva da formação de um direito a contratar que, a princípio e em princípio, seria viável.

O vício superveniente é em tese apto a afetar a esfera jurídica dos sujeitos de forma diretamente relacionada à possibilidade de contratar. Por esse prisma, a invalidade que tenha sido produzida no curso do certame pode dizer respeito não apenas ou propriamente ao interesse dos licitantes de não serem lesados em relação aos dispêndios incorridos (interesse negativo). Pode afetar um já aperfeiçoado interesse de caráter pretensivo à contratação, desde que se venha a caracterizar direito à celebração do contrato. Nesse caso, a atuação estatal inválida se caracterizará como impedimento superveniente ilegítimo a uma contratação originalmente viável.

Observando-se a metodologia descrita no capítulo 5, *em tese* seria cabível a indenização do interesse positivo, quando a posição jurídica do particular já estiver orientada pela contratação frustrada. Essa solução para os casos de invalidade – seja com a indenização pelo interesse positivo, seja pelo ressarcimento da perda de uma chance – foi sustentada por Couto e Silva, com base na aplicação direta e irrestrita do art. 37, §6º, da Constituição Federal.[672]

---

[672] "Tratando-se, entretanto, de vício formal no procedimento licitatório, que poderia ser perfeitamente evitado, de modo a permitir que o contrato se realizasse sem qualquer defeito, ainda que não se dê a indenização pelo interesse positivo, pois a contratação ainda dependeria, de o licitante vencer o certame, parece que seria, pelo menos, de indenizar a perda da oportunidade ou da chance, como admitida sobretudo pelo direito francês, mas também pela nossa doutrina, apesar da dificuldade na fixação do *quantum*, a ser ressarcido, que nessas hipóteses se apresenta" (SILVA, Almiro Couto e. Responsabilidade pré-negocial e *culpa in contrahendo* no direito administrativo brasileiro. *Revista da Procuradoria-Geral do Estado do Rio Grande do Sul*, Porto Alegre, v. 27, n. 57, p. 171-179, dez. 2003. p. 176).

Alude-se ao cabimento *em tese* do interesse positivo porque há parâmetro legislativo específico aplicável. O art. 148 da Lei 14.133/21 estabelece que a invalidação do contrato administrativo "operará retroativamente, impedindo os efeitos jurídicos que o contrato deveria produzir ordinariamente e desconstituindo os já produzidos". Ou seja, a legislação estipula solução indenizatória específica, correspondente ao retorno ao *status quo*, orientado pelo §1º da referida norma.

Em outras palavras, o art. 148 da Lei 14.133/21 assegura um patamar mínimo de tutela ao sujeito lesado pela atuação inválida, limitando tal proteção em termos indenizatórios tendo em vista também a frustração percebida na esfera estatal da possibilidade de prosseguir com o contrato. De certo modo, a norma parametriza solução peculiar de reparação, não propriamente equivalente ao alcance mais amplo de indenização que se poderia extrair das regras gerais da lei civil. A lógica da norma se baseia em tratamento simétrico para as situações da administração pública e ao lesado: se a administração não poderá dispor do resultado esperado a partir da contratação, e ainda que ela tenha dado causa à invalidade, não haveria justificativa para admitir que o sujeito, lesado de igual modo com a perda do contrato, fosse alçado à condição em que a contratação viesse a ser bem-sucedida e plenamente executada.

Em suma, se o contratado em caso de anulação do contrato deve ser indenizado pelo interesse negativo, como prevê o art. 148, não se poderia conferir solução mais favorável ao sujeito que tenha sido lesado pela invalidação da licitação antes da consumação do contrato. Isso mesmo se já se pudesse identificar em seu favor um direito à contratação em tese. Logo, a indenização nesse caso também é orientada pelo art. 148 e fica restrita ao interesse negativo.

E se a irregular decisão de invalidação for revista e o ente público retomar o processamento do certame? Sendo a disputa do contrato novamente proporcionada aos licitantes, será cabível a indenização somente pelos gastos havidos para reverter a inválida extinção do processo de contratação (com serviços advocatícios, entre outras despesas) e pelas despesas adicionais incorridas para participar do refazimento do certame, visto que estas só se tornaram necessárias em razão da conduta estatal irregular.

6.1.3 O caso de invalidação irregular

Situação diversa será a de invalidação irregular, em que o ente público proclame a anulação do certame sem que se tenha verificado nulidade, ou sem que se tenha verificado defeito efetivamente inviabilizador do contrato.

A invalidação irregular do processo de contratação pode ocorrer por erro simples ou ocultar desvio de finalidade. Em qualquer caso, o ato funcionará em termos práticos como rota de fuga ao dever de observar o resultado da licitação. Conforme reconhecido pelo Superior Tribunal de Justiça, é o que ocorre quando se identifica que "a Administração se utiliza de mera irregularidade formal do edital para fundamentar a anulação da concorrência e a realização de novo certame, porque, na realidade, ficou insatisfeita com o resultado do procedimento licitatório [...]".[673]

Independentemente de qualquer cogitação acerca de culpabilidade ou de existência de boa ou má-fé na tomada da decisão irregular de invalidação, trata-se de ato estatal antijurídico que, se não vier a ser corrigido, e na medida em que inutilize as despesas havidas pelos sujeitos participantes do processo ou frustre direito à contratação, ensejará a responsabilidade estatal.

Já se referiu acima que a responsabilidade civil do Estado na hipótese específica de invalidação irregular tem sido objeto de diversas manifestações. Segundo Hely Lopes Meirelles, a invalidação do certame sem justa causa enseja o dever estatal de indenizar o sujeito lesado.[674] Nas palavras de Franco Sobrinho sobre o encerramento da licitação que impeça a contratação, "não havendo justa motivação a Administração responde por ação ou omissão".[675] Do mesmo modo, Carlos Ari Sundfeld aponta que, "se a anulação é ilegal, esse dever [de indenizar] existe".[676]

---

[673] Superior Tribunal de Justiça, recurso em mandado de segurança 28.927/RS, 1ª Turma, Rel. Ministra Denise Arruda, j. 17.12.2009.

[674] "Entretanto, se o despacho anulatório é que é nulo por falta de *justa causa*, por praticado com desvio ou abuso do poder, a parte prejudicada pode obter administrativa ou judicialmente a declaração de sua nulidade, restabelecendo-se o ato ou o procedimento ilegalmente anulado. Em ocorrendo tal hipótese, o prejudicado terá direito ou a receber o objeto da adjudicação, ou a ser indenizado dos prejuízos ocasionados pela ilegal anulação da licitação ou de seu julgamento. [...] A anulação com *justa causa* não sujeita a Administração a qualquer indenização, porque o Poder Público tem o dever de velar pela ilegitimidade de seus atos e quando depara ilegalidade está na obrigação de corrigi-la, invalidando o ato ilegítimo para que outro se pratique regularmente" (MEIRELLES, Hely Lopes. *Licitação e Contrato Administrativo*. São Paulo: Revista dos Tribunais, 1973. p. 164-165). Trata-se de entendimento que aquele publicista seguiu sustentando, conforme se vê em MEIRELLES, Hely Lopes. *Licitação e Contrato Administrativo*: de acordo com a Lei 8.666, de 21.06.1993, com todas as alterações posteriores. 15. ed. atual. por José Emmanuel Burle Filho, Carla Rosado Burle, Luís Fernando Pereira Franchini. São Paulo: Malheiros, 2010. p. 225.

[675] FRANCO SOBRINHO, Manoel de Oliveira. *Contratos Administrativos*. São Paulo: Saraiva, 1981. p. 304-305.

[676] SUNDFELD, Carlos Ari. *Licitação e contrato administrativo*: de acordo com as Leis 8.666/93 e 8.883/94. São Paulo: Malheiros, 1994. p. 172.

Nesse tipo de situação, não se aplica a lógica do art. 148 da Lei 14.133/21, porque a norma disciplina hipóteses de extinção regular da relação jurídica pré-contratual, baseadas na ocorrência de efetiva invalidade impeditiva do prosseguimento do processo e da contratação. Quando não houver razão para invalidação do certame, não existirá o suporte fático do art. 148 da Lei 14.133/21 – isto é, contratação irregular a ser obstada –, de modo que, de igual forma, a decisão administrativa não pode impedir a consecução do resultado da licitação – seja *in natura*, seja pela via da responsabilidade civil.

Logo, a indenização devida nessa hipótese será determinada pelo conteúdo das posições jurídicas que tenham sido afetadas, consoante as regras gerais do art. 944 do Código Civil e do art. 37, §6º, da Constituição Federal. Se a interrupção inválida se verificar no estágio inicial do processo, sem que estivessem definidas quaisquer chances objetivas relacionadas à contratação, a indenização devida será pelo interesse negativo, com o retorno dos sujeitos lesados ao *status quo*. Se, em estágio mais avançado, a invalidade for indevidamente proclamada quando já havia situação de relevante probabilidade ou de certeza a propósito do direito de contratar, a situação poderá comportar indenização pela perda de chance ou pelo interesse positivo, respectivamente.

Comentando a jurisprudência do Supremo Tribunal Administrativo português, Rui Cardona Ferreira noticia a adoção da mesma solução naquele país, indicando o reconhecimento de que "em determinados casos, quando a nulidade ou a ineficácia do contrato possam ser supridas por uma das partes e esta justificadamente não o faça, a indemnização devida pode ter como medida o interesse contratual positivo".[677]

Também se coloca a hipótese de a irregular decisão de invalidação ser revista e o ente público retomar o processamento do certame. Se não houver direito a contratar já formado, o refazimento do certame justificará a indenização somente pelos gastos havidos para reverter a extinção indevida do processo de contratação e por despesas adicionais havidas a propósito do refazimento do certame. Se já houver direito a contratar, deverá ser dado seguimento às providências necessárias para a contratação, sem prejuízo da indenização por eventuais gastos para combater a irregularidade que veio a ser revista.

---

[677] FERREIRA, Rui Cardona. A responsabilidade civil pré-contratual das entidades adjudicantes. Coimbra: Almedina, 2018. p. 119.

6.1.4 A legitimidade para pleitear a indenização: os sujeitos lesados

Cabe ainda definir se apenas o licitante em condições de ser identificado como potencial vencedor ou se ele e todos os demais poderiam reclamar perdas e danos pela invalidação do certame.

Encontra-se na doutrina alusão restrita ao vencedor da licitação – ou licitante em tal condição – como sujeito legitimado a se qualificar como lesado para buscar a indenização.[678]

Em sentido diverso, há referências à indenização dos diversos licitantes prejudicados pela invalidação do certame. Essa posição é sustentada por Edgar Guimarães[679] e a alusão à indenização dos licitantes no plural também aparece na obra de Marçal Justen Filho.[680] Trata-se de entendimento com o qual nos alinhamos, o que significa reconhecer direito à reparação a todos (e apenas)[681] àqueles interessados no certame que tenham efetivamente nele ingressado e, a partir dessa condição, tenham condições de comprovar danos ressarcíveis.

Mas há um duplo filtro a ser aplicado aos postulantes de indenização.

O primeiro tem a ver com a viabilidade da participação do licitante. Para reclamar a indenização, é necessário que, além de não ter concorrido com a nulidade, este demonstre a viabilidade de sua

---

[678] Por todos, MEIRELLES, Hely Lopes. *Licitação e Contrato Administrativo*: de acordo com a Lei 8.666, de 21.06.1993, com todas as alterações posteriores. 15. ed. atual. por José Emmanuel Burle Filho, Carla Rosado Burle, Luís Fernando Pereira Franchini. São Paulo: Malheiros, 2010. p. 225.

[679] GUIMARÃES, Edgar. Responsabilidade da Administração Pública pelo desfazimento da licitação. Belo Horizonte: Fórum, 2013. p. 164.

[680] "As perdas e danos indenizáveis são aquelas que derivam de uma relação de causalidade direta com o ato viciado. Se a Administração verifica defeito no prazo de publicação do ato convocatório, deverá indenizar as despesas que os interessados efetivaram para comparecer na data prevista originariamente" (JUSTEN FILHO, Marçal. *Comentários à Lei de Licitações e Contratações Administrativas*: Lei 14.133/2021. São Paulo: Thomson Reuters Brasil, 2021. p. 930).

[681] Em uma proposta mais ampla, Marcio Pestana sustenta que, além de "todos aqueles que do certame participaram", caberia "igual possibilidade de indenização [...] àquele que, firmemente disposto a participar do certame, não o tenha feito, justamente em não tendo licitado em razão do aludido vício" (PESTANA, Marcio. *Licitações públicas no Brasil*: exame integrado das Leis 8.666/1993 e 10.520/2002. São Paulo: Atlas, 2013. p. 801). Discorda-se do reconhecimento de indenização em favor daquele que não tenha participado da licitação tanto porque isso propiciaria a ampliação ilimitada da responsabilidade estatal, quanto porque, e principalmente, não se configura nesse caso nenhum dano. Se o dano indenizável é aquele relacionado ao interesse negativo – o que inclui, especialmente, os custos havidos para ingressar no certame –, apenas os efetivos participantes poderão demonstrar prejuízos ressarcíveis. Os interessados que, identificando ou não previamente irregularidade no certame, deixaram de dele participar, evitaram, pela sua própria abstenção, a ocorrência de dano.

participação no certame. Ressalva-se apenas a desnecessidade de comprovar o cumprimento de requisitos eventualmente inválidos.[682]

Trata-se da premissa já exposta anteriormente neste estudo: se a responsabilidade civil constitui solução para viabilizar a indenização pelo equivalente patrimonial, e se os licitantes derrotados já não tinham qualquer pretensão no âmbito do certame, não podem ser colocados em situação mais favorável àquela em que se encontravam. No dizer de Mota Pinto sobre o sujeito lesado que "não consiga provar que sem a violação das regras teria vencido" a disputa, "não terá [ele] direito a *qualquer indemnização*", porque "mesmo o ressarcimento correspondente ao interesse negativo colocá-lo-ia *em melhor posição* do que aquela em que estaria se não tivesse existido o 'evento que obriga à reparação'".[683]

O segundo filtro envolve a verificação do estágio de definição do processo de contratação. A precisa distinção sustentada por Celso Antônio Bandeira de Mello a esse respeito opera-se da seguinte forma: se a invalidade foi reconhecida antes da individualização de qualquer licitante como vencedor, todos os licitantes terão direito à indenização – isto desde que, como observado no parágrafo anterior, demonstrem a viabilidade de sua participação. Já se tiver ocorrido a individualização do vencedor, ou de licitante em peculiares condições de vitória, apenas este último terá condições de reclamar a indenização.[684]

Esta última situação evidenciará que todos os demais – mesmo aqueles que reuniam as condições necessárias para disputar o certame, mas apresentaram proposta menos vantajosa – já se encontravam em situação equivalente à de derrota no certame, a partir da qual não

---

[682] Em sentido similar: "Accepting the logic that the contracting authority precluded a tenderer from having a fair chance of winning the procurement procedure, one must theoretically also accept that this holds true for all those that submitted a bid. Assume that contracting authority A invited bids, but was already determined to award to B. All other tenders (Cn) have been precluded from successfully participating. Based on this reason alone, A would be liable for all costs in Cn's preparations for bids. In order to limit the effect of the duty to pay damages for the preparation of bids, another element of liability would have to be included again, such as (the most basic one) the eligibility of the bids, or alternatively, the likelihood of succeeding in the absence of other factors. For example, Jansen takes the view that costs should be compensated only where three conditions are met: (a) the price of the bid must have been valid, (b) the bid must have been serious, that is it must have been adequate, and (c) the costs must have been incurred in good faith. The concerns addressed through the conditions also remain validly addressed in relation to bid preparation as a head of damage" (SCHEBESTA, Hanna. *Damages in EU Public Procurement Law*. Heidelberg: Springer, 2016. p. 189).

[683] PINTO, Paulo Mota. Responsabilidade por violação de regras de concurso para celebração de um contrato (em especial o cálculo da indemnização). *In*: GONÇALVES, Pedro (org.). *Estudos de Contratação Pública*. Coimbra: Coimbra Editora, 2010. v. II. p. 292.

[684] MELLO, Celso Antônio Bandeira de. *Curso de Direito Administrativo*. 35. ed. São Paulo: Malheiros, 2021. p. 507.

lograriam obter nenhum tipo de retorno. A própria evolução do certame se encarregará de demonstrar que, por não terem condições de se sagrar vencedores, cabe a esses licitantes arcar com os custos incorridos, como elemento inerente ao risco de exercício de suas atividades econômicas.

6.2 A responsabilidade civil pela revogação da licitação

6.2.1 A hipótese da revogação regular da licitação

Conforme sustentado no capítulo 3, enquanto não há contratação, salvo eventuais situações excepcionais, ainda não existe direito dotado de exigibilidade à contratação. Há direito em estágio ainda eventual, com potencial de alcançar tal resultado, porém ainda dependente de condições ulteriores para se tornar exigível. A revogação opera o efeito de impedir o atingimento da plena eficácia desse direito, o que afastará a sua caracterização como direito adquirido.

Como vem sendo referido, a responsabilização civil deve guardar coerência com a situação jurídica material verificada, considerando a relação entre dois vetores: a posição jurídica detida pelo particular e o conteúdo da competência exercitada pelo ente público. Daí não ser possível que a solução ressarcitória em face da revogação seja orientada pelo contrato frustrado, pois a determinação legal de exercício da competência se destina precisamente a afastar o contrato e seus efeitos – por extensão, o regime contratual e as suas consequências patrimoniais – para ambas as partes.

Significa dizer que a revogação regular não pode acarretar a violação de interesse positivo. Se é inviável a indenização pautada pelo estabelecimento da situação *ad quem*, a solução que resta é a pautada pelo retorno ao *status quo*, com indenização que corresponderá ao equivalente do interesse negativo dos sujeitos afetados pela revogação. Essa definição é encontrada no direito comparado[685] e encontra acolhida específica, por exemplo, na legislação portuguesa.[686]

---

[685] Como exemplo: "Esaminando i pregi di tale disciplina, risulta senza dubbio condivisibile l'idea di fondo che ha ispirato il legislatore: venendo in rilievo una responsabilità da atto lecito (in quanto la norma presuppone che il provvedimento di revoca sia stato legittimamente adottato dalla P.A.), risulta comprensibile la scelta di limitare (o "parametrare" per usare le parole del decreto) l'indennizzo al solo danno emergente e non all'intero danno (che comprenderebbe anche il lucro cessante: cfr. art. 1223 c.c.) eventualmente subito dal privato. Il destinatario del provvedimento di revoca viene, quindi, ristorato solo delle eventuali spese che abbia sostenuto facendo affidamento sull'efficacia (o, in caso di revoca di un atto ad efficacia durevole, sulla perdurante efficacia) del provvedimento revocato" (RUSCICA, Serafino. *La responsabilità civile della stazione appaltante*. Milano: Giuffrè, 2011. (Coleção Officina del Diritto). p. 34-35).

[686] Conforme indicado no Código de Contratos Públicos de Portugal: "Artigo 79º Causas de não adjudicação [...] c) Por circunstâncias imprevistas, seja necessário alterar aspetos

Também é nesse sentido a conclusão da doutrina pátria que tratou da definição do padrão indenizatório na hipótese em análise. Podem ser localizadas referências a fórmulas indenizatórias como as seguintes: "despesas para atender ao edital ou às outras formas de convite para participar de licitação";[687] "despesas devidamente comprovadas, diretamente vinculadas e realizadas em função da boa-fé e da confiança legítima no processo licitatório";[688] "indenização em favor do adjudicatário, pelas despesas que houver suportado para participar".[689] A mesma solução é encontrada de forma frequente na jurisprudência.[690]

Entende-se mais adequado recorrer à noção de interesse negativo, dada a abrangência da situação *a quo*, que não se restringe aos danos emergentes e pode, portanto, ser mais ampla do que as rubricas referidas nas fórmulas acima reproduzidas.

Cabe, no entanto, relembrar a exceção exposta no item 5.5.3.3 a propósito do tratamento dos casos fortuitos ou de força maior como excludentes de responsabilidade. Há situações de caso fortuito e força maior que afetam apenas a órbita estatal, sem impossibilitar a contratação. Nessa condição, caracterizarão mero *fortuito interno*, ensejador

---

fundamentais das peças do procedimento; d) Circunstâncias supervenientes relativas aos pressupostos da decisão de contratar o justifiquem; [...] 4 - Quando o órgão competente para a decisão de contratar decida não adjudicar com fundamento no disposto nas alíneas c) e d) do nº 1, a entidade adjudicante deve indemnizar os concorrentes, cujas propostas não tenham sido excluídas, pelos encargos em que comprovadamente incorreram com a elaboração das respectivas propostas". Isso não afasta cogitação da doutrina de que "a lei define aqui um critério de indemnização pelo mínimo, não tendo a pretensão de afastar o ressarcimento de outros danos, como a perda de chance ou a lesão do interesse contratual positivo" (GONÇALVES, Pedro Costa. *Direito dos Contratos Públicos*. 2. ed. Coimbra: Almedina, 2018. v. 1. p. 863). Sem avaliar a procedência dessa cogitação no direito português, parece-nos que ela não tem abrigo no direito brasileiro em relação à hipótese de revogação.

[687] SILVA, Almiro Couto e. Responsabilidade pré-negocial e *culpa in contrahendo* no direito administrativo brasileiro. *Revista da Procuradoria-Geral do Estado do Rio Grande do Sul*, Porto Alegre, v. 27, n. 57, p. 171-179, dez. 2003. p. 178.

[688] GUIMARÃES, Edgar. Responsabilidade da Administração Pública pelo desfazimento da licitação. Belo Horizonte: Fórum, 2013. p. 164.

[689] SUNDFELD, Carlos Ari. *Licitação e contrato administrativo*: de acordo com as Leis 8.666/93 e 8.883/94. São Paulo: Malheiros, 1994. p. 176.

[690] "A mudança de orientação, que resultou na revogação da licitação, foi ato de planejamento que, se não feriu direito subjetivo, pelo menos frustrou uma expectativa legítima da empresa. [...] Transportadas essas lições para o caso presente, conclui-se que a autora tem direito ao reembolso das despesas realizadas com a participação da Concorrência n. 009/2004, assim como a indenização por eventuais prejuízos efetivos que tenha tido em razão da antecipação de providências (ex.: investimentos) que tenha sido levada a realizar em função da classificação (em 1º lugar) na licitação em referência" (Tribunal Regional Federal da 1ª Região, apelação cível 2006.34.00.031803-3, 5ª Turma, relator Desembargador João Batista Moreira, j. 22.07.2015). Na mesma linha, Tribunal de Justiça de São Paulo, apelação cível 0053394-73.2010.8.26.0000; 8ª Câmara de Direito Público, relatora Desembargadora Silvia Meirelles, j. 05.05.2010.

do dever de indenizar o interesse negativo, como exposto neste tópico. Diversamente, em casos de revogação fundada na impossibilidade superveniente absoluta e definitiva de contratar, haverá afastamento da indenização, por falta de configuração de nexo causal específico e exclusivo com um interesse próprio do Estado que se mostre impeditivo da contratação.

6.2.2 A revogação inválida

Aplicam-se à revogação inválida as considerações feitas a propósito da invalidação irregular do processo de licitação.

Diante da revogação inválida, reconhece-se que o ato irregular pode ser afastado pelo Judiciário, inclusive com reconhecimento do direito à execução do contrato.[691] Como decorrência lógica, se esse direito não é observado pelo ente público, a indenização compreenderá ao interesse positivo do sujeito lesado, com a reparação baseada na situação em que o sujeito lesado estaria com a celebração do contrato, como aparece admitido também no direito comparado.[692]

---

[691] "LICITAÇÃO - Tomada de preços - Revogação com fundamento no art. 49, *caput*, da Lei Federal nº 8.666/1993, sob o fundamento de que das duas licitantes, apenas uma, a impetrante, foi qualificada – Ausência de fato superveniente, pertinente e suficiente, na dicção do referido art. 49, *caput*, da Lei nº 8.666/1993, para justificar a revogação da licitação - Entendimento do C. STJ pela revogação que se refere a pregão, de modo que inaplicável à espécie - Precedente desta E. Corte Paulista em caso parelho - Sentença concessiva da segurança para arredar a revogação e determinar a homologação da licitação, a adjudicação do objeto licitado e a convocação para assinatura do contrato mantida - Apelo e reexame necessário desprovidos" (Tribunal de Justiça de São Paulo, apelação cível 0005935-60.2014.8.26.0477, 13ª Câmara de Direito Público, relator Desembargador Spoladore Dominguez, j. 03.02.2016).

[692] "Diversa é a situação quando o prejuízo alegado decorre de o lesado não ter vencido o concurso (adjudicação ilícita a outro concorrente) ou de aquele ter sido ilegitimamente revogado (revogação ilícita). Há, porém, que delimitar ainda as hipóteses consoante o autor do concurso estava já vinculado pelas regras deste a celebrar o contrato (pois o anúncio continha uma verdadeira proposta) ou se tratava de um mero convite a contratar, reservando-se, porém, o organizador a 'última palavra' sobre essa conclusão (a posição de *master of the bargain*). [...] Pensamos que só na primeira hipótese (vinculação do organizador do concurso) se pode pôr o problema das condições para a exigência, pelo lesado, de uma indemnização correspondente ao interesse contratual positivo, no que, pensamos, não é mais do que uma aplicação do critério (que vale para a medida da responsabilidade no caso de não conclusão dos contratos em geral) da existência de um dever de conclusão. O problema é, então, o de saber se, sem a violação do dever (por exemplo, a errada interpretação dos critérios de apreciação do concurso, ou a sua violação), aquele lesado teria vencido o concurso e celebrado o contrato. [...] nestas hipóteses a liberdade negativa de contratar já não existia, pois o autor do concurso estava vinculado a respeitar as regras, e, por aplicação destas, a celebrar o contrato com o lesado. A sua indemnização incluirá então o que o lesado teria lucrado com essa celebração [...]" (PINTO, Paulo Mota. Responsabilidade por violação de regras de concurso para celebração de um contrato (em especial

No âmbito do Superior Tribunal de Justiça, essa solução foi empregada com a indicação de que, em razão da "revogação injustificada", "a indenização deve corresponder ao que o licitante bem sucedido deixou de ganhar por força da revogação injustificada da licitação".[693]

No entanto, e novamente, não haverá solução indenizatória única. A definição do *quantum* indenizável está intrinsecamente relacionada com a posição jurídica havida dentro do processo de contratação, que pode relacionar-se ou não, de forma certa ou altamente provável, com a pretensão de executar o contrato. Essa variável será determinante para a fixação da reparação baseada no interesse positivo ou no negativo, podendo restar limitada à perda de uma chance, conforme seja possível ou não identificar a configuração de direito ou de chances sérias e reais a contratar.

Cabe, ainda, retomar pontualmente as considerações acerca dos limites da competência revocatória. A experiência não raro revela decisões de revogação que envolvem situações de invocação de fatos ou

---

o cálculo da indemnização). *In:* GONÇALVES, Pedro (org.). *Estudos de Contratação Pública*. Coimbra: Coimbra Editora, 2010. v. II. p. 288-290). O mesmo entendimento é localizado no direito italiano: "Non potrà, invece, ottenere a titolo di indennizzo il ristoro del guadagno che grazie al provvedimento revocato avrebbe potuto conseguire e che, invece, ha visto sfumare l'adozione dell'atto di revoca. Per ottenere il ristoro integrale (anche del lucro cessante) il contraente dovrà dimostrare che la revoca è illegittima e domandare, di conseguenza, non più l'indennizzo (che presuppone un pregiudizio causato da un atto lecito), ma il risarcimento del danno in conseguenza del fatto illecito compiuto dall'Amministrazione. La necessità di differenziare sotto il profilo quantitativo l'indennizzo (limitato al solo danno emergente) e il risarcimento del danno (comprensivo anche del lucro cessante) era, peraltro, un risultato cui si poteva giungere in via interpretativa, pur in assenza di una norma ad hoc che lo specificasse, anche prima della novella in esame: a tale conclusione conduce, infatti, proprio l'impossibilità di parificare le conseguenze derivanti da due fattispecie tra loro profondamente diverse: un atto lecito dannoso i un caso, un illecito nell'altro" (RUSCICA, Serafino. *La responsabilità civile della stazione appaltante*. Milano: Giuffrè, 2011. (Coleção Officina del Diritto). p. 35).

[693] Embargos de declaração no recurso especial 1.153.354/AL, 1ª Turma, relator Ministro Ari Pargendler, j. 04.09.2014. No entanto, em sentido diverso, do qual se discorda: "Regra geral, a revogação da licitação não investe o licitante vencedor no direito de impedi-la, exceto se arbitrária ou imotivada. Nestas hipóteses, cumpre-lhe anulá-la e restaurar seus direitos através de procedimento judicial ou administrativo (art. 109, I, c), visando a contrato ou a correspondente indenização. A indenização, no caso, cobrirá, tão-só, as despesas havidas com a licitação ou em razão dela, sem abranger, portanto, as vantagens e lucros como se fora efetuado e executado o contrato, já que a este não tem direito. Ao contrário, assiste-lhe o direito de ser plenamente indenizado se a entidade licitante, desconhecendo sua qualidade de vencedor, contratar com qualquer um dos indicados no rol do julgamento ou mesmo com terceiros, estranhos ao procedimento. Nenhum direito a essa indenização tem o que, embora colocado no rol de julgamento, não foi considerado vencedor. As despesas, nessa hipótese, correm por conta dos riscos naturais a que estão sujeitos os que ingressam nessa espécie de procedimento" (Tribunal de Justiça de São Paulo, apelação cível 0139502-81.2005.8.26.0000; 27ª Câmara de Direito Privado, relator Desembargador Gilberto Leme, j. 09.08.2011).

já conhecidos, ou que poderiam ser previamente conhecidos pelo ente estatal como impeditivos do direito de contratar. Como regra, nesses casos haverá vício de planejamento.

Um exemplo recorrente é o de falta de recursos orçamentários. Salvo quando essa situação resultar de fatos supervenientes – o que então ensejará a revogação legítima[694] –, em sendo a falta originária, ou sendo ela passível de antecipação pelo ente público antes de instaurar o processo de contratação, haverá irregularidade do próprio certame.[695]

A situação de invalidade determinará que o regime jurídico indenizatório seja o próprio da invalidade, não da revogação, ainda que a decisão administrativa venha a aludir nominalmente a esta última competência. Afinal, a causa determinante da extinção do contrato será o vício original, não o vício superveniente decorrente do incorreto manejo da competência de revogar no lugar do dever de invalidar. Logo, ainda que a revogação seja irregular, por não haver cabimento para utilização dessa competência, não será cabível reclamar a indenização do interesse positivo. A indenização permanecerá atrelada ao regime de invalidade, restrita ao interesse negativo.[696]

6.2.3 Os sujeitos titulares de direito à indenização

Como diante da hipótese de invalidação, concordamos também aqui com Edgar Guimarães, quando indica que "o dever de indenizar não fica restrito à pessoa do adjudicatário", de modo que "todos aqueles que participaram da disputa certamente realizaram despesas visando

---

[694] No âmbito do Superior Tribunal de Justiça: mandado de segurança 8.844/DF, 1ª Seção, relator Ministro Franciulli Netto, j. 23.4.2003, devendo-se ressalvar eventuais situações configuradoras de desvio de finalidade: "a real insuficiência de recursos deve ser demonstrada pelo Poder Público, não sendo admitido que a tese seja utilizada como uma desculpa genérica [...]" (recurso especial 1.185.474/SC, 2ª Turma, Rel. Ministro Humberto Martins, j. 20.04.2010).

[695] "Tem constituído, até pouco tempo atrás, freqüente motivo de revogação de licitações a 'inexistência de recurso orçamentário'. Em manifestação do STJ, a ausência de 'reserva orçamentária' era considerada motivo suficiente para revogação. Tal hipótese somente se poderia atribuir à baixa fidedignidade dos orçamentos públicos, ou ainda à má execução orçamentária. Entretanto, após a Lei de Responsabilidade Fiscal, dificilmente um procedimento licitatório que siga os pré-requisitos de sustentabilidade do objeto poderia recair sob a hipótese da revogação. E, se por absurdo ocorresse tal hipótese, fatalmente seriam desencadeadas a responsabilização e as punições também legalmente previstas" (MOTTA, Carlos Pinto Coelho. Direito subjetivo do adjudicatário ao resultado eficaz da licitação. *Revista Brasileira de Direito Público*, Belo Horizonte, ano 4, n. 15, p. 73-107, out./dez. 2006. p. 94).

[696] Nesse sentido, conferir AMORIM, João Pacheco de. *As decisões de adjudicação e não adjudicação no Código dos Contratos Públicos*. Coimbra: Almedina, 2021. p. 103.

a atender ao chamamento público e, por conseguinte, encontram-se investidos no direito de pleitear e receber, de igual modo, uma indenização".[697]

Complementa-se essa conclusão com as observações expostas a propósito da invalidação: (i) se individualizado um concorrente em efetivas condições de vencer o certame, em situação privilegiada em face dos demais, apenas ele poderá postular indenização; (ii) se, no caso da revogação inválida, houver oportunidade de refazimento do certame, já não caberá indenização de interesse positivo, mas apenas dos custos adicionais derivados da repetição do certame e despendidos para combater a irregularidade.

6.3 A responsabilidade civil nos procedimentos de manifestação de interesse (PMI)

A necessidade administrativa de obter subsídios mais amplos para a estruturação de projetos públicos tem propiciado o surgimento de práticas pré-contratuais não dirigidas diretamente à contratação, por meio das quais se promove, antes mesmo da concepção final do empreendimento, diálogo prévio com o mercado sobre aspectos relacionados ao contrato pretendido.

O procedimento de manifestação de interesse ("PMI") é uma dessas técnicas. O art. 81 da Lei 14.133/21 prevê que o PMI é iniciado com a publicação de edital de chamamento público, por meio do qual o ente público solicita a agentes privados "a propositura e a realização de estudos, investigações, levantamentos e projetos de soluções inovadoras que contribuam com questões de relevância pública".

No estágio inicial do procedimento, o ente público definirá critérios a serem satisfeitos para que os particulares sejam admitidos no PMI. Os particulares admitidos receberão autorizações para desenvolvimento, em prazo fixado, de contribuições que serão submetidas ao ente público. Caberá a este selecionar uma ou mais de uma contribuição, para instruir licitação subsequente. Ou seja: o PMI tem função preparatória (instrutória) de licitação subsequente. Daí ser qualificado como procedimento auxiliar da licitação (art. 78, inc. III, da Lei 14.133/21).

Tal função justifica que o PMI não tenha arquitetura processual tão rígida quanto a dos modelos licitatórios em geral. Há maior

---

[697] GUIMARÃES, Edgar. Responsabilidade da Administração Pública pelo desfazimento da licitação. Belo Horizonte: Fórum, 2013. p. 150.

flexibilidade na sua concepção inaugural e no seu modo de desenvolvimento. Assim, e tendo em vista que a Lei 14.133/21 deixou os aspectos procedimentais do PMI em aberto ao discipliná-lo, esse tipo de procedimento se caracteriza: (i) pela autonomia administrativa (via regulamento, ou por edição de regras em cada caso, no edital de chamamento) para definição do procedimento; (ii) pela relativa maleabilidade do procedimento, em certa medida modulável no curso do seu desenvolvimento; e (iii) por uma peculiar relevância do formalismo moderado e da instrumentalidade das exigências.

Em termos mais amplos, o PMI apresenta lógica peculiar não apenas porque se desenvolve em estágio preliminar à licitação e é norteado por maior flexibilidade, mas também porque de tal procedimento não emergirão obrigações pecuniárias à Administração. Afinal, o PMI não resultará em contratação propriamente dita. A remuneração do autor da contribuição escolhida só ocorrerá se ela for efetivamente aplicada em contrato posterior bem-sucedido.

Logo, o PMI envolve riscos significativos aos participantes, mais amplos do que aqueles verificados na generalidade das licitações. Esses riscos compreendem não apenas os da competição em si, mas também os riscos relativos a ocorrências futuras externas e subsequentes ao PMI. Tais ocorrências futuras podem ser sintetizadas em duas condições: (i) o aproveitamento efetivo, pelo ente público, das contribuições escolhidas, com a iniciativa de estruturar o contrato almejado e licitá-lo; e (ii) a concretização de contratação baseada nas referidas contribuições. Apenas se verificadas essas condições é que o autor da contribuição será remunerado pelo vencedor da licitação, quando este vier a ser contratado pelo ente público, conforme previsto no art. 81, §2º, da Lei 14.133/21.[698]

Em síntese, a obtenção de autorização para desenvolver as contribuições no âmbito do PMI, a entrega dessas contribuições e mesmo a aceitação delas pelo ente público não conferem situação jurídica que assegure a remuneração. Mas isso não implica desvinculação absoluta do ente público.

---

[698] "Art. 81. [...] §2º A realização, pela iniciativa privada, de estudos, investigações, levantamentos e projetos em decorrência do procedimento de manifestação de interesse previsto no caput deste artigo: I - não atribuirá ao realizador direito de preferência no processo licitatório; II - não obrigará o poder público a realizar licitação; III - não implicará, por si só, direito a ressarcimento de valores envolvidos em sua elaboração; IV - será remunerada somente pelo vencedor da licitação, vedada, em qualquer hipótese, a cobrança de valores do poder público".

Três premissas precisam ser estabelecidas para delimitar o espaço e os pressupostos de responsabilização civil do Estado no âmbito dos PMIs.

A primeira premissa é de ordem terminológica: falta rigor técnico ao art. 81 da Lei 14.133/21 quando identifica o valor devido pela contribuição como "ressarcimento".

Ressarcimento é conceito atrelado ao dever jurídico emergente de responsabilidade civil. Consiste no dever de repor um sujeito à sua condição em que se encontraria se um determinado fato lesivo – antijurídico – não tivesse ocorrido. Já a oferta e a aceitação da contribuição instauram um vínculo de natureza obrigacional (ainda que não contratual), livremente estabelecido entre o ente público e o autor da contribuição.

Em outras palavras, o valor devido pela contribuição deriva de decisão estatal lícita, que não produz dano – antes, gera um dever de natureza convencional. Tal dever não se confunde com o dever de ressarcir (indenizar), que tem natureza legal. Veja-se, afinal, que o valor em questão não está condicionado à ocorrência de conduta estatal apta a ensejar responsabilização civil em sentido próprio. O aproveitamento da contribuição apresentada em PMI jamais poderia ser qualificado como conduta estatal lesiva, que é o pressuposto para ensejar dever jurídico de ressarcimento propriamente dito.

Essas considerações estão em consonância com a lógica econômica da figura: aqueles que ingressam no PMI têm interesse no desenvolvimento de suas atividades econômicas. Assumem riscos significativos sempre levando em conta a perspectiva de determinado retorno econômico. O objeto do PMI pode constituir a própria atividade-fim dos sujeitos que se engajam nesse tipo de iniciativa. Há não só despesas diretas materiais, mas o custo de oportunidade atinente à mobilização da organização para o engajamento nesse tipo de procedimento e a necessidade de obter recursos.

Disso resulta que a lógica do PMI é de promover *remuneração* (aí incluída certa margem de lucro) ao sujeito que tem a sua contribuição implementada, não *ressarcimento*. Ainda que nem todos os participantes de PMI tenham intuito de lucro, é normal e admissível que atuem com esse propósito.[699]

---

[699] Referindo-se a uma "remuneração compensatória", confira-se JUSTEN FILHO, Marçal. *Comentários à Lei de Licitações e Contratações Administrativas*: Lei 14.133/2021. São Paulo: Thomson Reuters Brasil, 2021. p. 1155-1156). O mesmo enquadramento pode ser encontrado em SUNDFELD, Carlos Ari; MONTEIRO, Vera; ROSILHO, André. A estruturação das

Essa conclusão era mais evidente à luz de regramentos anteriores sobre o PMI, como o Decreto Federal 8.428/15. Essa normativa previa que o valor devido seria "arbitrado" pela comissão responsável por examinar a contribuição (art. 15).[700] Conforme as considerações feitas ao longo deste trabalho relativas ao princípio da reparação integral, a Administração Pública não detém competência para arbitrar a extensão de sua responsabilidade civil. Nem tampouco um ato infralegal poderia criar tal competência. A interpretação adequada dessa sistemática não consiste em negar a possibilidade do dito arbitramento, mas compreender que o objeto dele não é uma indenização, mas sim a *remuneração* das contribuições apresentadas.

É esse, portanto, o regime jurídico a ser observado: as contribuições representam o fornecimento de bens e serviços postos à disposição do ente público, para eventual futuro aproveitamento, que condiciona a remuneração a ser paga ao respectivo autor. Tal enquadramento produz implicações práticas, como demonstrado a partir das duas premissas referidas a seguir.

A segunda premissa compreende o reconhecimento de que a utilização de uma determinada contribuição pelo ente público produz, enquanto relação obrigacional, efeitos jurídicos específicos e vinculantes, ainda que apenas futuros. Como identificado pela doutrina, o aproveitamento da contribuição pelo ente público enseja a criação de relação jurídica específica, consistente em *promessa de fato de terceiro* (art. 439 do Código Civil). A promessa se traduz na obrigação estatal de assegurar que a contribuição será remunerada pelo futuro contratado, se este vier a existir.[701]

---

concessões por meio de parceria com particulares autorizados (art. 21 da Lei nº 8.987/1995). *Revista de Direito Administrativo*, Rio de Janeiro, v. 275, maio/ago. 2017. p. 46.

[700] "Art. 15. Concluída a seleção dos projetos, levantamentos, investigações ou estudos, aqueles que tiverem sido selecionados terão os valores apresentados para eventual ressarcimento, apurados pela comissão. §1º Caso a comissão conclua pela não conformidade dos projetos, levantamentos, investigações ou estudos apresentados com aqueles originalmente propostos e autorizados, deverá arbitrar o montante nominal para eventual ressarcimento com a devida fundamentação. §2º O valor arbitrado pela comissão poderá ser rejeitado pelo interessado, hipótese em que não serão utilizadas as informações contidas nos documentos selecionados, os quais poderão ser destruídos se não retirados no prazo de trinta dias, contado da data de rejeição. §3º Na hipótese prevista no §2º, fica facultado à comissão selecionar outros projetos, levantamentos, investigações e estudos entre aqueles apresentados. §4º O valor arbitrado pela comissão deverá ser aceito por escrito, com expressa renúncia a outros valores pecuniários".

[701] "O ressarcimento dos estudos, a que se refere o art. 21 da Lei de Concessões, é uma recompensa pública que, por ato unilateral (a lei falou em autorização, ato unilateral, não em contrato, convenção ou fórmula semelhante), o Estado promete obter de terceiro (o concessionário) em favor do autor dos estudos. A recompensa é sujeita a duas condições:

A terceira premissa tem a ver com a regularidade da atuação estatal e já ingressa na questão da responsabilidade civil: se não há obrigatoriedade ao ente público de empregar a contribuição que tenha escolhido, ele também não pode atuar de forma errática quanto ao seu aproveitamento. Uma vez que o ente estatal fomentou o interesse de sujeitos que se dispuseram a se mobilizar e gastar recursos para participar do PMI e, ao escolher determinada contribuição, produziu vínculo jurídico específico (a promessa de fato de terceiro), disso decorre, observando os princípios da moralidade administrativa e da boa-fé objetiva, que a atuação estatal deve ser, de igual modo, suficientemente séria no trato dos resultados colhidos e aceitos como satisfatórios.

Isso significa que a inutilização da contribuição, inclusive por contrariar a conduta estatal manifestada para instaurar e desenvolver o PMI, deve ser devidamente justificada. Mesmo a inação estatal em relação à licitação subsequente deve ser objeto de motivação. O fato de não se instaurar um direito atual e exigível na esfera jurídica do particular para ser remunerado (que só se verifica com a celebração do contrato que tenha aproveitado a contribuição em causa) não afasta a responsabilidade civil do Estado por atuação sua ilícita, inclusive omissiva, que venha a prejudicar a realização prática desse direito, considerando o dever de seriedade e comprometimento para com os processos por ele instaurados (art. 2º, *caput*, e parágrafo único, IV e VI, da Lei 9.784/99).

O fundamento para a responsabilização estatal nesse caso pode ser extraído diretamente do art. 37, §6º, da Constituição, mas é encontrado

---

que o particular realize prestação útil (estudos aproveitados em licitação) e que certo fim seja alcançado (concessão celebrada). A obrigação do Estado não é de pagar, pois o devedor do ressarcimento será o concessionário (mas o Estado tem responsabilidade subsidiária, pela mesma lógica do art. 439, caput, do Código Civil). A obrigação do Estado é obter fato de terceiro. Assim, juridicamente, o caso é de promessa, feita unilateralmente pelo Estado, de, realizadas certas condições, obter de terceiro, em favor do autor dos estudos, uma recompensa pecuniária. Como se observa, o vínculo decorrente do art. 21 da Lei de Concessões é muito especial. Isso porque as poucas obrigações jurídicas envolvidas só se tornam exigíveis, de fato, em se verificando uma série de condições sucessivas. O simples fato de o poder público autorizar determinado particular a realizar estudos não impõe, àquele que autoriza, deveres, tampouco cria, para o destinatário da autorização, direitos. Há, quando muito, expectativa de direitos e deveres futuros (tanto para o poder público como para o titular da autorização), que só se materializarão em se verificando um conjunto de condições sucessivas (efetivo uso dos estudos e licitação bem-sucedida). Assim, não há, no caso, a contraposição imediata de prestações e contraprestações – de execução de serviço e de pagamento de preço – que tipifica os contratos administrativos de prestação de serviços (Lei nº 8.666, de 1993, arts. 6º e 55)" (SUNDFELD, Carlos Ari; MONTEIRO, Vera; ROSILHO, André. A estruturação das concessões por meio de parceria com particulares autorizados (art. 21 da Lei nº 8.987/1995). *Revista de Direito Administrativo*, Rio de Janeiro, v. 275, maio/ago. 2017. p. 46).

também no art. 27 da LINDB, que prevê direito a "compensação por benefícios indevidos ou prejuízos anormais ou injustos resultantes do processo ou da conduta dos envolvidos". A doutrina relaciona esse dispositivo com a figura do abuso de direito, anotando que, para a aplicação do art. 27, seria "despicienda a perquirição dos elementos subjetivos (dolo ou culpa)" dos sujeitos que deem azo à compensação.[702]

É possível extrair o fundamento para a responsabilidade estatal também do art. 439 do Código Civil. Nos termos desta norma, "aquele que tiver prometido fato de terceiro responderá por perdas e danos, quando este o não executar". No tocante ao PMI, a responsabilidade estatal existirá tanto na eventual hipótese de o futuro contratado não efetuar o pagamento ao autor da contribuição utilizada – conforme a literalidade do art. 439 –, quanto na hipótese em que o ente estatal, atuando de forma ilícita, torne impossível o efetivo aproveitamento da contribuição e a sua consequente remuneração.

Dessas considerações resulta que a responsabilidade estatal independerá da análise de elementos subjetivos próprios à conduta dos agentes públicos. Contudo, não prescindirá da existência de conduta antijurídica estatal, sob pena de se distorcer a regra geral de autonomia decisória quanto ao emprego das soluções obtidas com o PMI.

Isto é: o autor da contribuição permanecerá sujeito aos riscos de não ter a sua contribuição efetivamente aplicada na prática. Em conformidade com a lógica de riscos que caracteriza o PMI, a não utilização motivada das contribuições representará conduta estatal lícita, que não ensejará responsabilidade civil. Isso se justifica inclusive porque o emprego da contribuição não depende apenas do ente público, como referido acima. Já a atuação estatal errática, arbitrária, injustificável, será antijurídica e abrirá espaço à responsabilização civil, por gerar a imposição de prejuízos injustos àqueles que confiaram na seriedade do propósito do ente público. Diante da ausência de regras estritas que imponham a utilização das contribuições aceitas, a antijuridicidade da conduta se baseará na violação dos princípios da moralidade e da boa-fé, tal como concretizados pelos arts. 187 do Código Civil e 27 da LINDB, sem prejuízo da incidência do art. 439 do Código Civil e de outras normas conforme a natureza da ilicitude verificada.[703]

---

[702] MARQUES NETO, Floriano; FREITAS, Rafael Véras de. In: MACHADO, Antônio Cláudio da Costa (org.). *Código Civil interpretado*: artigo por artigo, parágrafo por parágrafo. Coordenação: Silmara Juny Chinellato. Barueri: Manole, 2021. p. 82-83.

[703] "Usando-se o princípio geral do art. 187 do Código Civil, pode-se também, para fins específicos da aplicação do art. 27 da LINDB, definir como 'ato ilícito', independentemente de

Essa orientação não é incompatível com a autonomia administrativa que norteia o PMI no tocante à utilização ou não dos contributos colhidos. Não se trata de defender o afastamento da margem de discricionariedade inerente à figura. Também não significa impor responsabilidade ao Estado de forma automática, pela mera não utilização das contribuições. A questão reside em verificar se a conduta estatal se mostrou compatível com as normas aplicáveis e os padrões de seriedade, coerência e respeito à confiança legítima despertada em terceiros. O descomprometimento ou descaso com o procedimento, se demonstrado, será evidência de abuso de poder, perante o qual não haverá justificativa para excluir a responsabilidade estatal.

Em termos concretos, a identificação dos pressupostos de responsabilidade não será isenta de dificuldades. As diversas variáveis e incertezas existentes até que a condição legal de remuneração esteja satisfeita dificultam a caracterização do nexo causal entre a conduta estatal lesiva e a frustração da remuneração pretendida. A incerteza sobre os eventos futuros, em especial o aperfeiçoamento da contratação, pode tornar inviável a demonstração de um direito à remuneração. Nesses casos, a atuação ilícita do ente público pode, conforme as circunstâncias, ensejar o dever de ressarcir o interesse negativo do sujeito lesado, ou seja: basicamente, os prejuízos incorridos pelo sujeito que teve a sua contribuição escolhida e que restou não aproveitada de forma infundada.

Essa conclusão confirma a relevância da distinção entre remuneração e ressarcimento descrita acima: na hipótese ora considerada, o ente público não estará obrigado a pagar o valor arbitrado para a contribuição. O seu dever – agora, de indenizar – estará restrito às despesas que venham a ser efetivamente comprovadas pelo sujeito lesado, sem que este tenha direito a uma remuneração (e à pressuposta margem de lucro) propriamente dita e passível de arbitramento.

---

culpa, o exercício de competência administrativa processual, que 'excede manifestamente os limites impostos pelo seu fim econômico ou social, pela boa-fé ou pelos bons costumes" (SUNDFELD, Carlos Ari. *Direito Administrativo*: o novo olhar da LINDB. Belo Horizonte: Fórum, 2022. p. 172).

6.4 Situações atípicas, não previstas na legislação

6.4.1 A hipótese de contratação em preterição do legítimo vencedor ou de licitação em curso

Entre as situações não disciplinadas em lei, aborda-se, em primeiro lugar, aquela em que, configurado o direito a contratar de um determinado sujeito, o ente público vem a contratar outro de forma ilegítima.

Nessa hipótese, a conduta administrativa é concludente sobre a viabilidade da contratação, inclusive quanto aos requisitos de conveniência e oportunidade. A celebração de contrato com terceiro exaure qualquer margem discricionária que remanescesse até então.

Em termos práticos, a preterição se apresenta como evento confirmatório do exaurimento da discricionariedade administrativa e do interesse em contratar. Não há mais mera expectativa ou espaço para considerações acerca da probabilidade de a contratação ser viável e de interesse para a órbita estatal, mas contrato já estabelecido. A realidade confirma o preenchimento de todos os pressupostos para a contratação.[704] Isso leva ao reconhecimento de que, "se [o vencedor] for preterido por terceiro, o contrato será nulo [...] e o preterido terá direito ao contrato",[705] conforme admitido pelos tribunais.

---

[704] Aplica-se aqui a conclusão exposta por Alessi – que, na sistemática por ele adotada, implica a impossibilidade de *enfraquecer* o direito à contratação, que supõe margem discricionária que não mais existe: "[...] perchè un dovere, anche dovere giuridico, possa essere considerato obbligo, occorre che il dovere stesso sussista nei confronti di un altro soggetto, nella specie di un soggetto privato il quale possa pretenderne l'adempimento. Questa seconda condizione presuppone anzitutto la sussistenza nel privato di un potere di chiedere alla pubblica amministrazione l'adempimento del dovere, ma ciò non basta: essa presuppone pure che l'adempimento del dovere non sia da parte della norma subordinato ad un apprezzamento, riservato alla pubblica amministrazione, dell'interesse collettivo: in altre parole, non sia subordinato ad un elemento di discrezionalità. [...] Orbene, un obbligo vero e proprio, e cioè un dovere del quale un altro subbietto, in confronto al quale il dovere stesso è stato imposto, possa pretendere l'adempimento, sussiste soltanto nel caso che questa determinazione dell'interesse pubblico da parte della norma si precisa, vale a dire implichi soltanto un accertamento della sua sussistenza da parte della pubblica amministrazione e non anche un apprezzamento della misura in cui sussista" (ALESSI, Renato. *La responsabilità della pubblica amministrazione*. Milano: Giuffrè, 1939. v. 1. p. 187-188).

[705] MELLO, Celso Antônio Bandeira de. *Curso de Direito Administrativo*. 35. ed. São Paulo: Malheiros, 2021. p. 506. É o que resulta da compreensão razoavelmente generalizada na doutrina e na jurisprudência no sentido de que desde a adjudicação surgiria um direito a não ser preterido (por todos, JUSTEN FILHO, Marçal. *Comentários à Lei de Licitações e Contratações Administrativas*: Lei 14.133/2021. São Paulo: Thomson Reuters Brasil, 2021. p. 931). Como sustentado no capítulo 3 deste trabalho, a pretensão à não preterição surge antes. Tal pretensão está vinculada ao princípio da isonomia e a sua exigibilidade efetiva surge desde a configuração das condições materiais para que seja possível identificar um vencedor do certame.

Encontra-se na jurisprudência o acolhimento da indenização do interesse positivo[706] em casos de preterição, embora se verifiquem decisões restringindo a indenização ao interesse negativo.[707] Também se encontram referências genéricas ao dever estatal de responder por perdas e danos "abrangentes dos danos emergentes e dos lucros cessantes", remetendo-se o tema à liquidação de sentença.[708] Essas posições merecem ser comentadas.

Em termos materiais, a situação se equipara à de invalidação ou revogação irregular. Uma vez configurado o direito a contratar, o dano corresponde à frustração da possibilidade de executar o contrato. A contratação de terceiro evidencia a presença dos pressupostos para convolação do direito eventual a contratar em um direito adquirido ao contrato, assim exigível do ente público.

Logo, diferentemente do que ocorre na hipótese de anulação ou revogação regulares, não há fundamento no ordenamento para limitar a indenização ao interesse negativo. O exercício regular daquelas competências é orientado pela finalidade legal de impedir a continuidade ou consumação dos efeitos que seriam produzidos pelo contrato a ser impedido ou interrompido. No caso de preterição, diferentemente, é a administração que visa a impedir a produção do contrato à margem da lei, optando por outro contrato cuja celebração tanto mais confirma a viabilidade prática do direito subjetivo do legítimo interessado a contratar.

Portanto, se o direito a contratar não for assegurado *in natura* ao seu efetivo detentor, a situação frustrada corresponderá ao resultado que teria sido obtido se o contrato houvesse sido executado. A indenização corresponderá ao interesse positivo do lesado. Também aqui se encontram soluções equivalentes no direito comparado.[709]

---

[706] Superior Tribunal de Justiça, embargos de declaração no recurso especial 1.153.354/AL, 1ª Turma, relator Ministro Ari Pargendler, j. 04.09.2014.

[707] Nesse sentido: Tribunal de Justiça de São Paulo, apelação cível 0139502-81.2005.8.26.0000; 27ª Câmara de Direito Privado, relator Desembargador Gilberto Leme, j. 09.08.2011.

[708] Superior Tribunal de Justiça, recurso especial 1.153.354/AL, 1ª Turma, relator Ministro Ari Pargendler, j. 01.04.2014.

[709] Por todos: "A esta luz, é hoje ainda mais fácil acompanhar a posição de Sinde Monteiro, quando referia, há já muito tempo, que '[...] a indemnização parece dever orientar-se pelo interesse positivo na hipótese de ilícita/culposa não adjudicação de um contrato em concurso público, desde que, naturalmente, se achem verificados os respectivos pressupostos e, em especial, o nexo de causalidade entre o ilícito e os lucros cessantes'" (FERREIRA, Rui Cardona. *Indemnização do interesse contratual positivo e perda de chance (em especial, na contratação pública)*. Coimbra: Coimbra Editora, 2011. p. 85). Ainda nesse sentido: "A jurisprudência alemã tem mesmo afirmado, neste contexto, a indemnizabilidade do interesse contratual positivo, ou seja, os lucros cessantes que adviriam da execução do contrato,

É possível identificar o fundamento para a indenização até mesmo no princípio da igualdade, o que pode ser ilustrado a partir da lógica estabelecida pela Lei 14.133/21 para a competência anulatória. O exercício dessa competência se caracteriza pela margem discricionária comportada na avaliação dos parâmetros previstos no art. 147. Uma vez ponderados os interesses envolvidos, ao decidir pela continuidade da contratação inválida, a administração optaria por suprimir o direito *in natura* do legítimo vencedor a executar o contrato, favorecendo um particular em situação de irregularidade em detrimento do outro. Admitindo-se que aquele que não dispunha do direito de ser contratado será remunerado pela execução do contrato, não se vê como se possa despojar o sujeito efetivamente titular dessa posição jurídica para colocá-lo em situação menos favorável do que a do contratado ilegítimo.

Há ainda outra situação a ser considerada, atinente à possibilidade de o ente público vir a celebrar de forma irregular contrato em detrimento de licitação em curso enquanto ainda não há individualização de um concorrente apto a contratar. Neste caso, todos os participantes poderão questionar a sustação da contratação e reclamar a continuidade do certame. Se este restar prejudicado por razão ilegítima, haverá lugar para a indenização a todos os afetados, nos limites do interesse negativo, com eventual caracterização da hipótese de perda de chance.

6.4.2 A hipótese de preterição pressuposta ou potencial: violação ao dever de licitar e a frustração da possibilidade de disputa

Pode-se indagar ainda se seria possível cogitar a ocorrência de preterição decorrente de contratação direta, apta a ensejar a responsabilidade civil do Estado, antes mesmo de instaurada a devida licitação.

Nesse caso, já não se estaria a tratar propriamente de uma relação jurídica pré-contratual, mas de relação jurídica apenas potencial ou pressuposta, que não chegou a ser instaurada porque, embora exigível, como evidenciado pela ilegitimidade da conduta estatal de contratar diretamente, foi obstada pelo ente público. O fundamento para a eventual responsabilização decorreria da infração ao dever de licitar.

---

desde que o contrato tenha sido efetivamente adjudicado e o concorrente demonstre que, na ausência da falta cometida, ele teria sido adjudicatário" (FERREIRA, Rui Cardona. *Indemnização do interesse contratual positivo e perda de chance (em especial, na contratação pública)*. Coimbra: Coimbra Editora, 2011. p. 99).

A dificuldade que se coloca frente a essa hipótese é de ordem jurídica e fática: demonstrar os pressupostos que determinavam de forma impositiva a realização de licitação e, mais do que isso, a possibilidade de vencer certame que nem sequer existiu. O primeiro pressuposto é razoavelmente aferível diretamente do regime legal e das circunstâncias fáticas postas; já o segundo depende de variáveis concretas sujeitas a juízos de probabilidade.

Em princípio, a probabilidade poderia ser identificada de forma mais clara em mercados excepcionalmente concentrados. Se o pretendente à indenização demonstrar que reunia os mesmos requisitos subjetivos requeridos pela administração pública para proceder à contratação direta, poderia, a partir daí, demonstrar quando menos que detinha *chances concretas* de vir a vencer o contrato, na medida em que a própria configuração restrita do mercado venha a permitir distinguir uma probabilidade não desprezível de alcançar tal resultado. Estaria aberto, então, o caminho para demonstrar a perda de chance.

Embora insólita, a hipótese já foi examinada pelo Superior Tribunal de Justiça em ao menos duas oportunidades.

Em decisão de 1990, a Corte examinou situação similar e rejeitou a indenização, por qualificar o lucro pleiteado pelo contrato perdido como meramente potencial.[710] No caso, o Estado de São Paulo havia dispensado licitação para contratar cessão de uso de bem público junto à Petrobras, tendo como finalidade a implantação de centros de abastecimento e serviços ao longo da Rodovia Presidente Castello Branco. Importa notar, como relatado no acórdão, a existência de diversas empresas interessadas no contrato e que efetivamente impugnaram a contratação direta.

Aprofundando a análise sobre a configuração do dano, o voto do Ministro Ilmar Galvão concluiu pela incerteza em torno da possibilidade de obtenção da contratação por uma das empresas que impugnou a contratação direta. Esse foi o fundamento para o afastamento da responsabilidade civil do Estado:

---

[710] "Agravo regimental. Despacho que negou provimento a recurso interposto de decisão indeferitória de recurso especial. Frustração do direito de participar de concorrência pública, tida por indispensável. Prejuízo meramente hipotético, já que fundado em mera expectativa de fato, não abrangida pelo art. 1.050 do Código Civil. A mera chance de vencer o certame só seria passível de indenização, se demonstrado fora que possuía, por si só, expressão patrimonial. Agravo desprovido" (agravo regimental no agravo 4.364/SP, 2ª Turma, relator Ministro Ilmar Galvão, j. 10.10.1990).

Admitido, entretanto, que [a empresa que pleiteava indenização] tivesse condições de participar do certame, possuía ela, então, mera expectativa de fato em relação ao lucro produzido pelos postos de serviço em referência, isto é, mera esperança de vir a adquirir um direito, que não rende direito a indenização.

O prejuízo indenizável deve ser certo, como o que seria sofrido pela Agravante se já houvesse vencido a licitação. nas condições descritas nos autos, o alegado prejuízo é meramente hipotético, imaginário, suposto (cf. CUNHA GONÇALVES, Tratado, vol. XII, Tomo II, pág. 53), não se compreendendo no comando da norma do art. 1.059 do Código Civil.

Aderindo ao entendimento do relator, o Ministro Luiz Vicente Cernicchiaro acrescentou em voto-vista que a questão girava em torno da "distinção entre possibilidade de dano e probabilidade de dano", para concluir que apenas a primeira – enquanto "hipótese, existente apenas em tese" – havia sido demonstrada. Teria faltado a comprovação da efetiva probabilidade, enquanto dado "concretamente averiguável".

O tema voltou a ser objeto de análise em 1997, no recurso especial 32.575 – recurso este aparentemente relacionado àquele julgado em 1990, considerando os fatos narrados nos acórdãos e as partes envolvidas.[711] A ementa do novo acórdão apontou que "as empresas assim alijadas da concorrência devem atacar o ato administrativo que deixou de seguir o procedimento próprio; sem a anulação deste, o hipotético lucro que teriam se vencessem a licitação não é indenizável".

Quanto à identificação do dano, novamente se concluiu pela incerteza da possibilidade de obtenção do lucro que ocorreria se a licitação tivesse sido realizada e vencida pelo postulante à indenização.

Nota-se que o STJ não afastou em tese e *a priori* o cabimento de eventual responsabilização. Indicou que a indenização estaria condicionada à demonstração da chance da possibilidade concreta de vencer o certame – o que, conforme a decisão, dizia respeito a "circunstâncias

---

[711] "Administrativo. Responsabilidade civil do Estado. Dispensa de licitação obrigatória para a cessão de uso de bens públicos. Hipóteses em que o direito de terceiros, interessados nesse uso, não vai além da anulação do ato administrativo. Se o Estado dispensa a licitação para a cessão de uso de bem público, as empresas assim alijadas da concorrência devem atacar o ato administrativo que deixou de seguir o procedimento próprio; sem a anulação deste, o hipotético lucro que teriam se vencessem a licitação não e indenizável, na medida em que o artigo 1.059 do Código Civil supõe dano efetivo ou frustração de lucro que razoavelmente se poderia esperar – circunstâncias inexistentes na espécie, em razão da incerteza acerca de quem venceria a licitação, se realizada. Recurso especial do Estado de São Paulo conhecido e provido; prejudicado o recurso interposto pela Companhia Brasileira de Petróleo Ipiranga" (recurso especial 32.575/SP, 2ª Turma, relator Ministro Ari Pargendler, j. 01.09.1997).

inexistentes na espécie, em razão da incerteza acerca de quem venceria a licitação, se realizada". De outra parte, como se extrai do voto do referido acórdão, o Tribunal de Justiça de São Paulo, que havia originalmente conhecido a disputa, reputou à luz dos mesmos fatos que "a hipótese, em tese, [era] indenizável", concluindo que "o ressarcimento dos danos seria obrigatório".

6.4.3 A hipótese de omissão ou mora administrativa em relação à observância do dever de contratar

Um efeito legal imediato da omissão ou da mora administrativa para convocar o sujeito vencedor da licitação a celebrar o contrato é desonerar este de seu dever de firmar o contrato após decorrido o prazo de vigência da proposta previsto no edital (art. 90, §3º, da Lei 14.133//21). Não obstante, o término do prazo de vigência da proposta não impede que o licitante vencedor reclame a celebração do contrato, se nenhuma razão legítima impeditiva tiver sido apresentada pela administração.

Para as hipóteses de omissão administrativa – seja no curso do certame, seja ao seu término, após a proclamação de seu resultado – aplicam-se as considerações expostas acima acerca da extinção indevida (por invalidação ou revogação ilícita) do processo de contratação.

Uma primeira questão envolve definir a partir de que momento estará caracterizada mora ou omissão. Diferentemente de outros ordenamentos,[712] não há definição legal para a questão. O problema foi levantado pela doutrina à luz da Lei 8.666/93, com proposta de se aplicar à fase de aprovação o mesmo prazo de cinco dias previsto no art. 26 daquele diploma para ratificação das situações de dispensa e inexigibilidade de licitação pela autoridade superior.[713]

Não há prazo equivalente na Lei 14.133/21, e o *caput* do art. 90 deste diploma prevê que a convocação deverá ocorrer "dentro do prazo e nas condições estabelecidas no edital de licitação". Note-se, aliás, que

---

[712] No direito italiano, por exemplo, o art. 32, 8, do Código de Contratos Públicos prevê prazo de 60 dias a partir da adjudicação, ressalvada previsão distinta ou concordância do adjudicatário: "Divenuta efficace l'aggiudicazione, e fatto salvo l'esercizio dei poteri di autotutela nei casi consentiti dalle norme vigenti, la stipulazione del contratto di appalto o di concessione deve avere luogo entro i successivi sessanta giorni, salvo diverso termine previsto nel bando o nell'invito ad offrire, ovvero l'ipotesi di differimento espressamente concordata con l'aggiudicatario, purché comunque giustificata dall'interesse alla sollecita esecuzione del contratto".

[713] SUNDFELD, Carlos Ari. *Licitação e contrato administrativo*: de acordo com as Leis 8.666/93 e 8.883/94. São Paulo: Malheiros, 1994. p. 178.

a Lei 14.133/21 não oferece espaço para o ente público dispor sobre esse prazo. Prevê-se que a prorrogação poderá ocorrer apenas "1 (uma) vez, por igual período, mediante solicitação da parte durante seu transcurso, devidamente justificada, e desde que o motivo apresentado seja aceito pela Administração" (art. 90, §1º).

A solução para a questão consiste em observar o prazo definido no edital, conforme o *caput* do art. 90. Em regra, como derivação do princípio da eficiência, esse prazo deve ser condizente com o da validade da proposta (art. 90, §3º), para evitar que a mora do ente público implique perda da oportunidade de contratar a melhor proposta. Logo, caso o edital não tenha definido prazo específico para convocação, entende-se incidir o prazo de validade da proposta. Ultrapassado um ou outro prazo, caberá ao licitante provocar o ente público para exigir as providências para contratar.

A segunda questão consiste em determinar as consequências da conduta estatal.

Tratando das hipóteses de omissão da administração em convocar o sujeito privado a contratar, Edgar Guimarães, descreve que "o silêncio administrativo caracteriza 'recusa injustificada da administração em contratar', devendo ocorrer a necessária responsabilização pelos danos resultantes da sua omissão".[714] Para tanto, propõe a limitação da indenização nesses casos ao interesse negativo.[715]

Concorda-se quanto aos efeitos extraídos do antijurídico silêncio administrativo, mas não quanto à solução indenizatória proposta, caso compreendida como invariável.

A aplicação das premissas expostas nos capítulos anteriores resulta em quantificar a indenização como derivação do conteúdo da posição jurídica que tenha sido violada à luz da competência estatal exercitada. Caso não estejam presentes os pressupostos para anulação ou revogação do processo de contratação, a contratação se confirmará como viável. Se o ente público dispõe de competências para desconstituir tal direito, assim se dá unicamente pelas vias legais previstas e a omissão administrativa não serve de expediente para impedir ou limitar a responsabilização civil do Estado. Logo, se não há espaço para exercício das referidas competências, o direito a contratar deixa de ser meramente eventual e passa ao estágio de se tornar plenamente eficaz.

---

[714] GUIMARÃES, Edgar. Responsabilidade da Administração Pública pelo desfazimento da licitação. Belo Horizonte: Fórum, 2013. p. 144.
[715] GUIMARÃES, Edgar. Responsabilidade da Administração Pública pelo desfazimento da licitação. Belo Horizonte: Fórum, 2013. p. 164.

Portanto, se se admite que o adjudicatário poderia, judicialmente, compelir a Administração a travar a avença,[716] e esta deixa injustificadamente de cumprir a ordem judicial para contratar, caberá indenização pelo interesse positivo. Se, diversamente, a omissão se traduzir no impedimento à continuidade da licitação antes da configuração de seu resultado, e tal omissão não for resolvida por determinação de continuidade do processo, haverá dever de indenizar restrito ao interesse negativo.

Questão específica é se, ultrapassado o prazo para convocação do licitante vencedor com inércia da Administração, aquele pode desobrigar-se de executar o contrato, conforme o art. 89, §3º, da Lei 14.133/21, e pretender alguma indenização. Neste caso, ele estará legitimado a pleitear o ressarcimento do interesse negativo. Essa solução encontra recepção legislativa em outros direitos, como nos ordenamentos português e italiano.[717] No entanto, não poderá pleitear a indenização orientada pelo cumprimento do contrato, pois incidiria em conduta contraditória em relação à desistência da contratação. Se pretender alcançar o resultado da contratação, caberá ao sujeito lesado, antes de pleitear a indenização pelo interesse positivo, buscar a contratação *in natura*, encontrando na responsabilidade civil remédio sucedâneo à pretensão formulada e não satisfeita.

---

[716] MELLO, Celso Antônio Bandeira de. *Licitação*. São Paulo: Revista dos Tribunais, 1980. p. 88. Acerca da viabilidade dessa situação, ainda que seja ela excepcional, para o fim de confirmar "sentença concessiva da segurança para arredar a revogação e determinar a homologação da licitação, a adjudicação do objeto licitado e a convocação para assinatura do contrato mantida": Tribunal de Justiça de São Paulo, apelação cível 0005935-60.2014.8.26.0477, 13ª Câmara de Direito Público, relator Desembargador Spoladore Dominguez, j. 03.02.2016.

[717] A solução encontra-se assim definida no Código dos Contratos Públicos de Portugal: "Artigo 76º - Dever de adjudicação. [...] 3 - Quando a decisão de adjudicação seja tomada e notificada aos concorrentes após o termo do prazo referido no nº 1, a entidade adjudicante deve indemnizar o concorrente que recuse a adjudicação pelos encargos em que comprovadamente incorreu com a elaboração da respectiva proposta". No direito italiano, o Código de Contratos Públicos prevê no art. 32, 8, o seguinte: "Se la stipulazione del contratto non avviene nel termine fissato, l'aggiudicatario può, mediante atto notificato alla stazione appaltante, sciogliersi da ogni vincolo o recedere dal contratto. All'aggiudicatario non spetta alcun indennizzo, salvo il rimborso delle spese contrattuali documentate." Comentando "il rimborso delle spese contrattuali sostenute (e documentate) per la partecipazione alla gara": PETRELLA, Giuseppe. *Il risarcimento del danno da gara illegittima*. Milano: Giuffrè, 2013. p. 79.

6.4.4 Ainda a mora administrativa: revogação tardia ou anulação tardia após a incitação do contratado para providências relacionadas ao contrato

Cabe notar ainda a existência de casos em que, fundado em razões legítimas, por vezes induzido pelo ente contratante, o sujeito apto a contratar passa a se mobilizar ou mesmo a adotar providências diretamente relacionadas à satisfação das obrigações antes da celebração do contrato e, na sequência, a assinatura do contrato vem a ser recusada pelo ente estatal.

A hipótese é fronteiriça com a responsabilidade contratual. Pode ser relacionada com a discussão em torno dos chamados "quase-contratos".[718] Não obstante, não é suficiente para atrair o regime contratual propriamente dito. Ela se aproximará do regime do art. 148 da Lei 14.133/21, embora com ela não se confunda.

Nesses casos, se a recusa a contratar for efetivamente legítima (por anulação ou revogação do processo de contratação), será devida indenização do interesse negativo, abrangendo os custos incorridos para viabilizar ou mesmo iniciar a execução do contrato (e a margem de lucro correspondente, dentro dos limites do que tenha sido executado em favor do ente estatal). Esse lucro não se confunde com aquele que é objeto do interesse positivo. O seu ressarcimento se dá ainda tendo como direcionamento o estabelecimento da situação *a quo*, justificando-se pelo custo de oportunidade assumido por mobilizar recursos para adoção de providências materiais em relação à contratação. Resultado diverso implicaria admitir que o ente público obtenha prestações em condições artificiais, sem remunerar aquele que efetivamente despendeu esforços para tanto, em situação de enriquecimento sem causa.

Diversamente, se a recusa estatal a contratar for ilegítima, em não havendo celebração do contrato, o sujeito lesado poderá reclamar a indenização do interesse positivo, de modo a se ver colocado na situação em que estaria caso o contrato tivesse sido regularmente assinado.

Especialmente no caso de a contratação não ser ultimada, deve-se avaliar se houve justa causa para antecipação de despesas e se a qualidade e extensão destas se revelam razoáveis e compatíveis com a mobilização à execução do contrato. A situação deve ser vista com cautela – e não serve, por exemplo, para indenizar excesso de

---

[718] Tema este tratado com profundidade por CÂMARA, Jacintho Arruda. *Obrigações do Estado derivadas de contratos inválidos*. São Paulo: Malheiros, 1999. p. 49 e ss.

prudência adotado pelo licitante que não se afigure razoável, necessário ou compatível com as práticas esperadas e os prazos contratuais para mobilização e efetivo início de execução das prestações.

Dada a excepcionalidade da situação, caberá àquele que reclama o ressarcimento o ônus de demonstrar que os gastos não eram prematuros e se mostravam justificados em vista da realidade posta em relação ao contrato. Uma justificativa poderá corresponder ao pedido de providências por parte da administração – situação esta que, embora excepcional, tem sido submetida aos tribunais.[719] Os atos estatais praticados nessas circunstâncias reforçarão a confiança na viabilidade e na certeza de contratação, ensejando o dever de indenizar as despesas, inclusive a título de execução do contrato, verificadas no ambiente pré-contratual.

6.4.5 A responsabilidade em processos de contratação atípicos

Como se indicou anteriormente, processos de contratação que não têm o seu desenvolvimento disciplinado pela lei poderão comportar dinâmicas pré-contratuais distintas. Pode-se identificar uma lógica geral no sentido de que, quanto maior for a flexibilidade e a autonomia administrativa para fixar o conteúdo contratual, tanto menor será a vinculação – ao menos *a priori* – do ente público em relação à possível contratação.

Em ambientes de maior flexibilidade, até mesmo o interesse negativo pode não ser configurado em caso de retirada justificada do

---

[719] "Desse modo, diante do quadro que se verifica na hipótese, inafastável a conclusão que o ente requerido praticou conduta comissiva lesiva conquanto instaurou o pregão presencial nº 01/2012 com o escopo de contratar empresa para prestar serviços de locação e montagem da infraestrutura dos festejos carnavalescos do ano de 2012, declarou vencedora a empresa autora/apelada, solicitou informalmente o início da montagem das estruturas, o que de fato ocorreu, para, após, e sem qualquer comunicação, revogar o certame, impingindo à autora danos de ordem material, inegavelmente. Logo, em tendo sido demonstrada de forma cabal a conduta lesiva e os inegáveis danos, bem como, em especial, o nexo de causalidade entre eles, é imperiosa, inexoravelmente, a condenação do réu/apelante ao ressarcimento dos danos causados, sendo irretocável, nesse ponto, a r. sentença de primeiro grau" (Tribunal de Justiça de São Paulo, apelação cível 0016209-52.2012.8.26.0510; 6ª Câmara Extraordinária de Direito Público, relator Desembargador Oswaldo Luiz Palu, j. 12.12.2016). No mesmo sentido: Tribunal Regional Federal da 1ª Região, apelação cível 2006.34.00.031803-3, 5ª Turma, relator Desembargador João Batista Moreira, j. 22.07.2015. No âmbito do Tribunal de Justiça de São Paulo: Tribunal de Justiça de São Paulo, apelação cível 0139502-81.2005.8.26.0000; 27ª Câmara de Direito Privado, relator Desembargador Gilberto Leme, j. 09.08.2011, e apelação cível 0112963-73.2008.8.26.0000; 8ª Câmara de Direito Público, relator Desembargador Osni de Souza, j. 30.11.2011.

ente público das tratativas, especialmente se as partes ainda não tiverem chegado a um consenso sobre os termos a contratar, como se buscou demonstrar no item 4.4.5, acima.

Ademais, tendem a ser mais raras as situações vinculantes a ponto de ensejar a indenização do interesse positivo, mas essa é uma possibilidade que não pode ser descartada de plano.

O tema foi tratado em decisão do Tribunal Regional Federal da 4ª Região a respeito de litígio envolvendo contrato de "compra e venda de imóvel e construção de prédio público" que se encontrava em tratativas pela União Federal. Adotaram-se as premissas usuais de direito privado para determinar se havia ou não direito e dever de contratar e qual seria a extensão do dano. Indicou-se que "somente pode ser responsabilizado pela recusa aquele que estava em condições de contratar e não o fez" e que "o que responsabiliza é a recusa arbitrária de contratar. [...] É o rompimento abusivo e arbitrário das tratativas ou negociações preliminares". A Corte definiu ser necessário avaliar se "o estágio das preliminares da contratação" já teria "imbuído o espírito dos postulantes da verdadeira existência do futuro contrato" ou não, observando as pautas de conduta derivadas do princípio da boa-fé, para a partir daí definir o conteúdo do eventual dever de responsabilidade."[720] Essa decisão confirma a premissa que se expôs no item 4.4.5, acima: em não havendo ainda projeto contratual definido e apto a vincular as partes que se encontrem em tratativas, a retirada das tratativas pelo ente estatal não poderá ser tratada como equivalente às situações de revogação. Por conseguinte, não necessariamente ensejará dever de indenizar.

Aplicando essas mesmas premissas, há relevante decisão do Superior Tribunal de Justiça que confirmou a força vinculante de

---

[720] "[...] Em sede de responsabilidade fora do contrato, pré-contratual (não podemos usar a terminologia extracontratual por motivos óbvios), existem essas duas hipóteses bem nítidas, em que eventual responsabilidade emana de um contrato projetado, mas não concluído. Isso ocorre tanto na recusa peremptória de contratar, como na desistência de um contrato já entabulado. [...] Somente pode ser responsabilizado pela recusa aquele que estava em condições de contratar e não o fez. A questão será de cada caso concreto e de acordo com o prudente arbítrio do juiz. Ninguém pode ser obrigado a contratar se subjetiva e objetivamente não tem condições para isso. Não podemos exigir que alguém carregue um fardo se não tem braços. O que responsabiliza é a recusa arbitrária de contratar. [...] A segunda hipótese de possibilidade de responsabilidade fora do contrato é o rompimento abusivo e arbitrário das tratativas ou negociações preliminares. Cumpre, nessa hipótese, examinar o caso concreto. Há necessidade de que o estágio das preliminares da contratação já tenha imbuído o espírito dos postulantes da verdadeira existência do futuro contrato. [...] O tema diz respeito à boa-fé dos contratantes, mais propriamente, à boa-fé objetiva" (Tribunal Regional Federal da 4ª Região, 4ª Turma, apelação cível 5000398-89.2010.4.04.7200, Relator Luiz Carlos Cervi, j. 13.05.2014).

memorando de entendimentos firmado pela Administração Pública, para o fim de reconhecer a vinculação da União, por intermédio do Ministério da Fazenda, ao compromisso contratual previsto.[721]

Para comentar essa decisão, cabe observar que instrumentos intitulados "memorando de entendimentos", ou aos quais sejam atribuídas denominações similares, não se reportam a um regime jurídico definido. Prevalece aqui a regra de que o *nomen juris* importa menos do que o conteúdo do documento para definir o regime jurídico aplicável. Assim, como a doutrina observa, esse tipo de documento pode constituir mera declaração negocial intermediária, inapta à formação de um contrato propriamente dito, ou pode já se equiparar a um contrato preliminar.[722] A diferenciação das hipóteses é relevante porque apenas na primeira se tratará de responsabilidade pré-contratual. No caso do contrato preliminar, já haverá obrigação a celebrar o contrato definitivo e a ausência de contratação constituirá inadimplemento contratual (art. 463 do Código Civil).

Isso dito, e avançando sobre o conteúdo da decisão do STJ, as razões de decidir demonstram que a Corte não identificou no memorando examinado conteúdo contratual propriamente dito. A decisão trata, efetivamente, de responsabilidade pré-contratual do Estado e identifica a vinculação do ente público a contratar com base no princípio da boa-fé objetiva. O julgado toca na questão da "responsabilidade pré-contratual" do Estado fixando o seu regime jurídico em simetria com aquele aplicável às relações privadas:

> No Direito Civil, desde os estudos de Ihering, admite-se que do comportamento adotado pela parte, antes de celebrado o contrato, pode

---

[721] "Memorando de entendimento. Boa-fé. Suspensão do processo. O compromisso público assumido pelo Ministro da Fazenda, através de 'memorando de entendimento', para suspensão da execução judicial de dívida bancária de devedor que se apresentasse para acerto de contas, gera no mutuário a justa expectativa de que essa suspensão ocorrerá, preenchida a condição. Direito de obter a suspensão fundado no princípio da boa-fé objetiva, que privilegia o respeito a lealdade)" (recurso ordinário em mandado de segurança 6.183/MG, 4ª Turma, Rel. Ministro Ruy Rosado de Aguiar, j. 14.11.1995.

[722] Tratando de forma específica da figura dos contratos preliminares, essa premissa é sintetizada por Antônio Junqueira de Azevedo nos seguintes termos: "há contratos preliminares em que a obrigação de realizar o contrato definitivo é mais forte – surge obrigação de prestar declaração de vontade passível de substituição por sentença – e contratos preliminares com obrigação mais fraca, conversível em perdas e danos" (AZEVEDO, Antônio Junqueira de. Contrato preliminar. Distinção entre eficácia forte e fraca para fins de execução específica da obrigação de celebrar o contrato definitivo. Estipulação de multa penitencial que confirma a impossibilidade de execução específica. *In:* AZEVEDO, Antônio Junqueira de. *Novos Estudos e Pareceres de Direito Privado.* São Paulo: Saraiva, 2009. p. 252).

decorrer efeito obrigacional, gerando a responsabilidade pré-contratual. O princípio geral da boa-fé veio realçar e deu suporte jurídico a esse entendimento, pois as relações humanas devem pautar-se pelo respeito à lealdade.

O que vale para a autonomia privada, vale ainda mais para a administração pública e para a direção das empresas cujo capital é predominante público, nas suas relações com os cidadãos. É inconcebível que um Estado democrático, que aspire a realizar a Justiça, esteja fundado no princípio de que o compromisso público assumido pelos seus governantes não tem valor, não tem significado, não tem eficácia. Especialmente quando a Constituição da República consagra o princípio da moralidade administrativa.

Tenho que o "Memorando de Entendimento", embora não seja uma lei, nem mesmo possa ser definido como contrato celebrado diretamente entre as partes interessadas, criou no devedor a justa expectativa de que, comparecendo ao estabelecimento oficial de crédito a fim de fazer o acerto de contas, teria o prazo de suspensão de 90 dias, para o encontro de uma solução extrajudicial. Havia, portanto, o direito do executado [...]. Não se trata de hipótese legal de suspensão, mas de obrigação publicamente assumida pela parte de que teria aquela conduta, cumprindo ao juiz lhe dar eficácia.

Outro exemplo diz respeito a decisão do Tribunal de Justiça de São Paulo que reconheceu responsabilidade civil de ente estatal por induzir um determinado sujeito a concluir que a contratação direta seria ultimada, incitando-o, fundado nessa expectativa, a abandonar oportunidade de negócio alternativa.

Tratava-se da locação de bem imóvel. Já havia relacionamento contratual anterior entre as partes, prestes a expirar. O ente estatal havia dado indicativos concretos de que promoveria não a prorrogação da relação contratual existente, mas a dispensa de licitação para promover nova contratação de locação do mesmo imóvel. O locador aguardou a adoção dessas providências, desistindo no interregno de outro negócio envolvendo o referido bem. No entanto, o ente estatal não deu seguimento à nova contratação e passou a invocar competência para revogar os atos antes praticados.

O Tribunal qualificou as manifestações do ente estatal ainda no campo pré-contratual como suficientes para vinculá-lo ao dever de contratar, sob responsabilização civil em caso de descumprimento. Entendeu-se que a recusa a contratar diante dessas circunstâncias era abusiva. Com base nisso, como se vê do voto condutor do acórdão, concluiu-se que "nem mais se pode falar em mera expectativa de direito, mas em autêntica violação aos direitos do autor, ensejadora da indenização".[723]

Nessas situações de autonomia administrativa mais ampla, verifica-se a aplicação mais pronunciada do princípio da boa-fé objetiva. A determinação da existência e da extensão da responsabilidade civil do Estado ficará atrelada a essa dinâmica, observando, em cada caso, os parâmetros referidos nos capítulos 4 e 5 deste trabalho.

6.5 A casuística em torno da perda de uma chance – a análise de posições identificadas na jurisprudência

Examina-se, por fim, a experiência verificada na jurisprudência acerca da aplicação da teoria da perda de chance nos processos de contratação administrativa.

A discussão acerca do tema ainda é incipiente.

A primeira referência de decisão judicial no Brasil acerca da aplicação da teoria da perda de chance no âmbito das licitações públicas foi localizada no agravo regimental 4.364, do Superior Tribunal de Justiça, já referido acima. Extrai-se do voto do Min. Ilmar Galvão passagem alusiva à perda de chance, embora sem aplicação da noção naquele caso concreto.[724]

Em julgados mais recentes, constata-se que por vezes a perda de uma chance vem sendo operacionalizada em descompasso com as premissas gerais que se vêm consolidando em âmbito doutrinário a propósito da figura. Ora se verifica o emprego da noção como expediente retórico para reduzir ou mesmo afastar a responsabilidade civil estatal, ora se tem a sua aplicação descolada dos pressupostos teóricos, inclusive em razão da conclusão de ocorrência de chance ressarcível sem que tenha havido apuração dos pressupostos necessários a tanto.

---

[723] Apelação cível 9067308-85.2009.8.26.0000, 12ª Câmara de Direito Público, relator Desembargador Wanderley José Federighi, j. 01.02.2012. O acórdão não identifica o conteúdo da indenização reconhecida como devida, embora conste dele o afastamento da indenização por dano moral que havia sido pleiteada pelo proprietário do imóvel.

[724] "No caso dos autos, conforme se afirmou no despacho em referência, não ficou demonstrado que a mera possibilidade de concorrer na licitação dos postos, caso houvesse sido aberta, possuía algum valor econômico razão pela qual não se pode sequer falar em indenização do direito de concorrer, o que é o mesmo dizer, em indenização de mera chance". Essa passagem poderia ser compreendida como uma negativa à aplicação da teoria da chance, fundada na falta de valor patrimonial da chance. Observa-se, como indicado em tópico específico (item 5.3.3.2), que a chance não precisa dispor de valor patrimonial específico para que seja indenizável caso frustrada. A quantificação da indenização evidentemente diz respeito a um valor patrimonial, mas este pode ser fixado sem que seja necessário recorrer a uma noção de valor no mercado da dita chance.

Alguns exemplos são comentados a seguir.

6.5.1 Alusão à perda de chance como fator excludente do dever de indenizar

Um primeiro caso a ser examinado é o recurso especial 1.153.354. A decisão adotada pela 1ª Turma do Superior Tribunal de Justiça já foi objeto de referências acima e é duplamente relevante para o presente estudo. Ela é importante, em primeiro lugar, porque fixou a tese de que a preterição do legítimo vencedor de determinada licitação com a "contratação de terceiro que não participou da concorrência pública realizada" configura burla à licitação e o consequente reconhecimento do direito à indenização de lucros cessantes em favor do preterido.

Em segundo lugar, porque a perda de chance foi referida pelo voto vencido como via para exonerar o ente estatal do dever de indenizar. O raciocínio foi desenvolvido com base na premissa de que a ilegalidade correspondente à preterição – o voto divergente concluiu que não havia "como sustentar a validade desse ato sob nenhum ângulo de análise" – não ensejaria o dever de indenizar, pois caracterizaria mera "perda de uma oportunidade, de uma chance" ao lesado, que não constituiria fundamento para determinar a responsabilidade civil estatal.[725]

Há três observações a serem feitas sobre o entendimento divergente.

A primeira tem a ver com a constatação de que o voto vencido adere à tese – questionada neste trabalho – de que a atuação estatal inválida seria imune à responsabilização civil.

A segunda diz respeito à referência à caracterização de perda de chance, da qual nos permitimos discordar por dupla razão. Em primeiro lugar, porque o relatório do acórdão noticia que havia licitante definitivamente vencedor e adjudicatário de concorrência legítima. Não

---

[725] "3. Senhor Ministro Ari Pargendler, na minha percepção, a ilegalidade de um ato, por si só, não gera direito a uma indenização; a ilegalidade de qualquer ato não enseja o pagamento de uma reparação econômica. Neste caso, ademais, o ato não estava consumado, estava em vias de consumação. Que é ilegal a desistência, digamos assim, ou a recusa de contratar o Banco Itaú para esse serviço, parece-me que seja ilegal. [...] Tenho a impressão de que o pedido deve ser reduzido ao efeito de declarar a nulidade do ato que não consumou a contratação do Banco, mas não, por isso só, se estabelecer um cenário, digamos, em que seja possível uma condenação ao Estado por ter agido ilegalmente, porque, na verdade, o que o Banco Itaú sofreu foi somente a perda de uma oportunidade, de uma chance, como se diz vulgarmente" (recurso especial 1.153.354/AL, 1ª Turma, relator Ministro Ari Pargendler, j. 01.04.2014).

existiam dúvidas sobre a sua vitória, assim como, diante da contratação de outra empresa não licitante, não se colocavam dúvidas sobre a pertinência da contratação do objeto então licitado, o que exauriu a discricionariedade administrativa quanto à decisão de contratar, pois concretizada pelo ente estatal. Logo, não se está a falar de mera probabilidade de a contratação ser viável, mas de sua certeza, o que afasta a aplicação da hipótese de perda de chance. Em segundo lugar, porque há contradição interna ao argumento, na medida em que se invocou a perda de chance, que constitui hipótese própria de responsabilização civil, como conceito que afastaria a possibilidade de reparação.

A terceira observação diz respeito a uma aparente preocupação de caráter consequencialista quanto ao resultado da decisão, voltada a impedir a despesa pública que resultaria de decisão favorável ao licitante preterido. O voto divergente é permeado por referências às consequências que adviriam se admitida a responsabilidade civil por ilegalidade administrativa. As considerações parecem mais pautadas pela preocupação com desembolsos públicos – levando em conta, possivelmente, as dificuldades de exercício regular das práticas de licitação e contratação enfrentadas em realidades administrativas menos estruturadas, tão recorrentes no país –, em aparente recurso a um *backward reasoning* para produzir a solução jurídica em razão de resultados pretendidos *ex ante*.[726]

Dadas essas razões, constata-se o acerto do entendimento que o STJ firmou por maioria naquele caso, afastando a configuração da perda de chance e confirmando o cabimento da indenização de lucros cessantes.

6.5.2 Perda de chance utilizada como fator redutor da indenização e sucedâneo de lucros cessantes

Outra decisão, esta do Tribunal Regional Federal da 4ª Região, esboçou entendimento diverso em relação a situação análoga àquela examinada no recurso especial 1.153.354. Enquanto prevaleceu no

---

[726] "A meu ver, da maneira como estamos julgando, já estamos praticamente remetendo a condenação para a quantificação do seu valor. Estamos dizendo, portanto, que um ato ilegal gera um direito à indenização. Estamos informando aos Juízes do Brasil que, quando concederem a anulação de um ato por ilegalidade, isso poderá acarretar o dever de indenizar por parte do ente, em cuja estrutura se insere a autoridade que praticou a ilegalidade, seja Governador, seja Prefeito, Senador, Deputado, seja quem for" (recurso especial 1.153.354/AL, 1ª Turma, relator Ministro Ari Pargendler, j. 01.04.2014).

STJ o entendimento de que a preterição enseja reparação dos lucros cessantes, o TRF indicou que a preterição configuraria perda de chance indenizável.⁷²⁷

O texto do acórdão faz referência específica à possibilidade de a responsabilidade pré-contratual do Estado abranger a indenização de interesse negativo ou positivo, conforme o caso. E admite expressamente a indenização do interesse positivo, incluindo os lucros, "em situações de desfazimento do processo licitatório".⁷²⁸

Em seguida, ressalva que o interesse positivo não poderia ser aplicado na hipótese de preterição, porque configuraria enriquecimento sem causa, na medida em que o preterido não chegou a celebrar o contrato.⁷²⁹

Essa conclusão já foi enfrentada e contestada acima: não se entende possível extrair diferenciação entre "situações de desfazimento do processo licitatório", perante as quais o julgado admite a indenização do interesse positivo, e de preterição, para afastar em relação a esta última indenização de lucros cessantes. A preterição também constitui via indevida para frustração do processo de contratação. Há atuação estatal irregular em ambos os casos e o direito do sujeito lesado é idêntico e atingido de igual forma.

De outra parte, como exposto nos itens 5.3.2 e 5.4.4, a negação da indenização do interesse positivo por ausência de contrato contraria a própria lógica da figura dos lucros cessantes, tal como incorporada no ordenamento. E se o raciocínio de enriquecimento sem causa fosse admissível, impediria até mesmo a solução afinal adotada naquela decisão: afinal, a indenização da perda de chance é uma derivação dos lucros cessantes, calculada como fração destes.

Em síntese, é possível conjecturar que a perda de uma chance foi utilizada nesse julgado fundamentalmente para o fim de reduzir a solução indenizatória aplicável – o ressarcimento do equivalente ao interesse positivo, compreendendo os lucros cessantes do contrato administrativo não celebrado.

---

⁷²⁷ Tribunal Regional Federal da 4ª Região, apelação cível 5003272-60.2013.4.04.7000, 3ª Turma, relatora Desembargadora Vânia Hack de Almeida, j. 12.06.2019.
⁷²⁸ "Como se vê, em situações de desfazimento do processo licitatório é cabível indenização por perdas e danos, a abranger os lucros cessantes, posição da qual não destoa o Superior Tribunal de Justiça [...] Ora, a licitação, aqui, não foi desfeita. Ela seguiu seu curso e a obra foi construída pela segunda colocada".
⁷²⁹ "O caso dos autos, entretanto, não se enquadra nessa moldura. A concessão de indenização a título de lucros cessantes na hipótese em que a atividade não iniciou implica locupletamento ilícito, o que viola a máxima da vedação ao enriquecimento sem causa, verdadeiro princípio informador de nosso ordenamento jurídico (Código Civil, artigos 884 ao 886)".

Registre-se que, diante da constatação de que havia certeza do direito de contratar, a aplicação da solução de indenização do interesse positivo foi defendida no voto divergente, com o seguinte e acertado arremate: "mesmo sem a adjudicação formal da obra licitada em favor da apelada, houve direcionamento indevido desse ato final licitatório à segunda classificada, o que relativiza as fundamentações doutrinárias e de jurisprudência adotadas no voto da relatora, ensejando direito ao ressarcimento pelos lucros cessantes".

6.5.3 Perda de chance como elemento argumentativo para aplicação de elementos alheios aos critérios de responsabilização pré-contratual do Estado

O julgado acima examinado do TRF da 4ª Região permite explorar ainda outro ângulo da questão: o da metodologia empregada para quantificar a perda de chance.

Como dito acima, a perda de chance relacionada ao contrato frustrado corresponde a situação peculiar de interesse positivo, que se traduz na quantificação da chance frustrada como parcela dos lucros cessantes perdidos. A ausência de valor econômico intrínseco à chance e as dificuldades probatórias para fixar a existência e o grau de probabilidade da possibilidade de contratar estabelecem tarefa em regra complexa de quantificação do dano, baseada em métodos que buscam parametrizar a probabilidade envolvida e arbitrar, em função de percentuais de chance, a fração do lucro passível de ser estimado a ser indenizado.

Além dos fundamentos já referidos para aplicar a perda de chance no lugar dos lucros cessantes integrais, o voto da relatora enunciou os seguintes argumentos para determinar a quantificação do dano: (i) princípio da reparação integral; (ii) possibilidade de redução equitativa da indenização quando houver desproporção entre gravidade da culpa e o dano (art. 944, parágrafo único, do Código Civil), diante de baixo grau de reprovabilidade da conduta do ente estatal; (iii) relativização do princípio da restituição integral como decorrência da perda de chance; (iv) alusão à proporcionalidade, à repercussão da lesão e ao caráter punitivo da indenização.[730]

---

[730] Nos termos do aresto: "A importância arbitrada não se distancia de critérios outros, como a proporcionalidade, a repercussão da lesão – que, convenhamos, nenhum impacto teve sobre o patrimônio da apelada, senão os gastos com a participação na licitação e os

Podem-se formular juízos críticos específicos sobre os fundamentos adotados.

Quanto ao primeiro fundamento invocado, não há dúvidas sobre a aplicação do princípio da reparação integral.

Quanto ao segundo, é cabível questionamento relativo ao emprego da noção de culpa, por não se considerar que a noção de culpabilidade se aplique como fator de imputação para a responsabilidade pré-contratual do Estado, o que a afasta como fundamento para atenuar a responsabilidade estatal decorrente da ilegalidade.

Em relação ao terceiro fundamento mencionado, cabe insistir em que a perda de chance não constitui hipótese de relativização do princípio da reparação integral. A sua aplicação importa em identificar configuração específica de dano, ela própria também orientada pelo princípio da reparação integral.

Por fim, os conceitos indeterminados de proporcionalidade e repercussão da lesão referidos na decisão podem ser empregados na medida em que compatíveis com a tarefa de determinar (e não relativizar) a reparação integral devida no caso concreto, em linha com o que se expôs anteriormente. Isto salvo o caráter punitivo da indenização, que se entende inaplicável frente ao Estado – e, além disso, de compatibilidade questionável com a alusão encontrada no acórdão ao cabimento de redução da indenização por culpa atenuada.

Cabe ainda apontamento acerca da fixação do valor devido a título de perda de chance. Segundo o relatório do acórdão, o contrato frustrado envolvia "lucro estimado de R$ 1.484.777,76". Tendo reconhecido chance séria e real da licitante classificada em primeiro lugar de contratar (tratava-se, na verdade e como acima exposto, de certeza de contratar), fixou-se inicialmente "indenização no montante de R$ 50.000,00".

Ou seja, a chance foi quantificada em valor equivalente a cerca de 3,3% dos lucros cessantes. O arbitramento é incompatível com a lógica da teoria da perda de chance. Se havia chances substanciais de alcançar a contratação e os lucros cessantes correspondentes, devem elas ser quantificadas em termos coerentes e proporcionais com a situação aferida, conforme o entendimento prevalente sobre o tema, exposto no capítulo 5. A quantificação em 3% ilustraria a ocorrência de chances irrisórias ou de difícil apreciação – o que, se tivesse ocorrido, excluiria por completo qualquer tipo de reparação.

relacionados à sua defesa em juízo –, o caráter punitivo da indenização e a impossibilidade de a reparação se constituir em fonte de enriquecimento indevido".

A quantificação foi objeto de embargos de declaração. O acórdão dos embargos esclareceu que no curso da mesma sessão de julgamento a indenização foi multiplicada de R$ 50.000,00 para R$ 300.000,00.[731]

Não foi possível identificar em nenhum dos dois acórdãos as razões que justificaram a elevação do montante. Ao que se infere, elas foram referidas apenas oralmente, durante a sessão do primeiro julgamento. Não obstante, cabe observar que mesmo a indenização majorada – correspondente a 20% do lucro frustrado – não se compatibiliza com as premissas de aplicação da perda de chance.

6.5.4 A determinação de indenização de perda de chance sem avaliação dos pressupostos necessários para caracterização da chance

Como último julgado a ser comentado, em outra oportunidade o TRF da 4ª Região debateu a perda de chance de vencer licitação em caso que envolvia a responsabilização não do ente público interessado em contratar, mas da Empresa de Correios e Telégrafos (ECT), por alegada falha nos serviços postais que teria impedido determinada empresa de vencer o certame.

No caso, a autora da ação indicou ter postado envelope contendo proposta com preço menor do que o apresentado pelas empresas que efetivamente compareceram ao certame. Reclamou falha na prestação do serviço da ECT em razão da não entrega do envelope a tempo de ser protocolado.[732] Embora a discussão envolvesse falta da ECT, as mesmas premissas aplicáveis à responsabilidade pré-contratual do ente público contratante se encontravam em discussão.

Nesse caso, o pedido de lucros cessantes foi convertido em hipótese de perda de chance. Por maioria de votos, o recurso de apelação

---

[731] "Finalmente, no tocante ao erro material apontado pela embargada em sua resposta aos embargos (evento 50, PET1, p. 20), no sentido de que o valor do montante indenizatório foi fixado em R$ 300.000,00, enquanto o acórdão refere-se ao valor de R$ 50.000,00, cumpre salientar que esta julgadora, a princípio, esteve inclinada a fixar o valor indenizatório em R$ 50.000,00, tal como constou no voto-condutor (evento 10). Submetido o processo à sistemática de julgamento do artigo 942 do Código de Processo Civil, por ocasião da sessão do dia 12.6.2019 esta relatora se retratou para, acompanhando a divergência inaugurada pela desembargadora Marga Inge Barth Tessler, majorar a indenização para R$ 300.000,00" (embargos de declaração em apelação/remessa necessária 5003272-60.2013.4.04.7000, j. 02.03.2021).

[732] Tribunal Regional Federal da 4ª Região, apelação cível 2007.72.00.015359-0, 3ª Turma, relatora para Acórdão Desembargadora Maria Lúcia Luz Leiria, j. 14.12.2011.

foi decidido com a determinação de "indenização fixada em 50% da expectativa de lucro do autor, equivalente a R$ 500.000,00".

Em sede de embargos infringentes, aprofundou-se a frente de discussão referente à ocorrência dos requisitos mínimos para que a chance pudesse ser considerada como de fato existente. Os seguintes fatos foram então constatados: (i) o endereçamento da correspondência havia sido mal preenchido pela autora da ação; (ii) não constava dos autos a íntegra do edital, nem havia sido verificado o atendimento, pela postulante da indenização, dos requisitos de habilitação e daqueles relativos ao próprio julgamento da proposta, para confirmar a aptidão para a disputa do contrato; (iii) não havia nos autos cópia da ata de julgamento da concorrência, nem qualquer outra documentação apta a retratar de forma oficial as propostas apresentadas, que permitisse identificar chances sérias e reais perante as demais propostas.

Assim, o Tribunal manteve a conclusão quanto ao defeito no serviço prestado pela ECT, mas afastou a indenização pela perda de chance. A reversão do entendimento original justificou-se pelo reconhecimento de que a falha da ECT não foi comprovada como causa adequada e eficiente na cadeia causal que levou à frustração da expectativa da autora da ação de participar e vencer a licitação, na medida em que a própria probabilidade de vitória na licitação não havia sido demonstrada.[733]

Esses elementos factuais, próprios àquele caso concreto, são aqui referidos por bem ilustrarem o processo de aferição da chance na licitação. É indispensável para a caracterização de chance séria e real que todos os pressupostos necessários para vencer o certame sejam demonstrados, ainda que não se possa determinar com inequívoca certeza a possibilidade de vitória. A condenação inicialmente estabelecida para indenização da perda de chance não havia considerado esses elementos. A constatação posterior da ausência de comprovação pela empresa de *todos* os requisitos necessários para demonstrar a possibilidade séria e real de vitória no certame representou aplicação adequada da metodologia de aferição da perda de chance, resultando no correto afastamento da responsabilidade civil naquela situação.

---

[733] Tribunal Regional Federal da 4ª Região, embargos infringentes 2007.72.00.015359-0, 2ª Seção, relator Desembargador João Pedro Gebran Neto, j. 13.09.2012.

PROPOSIÇÕES E CONCLUSÕES

Mais do que fornecer soluções definitivas para as diversas hipóteses que podem ensejar a discussão sobre a caracterização do direito de contratar e a responsabilidade civil pré-contratual do Estado, buscou-se, com as constatações e formulações apresentadas no presente trabalho, fixar premissas e um modelo de enfrentamento de situações concretas. Sintetizam-se a seguir algumas das conclusões e proposições sobre o tema, tal como fundamentadas ao longo do estudo.

Formação da decisão administrativa de contratar

1. A autonomia contratual administrativa é exercitada em dois momentos sucessivos: por meio da decisão de contratar, que instaura o rito para prática das providências necessárias à contratação, e por meio da decisão de celebrar o contrato, sendo esta última uma derivação mais ou menos automática e vinculada à primeira decisão e às providências a partir dela tomadas, conforme as características do método de contratação adotado;
2. Especialmente nos modelos de contratação tipificados e vinculantes, em que há quase exaustão da margem discricionária no momento de publicação do edital, os atos estatais praticados no curso do processo de contratação servem fundamentalmente para os fins de: (i) organizar o procedimento e o exercício das funções estatais correlatas; (ii) atestar, por meio de manifestações com eficácia marcadamente declaratória, o preenchimento dos requisitos para a contratação; e (iii) propiciar o controle sobre os atos praticados;

3. Da premissa anterior resulta que a *decisão de celebrar o contrato* é, pelo menos nos modelos tipificados e vinculantes, uma derivação essencialmente vinculada da *decisão de contratar*; a contratação é ato constitutivo em si (constitui relação jurídica nova, de caráter contratual), que, por sua vez, decorre de atos declaratórios, os quais operam para o fim de confirmar a decisão de contratar que ensejou a instauração do processo de contratação;

4. Entendimento diverso, no sentido de que o ente público manteria margem discricionária em termos indeterminados mesmo ao término do processo de contratação, não encontra fundamento no regime legal aplicável à administração pública; aproxima-se de uma concepção civilista da forma de contratar, que dá maior ênfase à declaração final do sujeito contratante do que ao resultado de sua atuação e à natureza funcional dos atos e condutas concretizados pelas partes em torno do propósito de orientar esforços mútuos, construir expectativas e viabilizar a contratação;

5. Como regra, é apenas nos casos excepcionais em que os requisitos para contratar previamente estipulados não sejam preenchidos que haverá lugar a decisão administrativa efetivamente inovadora, desconstitutiva do processo de contratação, o que ocorrerá exclusivamente mediante exercício das competências de anulação ou revogação.

O regime da relação jurídica pré-contratual e as posições jurídicas dela emergentes

6. A relação jurídica é noção que propicia uma perspectiva unitária e integrada da dinâmica de desenvolvimento das posições jurídicas no âmbito pré-contratual;

7. A relação jurídica pré-contratual, que é em geral veiculada por processo administrativo, não constitui ambiente jurídico baseado em uma única posição jurídica de potestade ao Estado, tendo como contraface posição de sujeição dos sujeitos que com ele se relacionam. Caracteriza-se como relação obrigacional de confiança, composta por deveres de proteção e posições ativas correlatas. Nessa condição, difere das relações havidas na sociedade em geral e também das relações contratuais, na medida em que estas são caracterizadas por deveres de prestação;

8. Ao longo da relação, cada um dos polos assume uma situação complexa; relacionam-se entre si por meio de ligações de subordinação e de coordenação, que compreendem deveres recíprocos de conduta, orientados pelas regras legais e pela boa-fé; em relação à contratação propriamente dita, a esfera jurídica das partes é informada por um *iter* formativo das posições jurídicas ativas e passivas a desembocar no direito e no dever a contratar, que assim se aperfeiçoam para ambos os polos da relação;
9. A determinação das posições jurídicas individuais a serem observadas pressupõe a consideração de um conjunto normativo não explicitado na legislação especial de licitações e contratações administrativas, compreensivo dos princípios da segurança jurídica, da moralidade administrativa, da boa-fé e da confiança;
10. Com base nessas normas gerais, a proteção da confiança legítima constitui elemento inafastável do relacionamento instaurado e qualifica os efeitos jurídicos decorrentes do processo formativo das posições jurídicas voltadas a contratar, antes mesmo da – e de modo inclusive a nortear a – tomada da decisão administrativa final. Isso significa, entre outras consequências, afastar a concepção de que há relação jurídica meramente processual entre os envolvidos, dada a dinâmica das posições jurídicas materiais verificadas;
11. A confiança legítima forma-se a partir do momento em que se estabelece a relação jurídica entre o ente estatal e os interessados em contratar; a legitimidade e a proteção dessa confiança pressupõem (i) a existência de situação subjetiva de boa-fé daquele que crê; (ii) estado de coisas objetivo que dê suporte externo e concreto à confiança, que é amparado na regularidade presumida da atuação estatal; (iii) a ocorrência de investimento de confiança viável, traduzido no engajamento apto ao atendimento dos requisitos para obter a contratação por parte daquele que confia na referida situação objetiva; e (iv) a imputação da tutela da confiança ao ente estatal;
12. Se em um momento inicial, em regra, a posição jurídica detida pelos interessados em contratar aparece equivalente a um interesse processual voltado à observância das regras do processo de contratação, mesmo desde esse estágio, com o engajamento efetivo com o objetivo de contratar, incide

também regime material protetivo; a confiança tutelada elimina uma diferença de essência entre interesses e direitos, agrupando-os como um mesmo fenômeno caracterizado por conteúdos e graus de eficácia distintos, a ser tutelado não apenas em termos processuais, mas também materiais;
13. As posições jurídicas são entrelaçadas e evoluem ao longo do processo; essas posições comportarão variações de intensidade em torno de sua eficácia, o que significa (i) tanto o potencial de os interesses iniciais darem origem a dever e direito de contratar, (ii) quanto que estes últimos venham a se tornar plenamente vinculantes e exigíveis, (iii) quanto que a plena eficácia das posições de direito e dever de contratar venha a ser obstada nas hipóteses em que o ordenamento admita a extinção legítima do processo sem a contratação;
14. Assim, se no princípio do processo de contratação há deveres, ônus, sujeições e direitos relacionados à adequada condução do processo (*interesse ou posição jurídica opositiva* à produção de danos pela conduta estatal), no curso da relação aquelas posições jurídicas dão origem, sem elas mesmas desaparecerem, a posições jurídicas novas, orientadas e atreladas à celebração do contrato, que se intensificam na medida em que os atos praticados no curso do processo permitam individualizar as situações dos diversos concorrentes em relação às chances de contratar; haverá, então *interesse ou posição jurídica pretensiva* à conduta estatal concludente da contratação, com proteção jurídica orientada pelo conteúdo dessa posição;
15. Especificamente, a individualização de um concorrente que demonstre o atendimento dos requisitos para contratar e tenha apresentado a melhor proposta resulta na configuração de um *direito eventual a contratar*, que se convola em *direito adquirido* quando configurada a exaustão da discricionariedade administrativa residual em torno da decisão de celebrar o contrato;
16. O direito eventual se origina do resultado da licitação, não dos atos de adjudicação e homologação, que são declaratórios da realidade previamente estabelecida; a relevância, sobretudo prática, do reconhecimento da figura do direito eventual reside na possibilidade de sua tutela como efetivo direito que é; a sua distinção em relação ao direito efetivamente adquirido a contratar se dá apenas no plano da eficácia, na medida em que o direito eventual ainda se encontra sujeito

à prática de atos estatais supervenientes (com o potencial de exigir a prática desses atos), enquanto o direito adquirido se qualifica em termos de plena exigibilidade em relação à própria contratação;

17. A exaustão da discricionariedade ocorrerá, como regra, com a convocação para contratar; também restará configurada quando não estiverem presentes os requisitos para anulação ou revogação do processo de contratação, ou, de qualquer modo, quando o ente público adotar outras providências que indiquem a viabilidade da contratação e o interesse estatal em torno dela (como se dá, por exemplo, no caso de o ente público contratar terceiro em detrimento do resultado de um processo de contratação regular); em todos esses casos, a contratação será plenamente exigível perante o ente público e, se não for efetivada, abrirá espaço à responsabilização civil do Estado;

18. Portanto, deve-se reconhecer a situação privilegiada do Estado para determinar o resultado do processo de contratação – e determinar, nessa condição, a forma de observância e concretização dos interesses individuais –, mas não para suprimir estes em prol da invocação de objetivos públicos. É apenas a forma de realização da tutela dos interesses a cargo do ente público que se dá de forma preferencial nas hipóteses de não contratação comportadas em lei, sem que isso autorize o sacrifício da esfera patrimonial daqueles que se relacionam com a esfera estatal.

O regime de responsabilidade civil pré-contratual do Estado

19. A alusão à responsabilidade civil do Estado como pré-contratual não tem por finalidade distinguir um regime substancialmente diverso de responsabilidade civil extra-contratual, mas lançar luz aos três pressupostos específicos que podem ensejar responsabilização – descumprimento das regras de desenvolvimento do processo de contratação, de deveres de boa-fé ou a configuração de eventos lesivos associados a riscos próprios à esfera estatal, dos quais resultem encargos anômalos ou injustos sobre os terceiros que se relacionam com o ente público, ainda que a atuação estatal tenha sido hígida;

20. No caso de anulação da licitação, ou ainda nas situações em que a decisão extintiva do processo de contratação seja irregular, estará configurada a ilegalidade e a violação de deveres mínimos de diligência e cuidado por falha administrativa do ente público, aptos a configurar conduta lesiva diretamente ensejadora dos gastos incorridos por aqueles que compareceram ao processo; a ausência de previsão exoneratória de responsabilidade, que é uma das novidades da Lei 14.133/21, ao lado da previsão de regra geral de responsabilidade contida no parágrafo único do seu art. 147 e da cláusula constitucional e das demais regras legais gerais aplicáveis – da LINDB e do Código Civil –, afasta a tese de irresponsabilidade;
21. A revogação regular do processo de contratação exonera o Estado do dever de contratar e, ao fazê-lo, afasta qualquer pretensão à contratação, impedindo a configuração da plena eficácia do direito eventual a contratar que tenha surgido; a contrapartida dessa competência é a assunção, pelo ente estatal, dos riscos correspondentes a variações supervenientes que afetem os interesses por ele perseguidos e venham a inviabilizar o processo de contratação, de modo que a confiança dos sujeitos privados a ser tutelada não tem por objeto a contratação, mas a vedação a que postura superveniente do ente estatal venha a inutilizar os esforços empreendidos;
22. Esses pressupostos e fundamentos jurídicos evidenciam um regime de imputação objetiva de responsabilidade civil ao Estado nas situações em exame;
23. É possível conjecturar razões para a ausência de tratamento legislativo mais específico sobre o tema, que vão desde a tradição da disciplina verificada no ordenamento brasileiro, tendente à negação da responsabilidade, até a dificuldade em regular o tema, identificada também no direito comparado;
24. Independentemente das razões subjacentes à política legislativa, avalia-se que a lacuna gera ao menos duas consequências deletérias: (i) fomenta a cultura de impunidade, que abriga espaço para planejamento e decisões descompromissadas, que ignoram e frustram os recursos públicos e privados empregados para o objetivo de contratar; (ii) produz expressiva insegurança jurídica, ilustrada pela existência de correntes jurisprudenciais dispersas e muitas vezes incompatíveis entre

si sobre os pressupostos de responsabilidade e a extensão do dever de indenizar;
25. No âmbito jurisprudencial, é possível identificar entendimentos que variam entre (i) não identificar a formação de direito a contratar ou de proteção jurídica material antes de o ente público convocar o interessado a celebrar o contrato, de modo que esse elemento prévio opera como filtro das hipóteses de responsabilização; (ii) reconhecer o direito a contratar e estender proteção jurídica mesmo às expectativas anteriores ao surgimento do referido direito; (iii) não reconhecer posições jurídicas autônomas, mas entender suficiente a incidência do art. 37, §6º, da Constituição para determinar a responsabilização estatal; nas hipóteses em que é reconhecida a responsabilidade, esta se traduz em soluções indenizatórias que se alternam entre restringir o ressarcimento ao interesse negativo ou admitir a indenização do interesse positivo; em termos intermediários, a aplicação da teoria da perda de uma chance vem ganhando espaço, mas nem sempre com aplicação adequada – sendo, por vezes, adotada como expediente para negar ou reduzir artificialmente a indenização devida;
26. Em vista dessas circunstâncias, considera-se que há proveito em discutir de *lege ferenda* a definição das hipóteses de responsabilidade e os parâmetros de indenização em cada caso, o que possibilitaria simplificar a apuração e até mesmo a delimitação das indenizações; com isso, fixa-se a compreensão de não haver incompatibilidade entre a cláusula do art. 37, §6º, da Constituição Federal e eventuais soluções legislativas que apresentem variações em face do princípio da reparação integral, como previsões de indenização eventualmente intermediárias, desde que não desnaturem as características substanciais das posições jurídicas lesadas;
27. Não obstante a genérica disciplina legislativa, especialmente a partir da Lei 14.133/21, que não recepcionou as cláusulas anteriores de exoneração de responsabilidade estatal e fixou a previsão geral do parágrafo único do art. 147, é possível identificar evolução consistente, inclusive no plano normativo, em direção à confirmação da responsabilidade estatal.

A identificação dos danos e as hipóteses de ressarcimento

28. A quantificação concreta do dano deve estrita observância aos parâmetros legais; não se verifica no direito positivo fundamento para redução da indenização baseada em considerações acerca da situação fiscal do ente público ou no grau de culpa e/ou boa-fé ou má-fé da atuação de agentes públicos; diante da ausência de previsões legais específicas para a responsabilidade pré-contratual da administração pública, prevalecem as regras gerais do art. 37, §6º, da Constituição e do art. 944 do Código Civil, que consagram o princípio da reparação integral dos danos;

29. Os danos devem ser apurados em vista da posição jurídica lesada; no entanto, como as posições jurídicas dependem da evolução dos processos de contratação e dos atos praticados pelo ente público, e como elas permanecem sujeitas a competências estatais de encerramento do processo de contratação, é necessário identificar as características da atuação estatal lesiva para determinar o conteúdo da reparação devida;

30. A anulação do processo de contratação pode ocorrer nas hipóteses de impossibilidade originária de contratar (vício do contrato ou da forma de instauração do processo de contratação) ou derivada (vício na condução do processo de contratação); a primeira hipótese impede qualquer cogitação acerca de um direito a contratar, enquanto as hipóteses de impossibilidade derivada podem ocorrer de modo a suprimir um direito, ainda que de caráter eventual, que em tese já possa ter sido formado para contratar à luz das regras do processo; embora a solução indenizatória para a anulação do processo de contratação não venha a ser explícita e diretamente fixada na legislação, aplica-se para as hipóteses de impossibilidade originária e derivada o parâmetro do art. 148 da Lei 14.133/21, que determina a restituição das partes à situação *a quo*, com indenização restrita, portanto, ao *interesse negativo* dos sujeitos afetados;

31. Todos os que ingressaram no processo de contratação anulado têm direito à indenização, salvo na hipótese em que reste demonstrado que não reuniam as condições necessárias para participar de forma regular da disputa do contrato, ou quando o estágio do processo de contratação permita identificar um licitante que se encontraria na condição de

vencedor – neste caso, caberá apenas a ele a indenização, pois os demais não podem obter via responsabilidade civil benefícios que não alcançariam se o processo de contratação tivesse sido exitoso;

32. No caso da revogação, ainda que já se esteja diante de direito eventual a contratar configurado, este depende de atos estatais que a lei autoriza (ou mesmo determina) que não sejam praticados, o que impede de forma legítima a exigibilidade da situação contratual e, consequentemente, de seu conteúdo econômico; disso resulta que a reparação será orientada estritamente pela restituição das partes à situação *a quo*, com a indenização do *interesse negativo*; a indenização será extensível a todos os licitantes que se mostraram aptos a disputar o contrato, salvo quando já houver a definição de um vencedor, hipótese em que apenas este restará legitimado a reclamar indenização;

33. A extinção irregular do processo de contratação, inclusive por omissão, fora das hipóteses de anulação e revogação regulares admitidas em lei, comporta, sem prejuízo das providências para restauração do processo, três soluções indenizatórias alternativas, não cumuláveis entre si: (i) indenização do interesse negativo, com o regresso das partes ao *status quo*, caso não seja possível identificar licitante em condições de contratar; (ii) indenização pela perda de chance, na hipótese em que a extinção do processo de contratação se consolide em momento no qual já tenha sido possível identificar chances reais e concretas de um ou mais licitantes vencer a contratação, sem que dessas chances seja possível atribuir a algum deles a certeza da contratação; ou (iii) indenização do interesse positivo, quando estiver caracterizado vencedor do certame com direito a contratar.

Como se referiu no princípio deste trabalho, não há modelo uniforme e ideal de responsabilidade civil pré-contratual. E a responsabilidade pode, sob certas condições, exercer papeis variáveis no sistema de remédios. Assim, além da utilidade de delimitar a sua forma de aplicação no direito brasileiro, as reflexões em torno do tema são necessárias para situar a tutela jurídica efetiva, propiciar decisões administrativas e judiciais mais adequadas e informar discussões sobre como aprimorar, em termos sistêmicos, as formas de controle dos processos de contratação pública no direito brasileiro.

Em outras palavras, a identificação dos direitos emergentes dos processos de contratação e o exame da tutela de reparação de danos evidenciam a existência de espaço para aprimoramento do sistema de remédios do direito de licitações e contratações administrativas. O aprimoramento passa por priorizar mecanismos efetivos e tempestivos de reparação em espécie ou *in natura*, como forma mais célere, plena e eficiente (inclusive porque econômica) de propiciar a proteção jurídica aos sujeitos lesados. Isso sem prejuízo da inafastável função da responsabilidade civil, que opera como garantia última de legalidade e segurança jurídica, tanto mais quando outras formas de tutela não se mostram efetivas.

REFERÊNCIAS

ALCOZ, Luis Medina. Historia del concepto de derecho subjetivo en el Derecho Administrativo Español. *Revista de Derecho Público*: Teoría y Método Marcial Pons Ediciones Jurídicas y Sociales, Madrid, v. 1, p. 7-52, 2021. DOI: https://doi.org/10.37417/RPD/vol_1_2021_531. Disponível em: https://www.revistasmarcialpons.es/revistaderechopublico/article/view/531. Acesso em: 18 abr. 2024.

ALESSI, Renato. *A revogação dos atos administrativos*. Tradução: Antonio Araldo Ferraz Dal Pozzo, Augusto Neves Dal Pozzo, Ricardo Marcondes Martins. São Paulo: Contracorrente, 2022.

ALESSI, Renato. *Diritto Amministrativo*. Milano: Giuffrè, 1949.

ALESSI, Renato. *La responsabilità della pubblica amministrazione*. Milano: Giuffrè, 1939. v. 1.

ALESSI, Renato. *La responsabilità della pubblica amministrazione*. Milano: Giuffrè, 1941. v. 2.

ALMEIDA, Fernando Dias Menezes de. *Contrato Administrativo*. São Paulo: Quartier Latin, 2012.

ALMEIDA, Fernando Dias Menezes de. Contratos administrativos. *In*: PEREIRA JÚNIOR, Antônio Jorge; JABUR, Gilberto Haddad (coord.). *Direito dos Contratos II*. São Paulo: Quartier Latin, 2008.

ALMEIDA, Fernando Dias Menezes de. Controle da Administração Pública e Responsabilidade do Estado. *In*: DI PIETRO, Maria Sylvia Zanella (coord.). *Tratado de direito administrativo*. São Paulo: Revista dos Tribunais, 2014. v. 7.

ALMEIDA, Fernando Dias Menezes de. *Formação da Teoria do Direito Administrativo no Brasil*. São Paulo: Quartier Latin, 2015.

ALMEIDA, Fernando Dias Menezes de. Princípios da administração pública e segurança jurídica. *In*: VALIM, Rafael; OLIVEIRA, José Roberto Pimenta; DAL POZZO, Augusto Neves (coord.). *Tratado sobre o Princípio da Segurança Jurídica no Direito Administrativo*. Belo Horizonte: Fórum, 2013.

ALMEIDA, Fernando Henrique Mendes de. Concorrência Pública. *Revista de Direito Administrativo*, [s. l.], v. 62, p. 340-342, 1960. Disponível em: https://periodicos.fgv.br/rda/article/view/21177. Acesso em: 20 nov. 2022.

ALMEIDA, João Amaral; SÁNCHEZ, Pedro Fernández. Abertura de procedimento pré-contratual e dever de adjudicação. *In*: GONÇALVES, Pedro (org.). *Temas de Contratação Pública*. Coimbra: Coimbra Editora, 2011. v. I.

ALMEIDA, Mário Aroso de. *Anulação de actos administrativos e relações jurídicas emergentes*. Coimbra: Almedina, 2002.

AMORIM, João Pacheco de. *As decisões de adjudicação e não adjudicação no Código dos Contratos Públicos*. Coimbra: Almedina, 2021.

ANDRADE, José Carlos Vieira de. *Lições de Direito Administrativo*. 4. ed. Coimbra: Imprensa da Universidade de Coimbra, 2015.

ANDRADE, Letícia Queiroz de. *Teoria das relações jurídicas da prestação de serviço público sob regime de concessão*. São Paulo: Malheiros, 2015.

ANDRADE, Manuel Domingues de. *Teoria Geral da Relação Jurídica*. Coimbra: Almedina, 1987. v. I.

ARROWSMITH, Sue. Enforcing the Public Procurement Rules: Legal Remedies in the Court of Justice and the National Courts. *In*: ARROWSMITH, Sue. *Remedies for enforcing the public procurement rules*. Public Procurement in the European Community. Winteringham: Earlsgate Press, 1993. v. IV.

ARROWSMITH, Sue. *The Law of Public and Utilities Procurement*. London: Sweet & Maxwell, 1996.

ÁVILA, Humberto. *Teoria da segurança jurídica*. 3. ed. São Paulo: Malheiros, 2014.

ÁVILA, Humberto. *Teoria dos Princípios*: da definição à aplicação dos princípios jurídicos. 8. ed. São Paulo: Malheiros, 2008.

AZEVEDO, Antônio Junqueira de. Contrato preliminar. Distinção entre eficácia forte e fraca para fins de execução específica da obrigação de celebrar o contrato definitivo. Estipulação de multa penitencial que confirma a impossibilidade de execução específica. *In*: AZEVEDO, Antônio Junqueira de. *Novos Estudos e Pareceres de Direito Privado*. São Paulo: Saraiva, 2009.

AZEVEDO, Paulo Furquim de. Antecedentes. *In*: FARINA, Elizabeth Maria Mercier Querido; AZEVEDO, Paulo Furquim de; SAES, Maria Sylvia Macchione (org.). *Competitividade*: Mercado, Estado e Organizações. São Paulo: Singular, 1997.

AZEVEDO, Paulo Furquim de. Níveis Analíticos. *In*: FARINA, Elizabeth Maria Mercier Querido; AZEVEDO, Paulo Furquim de; SAES, Maria Sylvia Macchione (org.). *Competitividade*: Mercado, Estado e Organizações. São Paulo: Singular, 1997.

BANKS, Fiona; BOWSHER, Michael. Damages Remedy in England & Wales and Northern Ireland. *In*: FAIRGRIEVE, Duncan; LICHÈRE, François. *Public Procurement Law*: Damage as an Effective Remedy. Oxford: Hart Publishing, 2011.

BAPTISTA, Patrícia Ferreira. A revisão dos atos ilegais no direito administrativo contemporâneo: entre legalidade e proteção da confiança. *In*: ALMEIDA, Fernando Dias Menezes de; MARQUES NETO, Floriano de Azevedo; MIGUEL, Luiz Felipe Hadlich; SCHIRATO, Vitor Rhein (coord.). *Direito público em evolução*: estudos em homenagem à professora Odete Medauar. Belo Horizonte: Fórum, 2013.

BAPTISTA, Patrícia Ferreira. *Segurança Jurídica e Proteção da Confiança Legítima no Direito Administrativo*: Análise Sistemática e Critérios de Aplicação no Direito Administrativo Brasileiro. [Carolina do Sul]: Kindle Direct Publishing, 2015.

BARBOSA, Rui. Contrato de empreitada: Responsabilidade civil do Estado (laudo arbitral). *Revista Forense*, [s. l.], vol. XXIX, p. 75-91, jan./jun. 1918.

BARDUSCO, Aldo. *La struttura dei contratti delle pubbliche amministrazioni*: atti amministrative e negozio di diritto privato. Milano: Giuffrè, 1974.

BARROSO, Luís Roberto. A constitucionalização do direito e suas repercussões no âmbito administrativo. *In*: ARAGÃO, Alexandre Santos de; MARQUES NETO, Floriano de Azevedo (coord.). *Direito administrativo e seus novos paradigmas*. Belo Horizonte: Fórum, 2008.

REFERÊNCIAS

BENACCHIO, Marcelo. Pressupostos da responsabilidade civil extracontratual do Estado contidos no art. 37, parágrafo 6º, da Constituição Federal. *In:* GUERRA, Alexandre Dartanhan de Mello; PIRES, Luis Manuel Fonseca; BENACCHIO, Marcelo (coord.). *Responsabilidade Civil do Estado:* desafios contemporâneos. São Paulo: Quartier Latin, 2010.

BICALHO, Alécia Paolucci Nogueira. A segurança jurídica no procedimento licitatório. *In:* VALIM, Rafael; OLIVEIRA, José Roberto Pimenta; DAL POZZO, Augusto Neves (coord.). *Tratado sobre o Princípio da Segurança Jurídica no Direito Administrativo.* Belo Horizonte: Fórum, 2013.

BINENBOJM, Gustavo. Regulamentos simplificados de licitações para empresas estatais: o caso da Petrobras. *Fórum de Contratação e Gestão Pública,* Belo Horizonte, v. 6, n. 68, p. 10-25, 2007.

BINENBOJM, Gustavo. *Uma Teoria do Direito Administrativo:* Direitos Fundamentais, Democracia e Constitucionalização. 2. ed. Rio de Janeiro: Renovar, 2008.

BRAGA NETTO, Felipe. *Novo Manual de Responsabilidade Civil.* Salvador: Juspodivm, 2019.

BURGI, Martin. Damages and EC Procurement Law: German Perspectives. *In:* FAIRGRIEVE, Duncan; LICHÈRE, François. *Public Procurement Law:* Damage as an Effective Remedy. Oxford: Hart Publishing, 2011.

CAHALI, Yussef Said. *Responsabilidade civil do Estado.* 4. ed. São Paulo: Revista dos Tribunais, 2012.

CALMES, Sylvia. *Du principe de protection de la confiance légitime en droits allemand, communautaire et français.* Paris: Dalloz, 2001.

CÂMARA, Jacintho Arruda. A relevância da culpa na responsabilidade extracontratual do Estado. *In:* GUERRA, Alexandre Dartanhan de Mello; PIRES, Luis Manuel Fonseca; BENACCHIO, Marcelo (coord.). *Responsabilidade Civil do Estado:* desafios contemporâneos. São Paulo: Quartier Latin, 2010.

CÂMARA, Jacintho Arruda. Nova Lei de Licitações: maximalista, porém flexível. *Jota*, [s. l.], 25 out. 2022. Disponível em: https://www.jota.info/opiniao-e-analise/colunas/publicistas/nova-lei-de-licitacoes-maximalista-porem-flexivel-25102022. Acesso em: 18 abr. 2024.

CÂMARA, Jacintho Arruda. *Obrigações do Estado derivadas de contratos inválidos.* São Paulo: Malheiros, 1999.

CANOTILHO, José Joaquim Gomes. *A responsabilidade do Estado por actos lícitos.* 2. ed. rev. e ampl. Belo Horizonte: Fórum, 2019.

CASETTA, Elio. *Manuale di Diritto Amministrativo.* 15. ed. Milano: Giuffrè, 2013.

CASTRO, Luciano Araújo de. *A boa-fé objetiva nos contratos administrativos brasileiros.* 2. ed. Rio de Janeiro: Lumen Juris, 2021.

CAVALCANTI, Amaro. *Responsabilidade civil do Estado.* Rio de Janeiro: Borsoi, 1957. v. 1.

CAVALCANTI, Themistocles Brandão. *Curso de Direito Administrativo.* 8. ed. Rio de Janeiro: Livraria Freitas Bastos, 1967.

CAVALIERI FILHO, Sérgio. *Programa de Responsabilidade Civil.* 11. ed. São Paulo: Atlas, 2007.

CHAVES, Antônio. *Responsabilidade pré-contratual.* São Paulo: Lejus, 1997.

CHEN-WISHART, Mindy. *Contract Law*. 6. ed. Oxford: Oxford University Press, 2018.

COASE, Ronald. The problem of social cost. *Journal of Law and Economics*, [s. l.], v. 3, p. 1-44, out. 1960. Disponível em: https://www.jstor.org/stable/724810. Acesso em: 18 abr. 2024.

CORDEIRO, António Manuel da Rocha e Menezes. *Contratos Públicos*: subsídios para a dogmática administrativa, com exemplo no princípio do equilíbrio financeiro. Coimbra: Almedina, 2007.

CORDEIRO, António Manuel da Rocha e Menezes. *Da boa fé no direito civil*. Coimbra: Almedina, 2001.

CORDEIRO, António Manuel da Rocha e Menezes. *Direito das Obrigações*. Lisboa: Associação Acadêmica da Faculdade de Direito de Lisboa, 1988. v. 1.

CORREIA, José Manuel Sérvulo. *Legalidade e Autonomia Contratual nos Contratos Administrativos*. Coimbra: Almedina, 2003.

CORREIA, José Manuel Sérvulo; TORGAL, Lino; SÁNCHEZ, Pedro Fernández. Alteração de circunstâncias e modificação de propostas em procedimentos de contratação pública. In: GONÇALVES, Pedro. *Temas de Contratação Pública* (org.). Coimbra: Coimbra Editora, 2010. v. III.

COSTALDELLO, Angela Cassia. *A invalidade dos atos administrativos: uma construção teórica frente ao princípio da estrita legalidade e da boa-fé*. Curitiba, 1998. 160 f. Tese (Doutorado em Direito do Estado) – Setor de Ciências Jurídicas, Universidade Federal do Paraná, 1998.

CRETELLA JÚNIOR, José. *Curso de Direito Administrativo*. 16. ed. Forense: Rio de Janeiro, 1999.

DALLARI, Adilson Abreu. *Aspectos jurídicos da licitação*. 7. ed. São Paulo: Saraiva, 2007.

DAVIES, Anne. *The Public Law of Government Contracts*. New York: Oxford University Press, 2008.

DI PIETRO, Maria Sylvia Zanella. *Direito Administrativo*. 34. ed. Rio de Janeiro: Forense, 2021.

DI PIETRO, Maria Sylvia Zanella. O Princípio da Segurança Jurídica diante do Princípio da Legalidade. In: MARRARA, Thiago (org.). *Princípios de Direito Administrativo*. São Paulo: Atlas, 2012.

DI PIETRO, Maria Sylvia Zanella. O regime das licitações para os contratos de concessão. In: SUNDFELD, Carlos Ari; JURKSAITIS, Guilherme Jardim. *Contratos Públicos e Direito Administrativo*. São Paulo: Malheiros, 2015.

DIAS, José de Aguiar. *Da responsabilidade civil*. 12. ed., atual. e aum. por Rui Berford Dias. Rio de Janeiro: Lumen Juris, 2012.

DROMI, José Roberto. *Derecho subjetivo y responsabilidad pública*. Bogotá: Editorial Temis Librería, 1980.

DUGUIT, Léon. *Traité de Droit Constitutionnel*. Paris: Ancienne Librairie Fontemoing, 1923. t. 32. Disponível em: https://gallica.bnf.fr/ark:/12148/bpt6k932649r?rk=64378. Acesso em: 10 dez. 2022.

EIRÓ, Vera. *A Obrigação de Indemnizar das Entidades Adjudicantes*. Coimbra: Almedina, 2013.

EIRÓ, Vera; MEALHA, Esperança. Damages under Public Procurement. The Portuguese case. In: FAIRGRIEVE, Duncan; LICHÈRE, François. *Public Procurement Law*: Damage as an Effective Remedy. Oxford: Hart Publishing, 2011.

ESPÍNOLA, Eduardo. Concorrencia Publica. *In:* ESPÍNOLA, Eduardo. *Questões Juridicas e Pareceres*. São Paulo: Cia. Graphico-Editora Monteiro Lobato, 1925.

ESPÍNOLA, Eduardo. *Manual do Código Civil Brasileiro*: parte geral – dos factos jurídicos (arts. 74 a 160). Org. Paulo de Lacerda. Rio de Janeiro: Jacintho Ribeiro dos Santos, 1923. v. III.

ESTORNINHO, Maria João. *Curso de Direito dos Contratos Públicos*. Coimbra: Almedina, 2013.

FAGUNDES, Miguel Seabra. Concorrência pública - classificação dos concorrentes - ato administrativo - vício de ilegalidade e vício de mérito - mandado de segurança. *Revista de Direito Administrativo*, [*s. l.*], v. 22, p. 369-376, 1950. Disponível em: https://bibliotecadigital.fgv.br/ojs/index.php/rda/article/view/11813. Acesso em: 10 abr. 2022.

FAGUNDES, Miguel Seabra. Concorrência pública - Idoneidade dos concorrentes - Direito de petição - Atribuições administrativas do Presidente da República - Atos administrativos - Motivação e anulação. *Revista de Direito Administrativo*, [*s. l.*], v. 34, p. 398-408, 1953. Disponível em: https://bibliotecadigital.fgv.br/ojs/index.php/rda/article/view/13389. Acesso em: 10 abr. 2022.

FAGUNDES, Miguel Seabra. *O controle dos atos administrativos pelo Poder Judiciário*. 7. ed. Rio de Janeiro: Forense, 2005.

FAIRGRIEVE, Duncan; LICHÈRE, François. Introduction. *In:* FAIRGRIEVE, Duncan; LICHÈRE, François. *Public Procurement Law*: Damage as an Effective Remedy. Oxford: Hart Publishing, 2011.

FAIRGRIEVE, Duncan; LICHÈRE, François. Procedures and Access to Justice in Damages Claims for Public Procurement Breaches. *In:* FAIRGRIEVE, Duncan; LICHÈRE, François. *Public Procurement Law*: Damage as an Effective Remedy. Oxford: Hart Publishing, 2011.

FARIAS, Cristiano Chaves de; BRAGA NETTO, Felipe Peixoto; ROSENVALD, Nelson. *Novo tratado de responsabilidade civil*. São Paulo: Atlas, 2015.

FERRAZ JÚNIOR, Tércio Sampaio. *Introdução ao Estudo do Direito*: técnica, decisão, dominação. 4. ed. São Paulo: Atlas, 2003.

FERRAZ, Luciano. Função regulatória da licitação. *Revista de Direito Administrativo & Constitucional*, Belo Horizonte, ano 9, n. 37, p. 133-142, 2009. DOI: https://doi.org/10.21056/aec.v9i37.301. Disponível em: https://revistaaec.com/index.php/revistaaec/article/view/301. Acesso em: 18 abr. 2024.

FERREIRA, Rui Cardona. *A responsabilidade civil pré-contratual das entidades adjudicantes*. Coimbra: Almedina, 2018.

FERREIRA, Rui Cardona. *Indemnização do interesse contratual positivo e perda de chance (em especial, na contratação pública)*. Coimbra: Coimbra Editora, 2011.

FIGUEIREDO, Lúcia Valle. *Curso de Direito Administrativo*. 8. ed. São Paulo: Malheiros, 2006.

FIGUEIREDO, Lúcia Valle. *Direitos dos Licitantes*. 3. ed., rev. e ampl. São Paulo: Malheiros, 1992.

FRADA, Manuel A Carneiro da. *Direito Civil – Responsabilidade Civil*: o método do caso. Coimbra: Almedina, 2011.

FRANCO SOBRINHO, Manoel de Oliveira. *Contratos Administrativos*. São Paulo: Saraiva, 1981.

FREITAS, Juarez. Direito fundamental à boa administração pública e a constitucionalização das relações administrativas brasileiras. *Interesse Público*, Belo Horizonte, ano 12, n. 60, p. 13-24, mar./abr. 2010.

FREITAS, Juarez. *Estudos de Direito Administrativo*. 2. ed. São Paulo: Malheiros, 1997.

FREITAS, Juarez. *O controle dos atos administrativos e os princípios fundamentais*. 4. ed. São Paulo: Malheiros, 2009.

FREITAS, Juarez. Responsabilidade civil do Estado e o princípio da proporcionalidade: vedação do excesso e de inoperância. *In:* FREITAS, Juarez (org.). *Responsabilidade Civil do Estado*. São Paulo: Malheiros, 2006.

GABAYET, Nicolas. Damages for Breach of Public Procurement Law. A French Perspective. *In:* FAIRGRIEVE, Duncan; LICHÈRE, François. *Public Procurement Law*: Damage as an Effective Remedy. Oxford: Hart Publishing, 2011.

GARCÍA DE ENTERRÍA, Eduardo; FERNÁNDEZ, Tomás-Ramón. *Curso de Direito Administrativo*. Tradução: José Alberto Froes Cal. Revisor técnico: Carlos Ari Sundfeld. São Paulo: Revista dos Tribunais, 2014. v. II.

GARCIA, Flávio Amaral. *Licitações e contratos administrativos*: casos e polêmicas. 4. ed. São Paulo: Malheiros, 2016.

GASPARINI, Diógenes. *Direito Administrativo*. 11. ed. São Paulo: Saraiva, 2006.

GIACOMUZZI, José Guilherme. *A moralidade administrativa e a boa-fé na Administração Pública*: o conteúdo dogmático da moralidade administrativa. 2. ed. São Paulo: Malheiros Editores, 2013.

GIACOMUZZI, José Guilherme. Nunca confie num burocrata: a doutrina do "estoppel" no sistema da "common law" e o princípio constitucional da moralidade administrativa (art. 37, da CF/88). *In:* ÁVILA, Humberto (org.). *Fundamentos do Estado de Direito*: estudos em homenagem ao professor Almiro do Couto e Silva. São Paulo: Malheiros, 2005.

GIANNINI, Massimo Severo. *Diritto Amministrativo*. 3. ed. Milano: Giuffrè, 1993. v. 2.

GIL, José Ignacio Monedero. *Doctrina del Contrato del Estado*. Madri: Instituto de Estudios Fiscales, 1977.

GOMES, Orlando. *A crise do Direito*. São Paulo: Max Limonad, 1955.

GOMES, Orlando. *Contratos*. Atualização: Antonio Junqueira de Azevedo e Francisco Paulo de Crescenzo Marino. 26. ed. Rio de Janeiro, Forense, 2007.

GOMES, Orlando. *Introdução ao direito civil*. Coordenação e atualização: Edvaldo Brito. Atualização: Reginalda Paranhos de Brito. 22. ed. Rio de Janeiro: Forense, 2019.

GONÇALVES, Pedro Costa. *Direito dos Contratos Públicos*. 2. ed. Coimbra: Almedina, 2018. v. 1.

GONÇALVES, Pedro Costa. Gestão de contratos públicos em tempo de crise. *In:* GONÇALVES, Pedro (org.). *Estudos de Contratação Pública*. Coimbra: Coimbra Editora, 2010. v. III.

GORDILLO, Agustin. *Princípios Gerais de Direito Público*. São Paulo: Revista dos Tribunais, 1977.

GORDON, Daniel; GOLDEN, Michael R. Money Damages in the Context of Bid Protests in the United States. *In:* FAIRGRIEVE, Duncan; LICHÈRE, François. *Public Procurement Law*: Damage as an Effective Remedy. Oxford: Hart Publishing, 2011.

GUEDES, Gisela Sampaio da Cruz. *Lucros cessantes*: do bom-senso ao postulado normativo da razoabilidade. São Paulo: Revista dos Tribunais, 2011.

GUIMARÃES, Edgar. *Responsabilidade da Administração Pública pelo desfazimento da licitação*. Belo Horizonte: Fórum, 2013.

HACHEM, Daniel Wunder. Responsabilidade civil do Estado por omissão: uma proposta de releitura da teoria da *faute du service*. In: MARQUES NETO, Floriano de Azevedo; ALMEIDA, Fernando Dias Menezes de; NOHARA, Irene Patrícia; MARRARA, Thiago (org.). *Direito e Administração Pública*: estudos em homenagem a Maria Sylvia Zanella Di Pietro. São Paulo: Atlas, 2013.

IRELLI, Vincenzo Cerulli. *Corso di Diritto Amministrativo*. Torino: G. Giappichelli Editore, 2000.

JÈZE, Gaston. *Principios Generales del Derecho Administrativo*. Buenos Aires: Depalma, 1948. v. I.

JHERING, Rudolf Von. *Culpa in contrahendo ou indemnização em contratos nulos ou não chegados à perfeição*. Tradução: Paulo Mota Pinto. Coimbra: Almedina, 2008

JUSTEN FILHO, Marçal. A contratação sem licitação nas empresas estatais. In: JUSTEN FILHO, Marçal (org.). *Estatuto Jurídico das Empresas Estatais*: Lei 13.303/2016 – Lei das Estatais. São Paulo: Revista dos Tribunais, 2016.

JUSTEN FILHO, Marçal. *Comentários à Lei de Licitações e Contratações Administrativas*: Lei 14.133/2021. São Paulo: Thomson Reuters Brasil, 2021.

JUSTEN FILHO, Marçal. *Comentários à Lei de Licitações e Contratos Administrativos*: Lei 8.666/1993. 18. ed. São Paulo: Thomson Reuters Brasil, 2019.

JUSTEN FILHO, Marçal. *Comentários ao RDC* (Lei 12.462/11 e Decreto 7.581/11). São Paulo: Dialética, 2013.

JUSTEN FILHO, Marçal. *Curso de Direito Administrativo*. 12. ed. São Paulo: Revista dos Tribunais, 2016.

JUSTEN FILHO, Marçal. *Curso de Direito Administrativo*. 14. ed. Rio de Janeiro: Forense, 2023.

JUSTEN FILHO, Marçal. *Introdução ao Estudo do Direito*. Brasília: edição do autor, 2020.

LAUBADÈRE, André de; VENEZIA, Jean-Claude; GAUDEMET, Yves. *Droit Administratif*. 15. ed. Paris: LGDJ, 1999. t. 1.

LEITÃO, Alexandra. *A Protecção Judicial dos Terceiros nos Contratos da Administração Pública*. Coimbra: Almedina, 2002.

LIMA, Ruy Cirne. *Princípios de Direito Administrativo*. 7. ed. São Paulo: Malheiros, 2007.

LORENZ, Stephan; VOGELSANG, Wolfgang. Case 10: Public bidding – Germany. In: CARTWRIGHT, John; HESSELINK, Martijn (ed.). *Precontractual Liability in European Private Law*. Cambridge: Cambridge University Press, 2008.

LUHMANN, Niklas. *Sociologia do direito*. Tradução: Gustavo Bayer. Rio de Janeiro: Tempo Brasileiro, 1983.

LUMETTI, Maria Vittoria. *Violazione dell'interesse legittimo e danno risarcibile*. Milano: Giuffrè, 2008.

MARCO, Cesare de. Tutela risarcitoria degli interessi legittimi pretensivi e danno da ritardo. La "chance" come autonomo bene della vita. Distinzione tra tutela della "chance" e tutela del danno da lesione degli interessi legittimi pretensivi. Brevi considerazioni. *In:* LA RESPONSABILITÀ della pubblica amministrazione per lesioni di interessi legittimi: atti del LIV Convegno di Studi. Varenna Villa Monastero, 18-20 settembre 2008. Milano: Giuffrè, 2009.

MARQUES NETO, Floriano de Azevedo. A superação do ato administrativo autista. *In:* MEDAUAR, Odete; SCHIRATO, Vitor Rhein (org.). *Os caminhos do ato administrativo*. São Paulo: Revista dos Tribunais, 2011.

MARQUES NETO, Floriano; FREITAS, Rafael Véras de. Comentários aos arts. 20 a 30 da LINDB. *In:* MACHADO, Antônio Cláudio da Costa (org.). *Código Civil interpretado*: artigo por artigo, parágrafo por parágrafo. Coordenação: Silmara Juny Chinellato. Barueri: Manole, 2021.

MARRARA, Thiago. A boa-fé do administrado e do administrador como fator limitativo da discricionariedade administrativa. *In:* VALIM, Rafael; OLIVEIRA, José Roberto Pimenta; DAL POZZO, Augusto Neves (coord.). *Tratado sobre o Princípio da Segurança Jurídica no Direito Administrativo*. Belo Horizonte: Fórum, 2013.

MARTÍN, José M. Fernández. *The EC Public Procurement Rules*: A Critical Analysis. New York: Oxford University Press, 1996.

MARTINS, Ricardo Marcondes. Do encerramento da licitação. *In:* DAL POZZO, Augusto Neves; CAMMAROSANO, Márcio; ZOCKUN, Maurício. *Lei de Licitações e Contratos Administrativos Comentada*: Lei 14.133/21. São Paulo: Thomson Reuters Brasil, 2021.

MARTINS, Ricardo Marcondes. *Efeitos dos vícios do ato administrativo*. São Paulo: Malheiros, 2008.

MARTINS, Ricardo Marcondes. Responsabilidade civil do Estado, nexo causal e imputação objetiva. *In:* GUERRA, Alexandre Dartanhan de Mello; PIRES, Luis Manuel Fonseca; BENACCHIO, Marcelo (coord.). *Responsabilidade Civil do Estado*: desafios contemporâneos. São Paulo: Quartier Latin, 2010.

MARTINS-COSTA, Judith. *A boa-fé no direito privado*: critérios para a sua aplicação. 2. ed. São Paulo: Saraiva, 2018.

MARTINS-COSTA, Judith. A linguagem da responsabilidade civil. *In:* BIANCHI, José Flávio; PINHEIRO, Rodrigo Gomes de Mendonça; ALVIM, Teresa Arruda (coord.). *Jurisdição e Direito Privado*: estudos em homenagem aos 20 anos da Ministra Nancy Andrighi no STJ. São Paulo: Thomson Reuters Brasil, 2020.

MARTINS-COSTA, Judith. *Comentários ao Novo Código Civil*. 2. ed. Rio de Janeiro: Grupo Gen, 2008. v. V. t. II.

MARTINS-COSTA, Judith. Princípio da confiança legítima e princípio da boa-fé objetiva. Termo de compromisso de cessação (TCC) ajustado com o Cade. Critérios da interpretação contratual: os "sistemas de referência extracontratuais" ("circunstâncias do caso") e sua função no quadro semântico da conduta devida. Princípio da unidade ou coerência hermenêutica e "usos do tráfego". Adimplemento contratual. *Revista dos Tribunais*, São Paulo, v. 852, p. 87-126, 2006.

MASTRAGOSTINO, Franco. Enforcing the Public Procurement Rules in Italy. *In:* ARROWSMITH, Sue. *Remedies for enforcing the public procurement rules*. Public Procurement in the European Community. Winteringham: Earlsgate Press, 1993. v. IV.

MAURER, Hartmut. *Direito Administrativo Geral*. Tradução: Luís Afonso Heck. Barueri: Manole, 2006.

MAZZA, Alexandre. *Relação Jurídica de Administração Pública*. São Paulo: Saraiva, 2012.

MEDAUAR, Odete. *Direito Administrativo Moderno*. 19. ed. São Paulo: Revista dos Tribunais, 2015.

MEDAUAR, Odete. *O Direito Administrativo em Evolução*. 3. ed. Brasília, DF: Gazeta Jurídica, 2017.

MEDAUAR, Odete. Segurança jurídica e confiança legítima. *In:* ÁVILA, Humberto (org.). *Fundamentos do Estado de Direito*: estudos em homenagem ao professor Almiro do Couto e Silva. São Paulo: Malheiros, 2005.

MEIRELLES, Hely Lopes. *Direito Administrativo Brasileiro*. 14. ed. São Paulo: Revista dos Tribunais, 1989.

MEIRELLES, Hely Lopes. *Direito Administrativo Brasileiro*. 34. ed. atual. por Eurico de Andrade Azevedo, Délcio Balestero Aleixo, José Emmanuel Burle Filho. São Paulo: Malheiros, 2008.

MEIRELLES, Hely Lopes. *Licitação e Contrato Administrativo*. São Paulo: Revista dos Tribunais, 1973.

MEIRELLES, Hely Lopes. *Licitação e Contrato Administrativo*: de acordo com a Lei 8.666, de 21.06.1993, com todas as alterações posteriores. 15. ed. atual. por José Emmanuel Burle Filho, Carla Rosado Burle, Luís Fernando Pereira Franchini. São Paulo: Malheiros, 2010.

MELLO, Celso Antônio Bandeira de. *Curso de Direito Administrativo*. 35. ed. São Paulo: Malheiros, 2021.

MELLO, Celso Antônio Bandeira de. Estabilidade dos atos administrativos: segurança, boa-fé, confiança legítima ante os atos estatais. *In:* MELLO, Celso Antônio Bandeira de. *Grandes Temas de Direito Administrativo*. São Paulo: Malheiros, 2009.

MELLO, Celso Antônio Bandeira de. *Licitação*. São Paulo: Revista dos Tribunais, 1980.

MELLO, Celso Antônio Bandeira de. O edital nas licitações. *Revista de Direito Administrativo*, [s. l.], v. 131, p. 281-299, 1978. Disponível em: https://bibliotecadigital.fgv.br/ojs/index.php/rda/article/view/42696. Acesso em: 10 abr. 2022.

MELLO, Celso Antônio Bandeira de. Proteção jurisdicional dos interesses legítimos no direito brasileiro. *In:* MELLO, Celso Antônio Bandeira de. *Grandes Temas de Direito Administrativo*. São Paulo: Malheiros, 2009.

MENDES, Gilmar Ferreira; BRANCO, Paulo Gustavo Gonet. *Curso de Direito Constitucional*. 8. ed. São Paulo: Saraiva, 2013.

MENDES, Gilmar Ferreira; BRANCO, Paulo Gustavo Gonet. *Curso de direito constitucional*. 17. ed. São Paulo: Saraiva, 2022.

MENDONÇA, José Vicente Santos de. Comentários ao art. 21, par. único, do Decreto-lei n. 4.657/52, introduzido pela Lei n. 13.655/18. *In:* CUNHA FILHO, Alexandre Jorge Carneiro; ISSA, Rafael Hamze; SCHWIND, Rafael Wallbach. *Lei de Introdução às Normas do Direito Brasileiro – anotada*. São Paulo: Quartier Latin, 2019. v. 2.

MENEGALE, J. Guimarães. *Direito Administrativo e Ciência da Administração*. 2. ed. Rio de Janeiro: Borsoi, 1950. v. 3.

MIRANDA, Francisco Cavalcante Pontes de. *Tratado de Direito Privado*. Eficácia jurídica. Determinações inexas e anexas. Direitos. Pretensões. Ações. Rio de Janeiro: Borsoi, 1955. t. 5.

MODESTO, Paulo. Legalidade e autovinculação da Administração Pública: pressupostos conceituais do contrato de autonomia no anteprojeto da nova lei de organização administrativa. In: MODESTO, Paulo (org.). *Nova organização administrativa brasileira*. 2. ed. Belo Horizonte: Fórum, 2010.

MOREIRA NETO, Diogo de Figueiredo. Moralidade administrativa – Do conceito à efetivação. *Revista de Direito Administrativo*, [s. l.], v. 190, p. 1-44, 1992. DOI: https://doi.org/10.12660/rda.v190.1992.45405. Disponível em: https://periodicos.fgv.br/rda/article/view/45405. Acesso em: 18 abr. 2024.

MOREIRA, Egon Bockmann. *Direito das Concessões de Serviço Público*: Inteligência da Lei 8.987/1995 (Parte Geral). São Paulo: Malheiros, 2010.

MOREIRA, Egon Bockmann. Licitação Pública e a negociação précontratual: a necessidade do diálogo públicoprivado. *Revista de Contratos Públicos*, Belo Horizonte, ano 2, n. 2, p. 6174, set. 2012/fev. 2013.

MOREIRA, Egon Bockmann. *Processo Administrativo*: princípios constitucionais e a Lei nº 9.784/1999 (com especial atenção à LINDB). 6. ed. Belo Horizonte: Fórum, 2022.

MOREIRA, Egon Bockmann; GUIMARÃES, Fernando Vernalha. *Licitação Pública*: a Lei Geral de Licitação - LGL e o Regime Diferenciado de Contratação - RDC. São Paulo: Malheiros, 2012.

MORENO, Maís. *A participação do administrado no processo de elaboração dos contratos de PPP*. Belo Horizonte: Fórum, 2019.

MOTTA, Carlos Pinto Coelho. Direito subjetivo do adjudicatário ao resultado eficaz da licitação. *Revista Brasileira de Direito Público*, Belo Horizonte, ano 4, n. 15, p. 73-107, out./dez. 2006.

MUKAI, Toshio. *Novo Estatuto Jurídico das Licitações e Contratos Públicos*: comentários à Lei 8.666/93 – com as alterações promovidas pela Lei 8.883/94. São Paulo: Revista dos Tribunais, 1994.

NASCIMENTO, Leandro Maciel. *A segurança jurídica na jurisprudência do STF:* a proteção de expectativas não abrangidas pelos direitos adquiridos. Rio de Janeiro: Lumen Juris, 2017.

NIEBUHR, Joel de Menezes. *Licitação Pública e Contrato Administrativo*. 3. ed. Belo Horizonte: Fórum, 2013.

NIEDZELA, Andrea; ENGSHUBER, Reinhard. Enforcing the Public Procurement rules in Germany. In: ARROWSMITH, Sue. *Remedies for enforcing the public procurement rules*. Public Procurement in the European Community. Winteringham: Earlsgate Press, 1993. v. IV.

NOBRE JÚNIOR, Edilson Pereira. *O princípio da boa-fé e sua aplicação no direito administrativo brasileiro*. Porto Alegre: Sergio Antonio Fabris Editor, 2002.

NOHARA, Irene Patrícia. *Tratado de Direito Administrativo*: licitação e contratos administrativos. São Paulo: Revista dos Tribunais, 2014. v. 6.

NORONHA, Fernando. *Direito das Obrigações*. Fundamentos do Direito das Obrigações. Introdução à Responsabilidade Civil. São Paulo: Saraiva, 2003. v. 1.

NORTH, Douglass. C. *Instituições, mudança institucional e desempenho econômico*. Tradução: Alexandre Morales. São Paulo: Três Estrelas, 2018.

OLIVEIRA, Rafael Carvalho Rezende. *Curso de Direito Administrativo*. 9. ed. Rio de Janeiro: Forense: Método, 2021.

OTERO, Paulo. *Legalidade e Administração Pública*: o sentido da vinculação administrativa à juridicidade. Coimbra: Almedina, 2007.

PEREIRA, Fabio Queiroz. *O ressarcimento do dano pré-contratual*: interesse negativo e interesse positivo. São Paulo: Almedina, 2017.

PÉREZ, Jesús González. *El principio general de la buena fe en el derecho administrativo*. 2. ed. Madrid: Civitas, 1983.

PESTANA, Marcio. *Licitações públicas no Brasil*: exame integrado das Leis 8.666/1993 e 10.520/2002. São Paulo: Atlas, 2013.

PETRELLA, Giuseppe. *Il risarcimento del danno da gara illegittima*. Milano: Giuffrè, 2013.

PINTO, Carlos Alberto da Mota. *Teoria Geral do Direito Civil*. 4. ed. Coimbra: Coimbra Editora, 2005.

PINTO, Paulo Mota. *Interesse contratual negativo e interesse contratual positivo*. Coimbra: Coimbra Editora, 2008. v. I.

PINTO, Paulo Mota. Responsabilidade por violação de regras de concurso para celebração de um contrato (em especial o cálculo da indemnização). *In:* GONÇALVES, Pedro (org.). *Estudos de Contratação Pública*. Coimbra: Coimbra Editora, 2010. v. II.

PLESSIX, Benoît. *L'utilisation du droit civil dans l'élaboration du droit administratif*. Paris: Editions Panthéon Assas, 2003.

PONZIO, Silvia. State Liability in Public Procurement. The case of Italy. *In: In:* FAIRGRIEVE, Duncan; LICHÈRE, François. *Public Procurement Law*: Damage as an Effective Remedy. Oxford: Hart Publishing, 2011.

PRATA, Ana. *Notas sobre responsabilidade pré-contratual*. Coimbra: Almedina, 2005.

PRATA, Ana. *Responsabilidade pré-contratual*: uma perspectiva comparada dos direitos brasileiro e português. Coimbra: Almedina, 2018.

PREDEN, Roberto. La liquidazione del danno per lesioni di interessi legittimi. *In:* LA RESPONSABILITÀ della pubblica amministrazione per lesioni di interessi legittimi: atti del LIV Convegno di Studi. Varenna Villa Monastero, 18-20 settembre 2008. Milano: Giuffrè, 2009.

REALE, Miguel. *Lições preliminares de Direito*. 27. ed. São Paulo: Saraiva, 2011.

REALE, Miguel. *Revogação e anulamento do ato administrativo*. Rio de Janeiro: Forense, 1968.

REISDORFER, Guilherme F. Dias. *Diálogo competitivo*: o regime da Lei nº 14.133/21 e sua aplicação às licitações de contratos de concessão e parcerias público-privadas. Belo Horizonte: Fórum, 2022.

RICHER, Laurent. *Droit des Contrats Administratifs*. 6. ed. Paris: LGDJ, 2008.

ROCHA, Nuno Santos. *A perda de chance como uma nova espécie de dano*. Coimbra: Almedina, 2015.

ROSILHO, André. *Licitação no Brasil*. São Paulo: Malheiros, 2013.

ROUBIER, Paul. *Droits Subjectifs et Situations Juridiques*. Paris: Dalloz, 1963.

RUSCICA, Serafino. *La responsabilità civile della stazione appaltante*. Milano: Giuffrè, 2011. (Coleção Officina del Diritto).

SAINZ MORENO, Fernando. La buena fe en las relaciones de la Administración con los administrados. *Revista de Administración Pública*, Madrid, n. 89, maio/ago. 1979.

SANSEVERINO, Paulo de Tarso Veira. *Princípios da reparação integral*: indenização no Código Civil. São Paulo: Saraiva, 2011.

SANTOS, J. M. de Carvalho. *Código Civil interpretado*: parte geral (arts. 43-113). 2. ed. Rio de Janeiro: Freitas Bastos, 1938. v. II.

SAVI, Sérgio. *Responsabilidade civil por perda de uma chance*. 3. ed. São Paulo: Atlas, 2012.

SCHEBESTA, Hanna. *Damages in EU Public Procurement Law*. Heidelberg: Springer, 2016.

SCHMIDT-ASSMANN, Eberhard. *Dogmática jurídico-administrativa*: um balanço intermédio sobre a evolução, a reforma e as funções futuras. São Paulo: Saraiva, 2016.

SCHMIDT-ASSMANN, Eberhard. *La Teoría General del Derecho Administrativo como Sistema*. Madrid: Marcial Pons, 2003.

SCHREIBER, Anderson. *Novos paradigmas da responsabilidade civil*: da erosão dos filtros da reparação à diluição dos danos. 5. ed. São Paulo: Atlas, 2013.

SILVA, Almiro Couto e. A responsabilidade extracontratual do Estado no direito brasileiro. *Revista da Procuradoria-Geral do Estado do Rio Grande do Sul*, Porto Alegre, v. 27, n. 57, p. 149-170, dez. 2003.

SILVA, Almiro Couto e. Anulação e revogação dos atos administrativos e direito ao ressarcimento. In: ALMEIDA, Fernando Dias Menezes de; MARQUES NETO, Floriano de Azevedo; MIGUEL, Luiz Felipe Hadlich; SCHIRATO, Vitor Rhein (coord.). *Direito público em evolução*: estudos em homenagem à professora Odete Medauar. Belo Horizonte: Fórum, 2013.

SILVA, Almiro Couto e. O princípio da segurança jurídica (proteção à confiança) no direito público brasileiro e o direito da administração pública de anular seus próprios atos administrativos: o prazo decadencial do art. 54 da Lei do Processo Administrativo da União (Lei nº 9.784/99). *Revista da Procuradoria-Geral do Estado do Rio Grande do Sul*, Porto Alegre, v. 27, n. 57, p. 35-78, dez. 2003.

SILVA, Almiro Couto e. Responsabilidade pré-negocial e *culpa in contrahendo* no direito administrativo brasileiro. *Revista da Procuradoria-Geral do Estado do Rio Grande do Sul*, Porto Alegre, v. 27, n. 57, p. 171-179, dez. 2003.

SILVA, Carlos Medeiros. Concorrência pública - Anulação - Ato discricionário e ato arbitrário. *Revista de Direito Administrativo*, [s. l.], v. 104, abr./jun. 1971. Disponível em: https://periodicos.fgv.br/rda/article/view/35732. Acesso em: 18 abr. 2024.

SILVA, Vasco Pereira da. *Em Busca do Acto Administrativo Perdido*. Coimbra: Almedina, 2003.

SILVA, Virgílio Afonso da. *Direitos Fundamentais*: conteúdo essencial, restrições e eficácia. 2. ed. São Paulo: Malheiros, 2010.

SOUSA, Marcelo Rebelo de; MATOS, André Salgado de. *Contratos Públicos*: Direito administrativo geral. 2. ed. Lisboa: Dom Quixote, 2009. t. III.

SOUSA, Marcelo Rebelo; MATOS, André Salgado de. *Responsabilidade civil administrativa*: Direito Administrativo Geral. Alfragide: Publicações Dom Quixote, 2008. t. III.

STEINER, Renata Carlos. *Reparação de danos*: interesse positivo e interesse negativo. São Paulo: Quartier Latin, 2018.

SUNDFELD, Carlos Ari. Crítica à doutrina antiliberal e estatista. *In:* SUNDFELD, Carlos Ari. *Direito Administrativo para Céticos*. 2. ed. São Paulo: Malheiros, 2014.

SUNDFELD, Carlos Ari. *Direito Administrativo*: o novo olhar da LINDB. Belo Horizonte: Fórum, 2022.

SUNDFELD, Carlos Ari. *Fundamentos de Direito Público*. 5. ed. São Paulo: Malheiros, 2014.

SUNDFELD, Carlos Ari. *Licitação e contrato administrativo*: de acordo com as Leis 8.666/93 e 8.883/94. São Paulo: Malheiros, 1994.

SUNDFELD, Carlos Ari. Limites ao poder de revogar licitação para concessão de serviço público. *In:* SUNDFELD, Carlos Ari. *Pareceres*: licitação, processo administrativo e propriedade. São Paulo: Revista dos Tribunais, 2013. v. III.

SUNDFELD, Carlos Ari; MARQUES NETO, Floriano Peixoto de Azevedo. Uma Nova Lei para Aumentar a Qualidade Jurídica das Decisões Públicas e de seu Controle. *In:* SUNDFELD, Carlos Ari. (Org.). *Contratações Públicas e seu Controle*. São Paulo: Malheiros, 2013.

SUNDFELD, Carlos Ari; MONTEIRO, Vera; ROSILHO, André. A estruturação das concessões por meio de parceria com particulares autorizados (art. 21 da Lei nº 8.987/1995). *Revista de Direito Administrativo*, Rio de Janeiro, v. 275, maio/ago. 2017. Disponível em: https://hdl.handle.net/10438/19429. Acesso em: 18 abr. 2024.

TEIXEIRA, Antonio Miguel Catela. Enforcing the Public Procurement Rules in Portugal. *In:* ARROWSMITH, Sue. *Remedies for enforcing the public procurement rules*. Public Procurement in the European Community. Winteringham: Earlsgate Press, 1993. v. IV.

TEPEDINO, Gustavo; TERRA, Aline; CRUZ, Gisela. *Fundamentos do Direito Civil*: Responsabilidade Civil. 3. ed. Rio de Janeiro: Grupo GEN, 2022. v. 4.

TERNEYRE, Philippe. *La responsabilité contractuelle des personnes publiques en Droit administratif*. Paris: Economica, 1989.

TOMASEVICIUS FILHO, Eduardo. *O princípio da boa-fé no direito civil*. São Paulo: Almedina, 2020.

TORGAL, Lino. A imprevisão na fase de formação dos contratos públicos. *In:* ALMEIDA, Fernando Dias Menezes de; MARQUES NETO, Floriano de Azevedo; MIGUEL, Luiz Felipe Hadlich; SCHIRATO, Vitor Rhein (coord.). *Direito público em evolução*: estudos em homenagem à professora Odete Medauar. Belo Horizonte: Fórum, 2013.

TORRES, Heleno Taveira. O princípio de proteção da confiança legítima no direito administrativo e no direito tributário. *In:* ALMEIDA, Fernando Dias Menezes de; MARQUES NETO, Floriano de Azevedo; MIGUEL, Luiz Felipe Hadlich; SCHIRATO, Vitor Rhein (coord.). *Direito público em evolução*: estudos em homenagem à professora Odete Medauar. Belo Horizonte: Fórum, 2013.

TORRES, Ronny Charles Lopes de. *Leis de Licitações Públicas comentadas*. 14. ed., rev., atual. e ampl. São Paulo: Juspodivm, 2023.

TREPTE, Peter. *Regulating Procurement*: Understanding the Ends and Means of Public Procurement Regulation. New York: Oxford University Press, 2004.

TREUMER, Steen. Basis and Conditions for a Damages Claim for Breach of the EU Public Procurement Rules. *In:* FAIRGRIEVE, Duncan; LICHÈRE, François. *Public Procurement Law:* Damage as an Effective Remedy. Oxford: Hart Publishing, 2011.

VALADOU, Patrice. Enforcing the Public Procurement rules in France. *In:* ARROWSMITH, Sue. *Remedies for enforcing the public procurement rules*. Public Procurement in the European Community. Winteringham: Earlsgate Press, 1993. v. IV.

VALIM, Rafael. O princípio da segurança jurídica no direito administrativo. *In:* VALIM, Rafael; OLIVEIRA, José Roberto Pimenta; DAL POZZO, Augusto Neves (coord.). *Tratado sobre o Princípio da Segurança Jurídica no Direito Administrativo*. Belo Horizonte: Fórum, 2013.

VEDEL, Georges; DEVOLVÉ, Pierre. *Droit Administratif*. 11. ed. Paris : Presses Universitaires de France, 1990. t. 1.

VICENTE, Dário Moura. *Da Responsabilidade Pré-Contratual em Direito Internacional Privado*. Coimbra: Almedina, 2001.

VILANOVA, Lourival. *Causalidade e Relação no Direito*. 4. ed. São Paulo: Revista dos Tribunais, 2000.

VILLA, Jesús Leguina. *La Responsabilidad civil de la Administración Pública*. Madrid: Tecnos, 1970.

WALINE, Jean. *Droit Administratif*. 23. ed. Paris: Dalloz, 2010.

WEATHERILL, Stephen. Enforcing the Public Procurement Rules in the United Kingdom. *In:* ARROWSMITH, Sue. *Remedies for enforcing the public procurement rules*. Public Procurement in the European Community. Winteringham: Earlsgate Press, 1993. v. IV.

WIEACKER, Franz. *História do Direito Privado Moderno*. 3. ed. Lisboa: Fundação Calouste Gulbenkian, 2004.

WOLFF, Hans J.; BACHOF, Otto; STOBER, Rolf. *Direito Administrativo*. Tradução: Antonio F. de Sousa. Lisboa: Fundação Calouste Gulbenkian, 1999. v. I.

YANNAKOPOULOS, Constantin. *La notion de droits acquis en droit administratif français*. Paris: LGDJ, 1997.

ZANCANER, Weida. Responsabilidade do Estado, serviço público e os direitos dos usuários. *In:* FREITAS, Juarez (org.). *Responsabilidade Civil do Estado*. São Paulo: Malheiros, 2006.

Esta obra foi composta em fonte Palatino Linotype, corpo 10
e impressa em papel Pólen Bold 70g (miolo) e Supremo 250g
(capa) pela Formato Artes Gráficas.